Voraussetzungen und Folgen der (vorprozessualen) Beweisvereitelung im deutschen und englischen Recht

Schriften zum internationalen Privat- und Verfahrensrecht

Herausgegeben von Rainer Hausmann,
Astrid Stadler und Michael Stürner

Band 28

PETER LANG

Evangelos Ziakas

Voraussetzungen und Folgen der (vorprozessualen) Beweisvereitelung im deutschen und englischen Recht

PETER LANG

Bibliografische Information der Deutschen Nationalbibliothek
Die Deutsche Nationalbibliothek verzeichnet diese Publikation in der Deutschen Nationalbibliografie; detaillierte bibliografische Daten sind im Internet über http://dnb.d-nb.de abrufbar.

Zugl.: Konstanz, Univ., Diss., 2021

Gedruckt auf alterungsbeständigem,
säurefreiem Papier.

D 352
ISSN 1862-099X
ISBN 978-3-631-87443-1 (Print)
E-ISBN 978-3-631-87571-1 (E-PDF)
E-ISBN 978-3-631-87572-8 (EPUB)
DOI 10.3726/b19574

Peter Lang – Berlin · Bern · Bruxelles · New York ·
Oxford · Warszawa · Wien

Diese Publikation wurde begutachtet.

www.peterlang.com

Meiner Familie gewidmet

Vorwort

Diese Dissertation wurde im Wintersemester 2020/21 dem Fachbereich Rechtswissenschaft der Universität Konstanz vorgelegt und von diesem angenommen.

Mein tiefster Dank gilt meinen Professoren, vor allem meiner Doktormutter Professorin Dr. Astrid Stadler. Ohne ihre kontinuierliche Hilfe und Anleitung sowie ihre wertvollen Hinweise wie auch ihre vielfaltigen Anmerkungen in meinen ihr vorgelegten Texten während meines ganzen Studiums wäre diese Dissertation nicht möglich gewesen. Ihr verdanke ich meinen wissenschaftlichen Aufstieg und dafür bin ich überaus dankbar.

Professor Dr. Michael Stürner danke ich sehr für die wirklich sehr schnelle Erstellung des Zweitgutachtens. Ebenso danke ich zutiefst Professor Dr. Tsikrikas Dimitrios für die vielen Stunden der wissenschaftlichen Diskussionen. Seine aufschlussreichen Ausführungen waren für den Fortgang meiner Arbeit immer von großer Bedeutung.

Ein großes Dankeschön gebührt außerdem dem Team des Fachbereichs Rechtswissenschaft, insbesondere Frau Gabi Reichle und Dr. Christian Krüger, für ihre freundliche und sofortige Hilfe, und das jedes Mal, wenn ich sie um Hilfe ersucht habe.

Ganz besonders danke ich meinen Eltern, Iraklis und Marianna, meinem Bruder, Panayiotis, und meinen Freunden. Ihre Ermutigung und mannigfache Unterstützung haben mich all die Jahre motiviert. Ich konnte nur deshalb schnell vorankommen, weil sie immer für mich da waren, wenn ich auf die eine oder andere Weise in Not war.

Athen,
5 Januar 2022

Inhaltsverzeichnis

Vorwort 7

Abkürzungsverzeichnis 19

Einleitung 27

Erster Teil: Grundbegriffe der Beweislast im deutschen und englischen Recht 31

§ 1: Umriss des Beweislastsystems im deutschen Recht 31
A. Objektive Beweislast 31
B. Subjektive Beweislast 33
I. Funktion der subjektiven Beweislast 33
II. Konkrete Beweisführungslast 33

§ 2: Umriss des Beweislastsystems im englischen Recht 35
A. Begriffsbestimmung grundsätzlicher Begriffe des englischen Rechts 35
I. Einblick in die Gestaltung des englischen Justizsystems 35
II. Grundbegriffe des Common Law 39
1. „Case law" als Rechtsquelle 39
2. „Ratio decidendi" – Kernpunkt der Entscheidung 40
3. „Statutory Law" als Rechtsquelle 44
B. Objektive Beweislast – „legal burden" 45
C. Subjektive Beweislast – „evidential burden" 49
I. Grundrisse des „evidential burden" 49
II. „Tactical burden" 53

§ 3: Zwischenergebnis 55

Zweiter Teil: Rechtsgrundlage der Beweisvereitelung 57
§ 4: Deutsches Recht 57
A. Überblick über die gesetzlichen Vorschriften 57
B. Analoge Anwendung der gesetzlichen Vorschriften 58
I. Ermittlung der Gesetzeslücke 58
1. Urkundenbeweis 60
a. Entstehungsgeschichte der §§ 427, 441 Abs. 3, 444 ZPO 60
b. Beweiserhebung aufgrund des § 142 Abs. 1 ZPO 61
aa. Tatbestandsvoraussetzungen des § 142 Abs. 1 ZPO 62
bb. Ermessensspielraum des Gerichts 64
2. Parteivernehmung 69
3. Augenschein 71
4. Zeugenbeweis 72
II. Position der Rechtsprechung 75
III. Position der Lehre 76
C. Treu und Glauben als Grundlage der Beweisvereitelung 78
I. Arglistverbot 78
II. Venire contra factum proprium 78
III. Kritik der Lehre von Treu und Glauben 79
D. Materiell-rechtliche Lehren 80
I. Lehre von Maassen 80
II. Lehre von Blomeyer 82
III. Lehre von Konzen 82
IV. Rechtsprechung 83
1. Dokumentationspflicht im Arztrecht 83
a. Problemstellung 83
b. Entwicklung der Dokumentations- und Befundsicherungspflicht 84
c. Rechtsgrundlage der ärztlichen Dokumentationspflicht 85
2. Befundsicherungspflicht im Produzentenrecht 86

a. Problemstellung ... 86
b. Inhalt der Befundsicherungspflicht ... 87
c. Rechtsgrundlage der Beweislastumkehr ... 90
3. Beweispflichten in Werkverträgen ... 92
4. Formerfordernis in Arbeitsverträgen – § 2 Abs. 1 Nachweisgesetz ... 93
5. Zwangsvollstreckung ... 94
V. Kritik der materiell-rechtlichen Lehren ... 95
E. Prozessrechtliche Lehren ... 98
I. Lehre von Peters: Die allgemeine prozessuale Mitwirkungspflicht ... 98
II. Lehre von Stürner: Die allgemeine Aufklärungs- und Mitwirkungspflicht ... 99
III. Lehre von Gomille: Die Wahrheitspflicht ... 100
IV. Lehre von Habscheid: Das Recht auf Beweis ... 101
V. Lehre von Nolte: Die Waffengleichheit ... 101
VI. Beweisvereitelung aufgrund eines Geständnisses ... 102
VII. Kritik an den Lehren der prozessualen Mitwirkungspflichten ... 104
§ 5: Englisches Recht ... 108
A. Das Prinzip „omnia praesumuntur contra spoliatorem“ – „Case Law“ ... 108
I. Begründung des *Armory v Delamirie*-Prinzips bis zum 20. Jahrhundert ... 109
1. Wegweisende Urteile im 17. und 18. Jahrhundert ... 109
a. *Rex v Arundel* ... 109
b. *Armory v Delamirie* ... 110
2. Anwendung des *Armory v Delamirie*-Prinzips im 19. Jahrhundert ... 112
II. Entwicklung des *Armory v Delamirie*-Prinzips im 20. und 21. Jahrhundert ... 114
1. Vorprozessuale Vernichtung von Beweismitteln ... 115
a. *The Ophelia* ... 115
b. *Douglas v Hello! Ltd (No. 3)* ... 117

c. Die allgemeine vorprozessuale Aufbewahrungspflicht in der Lehre 120
2. Verletzung materiell-rechtlicher Pflichten 123
a. *Morison v Walton* 123
b. *Keefe v The Isle of Man Steam Packet Company Ltd* 125
c. *Micklewright v Surrey CC* 126
d. *Robinson v North Bristol NHS Trust* 127
3. Die prozessuale Aufbewahrungspflicht 128
B. Mitwirkungspflichten in den Civil Procedure Rules 130
I. Mitwirkungspflicht in „documentary evidence“ 131
1. Die „standard disclosure“ 131
2. Aufbewahrung- und Forschungspflicht gemäß CPR r. 31. 7 132
3. Ausmaß der Offenlegungspflicht 134
a. Begriffsbestimmung des Dokuments 134
b. Begriffsbestimmung der Kontrolle über Dokumente 136
4. Verweigerungsgründe im „documentary evidence“ 138
a. Immunität aufgrund öffentlicher Interessen 138
b. „Private privileges“ 140
aa. Vorschriften der CPR r. 31. 19 140
bb. Privileg gegen die Selbstbezichtigung 140
cc. Anwaltliches Berufsgeheimnis 141
dd. „Without-prejudice negotiations“ 144
c. Vertrauliche Informationen 145
II. Mitwirkungspflichten in „real evidence“ 147
1. Begriffsbestimmung von „real evidence“ 147
2. Befugnisse des Gerichts gemäß der CPR r. 25. 1 148
3. „Protective orders“ gemäß der CPR r. 23. 149
4. Verfahrensantrag gemäß der CPR r. 23 152
5. Ermessensspielraum des Gerichts 153
III. Mitwirkung in mündlichen Beweismitteln 157

1. Zeugenladung in den Civil Procedure Rules 157
2. Prozessleitungsbefugnis des Gerichts 159
a. *Tay Bok Choon v Tahansan Sdn. Bhd* 160
b. *Society of Lloyd's v Sir William Otho Jaffray BT* 161
3. *Wisniewski v Central Manchester Health Authority* 161
4. Verweigerung der Entbindung von Zeugen von ihrer Schweigepflicht 164
5. Vertrauliche Informationen im Zeugenbeweis 165
§ 6: Zwischenergebnis und eigene Stellungnahme 166
A. Beweisvereitelung während des Prozesses 166
B. Vorprozessuale Beweisvereitelung – Eigene Stellungnahme 169
I. Das englische Recht als Vorbild? 169
II. Stellungnahme – Regelungsvorschlag 173
1. Grundzüge der vorgeschlagenen Vorschrift 173
2. Entwurf des vorgeschlagenen Paragrafen 174
3. Anwendungsbereich und Inhalt der Aufbewahrungspflicht 175
4. Der voraussehbare Rechtsstreit 179
5. Entfallen der Aufbewahrungspflicht 184
6. Ersatz von Aufwendungen 186
7. Beweislastverteilung 186

Dritter Teil: Tatbestandsvoraussetzungen der Beweisvereitelung 189

§ 7: Deutsches Recht 189
A. Rationae materiae & temporis 189
I. Erscheinungsformen der Vereitelungshandlung 189
II. Zeitpunkt der Vereitelungshandlung 190
B. Ratione personae 190
C. Verantwortlichkeit 191
I. Grad des Verschuldens 191
II. Doppelter Schuldvorwurf 192

III. Mitverschulden ... 193

D. Kausalität ... 195

I. Kausalzusammenhang zwischen der Handlung und ihrem Beweisergebnis ... 195

II. Ausschlussgründe des Kausalzusammenhangs ... 196

1. Zufällige Ereignisse ... 196

2. Beweismittel mit gleichem Beweiswert ... 197

3. Gerichtliches Ermessen ... 197

E. Unaufklärbarkeit des Sachverhaltes ... 198

I. Begriffsbestimmung ... 198

II. Plausibilitätskontrolle in Arbeitsangelegenheiten ... 199

§ 8: Englisches Recht ... 200

A. Rationae materiae & temporis ... 200

I. Erscheinungsformen der Vereitelungshandlung ... 200

II. Zeitpunkt der Vereitelungshandlung ... 201

III. Beweiserhebliche Tatsachen ... 202

1. Schadensbemessung ... 202

2. Verschulden und Kausalzusammenhang ... 203

B. Ratione personae ... 204

I. Gemäß dem *Armory v Delamirie*-Prinzip ... 204

II. Gemäß der CPR r. 3. 4 (2) ... 204

C. Verantwortlichkeit ... 205

I. Grad des Verschuldens ... 205

1. Gemäß dem *Armory v Delamirie*-Prinzip ... 205

a. Vorprozessuale Beweisvereitelung ... 205

b. Beweisvereitelung während des Prozesses ... 207

2. Gemäß der CPR r. 3. 4 (2) ... 208

II. Mitverschulden ... 210

1. Gemäß dem *Armory v Delamirie*-Prinzip ... 210

2. Gemäß der CPR r. 3. 4 (2) ... 211

D. Kausalität ... 213

E. Ergebnis des Beweisvereitelungsverhaltens ... 215

I. Erschwerung der Sachverhaltsaufklärung 215
II. Vereitelung eines fairen Prozesses 218
1. Gerichtliche Ausschlussbefugnis in den Rules of the Supreme Court 218
2. Unzuverlässigkeit des Beweisergebnisses 218
3. Unverhältnismäßige Belastung des Prozesses 220
§ 9: Zwischenergebnis 221

Vierter Teil: Rechtsfolgen der Beweisvereitelung 223
§ 10: Deutsches Recht 223
A. Überblick über die Rechtsprechung des Bundesgerichtshofes 223
B. Freie Beweiswürdigung 226
C. Umkehr der Beweislast 228
I. Umkehr der objektiven Beweislast 228
1. Die Lehre von Blomeyer 228
2. Beweislastumkehr aufgrund Geständnisses 230
II. Umkehr der konkreten Beweisführungslast 230
1. Umkehr der Beweisführungslast im früheren Recht 230
2. Umkehr der Beweisführungslast im geltenden Recht 232
3. Beweissubstitution 234
III. Die flexible Formel in Rechtsprechung und Lehre 236
1. Die flexible Formel in der Rechtsprechung 236
2. Die flexible Formel in der Lehre 239
§ 11: Englisches Recht 241
A. Einführung 241
B. Gerichtliche Sanktionen 241
I. Zurückweisung von Angriffs- und Verteidigungsmitteln .. 242
II. Prozesskostenverteilung 247
C. Freie Beweiswürdigung 249

I. Das *Armory v Delamirie*-Prinzip als Erfahrungssatz 249
II. Das *Armory v Delamirie*-Prinzip im Zeugenbeweis 250
D. Verletzung des *Armory v Delamirie*-Prinzips 252
I. Unterstellung des Inhalts des fehlenden Beweismittels 253
1. Behandlung der Rechtsfolge in der Lehre 253
2. Anwendung der Rechtsfolge in der Rechtsprechung 254
a. Vorprozessuale Vernichtung von Beweismitteln ... 254
b. Verletzung der prozessualen Aufbewahrungspflicht 255
II. Umkehr der Beweislast 256
1. Umkehr der objektiven Beweislast 256
2. Umkehr der subjektiven Beweislast 256
IV. „Benevolent treatment of evidence" 260
1. Behandlung der Rechtsfolge in der Lehre 260
2. Anhaltspunkte als Voraussetzung der Rechtsfolge 261
3. Das „fair wind principle" 263
a. Begriffsbestimmung des „fair wind principle" 263
b. Gewinnverlust 266

§ 12 : Zwischenergebnis und eigene Stellungnahme 268
A. Die flexible Formel 268
B. Vorschlag für einen neuen § 448 Abs. 2 ZPO 273
C. Vorschlag für einen neuen § 444 a ZPO 277

Zusammenfassung 279

Anhang 281

Literaturverzeichnis 283

Deutsches Schrifttum und Kommentare 283

Griechisches Schrifttum und Kommentare 295

Englisches Schrifttum und Kommentare 297

Im Text erwähnte Vorschriften 303

Paragrafen des englischen Rechts 303

Paragrafen des griechischen Zivilprozessbuchs 310

Convention for the Adaptation to Maritime War of the Principles of the Geneva Convention 311

Abkürzungsverzeichnis

a. F.	alte Fassung
Abs.	Absatz
AC	Law Reports – Appeal Cases
All ER	All England Law Reports
ALSR	The American Law School Review
Anh.	Anhang
Anm.	Anmerkung
AP	Areopag (Άρειος Πάγος)
ArbG	Arbeitsgericht
Arm	Armenopoulos (Αρμενόπουλος)
Art.	Artikel
Atk	Atkyn's Chancery Reports
Aufl.	Auflage
B&S	Best & Smith's Queen's Bench Reports
BAG	Bundesarbeitsgericht
BauR	Baurecht
BCLC	Butterworth's Company Law Cases
Bd.	Band
Beav	Beavan's Rolls Court Reports
BeckRS	Beck Online Rechtsprechung
BGB	Bürgerliches Gesetzbuch
BGBl.	Bundesgesetzblatt
BGH	Bundesgerichtshof
BGH LM	Lindenmaier-Möhring: Nachschlagewerk des Bundesgerichtshofes
BGHZ	Entscheidungen des Bundesgerichtshofes – amtliche Sammlung
Bl.	Blatt
BNotO	Bundesnotarordnung
BPO	Bürgerliche Prozessordnung
BRAK-Mitt.	Bundesrechtsanwaltskammer Mitteilungen
BRC	British Ruling Cases
Burr	Burrow
BusLR	Business Law Review
BVerfG	Bundesverfassungsgericht

BVerfGE	Entscheidungen des Bundesverfassungsgerichts – amtliche Sammlung
BVerwG	Bundesverwaltungsgericht
BWNotZ	Zeitschrift für das Notariat in Baden-Württemberg
C&P	Carrington and Payne
c.	Capitulum/Chapter
CB	Cumulative Bulletin of the Internal Revenue Bureau
CBNS	Common Bench Reports, New Series
Ch	Chancery Division
Ch.	Chapter
Chan	Law Reports, Chancery Division (3rd series)
ChD	Law Reports, Chancery Division (2nd Series)
CJQ	Civil Justice Quarterly
CLJ	Cambridge Law Journal
ComLJ	The Commercial Litigation Journal
Comm	Commercial Court
Conv	Conveyancer and Property Lawyer
CPO	Civilprozessordnung
CPR	Rules of Civil Procedure 1998
CPRep	Civil Procedure Law Reports
Cr App R	Criminal Appeal Reports
CrM&R	Crompton, Meeson and Roscoe
DAR	Deutsches Autorecht
dB	Decibel
DB	Der Betrieb
DB-Dr.	Deutscher Bundestag – Drucksachen
DeG&Sm	De Gex & Smale
Dig.	Digesta
Diss.	Dissertation
DJT	Deutscher Juristentag
DRiZ	Deutsche Richterzeitung
EG	Europäische Gemeinschaft
Ein.	Einleitung
Eliz.	Elizabeth's
EMRK	Europäische Konvention zum Schutze der Menschenrechte und Grundfreiheiten
EngR	English Reports
ER	English Reports

EuGH	Gerichtshof der Europäischen Gemeinschaften
EWCA Civ	England and Wales – Court of Appeal (Civil Division)
EWG	Europäische Wirtschaftsgemeinschaft
EWHC	England and Wales – High Court
EWiR	Entscheidungen zum Wirtschaftsrecht
Ex	Court of Exchequer
f. , ff.	folgend (e)
FamRZ	Ehe und Familie im privaten und öffentlichen Recht
Fn.	Fußnote
FS	Festschrift
FSR	Fleet Street Reports
GG	Grundgesetz
Giff	Giffard's Chancery Reports
GJ	Griechische Justiz (Ελληνική Δικαιοσύνη)
GJZ	Zeitung der griechischen Juristen (Εφημερίς Ελλήνων Νομικών)
GRUR	Gewerblicher Rechtschutz und Urheberrecht
GRUR-Prax	Gewerblicher Rechtschutz und Urheberrecht – Praxis im Immaterialgüter- und Wettbewerbsrecht
GS	Gedächtnisschrift
GuT	Gewerbemiete und Teileigentum
GZPO	Griechische Zivilprozessordnung
Habil.	Habilitation
HansOLG	Hanseatisches Oberlandesgericht
HdB	Handbuch
HGB	Handelsgesetzbuch
HL	House of Lords
HLR	Housing Law Reports
Hob	Hobart
hrsg.	herausgegeben
i. V. m.	in Verbindung mit
IJEP	International Journal of Evidence & Proof
InsO	Insolvenzordnung
J.	Justice
JA	Juristische Arbeitsblätter
JhJb	Jherings Jahrbücher für die Dogmatik des Bürgerlichen Rechts
JP	Justice of the Peace Reports
JPIL	Journal of Personal Injury Law
JPL	Journal of Planning & Environment Law

JR	Juristische Rundschau
JT	Juristische Tribüne (Νομικό Βήμα)
JuS	Juristische Schulung
JW	Juristische Wochenschrift
JZ	Juristen-Zeitung
Kap.	Kapitel
KB	King's Bench
L.	Liber (Buch)
L. J.	Lord Justice
LAG	Landesarbeitsgericht
LAGE	Entscheidungssammlung der Landesarbeitsgerichte
Lib.	Liber (Buch)
LJPC	Law Journal Reports – Privy Council New Series
LJQB	Law Journal Reports – Queen's Bench New Series
Lloyd'sRepMed	Lloyd's Law Reports Medical
LMK	Kommentierte BGH-Rechtsprechung Lindenmaier-Möhring
LQR	Law Quarterly Review
LR	Law Reports
Ls.	Leitsatz
LT	Legal Theory
m. w. N.	mit weiteren Nachweisen
Macl&R	Maclean & Robinson
MBO-Ä	(Muster-) Berufsordnung für die in Deutschland tätigen Ärztinnen und Ärzte
MDR	Monatsschrift für deutsches Recht
MedR	Medizinrecht
MIR	Medien Internet und Recht
MLR	The Modern Law Review
ModRep	Modern Reports
My&K	Mylne & Keen
n. F.	neue Fassung
NachwG	Nachweisgesetz
NJ	Neue Justiz
NJW	Neue Juristische Wochenschrift
NJW-RR	Neue Juristische Wochenschrift Rechtsprechungs-Report
NLJ	New Law Journal
No.	Numero (Nummer)
Nr.	Nummer

NZA	Neue Zeitschrift für Arbeitsrecht
NZI	Neue Zeitschrift für das Recht der Insolvenz und die Sanierung
NZV	Neue Zeitschrift für Verkehrsrecht
OGH f. d. brit. Zone	Oberster Gerichtshof für die britische Zone
OLG	Oberlandesgericht
OLGR	Oberlandesgericht-Report
OLGZ	Entscheidungen der Oberlandesgerichte in Zivilsachen
P	The Law Reports (Probate, Divorce and Admiralty Division)
Para.	Paragraf
PatG	Patentgesetz
PC	Privy Counsil
PHi	Produkthaftpflicht international: Zeitschrift für Produkt- und Umwelthaftung und deren Versicherung/ Haftpflicht international: Recht und Versicherung
PILJ	Personal Injury Law Journal
PIN	Personal Injury Newsletter
Pkw	Personenkraftwagen
PNLR	Professional Negligence Law Reporter
ProdHaftG	Produkthaftungsgesetz
PWms	Perre-Williams' Chancery & King's Bench Cases
QB	Law Reports, Queen's Bench
QBD	Law Reports, Queen's Bench Division
r.	Rule
RG	Reichsgerichtshof
RGBl.	Reichsgesetzblatt
RGRK	Reichsgerichtsrätekommentar
RGZ	Reichsgericht in Zivilsachen (Entscheidungssammlung)
RIQR	Personal Ingury & Quantam Reports
Rn.	Randnummer
RPC	Reports of Patent, Design and Trade Mark Cases
rr.	Rules
Rs.	Rechtssache
S.	Seite
s.	section
SA	Seufferts Archiv
SCR	Supreme Court Reports (Kanada)

SDBSup	Shaw and Dunlop's Supplement (Appeal Cases)
Sim&St	Simons & Stuart
SJ	Solicitors Journal
SLT	Scots Law Times
sog.	sogenannte (r)
Stark	Starkie's Nisi Prius Reports
Str	Strange
TGS	Transactions of the Grotius Society
TLR	Times Law Reports
TRIPS-Übk.	Trade-Related Aspects of Intellectual Property Rights-Übereinkommen
UK	United Kingdom
UKHL	United Kingdom – House of Lords
UKSC	United Kingdom – Supreme Court
UN	United Nations
UrhG	Gesetz über Urheberrecht und verwandte Schutzrechte
Urt.	Urteil
USA	Vereinigte Staaten von Amerika
v	versus
v.	von (m)
Vern	Vernon's Chancery Reports
VesJr	Vesey Junior's Chancery Reports
VesSen	Vesey Senior's Chancery Reports
vgl.	vergleiche
Victor.	Victoriae
VSCA	Supreme Court of Victoria – Court of Appeal
W&S	Wilson and Shaw's Appeal Cases
WarnErg	Warneyers Jahrbuch der Entscheidungen – Ergänzungsband
WarnR	Warneyers Rechtsprechung des Reichsgerichts
Will.	William's
WL	Westlaw
WLR	Weekly Law Reports
WLUK	Westlaw UK
WM	Zeitschrift für Wirtschafts- und Bankenrecht
WR	Weekly Reporter
WuB	Wirtschafts- und Bankenrecht
YLJ	The Yale Law Journal
ZEV	Zeitschrift für Erbrecht und Vermögensnachfolge
ZIP	Zeitschrift für Wirtschaftsrecht

ZPO	Zivilprozessordnung
ZTR	Zeitschrift für Tarif-, Arbeits- und Sozialrecht des öffentlichen Dienstes
zust.	zustimmend (e, er)
ZZP	Zeitschrift für Zivilprozess

Einleitung

Die gesetzliche Regelung der Beweisvereitelung beschränkt sich in der Zivilprozessordnung auf drei Beweismittel, nämlich den Urkundenbeweis (§§ 427, 441 Abs. 3, 444 ZPO), den Beweis durch Augenschein (§ 371 Abs. 3 ZPO) und die Parteivernehmung (§§ 446, 453 Abs. 2, 454 Abs. 1 ZPO). Diese Paragrafen stellen nach der in der Lehre und in der Rechtsprechung herrschenden Meinung Aspekte der allgemeinen Institution der Beweisvereitelung dar.[1] Die Rechtsprechung berücksichtigte auch früh vorprozessuale beweisvereitelnde Handlungen, die dem Prozess vorausgehen.[2]

Aus den gesetzlichen Vorschriften ergibt sich allerdings nicht eindeutig, welches Verhalten zur Beweisvereitelung führt. Fallgruppen der Beweisvereitelung lassen sich gestalten, wenn die gesetzlich geregelten Fälle als Richtschnur für die nicht reglementierten Handlungen gelten. Die deutsche Rechtsprechung hat in Analogie zu den gesetzlichen Vorschriften die Regel der Beweisvereitelung verallgemeinert. Sie umfasst die Vernichtung und den Vorenthalt eines Gegenstandes,[3] die Behinderung von dessen Besichtigung,[4] das Verhindern der Zeugenvernehmung durch die Verweigerung der Mitteilung der Anschrift[5] oder des Namens[6] des Zeugen und durch die Verweigerung der Entbindung von bestellten Zeugen von ihrer Schweigepflicht.[7]

Die vorprozessuale Beweisvereitelung ist komplizierter als die Beweisvereitelung während des Prozesses. Liegt ein Gegenstand schon vor, der in einem zukünftigen Prozess zum Beweis des Sachverhalts als Beweismittel wirken

---

1 BGH NJW 2002, 825 (827); Wieczorek/Schütze/*Ahrens*, § 444 Rn. 5; Zöller/*Greger*, § 286 Rn. 14a; *Koch*, S. 313; *Beckhaus*, S. 156.

2 RG JW 1931, 3321; RGZ 105, 255 (259); RGZ 101, 197 (198); RGZ 87, 434 (440); RGZ 60, 147 (152); RGZ 20, 5 (6); RG Recht 1913, Nr. 3234, 3235; RG Recht 1912, Nr. 45.

3 BGH NJW 2009, 360 (362); OLG Bremen MDR 2008, 1061 (1062); OLG Köln VersR 1992, 355 (356).

4 OLG Koblenz NJW-RR 2013, 796 (797); LG Dortmund, Urteil vom 18.5.2011 – 20 O 16/08, juris, Rn. 36; OLG München NJW 1984, 807 (808); OLG Koblenz NJW 1968, 897.

5 BGH NJW 1960, 821.

6 BGH GuT 2012, 384 (385); BGH NJW 2008, 982 (984).

7 OLG München NJW-RR 1987, 1021 (1022); BGH VersR 1981, 42; OLG Düsseldorf MDR 1976, 762; BGH NJW 1972, 1131 (1132); BGH NJW 1967, 2012; OLG Celle VersR 1966, 870; RG WarnErg 1912, 149.

könnte, darf die nicht beweisbelastete Partei ihn weder vernichten noch beeinträchtigen.[8] Befindet sich das Objekt in ihrem Besitz, muss die Partei ihn unversehrt aufbewahren.[9] Ein wichtiges Urteil in Bezug auf die Aufbewahrungspflicht ist der „Tupferfall",[10] in dem der Kläger Klage gegen den operierenden Arzt erhob, weil Letzterer bei einer Operation einen kleinen Tupfer aus der Wunde des Klägers zu entfernen versäumt hatte und deswegen eine zweite Operation durchführen musste, um den Tupfer zu entfernen. Weil der Kläger im Beweis des Verschuldens des Arztes in Beweisschwierigkeiten geriet, gewährte ihm das Gericht eine Beweiserleichterung. Das Gericht erkannte schließlich das Bestehen einer vorprozessualen Beweisaufbewahrungspflicht der ursprünglich nicht beweisbelasteten Partei unter besonderen Voraussetzungen an: Der Arzt hätte den Tupfer aufbewahren müssen, weil ein Prozess voraussehbar war und weil Arzt in Betracht hätte ziehen müssen, das der Tupfer eine Rolle im künftigen Rechtsstreit spielen würde.[11] Die Rechtsprechung hat indessen einen weiteren Schritt unternommen. Es wurde festgelegt, dass die ursprünglich nicht beweisbelastete Partei unter Umständen verpflichtet sein könnte, den Sachverhalt des künftigen Prozesses durch ihr eigenes Tätigwerden, genauer gesagt die vorprozessuale Beschaffung von Beweismitteln, aufklärbar zu machen. Diese Pflicht der nicht beweisbelasteten Partei wurde aufgestellt, weil es in besonderen Fällen der beweisbelasteten Partei im Gegensatz zu ihrem Prozessgegner vollkommen unmöglich ist, selbst Beweismittel zu sammeln.

Klare Fallgruppen sind wegen der Vielgestaltigkeit der Erscheinungsformen schwer aufzustellen. Es könnten Fälle auftreten, in denen die Einordnung des Verhaltens in der einen oder der anderen Fallgruppe schwer erscheint. Die Rechtsprechung rechtfertigt aber die Ahndung jeder Handlung aufgrund ihres Ergebnisses hinsichtlich der Beweisführung der beweisbelasteten Partei, und zwar aufgrund ihrer Erschwerung. Jede Handlung, die negativ auf die Beweisführung einer Partei wirkt, kann eventuell als Beweisvereitelung erachtet werden.

Evident ist weiterhin, dass die Gestaltung der Fallgruppen keine Antwort auf die Frage bieten kann, aus welchem Grund jemand dazu verpflichtet ist, seinem

---

8 OGH f. d. brit. Zone NJW 1949, 146 (146 f.); RGZ 101, 197 (198); BGH NJW 2002, 825.

9 BGH VersR 1955, 344 (345); BGH NJW 2007, 3130 (3131); BGH NJW 2006, 434 (436); OLG München NJW-RR 1989, 1371; OLG München VersR 1992, 320; OLG Düsseldorf VersR 1988, 352; OLG Köln, VersR 1988, 43 (44); OLG München OLGZ 1977, 79 (83); OLG Hamm OLGZ 1967, 74 (79); LG Bielefeld MDR 2016, 646 (647).

10 BGH VersR 1955, 344; vgl. OLG Köln VersR 1988, 43.

11 BGH VersR 1955, 344 (345); vgl. BGH NJW 1960, 821.

Gegner trotz der Beweislastverteilung die Mittel zu dessen Sieg zu gewähren. Obwohl es ein Gebot der Billigkeit zu sein scheint, der unverschuldet in Beweisnot geratenen Partei prozessual auszuhelfen, muss die Belastung der Gegenpartei auf einem grundlegenden Rechtsgedanken begründet werden.

Abgesehen von der Frage der Rechtsgrundlage der Ahndung der Beweisvereitelung ist auch das Problem von deren Rechtsfolgen anspruchsvoll. Sowohl die ältere als auch die aktuelle Rechtsprechung haben die Beweisvereitelung mit der Beweislastumkehr verbunden und das Rechtsfolgensystem durch die Einführung von Erleichterungen zu verbessern versucht. In dieselbe Richtung entwickelt sich des Weiteren die moderne Lehre, die die im deutschen Zivilprozess passendsten Alternativen erläutern möchte und zu verdeutlichen beabsichtigt, auf welche Weise diese Beweiserleichterungen kombiniert werden können.

In der vorliegenden Arbeit werden sowohl die Grundlage, die Tatbestandsvoraussetzungen und die Rechtsfolgen der Beweisvereitelung ermittelt. Die Ermittlung wird im Rahmen und unter besonderer Berücksichtigung des Beweislastverteilungssystems unternommen. Es wird versucht, sich allen erwähnten Fragen anzunähern und die Tatbestandsvoraussetzungen der deutschen Regel zu systematisieren. Die Untersuchung wird allerdings nicht nur in Hinblick auf den deutschen Prozess vorgenommen. Parallel dazu wird außerdem der englische Prozess vorgestellt. Ein Vergleich zwischen diesen Rechtsordnungen in Bezug auf die Frage der Beweisvereitelung kann erhebliche Wirkung für die Weiterentwicklung des deutschen Rechts haben. Deshalb wird zwischen der deutschen Beweisvereitelung und der englischen „spoliation of evidence" für jeden Aspekt eine Parallele gezogen, und zwar unter Berücksichtigung sowohl der Entstehungsgeschichte jeder Regel als auch der Besonderheiten jeder Rechtsordnung, wie diese heute gelten.

Erster Teil: Grundbegriffe der Beweislast im deutschen und englischen Recht

Abstract: This chapter examines and compares the fundamental rules of the distribution of the burden of proof in German and English law. In particular, it focuses on the basic concepts of the burden of proof in civil process, their function during the procedure, the legal sources of the principles which govern its distribution, as well as basic rules of the distribution itself. As for the English part, the examination of the rules of the burden of proof is preceded by a brief presentation of the stages of formation of the modern English legal system and an equally brief elaboration of fundamental concepts of the English legal system, in particular those of the common law system. The examination of the rules of the distribution of the burden of proof in English law is supplemented by an analysis of all categories of presumptions which can lead to its reversal during the procedure.

Keywords: Beweislast; Feststellungslast; Beweisführungslast; burden of proof; legal burden; evidential burden; tactical burden; legal presumption; evidential presumption.

§ 1: Umriss des Beweislastsystems im deutschen Recht

A. Objektive Beweislast

Die objektive Beweislast ist für jeden Zivilprozess von grundsätzlicher Bedeutung. Das Gericht muss davon überzeugt werden, dass die Voraussetzungen der anzuwendenden Regel vorliegen, um ihre Rechtsfolgen als eingetreten auszusprechen.[12] Die Beweisführung erfolgt, wenn das Gericht von der Wahrheit der streitigen und erheblichen Tatsachen überzeugt ist, die es dann der anzuwendenden Regel subsumiert.[13] Im Zivilprozess muss die Überzeugung nach § 286 Abs. 1 ZPO vollständig sein.[14] Jenseits der Überzeugung des Gerichts von der Wahrheit der Behauptungen der beweisbelasteten Partei am Schluss der Beweisführung sind noch zwei Möglichkeiten vorstellbar:[15] Das Gericht ist von der

---

12 *Leipold*, S. 31 ff. ; *Musielak*, JuS 1983, S. 198.

13 MüKoZPO/*Prütting*, § 286 Rn. 93; *Leipold*, S. 19 ff.

14 MüKoZPO/*Prütting*, § 286 Rn. 35.

15 *Leipold*, S. 19 ff.

Unwahrheit ihrer Behauptung überzeugt oder hegt Zweifel daran. Im letzten Fall mündet die Beweisführung in non liquet,[16] nämlich in die Unaufklärbarkeit des Sachverhalts. Die beweisbelastete Partei bleibt beweisbedürftig und verliert den Rechtsstreit.

Aufgrund des verfassungsrechtlichen Justizgewährungsanspruchs, der das Gericht verpflichtet, eine Sachentscheidung über den Rechtsstreit zu fällen, ist das Gericht dazu angehalten, dies auch im Fall zu tun, wenn das Gericht es nicht geschafft hat, die Wahrheit am Schluss der Beweisaufnahme herauszufinden.[17] Die Funktion der objektiven Beweislast besteht dann darin, trotz des weiter bestehenden Zweifels an der Wahrheit den Erlass einer Entscheidung am Schluss des Prozesses zu ermöglichen.[18] Die daran geknüpfte Frage, zulasten welcher Partei die Entscheidung gefällt werden muss, wird durch die Beweislastverteilung jedenfalls abstrakt beantwortet.[19] Die grundsätzliche Regel der Beweislastverteilung lautet wie folgt: Jede Partei trägt die Beweislast für Tatsachen, die zur Begründung der ihr günstigen Norm notwendig sind.[20]

Der entscheidende Zeitpunkt wird nicht willkürlich vom Gericht bestimmt. Wenn Beweismittel verfügbar sind und nicht wider die Präklusion aus der Prozessförderungspflicht gemäß § 282 ZPO erbracht werden,[21] kann das Gericht die Wahrheit weiter ermitteln.[22] Das Gericht hat sich nach der Beweisaufnahme und der Verhandlung über ihr Ergebnis einen Überblick verschafft. Wenn es danach noch zweifelt und keine Aussicht auf die Sachverhaltserklärung vorstellbar ist, ist eine Beweislastentscheidung zu erlassen.[23]

---

16 Hk-ZPO/*Saenger*, § 286 Rn. 53; *Prütting*, S. 14.

17 Baumgärtel/*Laumen*/Prütting, HdB-Grundlagen, Kap. 9 Rn. 1; Rosenberg/Schwab/*Gottwald*, § 2 Rn. 2; Hk-ZPO/*Saenger*, § 286 Rn. 52; Wieczorek/Schütze/*Ahrens*, Vor § 286 Teil A Rn. 3; MüKoZPO/*Prütting*, § 286 Rn. 93; *Gottwald*, Jura 1980, S. 225; *Prütting*, S. 124 f.

18 MüKoZPO/*Prütting*, § 286 Rn. 93; Zöller/*Greger*, Vor § 284 Rn. 15; *Leipold*, S. 18 f. ; *Musielak*/*Stadler*, Grundfragen, Rn. 213.

19 Wieczorek/Schütze/*Ahrens*, Vor § 286 Teil A Rn. 29; *Leipold*, S. 45; Stein/Jonas/*Thole*, 23. Aufl., § 286 Rn. 93; Zöller/*Greger*, Vor § 284 Rn. 17; *Gottwald*, Jura 1980, S. 227.

20 Rosenberg/Schwab/*Gottwald*, § 116 Rn. 10.

21 BGH NJW 2008, 1312 (1313).

22 MüKoZPO/*Prütting*, § 286 Rn. 93; Hk-ZPO/*Saenger*, § 286 Rn. 53; *Prütting*, S. 14.

23 Stein/Jonas/*Thole*, § 286 Rn. 93; *Prütting*, S. 14.

B. Subjektive Beweislast

I. Funktion der subjektiven Beweislast

Der zweite Aspekt der Beweislast ist die sogenannte subjektive Beweislast. Diese bestimmt, welche Partei mit der Beibringung von Beweisen belastet wird,[24] und folgt der Verteilung der objektiven Beweislast.[25] Die Verteilung der subjektiven Beweislast gemäß der Verteilung der objektiven Beweislast, nämlich ihr Einfluss auf die früheren Abschnitte des Verfahrens, stellt die „Vorwirkung" der objektiven Beweislast dar,[26] die die Parteien dazu anregt, zur Verteidigung ihrer prozessualen Interessen tätig zu werden und Beweismittel zu sammeln, um Prozessnachteile aus ihrer potenziellen Beweislosigkeit im Prozess zu vermeiden.[27]

Die beweisbelastete Partei führt den Hauptbeweis.[28] Ihre Beweisführung ist erfolgreich, wenn das Gericht von der Wahrheit der Tatsachen überzeugt ist, die der anzuwendenden Regel zugrunde liegen.[29] Diesbezüglich sind zwei Alternativen vorstellbar: Entweder kommt die beweisbelastete Partei ihrer Last nicht nach und bietet keine Beweismittel an und muss deshalb mit der Abweisung ihrer Behauptungen wegen Beweisfälligkeit rechnen.[30] Wenn die Partei andererseits Beweismittel vorbringt, entscheidet das Gericht aufgrund dieser Beweismittel.

II. Konkrete Beweisführungslast

Die Chancen des Beweisführers auf einen Prozesssieg hängen nicht nur von der Beweiskraft der von ihm vorgebrachten Beweise ab, sondern auch vom Erfolg des Gegenbeweises seines nicht beweisbelasteten Gegners. Dieser versucht, beim Richter Zweifel zu schüren an der Wahrheit der Behauptungen der beweisbelasteten Partei, ohne die Möglichkeit auszuschließen, dass der nicht beweisbelastete

---

24 Baumgärtel/*Laumen*/Prütting, HdB-Grundlagen, Kap. 9 Rn. 32.

25 *Prütting*, S. 23; Rosenberg/Schwab/*Gottwald*, § 116 Rn. 4; Zöller/*Greger*, Vor § 284 Rn. 18; Wieczorek/Schütze/*Ahrens*, Vor § 286 Teil A Rn. 24; Stein/Jonas/*Thole*, § 286 Rn. 100; *Gottwald*, Jura 1980, S. 226.

26 *Prütting*, S. 28; Wieczorek/Schütze/*Ahrens*, Vor § 286 Teil A Rn. 51.

27 *Gottwald*, Jura 1980, S. 226; *Prütting*, AnwBl. 2008, S. 156.

28 Rosenberg/Schwab/*Gottwald*, § 111 Rn. 12.

29 Rosenberg/Schwab/*Gottwald*, § 111 Rn. 13.

30 Wieczorek/Schütze/*Ahrens*, Vor § 286 Teil A Rn. 21; Baumgärtel/*Laumen*/Prütting, HdB-Grundlagen, Kap. 9 Rn. 38; Hk-ZPO/*Saenger*, § 286 Rn. 55.

Gegner das Gericht von der Unwahrheit der Behauptungen der beweisbelasteten Partei überzeugt.

Es ist vorstellbar, dass im Laufe der Beweisführung das Gericht zur vorläufigen Überzeugung in Bezug auf die Wahrheit der Behauptungen des Beweisbelasteten kommt.[31] In diesem Fall ändert sich die Prozesssituation und der nicht beweisbelastete Gegner trägt ab diesem Punkt die Last eines Beweisantritts, damit er die Behauptungen der beweisbelasteten Partei durch den Gegenbeweis wieder zweifelhaft macht.[32] Es handelt sich nicht um eine Last, die sich aus der Beweislastverteilung ergibt.[33] Sie widerspiegelt nämlich das reale Risiko, dass diese vorläufige Überzeugung des Gerichts sich zur abschließenden Überzeugung entwickelt. Die nicht beweisbelastete Partei trägt dann die konkrete subjektive Beweislast.[34] Ab diesem Zeitpunkt muss der Gegner die bewiesenen Behauptungen wieder in Zweifel ziehen.[35]

Zu Beginn des Prozesses und vor der Bildung der vorläufigen Überzeugung des Gerichts trägt die beweisbelastete Partei beide subjektiven Beweislasten, nämlich die subjektiv abstrakte und die subjektiv konkrete Beweislast, das heißt die rechtliche Last, Beweismittel vorzubringen, und die reale Last, das Gericht zu überzeugen.[36] Die konkrete Beweisführungslast trägt folglich zu Beginn des Beweisverfahrens immer der Beweisführer, diese kann aber mehrmals während des Prozesses zwischen den Parteien wechseln. Zur Darstellung ihrer Bewegung im Laufe der Beweisaufnahme zwischen den Prozessparteien wird manchmal das anschauliche Bild „hin- und herpendeln" verwendet.[37] Dieser Wechsel der konkreten Beweisführungslast bedeutet keine Umkehr der abstrakten Beweisführungslast, denn sie hat ausschließlich innerprozessuale Wirkung im Rahmen jedes konkreten Beweisverfahrens.[38] Die abstrakte Möglichkeit, dass die nicht

---

31 Hk-ZPO/*Saenger*, § 286 Rn. 56; *Musielak*, S. 47 ff. ; *Prütting*, S. 9; Rosenberg/Schwab/ Gottwald, § 116 Rn. 6.

32 Rosenberg/Schwab/*Gottwald*, § 111 Rn. 13.

33 *Prütting*, S. 9.

34 *Prütting*, S. 9; *Gottwald*, Jura 1980, S. 227; Hk-ZPO/*Saenger*, § 286 Rn. 56.

35 *Musielak/Stadler*, Grundfragen, Rn. 216; *Musielak*, S. 46 ff. ; Wieczorek/Schütze/ *Ahrens*, Vor § 286 Teil A Rn. 27; *Gottwald*, Jura 1980, S. 227.

36 *Prütting*, S. 9.

37 *Musielak*, S. 49, „Hin- und Herpendeln der Beweisführungslast"; Wieczorek/Schütze/ *Ahrens*, Vor § 286 Teil A Rn. 27, „hin- und herwechseln"; Hk-ZPO/*Saenger*, § 286 Rn. 56, „hin- u herwechseln".

38 Baumgärtel/*Laumen*/Prütting, HdB-Grundlagen, Kap. 9 Rn. 44.

beweisbelastete Partei im Laufe des Prozesses möglicherweise wegen der vorläufigen Überzeugung des Gerichts die konkrete Beweisführungslast aufnimmt, bildet zudem ein reales Risiko für sie und regt sie an, schon vorprozessual prospektive Beweismittel zu sammeln und vorzubringen. Die Umkehr der konkreten Beweisführungslast bewirkt also weder die Umkehr der abstrakten Beweisführungslast noch der objektiven Beweislast.

§ 2: Umriss des Beweislastsystems im englischen Recht

A. Begriffsbestimmung grundsätzlicher Begriffe des englischen Rechts

I. Einblick in die Gestaltung des englischen Justizsystems

Es empfiehlt sich, der Darstellung der Grundbegriffe der Beweislastverteilung im englischen Recht eine Präsentation der Gestaltungsweise der englischen Rechtsordnung voranzustellen. Im Folgenden wird erklärt, wie sich die Begriffe des englischen Rechts durch jahrelange Ausübung der juristischen Tätigkeit der englischen Gerichte entwickelt haben und welchen Inhalt diese haben.

Nach der Analyse von *Kiralfy* wird die Geschichte des „Common Law" in fünf Perioden eingeteilt.[39] Diese beginnen mit der normannischen Eroberung Englands im Jahr 1066. Davor bestand sein Rechtssystem aus mündlichen Gewohnheitsregeln[40] oder fremden Rechten.[41] Doch mit diesem Datum begründete *Wilhelm der Eroberer* eine Einrichtung, die sogenannte Curia Regis, einen Königsrat, der legislative und judikative Gewalt ausübte. Wenn ein „seignorial", grundherrschaftlicher Rechtsstreit[42] vorlag und eine Partei sich am Ende des Prozesses vor dem örtlichen Gericht ungerecht behandelt fühlte, stand ihr das Recht zu, sich an die Curia Regis zu wenden, die durch ein „Writ of Right Patent"

---

39 *Kiralfy*, Legal History, S. 7 ff. , von der Eroberung Englands (1066) bis *Edward I.*; von *Edward I.* (1272) bis *Henry VII.* (1485); von *Henry VII.* (1485) bis zur Akzession von *Charles II.* (1660); von der *Stuart*-Restauration (1660) bis zur juristischen Reformation (um 1830); von der juristischen Reformation bis heute.

40 *Kiralfy*, Legal History, S. 7.

41 *Darbyshire*, System, Rn. 8-002; *Allbon/Kaur Dua*, System, S. 10.

42 *Kiralfy*, Law and institutions, S. 17, der Grundherr hatte das Recht, Gericht für alle Bewohner, die sich in seinem Eigentum aufhielten, abzuhalten.

das Urteil des örtlichen Gerichtes aufheben konnte.[43] Der Rechtsstreit wurde dann vor der Curia Regis durch Richter beurteilt.[44] Gleichzeitig bestanden allerdings auch andere Gerichte.[45]

Die Curia Regis übernahm allmählich die Kontrolle über verschiedene Verwaltungs- und Zuständigkeitsgebiete.[46] Das führte zur Ausgestaltung eines zentralisierten Justizsystems.[47] Was das materielle Recht während dieser ersten Perioden anbelangt, versuchten die Könige die örtlich bestehenden Regeln so weit möglich unangetastet zu lassen.[48] Der Schaden einer Person wurde nur in Ausnahmefällen wiedergutgemacht, wenn gemäß dem Prinzip „ubi remedium ibi jus" ein entsprechendes Writ vorlag.[49]

Aber trotzdem wurde ein Versuch zur Vereinheitlichung dieser parallel bestehenden Regeln in dieser Periode durch *Henry II* ab 1154[50] vorgenommen. Seine Zeit wird als die klassische Zeit des englischen Rechts bezeichnet, als die Königsrichter aus der Vielfalt der örtlichen Regeln des normannischen Rechts und denen des römischen Rechts[51] ein gemeinsames Recht für alle königlichen Gerichte und für alle Menschen entwickelten.[52] Der Titel Common Law stammt aus dem kanonischen Recht („Canon Law").[53] Das jus commune galt für alle Gläubiger an der Universal Church gemeinsam und unterschied sich von den Privilegien und von den besonderen Gewohnheitsregeln der örtlichen Kirchen.[54] Im Fall einer Lücke im Gewohnheitsrecht richtete sich das neue Recht nach den zu der Zeit bestehenden Glaubensvorstellungen von „right and wrong".[55] Das Gesetz wurde nicht nur von Richtern aufgestellt, sondern auch von manchen

43 *Kiralfy*, Law and institutions, S. 13, 104, trotz ihres Namens war die Curia Regis nicht nur ein Gerichtshof, sondern auch ein Verwaltungsorgan, auf dessen Beratung hin der König regierte.
44 *Kiralfy*, Legal History, S. 9 f.
45 *Wild/Weinstein*, English Law, S. 8.
46 *Walter*, Legal System, S. 3.
47 *Kiralfy*, Law and institutions, S. 18.
48 *Kiralfy*, Law and institutions, S. 13; *Wild/Weinstein*, English Law, S. 6 f.
49 *Kiralfy*, Legal History, S. 11; *Darbyshire*, System, Rn. 8-008.
50 *Wild/Weinstein*, English Law, S. 8.
51 *Kiralfy*, Law and institutions, S. 20; *O'Sullivan*, TGS 1945, S. 120, der Royal Tribunal sei auch vom kanonischen Recht beeinflusst worden.
52 *Wild/Weinstein*, English Law, S. 8; *Darbyshire*, System, Rn. 8-006.
53 *O'Sullivan*, TGS 1945, S. 119.
54 *O'Sullivan*, TGS 1945, S. 119.
55 *Kiralfy*, Legal History, S. 10 und *ders.*, Law and institutions, S. 21.

gesetzgebenden Einrichtungen, die „Statutory" waren, das heißt ausschließlich zur Legislative gehörten.[56] Im Laufe der Zeit hatten die rechtsprechenden „Justices" das Common Law weiterentwickelt und verfeinert und sich progressiv an vorausgehende Entscheidungen der Common-Law-Gerichte angepasst, zumal diese Urteile Recht darstellten.[57]

In der dritten Periode gab es für das Common Law zwei Herausforderungen. Im frühen 16. Jahrhundert unter der Herrschaft der *Tudors* strebte eine Bewegung danach, das Common Law durch das römische Recht zu ersetzen.[58] Zusätzlich gab es in der Mitte eben dieses Jahrhunderts einen Bürgerkrieg. Das neue Recht überstand beide Krisen. Einerseits war es inzwischen ausreichend ausgearbeitet worden, sodass es dem römischen Recht gleichwertig war, wenngleich nicht so durchdacht und systematisiert; des Weiteren hatte die neue Rechtsform, das „Equity", verschiedene „remedies" bereitgestellt,[59] die Beschwerden des römischen Rechts überflüssig machten.[60] Das Tauziehen zwischen *James II.* und dem Parlament mündete schließlich in einen Sieg von Letzterem. Der König anerkannte die Überlegenheit des Gesetzes, was eine Einschränkung seiner Privilegien bedeutete, auch wenn parallel zu den Common-Law-Gerichten der „Court of Chancery", das ist das „Equity"-Gericht, noch weiter bestand.[61]

Nach diesen Krisen und bis zur vierten Periode seiner Geschichte war das Common Law vollständig ausgereift.[62] Die Richter entwickelten es noch weiter und setzten die von den vorausgehenden Richtern geebneten Wege fort. Nur in Ausnahmefällen wichen sie von der Rechtsprechung ab, wenn es um die Besonderheiten eines neuen speziellen Falles ging. Die Rechtsförderung blieb in den Händen der Richter bis zum 19. Jahrhundert.[63]

Insbesondere im Hinblick auf das Justizsystem wurde das englische Zivilprozessrecht vor dem 19. Jahrhundert von den Gerichten ausgestaltet. Das hatte zu einer erheblichen Defragmentierung des Rechts geführt. Auch wenn sich das Common Law mittlerweile grundsätzlich durchgesetzt hatte, unterschieden sich

56 *Kiralfy*, Legal History, S. 11.

57 *Kiralfy*, Legal History, S. 12 ff.

58 *Kiralfy*, Law and institutions, S. 42 ff.

59 *Darbyshire*, System, Rn. 8-012, das einzige verfügbare Rechtsmittel gegen Vertragsverletzungen im Common Law war damals die Schadensersatzklage; *Wild/Weinstein*, English Law, S. 11; *Bailey/Ching/Taylor*, System, Rn. 1-005.

60 *Kiralfy*, Legal History, S. 16.

61 *Kiralfy*, Legal History, S. 17.

62 *Kiralfy*, Legal History, S. 18.

63 *Kiralfy*, Law and institutions, S. 52.

die Zuständigkeiten sehr voneinander und waren kompliziert geworden.[64] Das löste im 19. Jahrhundert einen Modernisierungsversuch aus. Das Parlament verabschiedete im Rahmen einer juristischen Reform eine Reihe von Gesetzen: die „Uniformity of Process Act 1832“[65], die „Civil Procedure Act 1833“[66] und die „Real Property Limitation Act 1833“[67]. Diese Modernisierung wurde in den 50er Jahren des 19. Jahrhunderts durch drei „Common Law Procedure Acts“[68] weitergeführt und mündete in den „Judicature Act 1873“[69] und den „Supreme Court of Judicature Act 1875“.[70] Die schon davor bestehenden Gerichte, nämlich „Court of Chancery“, „King's Bench“, „Court of Common Pleas“, „Court of Exchequer“, „High Court of Admiralty“, „Court of Probate“ und „Court of Divorce and Matrimonial Causes“ wurden im „Supreme Court of Juricature“ vereinigt, der auf zwei Instanzen fungierte, nämlich auf der Instanz des „High Court of Justice“ als erstinstanzliches Gericht, und der des „Court of Appeal“ als Berufungsgericht.[71] Das neue „Supreme Court of Juricature“ stellte Gerechtigkeit nach dem „Common Law“ und „Equity“ her. Dieser Act wurde später durch das „Supreme Court of Judicature Act (Consolidation) 1925“[72] ersetzt und dieses wiederum durch den „Senior Courts Act 1981“.[73] Das „Supreme Court of Juricature 1873“ wurde aufgrund des „Constitutional Reform Act 2005“ Part 3 Section 59 (1)[74] in „Senior Courts of England and Wales“ umbenannt. Das „Senior Court of England and Wales“ besteht heute aus drei Gerichten, nämlich aus dem „High Court of Justice“, dem „Crown Court“ und dem „Court of Appeal“. Das „Supreme Court of the United Kingdom“ wurde aufgrund des „Constitutional Reform Act 2005 (c. 4)“ Part 3 Section 23 (1) gegründet und dieses hat sowohl das House of Lords in seiner Berufungszuständigkeit als auch das „Judicial Committee“ des „Privy Counsil“ in seiner Devolutionszuständigkeit gemäß dem „Constitutional

64 *Kiralfy*, Law and institutions, S. 343.
65 Uniformity of Process Act 1832, 2 & 3 *Will.* 4, c. 39.
66 Civil Procedure Act 1833, 3 & 4 *Will.* 4, c. 42.
67 Real Property Limitation Act 1833, 3 & 4 *Will.* 4, c. 27.
68 Common Law Procedure Act, 15 & 16 *Vict.* c. 76, 17 & 18 *Vict.* c. 125, 23 & 24 *Vict.* c. 126.
69 Judicature Act 1873, 36 & 37 *Vict.* c. 66.
70 Supreme Court of Judicature Act 1875, 38 & 39 *Vict.* c. 77.
71 Das House of Lords blieb Berufungsgericht (The Appellate Jurisdiction Act 1876, 39 & 40 *Vict.* c. 59).
72 Supreme Court of Judicature Act (Consolidation) 1925, 15 & 16 *Geo.* c. 49.
73 Senior Courts Act 1981, c. 51.
74 Constitutional Reform Act 2005, c. 4.

Reform Act 2005 (c. 4)“ Part 3 Section 40 ersetzt. Die „Civil Procedure Rules“ sind „Statutory Law“, das vom „Civil Procedure Rules Committee“ aufgestellt wurde[75] und das die Verfahren des „High Court of Justice“, des „Court of Appeal“ und der „County Courts“ in Zivilsachen festlegt.

II. Grundbegriffe des Common Law

1. „Case law“ als Rechtsquelle

Das Common Law deckt sich nicht mit den Begriffen „Case Law“ und „Judge made Law“. Die Bezeichnung einer Rechtsordnung als Common Law bedeutet, dass grundsätzliche Prinzipien dieser Rechtsordnung im Laufe der Zeit durch die Rechtsprechung ausgestaltet worden sind.[76] Es handelt sich um ein Rechtssystem, das sich von anderen Rechtssystemen unterscheidet, zum Beispiel der „Romano-Germanic“-Familie.[77] „Statutory Law “ und „Case Law“ sind beide Quellen des Common Law.[78]

Das Stare-decisis-Prinzip bedeutet, dass die Gerichte dem „precedent“, nämlich dem Präzedenzfall, folgen müssen, sofern die Sachverhalte der zwei Fälle dieselben sind.[79] Das ist im Wesentlichen die Grundregel des „Case Law“.[80] Soweit das „Statutory Law“ einen Lebensbereich unreglementiert lässt, sind die anwendbaren Regeln in der Rechtsprechung zu ermitteln. Die Gerichte können vom Präzedenzfall nur in Ausnahmefällen abweichen, nämlich wenn die Fälle ausschlaggebende Unterschiede aufweisen. Doch auch dann können diese Präzedenzfälle „persuasive authorities“ darstellen, auf die die Gerichte Rücksicht nehmen können.[81]

In der Geschichte des Common Law wird die gesetzgebende Hoheit der englischen Gerichte parallel zur Hoheit des Königs und seines Rates dargestellt. Den Entscheidungen der Gerichte wurde dennoch nicht von Anfang an die Kraft des Gesetzes zugesprochen. In früherer Zeit trafen die Richter ihre Urteile aufgrund von Gewohnheiten.[82] Die systematische Veröffentlichung von Entscheidungen

---

75 Gemäß Civil Procedure Act 1997 s. 2.

76 *Darbyshire*, System, Rn. 10-011.

77 *Darbyshire*, System, Rn. 10-017; *Bailey/Ching/Taylor*, System, Rn. 1-003.

78 *Gillespie/Weare*, Legal System, S. 24; *Darbyshire*, System, Rn. 2-001.

79 *Wild/Weinstein*, English Law, S. 45; *Bailey/Ching/Taylor*, System, Rn. 7-001.

80 *Gillespie/Weare*, Legal System, S. 68; *Darbyshire*, System, Rn. 2-029.

81 *Darbyshire*, System, Rn. 2-036.

82 *Walker*, Legal System, S. 3.

in kohärenten und organisierten Zusammenstellungen war eher selten, sodass nur über Urteile von herausragender Bedeutung berichtet wurde.[83]

Diese Konzipierung über die Kraft der Präzedenzfälle wurde schrittweise geändert. Mitte des 14. Jahrhunderts hielten die Richter zwar nicht jedes einzelne Urteil selbst für Recht, sondern nahmen die darin enthaltenen Begründungen als „persuasive authority" an,[84] die somit je nach Instanz des erlassenen Gerichts als stärker angesehen wurden.[85] Einer anderen Ansicht nach wurde die Zitierung von Begründungen und Urteilen anderer Gerichte als Beweis des geltenden Rechts verstanden, nämlich als Mittel, um herauszufinden, welche Gewohnheiten bestanden.[86] Diese Praxis nahm durch den Druck neuer und kompletter Entscheidungssammlungen („Year Books") zu.[87]

Im 18. Jahrhundert war klargestellt worden, dass dem Einzelfall eine abstrakte und allgemeine Regel durch Deduktion zu entnehmen ist, die als ein Teil des geltenden Rechts zu erachten ist.[88] Im Jahr 1865 gründeten die „Inns of Court" und die „Law Society" eine neue Einrichtung, nämlich das „Council for Law Reporting", das später zum „Incorporated Council for Law Reporting in England and Wales" umbenannt wurde.[89] Seine Aufgabe bestand in der Berichterstattung über Urteile, durch die Mitarbeit der „Inns of Court und der Masters of the Bench" wurden die Berichte des Council jedoch zu „authority".[90] Die Festlegung des Stare-decicis-Prinzips führte im 20. Jahrhundert zur Verfeinerung der Ermittlungsmethoden der festgelegten Regel in Präzedenzfällen.[91]

2. „Ratio decidendi" – Kernpunkt der Entscheidung

Als „ratio decidendi" wird die Regel bezeichnet, die jeder gerichtlichen Entscheidung im „Case Law" zugrunde gelegt wird. Eine expressis verbis bzw. impliziert[92]

---

83 *Gillespie/Weare*, Legal System, S. 68.

84 *Wild/Weinstein*, English Law, S. 8.

85 *Kiralfy*, Legal History, S. 28 f.

86 Goldstein/*Evans*, Precedent, S. 36.

87 *Kiralfy*, Law and institutions, S. 52; *Gillespie/Weare*, Legal System, S. 68, das war eine Reihe privater Year Books ab dem 16. Jahrhundert.

88 *Kiralfy*, Legal History, S. 29; Goldstein/*Evans*, Precedent, S. 45, das Stare-decisis-Prinzip habe vor ihrer klaren Festlegung bereits gegolten. Die Gerichte wären aber nicht an alle Präzedenzfälle gebunden, sondern nur an Fälle, die im Laufe der Zeit stark gefestigte Regeln und Lehren beinhalteten.

89 *Gillespie/Weare*, Legal System, S. 68.

90 *Gillespie/Weare*, Legal System, S. 69.

91 Goldstein/*Evans*, Precedent, S. 64.

92 *Goodhart*, YLJ 1928, S. 168.

ausgedrückte Regel entwickelt Bindungswirkung für alle folgenden Gerichte in allen folgenden Prozessen.[93]

Im Hinblick auf die Entscheidung selbst unterscheidet sich das Stare-decisis-Prinzip begrifflich vom Begriff „obiter dictum". Wenn die Bemerkung eines Richters als obiter dictum bezeichnet wird, dann bestimmt sie keinesfalls die Entscheidung, sondern sie wird einfach anlässlich der Darstellung der Begründungen („reasons") des Gerichts erwähnt und entwickelt deshalb keine Bindungswirkung.[94] Dieser Begriff ist zudem vom Begriff „judicial dicta" zu unterscheiden, der lediglich relevante Rechtsfragen betrifft, ohne Einfluss auf das Ergebnis des Prozesses zu nehmen.[95]

In Anbetracht der Problematik der Bindungswirkung von Präzedenzfällen stellt sich die Frage, ob die Präzedenzfälle eine Rechtsquelle darstellen oder das darin angewendete Recht eine andere Rechtsgrundlage hat. Für die zweite Auslegung plädiert *Milsom*.[96] Seiner Lehre nach legen die Gerichte durch die Rechtsprechung keine Regel fest, sondern sprechen den Parteien Recht zu; Recht und Unrecht seien absolut und deshalb unabhängig von den Besonderheiten jedes Einzelfalles. Demzufolge finde und offenbare das Gericht das Recht, begründe es aber nicht. Dieses Verständnis um die Wirkung der Rechtsprechung greift auf die Lehre *Blackstones* im 18. Jahrhundert zurück.[97]

Einer anderen Auffassung nach wird den Gerichten die Hoheit anheimgestellt, für jeden Fall eigenständig zu entscheiden, ohne Gebote aus einem abstrakten, absoluten, logischen System abzuleiten und zu konkretisieren.[98] Die Gerichte stellen demgemäß angesichts der Besonderheiten jedes Einzelfalles Gerechtigkeit her. Diese Ansicht hält die ratio decidendi für verbindlich, wenn ein Gericht den gleichen Tatbestand vorher lediglich beurteilt hat. Andernfalls könne das Gericht ungehindert eine neue Entscheidung treffen. Dieser Ansicht

---

93 *Wild/Weinstein*, English Law, S. 45; *Darbyshire*, System, Rn. 2-038; In *Austin v Southwark London Borough Council*, [2011] 1 AC 355, Rn. 24 f. , wurde festgestellt, dass der Supreme Court seine eigenen Urteile aufheben („overruling") kann, und zwar im Einklang mit dem Practice Statement (Judicial Precedent) [1966] 1 WLR 1234 des House of Lords; *Young v Bristol Aeroplane Company, Limited*, [1946] AC 163 (169), das gilt auch für den Court of Appeal.

94 *Wild/Weinstein*, English Law, S. 46.

95 *Bailey/Ching/Taylor*, System, Rn. 7-003.

96 *Milsom*, Judge-made law, S. 220.

97 Goldstein/ *Wesley-Smith*, Stare Decisis, S. 73 f. , m. w. N.

98 *Quinn v Leathem* [1901] AC 495 (506); vgl. *Halsbury*, Laws of England, Rn. 1682 – Ratio decidendi.

nach stellt ein Gericht eigentlich Recht fest. Im Einklang mit diesem Gedanken steht die Lehre *Goodharts.* Seiner Ansicht nach kommt es nicht darauf an, ob die im Urteil aufgeführten Argumente bzw. die vorgenommene Analyse von Präzedenzfällen korrekt seien, vielmehr seien ihre Begründungen entscheidend.[99] Dasselbe Verständnis liegt auch der Begriffsbestimmung der ratio decidendi von *Halsbury* zugrunde:

> „The enunciation of the reason or principle on which a question before the Court has been decided is alone binding as a precedent."[100]

Der Philosoph *Hobbes* hat im 17. Jahrhundert hierzu ebenfalls Stellung genommen."[101] Die Grundlage dieser Konzipierung der Rechtsprechung besagt, dass die Vernunft („reason") unter der Menschheit keinen allgemeinen Standard habe und und daher der Herrscher („sovereign") seiner eigenen Vernunft nach für alle Fälle Recht sprechen müsse.[102] Nach *Hobbes* Lehre ist jede Ermittlung einer abstrakten Gerechtigkeit vergeblich.

Von der ratio decidendi ist die Bindungswirkung zwischen den im konkreten Fall einbezogenen Parteien zu unterscheiden. Obwohl die Rechtskraft („res judicata") eines Urteils ausschließlich die Parteien bindet und verhindert, denselben Prozess erneut zu führen, macht die ratio decidendi die Auslegung der dem Urteil zugrunde gelegten Regel für die Gerichte verbindlich.[103]

Die Klarstellung der ratio decidendi in einem Urteil ist ebenso entscheidend wie die Auslegung des parlamentarischen Gesetzestextes. Neben den Auslegungsmethoden des „Statutory Law" sind folglich Methoden zur Erläuterung der ratio decidendi entwickelt worden. Grundlegend dafür sind die Methoden nach *Wambaugh, Oliphant* und *Goodhart.*

Die Lehre von *Wambaugh* folgt einem indirekten Weg und wird ziemlich einfach präsentiert:[104] Demnach habe man zuerst im Urteil herauszufinden, mit welchem Satz das Gericht seine Entscheidung begründet. Dieser Satz sei die entscheidende Regel. Daraufhin müsse in diesen Satz ein Wort eingesetzt werden, das dessen Bedeutung ändert. Sollte dies keinen Einfluss auf die Entscheidung

99 *Goodhart*, YLJ 1928, S. 162.

100 *Halsbury*, Laws of England, Rn. 1682 (r).

101 *Hobbes Thomas*, A Dialogue Between a Philosopher and a Student, of the Common Laws on England, S. 55, zitiert in Goldstein/*Postema*, Precedent, S. 11.

102 *Hobbes Thomas*, Questions Concerning Liberty, Necessity, and Chance in Goldstein/*Postema*, Precedent, S. 11 m. w. N.

103 *Halsbury*, Laws of England, Rn. 1682 (b).

104 *Wambaugh*, Cases, S. 17 f.

haben, sei dieser Satz nicht die ratio decidendi. Nach *Wambaugh* kann es sich bei der ratio decidendi nur um einen Satz handeln, dessen Missachtung dem Rechtsstreit einen anderen Schluss geben würde. Gegen diese Lehre wird allerdings zu Recht beanstandet, dass sie nicht die ratio decidendi, sondern eigentlich die Teile, die nicht die ratio decidendi bilden, anzeigt.[105]

Oliphant vertritt einen anderen Standpunkt als *Wambaugh*. Seiner Ansicht nach ist das wichtigste Merkmal des „Common Law" dessen praktischer Charakter, und zwar in dem Sinne, dass die Gerichte sich nicht mit gegenstandslosen Abstraktionen von Präzedenzfällen beschäftigen sollten, sondern mit der Weise, in der sie passende Lösungen zu aktuellen Problemen anbieten können.[106] Diese Ansicht wird damit begründet, dass das Recht durch exzessive Abstrahierung seine Verbindung zum täglichen Leben verliere.[107] Es sei günstiger für die Wissenschaft, wenn der Jurist sich nicht auf die abstrakten Ausführungen, sondern auf das schweigende („nonvocal") Verhalten des Gerichts konzentrieren würde.[108] *Oliphant* deutet damit an, dass das Objekt des Juristen die Ermittlung der objektiven Reaktion des Richters auf den Einzelfall sei, nicht seine Begründungen. Er sieht die ratio decidendi deshalb zwar als unabhängig von den aufgestellten Begründungen, aber wahrnehmbar in der realen Reaktion des Gerichts.[109]

Goodhart widerspricht dieser Erläuterung und schlägt seine eigene Methode vor.[110] Auch er lehnt, wie *Oliphant*, einen notwendigen Zusammenhang zwischen der Begründung („reasons") und der ratio decidendi ab.[111] Dass die beiden Elemente unabhängig voneinander seien, wird durch folgendes Argument des Autors ersichtlich:[112] In der Rechtsprechung gebe es wichtige Urteile, die auf fehlerhaften Gedanken aufgebaut worden seien, in dem Sinne, dass die Gerichte die entscheidenden rechtlichen Elemente, Regeln und Präzedenzfälle, fehlerhaft angewendet hätten, weil sie diese Elemente missverstanden hätten. Denn nach *Goodharts* Ansicht haben die Gerichte gerechte Urteile auf falschen Gedanken aufgebaut. Obwohl die Gerichte geglaubt hätten, dass eine Regel oder ein Präzedenzfall bestanden habe, hätten sie sich tatsächlich geirrt und durch

---

105 *Cross*, Precedent, S. 50 ff. steht der Methode von *Wambaugh* kritisch gegenüber.
106 *Oliphant*, ALSR 1928, S. 227 f.
107 *Oliphant*, ALSR 1928, S. 224.
108 *Oliphant*, ALSR 1928, S. 229.
109 *Oliphant*, ALSR 1928, S. 229.
110 *Goodhart*, YLJ 1928, S. 161 ff.
111 *Goodhart*, YLJ 1928, S. 164.
112 *Goodhart*, YLJ 1928, S. 163.

den Erlass der neuen Entscheidungen Recht festgelegt. Weiterhin sei vorstellbar, dass ein Gericht entweder keine Begründung abgebe oder die Auslegung eines Prinzips in seinen Begründungen versäume.[113] Daraus zieht *Goodhart* das Fazit, dass die ratio decidendi und deren Begründung nicht gleichzusetzen seien. Ihre Ermittlung sei mit den vor dem Gericht bewiesenen Tatsachen verbunden: Erstens müsse herausgefunden werden, welche Tatsachen das Gericht für wahr erachte.[114] Im zweiten Schritt sei zwischen den erheblichen und den unerheblichen Tatsachen zu unterscheiden, weil nur die Ersteren sich auf die ratio decidendi beziehen könnten.[115] Trete in einem Rechtsstreit ein Sachverhalt auf, der dem Sachverhalt eines Präzedenzfalls erheblich ähnele, sei eine weitere Analyse vorzunehmen. Sollten sich beide Fälle klar decken, sei das erste Urteil für das nächste Gericht bindend. Sollte der erste Fall mehr oder weniger erhebliche Tatsachen als der zweite Fall beinhalten, gehe es nicht um einen direkten Präzedenzfall. Dieser könne dennoch als Grundlage für eine Analogie dienen.[116]

3. *„Statutory Law" als Rechtsquelle*

Das „Statutory Law" ist eine Rechtsquelle des Common Law und unterscheidet sich begrifflich vom „Case Law". Es gehört zusammen mit dem „Case Law" zu den primären Rechtsquellen des englischen Rechts,[117] die die einzigen Rechtsquellen bilden. Ferner wird das „Statutory Law" in die primäre („Acts of Parliament")[118] und die sekundäre Gesetzgebung („Statutory instruments") eingeteilt[119] und steht höher als das „Case Law" im Rang der Rechtsquellen. Die Gerichte müssen es folglich anwenden, auch wenn sie an beide Rechtsquellen gebunden sind und diese im Widerspruch zueinander stehen.[120]

---

113 *Goodhart*, YLJ 1928, S. 165.

114 *Goodhart*, YLJ 1928, S. 173.

115 *Goodhart*, YLJ 1928, S. 179.

116 *Goodhart*, YLJ 1928, S. 180.

117 *Gillespie/Weare*, Legal System, S. 24, die zweitrangigen Rechtsquellen („secondary sources") stellen kein Recht auf, sondern legen nur das von den erstrangigen Rechtsquellen gesetzte Recht („Statutoty Law" und „Case Law") aus.

118 *Bailey/Ching/Taylor*, System, Rn. 1-017; *Allbon/Kaur Dua*, System, S. 46.

119 *Gillespie/Weare*, Legal System, S. 25; *Allbon/Kaur Dua*, System, S. 82.

120 *Gillespie/Weare*, Legal System, S. 38; *Allbon/Kaur Dua*, System, S. 43.

Für die Auslegung des „Statutory Law“ gibt es drei Methoden: die wörtliche, die „golden“ und die „mischief rule“.[121] Erstere deckt sich mit dem wörtlichen Verständnis des Texts.[122] Die zweite ist dort anwendbar, wo der Text zweideutig ist. Wenn die wörtliche Gesetzesanwendung zur Einschränkung des Anwendungsbereichs oder zu sinnwidrigen Ergebnissen führen würde, verpflichtet die „golden rule“ das Gericht, den Gesetzestext an den eigentlichen Gesetzesinhalt anzupassen.[123] Die „mischief rule“ wird angewendet, wenn die Ausdrucksweise des Gesetzgebers im Laufe der Zeit unbrauchbar wird und auch wenn zwei Gesetze in Verbindung miteinander ausgelegt werden.[124] Was in diesen Fällen ermittelt wird, sind der Gesetzeszweck und der Anlass dieser Gesetzgebung.

B. Objektive Beweislast – „legal burden“

Wie im deutschen Recht ist im englischen „Statutory Law“, genauer gesagt in CPR r. 1.1 (2) (d), die Regel festgelegt, dass Gerichte alle Fälle zügig und gerecht zu entscheiden haben. Es wird folgerichtig den Gerichten beider Rechtsordnungen gesetzlich verboten, den Rechtsstreit ohne eine abschließende Entscheidung zu belassen. Was dem englischen Gericht den Erlass dieser Entscheidung ermöglicht, sind Beweislastnormen. Dem deutschen Begriff „Beweislast“ entspricht der englische Begriff „burden of proof“ [125], der in „legal“[126] und „evidential burden“ unterteilt wird. Die abschließende Entscheidung über den dem Rechtsstreit zugrunde liegenden Sachverhalt trifft das „tribunal of fact“.[127] Die

121 *Wild/Weinstein*, English Law, S. 39, erwähnt darüber hinaus die „ejusdem generis“, die „expressio unius est exclusio alterius, und die „noscitur a sociis“; *Allbon/Kaur Dua*, System, S. 67, kategorisiert sie als Sprachregeln.

122 *Gillespie/Weare*, Legal System, S. 40; *Darbyshire*, System, Rn. 2-017.

123 *Gillespie/Weare*, Legal System, S. 41; *Darbyshire*, System, Rn. 2-018.

124 *Gillespie/Weare*, Legal System, S. 43; *Darbyshire*, System, Rn. 2-018.

125 *Choo*, Evidence, S. 27; Phipson/*Auburn*, Rn. 6-02; *Sime/French*, Blackstone, Rn. 49.35; *Keane/McKeown*, Evidence, S. 85; *Sim*, IJEP 2003, S. 222.

126 *Sime/French*, Blackstone, Rn. 49.35, alternativ „probative burden“, „burden of proof of the pleadings“, „risk of non-persuation“, „persuasive burden“; *Walker*, Companion, S. 904, „onus of proof“, „onus probandi“; *Denning*, LQR 1945, S. 380, die Parteien tragen einen „ultimate burden“, das Ganze ihrer Behauptungen zu beweisen, im Gegensatz zur Beweislast jeder einzelnen Tatbestandsvoraussetzung; *Munday*, Cross & Tapper, S. 130; *Emson*, Evidence, S. 48, bezeichnet die zweite Last als „specific legal burden“.

127 *Choo*, Evidence, S. 27; *Sime/French*, Blackstone, Rn. 49.35; *Keane/McKeown*, Evidence, S. 85; *Emson*, Evidence, S. 49; *Hibbert*, Evidence, Rn. 1-004.

Verhandlung vor dem „tribunal of fact“ wird als „trial“ bezeichnet, im Gegensatz zu den vorausgehenden „hearings“, die während des „case management“ stattfinden. Bei den „hearings“ kümmert sich das Gericht im Rahmen des „case management“ um die Steuerung des Verfahrens und die Vorbereitung des „trial“.

Der „legal burden“ zwingt die Prozessparteien, ihre Behauptungen über die beweiserheblichen Tatsachen zu beweisen.[128] Wie im deutschen Prozess trägt das Risiko der Unaufklärbarkeit der bestrittenen Tatsachen nur eine der Parteien.[129] Der Grundsatz der Beweislastverteilung wird nicht in den CPR klargestellt, sondern tritt im „Case Law“ auf. Dieser lautet:

> „Ei qui affirmat non ei qui negat incumbit probatio.“[130]

In der modernen englischen Lehre wird diese Grundregel oftmals auf eine andere Weise wiedergegeben, nämlich dass diejenige Partei den Beweis erbringen muss, die eine positive Behauptung („positive allegation“) gegen den Gegner erhebt.[131] Zum Zweck der Bestimmung der Beweislastverteilung nimmt das Gericht auch auf die in Prozessschriftsätzen enthaltenen Behauptungen Rücksicht.[132] Dies ist allerdings unzutreffend. Einerseits ist es vorstellbar, dass die Parteien ihre Schriftsätze in positiver oder negativer Weise ausdrücken;[133] andererseits ist es unmöglich, dass eine Partei aufgrund ihrer Behauptungen zusätzliche Lasten aufnimmt oder sich von der Beweislast befreit.[134] Die Beweislastverteilung wird immer im materiellen Recht bestimmt.[135] Ihre Quellen sind sowohl das „Case

128 *Choo*, Evidence, S. 27; Phipson/*Auburn*, Rn. 6-02; *Sime/French*, Blackstone, Rn. 49.35; *Keane/McKeown*, Evidence, S. 85; *Sim*, IJEP 2003, S. 222.

129 *Sime/French*, Blackstone, Rn. 49.35; *Keane/McKeown*, Evidence, S. 86.

130 *Joseph Constantine Steamship Line Ltd v Imperial Smelting Corporation Ltd*, [1942] AC 154, HL (174), derjenige, der behauptet, nicht derjenige, der verweigert, trägt die Beweislast; *Wakelin v London & South Western Railway Co.* (1886) 12 AC 41 (45); *Kiralfy*, Burden, S. 1; *Munday*, Cross & Tapper, S. 133, alternativ „omnia praesumuntur pro negatio“; Phipson/*Auburn*, Rn. 6-06, „he who asserts must prove“; *Emson*, Evidence, S. 48; *Uglow*, Evidence, S. 82.

131 *Glover*, Evidence, S. 95, dasselbe gilt für „affirmative defences“; Phipson/*Auburn*, Rn. 6-07, eine Grundlage dieser Verteilung sei, dass etwas Positives leichter als etwas Negatives beweisbar ist; *Emson*, Evidence, S. 73; *Hibbert*, Evidence, Rn. 1-004; *Walker*, Companion, S. 904 beim Stichwort „onus of proof“.

132 *BHP Billiton Petroleum Ltd v Dalmine SpA*, [2003] EWCA Civ 170, Rn. 28; *Glover*, Evidence, S. 98.

133 *Soward v Leggatt*, 7 C&P 613 (615).

134 *BHP Billiton Petroleum Ltd v Dalmine SpA*, [2003] EWCA Civ 170, Rn. 28; *Glover*, Evidence, S. 98.

135 *Hibbert*, Evidence, Rn. 1-005; *Keane/McKeown*, Evidence, S. 105.

Law“[136] und das „Statutory“ Law“[137] als auch die Vereinbarungen der Parteien.[138] Es ist infolgedessen evident, dass abgesehen vom „Case Law“ als Grundlage der Beweislastverteilung die Verteilung der objektiven Beweislast in beiden Rechtsordnungen im Wesentlichen ähnlich ist.

Es ist notwendig, eine Bemerkung über die objektive Beweislast im englischen Zivilprozess vorzubringen. Auch wenn sie ausschlaggebend für die Verteilung der prozessualen Lasten ist, spielt sie in der Praxis eine zweitrangige Rolle, in dem Sinne, dass Beweislastentscheidungen im englischen Prozess seltener als im deutschen Prozess sind. Der Grund dazu liegt nicht in der Beweislastverteilung selbst, sondern in der Bestimmung des englischen Beweismaßes. Im Gegensatz zum deutschen Recht ist das Erfordernis einer Gewissheit oder einer hohen Wahrscheinlichkeit zur Überzeugung des Richters im Zivilprozess nicht vorgeschrieben. Der notwendige Grad an Wahrscheinlichkeit für den Zivilprozess wird nicht im „Statutory Law“, sondern im „Case Law“ bestimmt. Die beweisbelastete Partei kommt dann im englischen „trial“ ihrer objektiven Beweislast nach, wenn sie ihre Behauptungen wahrscheinlicher als jede andere mögliche Alternative des Sachverhalts vorbringt, das heißt nicht lediglich wahrscheinlicher als die Behauptungen ihres Gegners.[139] Das Gericht entscheidet nach der Beweisführung aufgrund einer Wahrscheinlichkeitsabwägung,[140] ohne verpflichtet zu sein, eine der ihm vorgestellten zwei Alternativen auszuwählen.[141] In *Stephens v Cannon* wurden die Grundsätze der Beweislast aus der Rechtsprechung zusammengefasst: Das Gericht erlässt ausschließlich dann eine Beweislastentscheidung, wenn die Wahrheitsfindung völlig ausgeschlossen ist,[142] in dem Sinne, dass keine der möglichen Alternativen wahrscheinlicher als die andere erscheint.

Der Unterschied zwischen dem deutschen und dem englischen Beweismaß ist in Hinsicht auf die Beweislastverteilung erheblich. Das niedrige Beweismaß hat zur Folge, dass der Bereich, in dem das englische Gericht Zweifel an der Wahrheit der gegenseitigen Behauptungen hegt, signifikant eingeschränkt wird. Während der Unsicherheitsbereich sich im deutschen Recht schematisch von ein bis 99 Prozent erstreckt, deckt dieser im englischen Recht nur den Fall, in dem

136 *Munday*, Cross & Tapper, S. 131; *Sime/French*, Blackstone, Rn. 49.38; *Keane/McKeown*, Evidence, S. 105.

137 *Munday*, Cross & Tapper, S. 138 ff. ; *Sime/French*, Blackstone, Rn. 49.39; *Keane/McKeown*, Evidence, S. 106.

138 *Munday*, Cross & Tapper, S. 153; *Sime/French*, Blackstone, Rn. 49.40.

139 *Glover*, Evidence, S. 96.

140 *Munday*, Cross & Tapper, S. 158 f. ; *Hibbert*, Evidence, Rn. 1-005; *Keane/McKeown*, Evidence, S. 110; *Paralel Routs Ltd v Sergey Fedotov*, [2019] EWHC 2656 (Ch), Rn. 38.

141 Phipson/*Auburn*, Rn. 6-07; *Sime/French*, Blackstone, Rn. 49.35.

142 *Stephens v Cannon*, [2005] EWCA Civ 222, Rn. 46.

keine der vorstellbaren Alternativen wahrscheinlicher als alle anderen erscheint (50-50). Nur in diesem Fall gerät das englische Gericht in non liquet. Diese Differenz zwischen den Beweismaßen schafft ein unterschiedliches Gleichgewicht zwischen den Prozessparteien der zwei Rechtsordnungen, denn aus dem Vergleich der Beweismaße der zwei Prozesse wird klar, dass das englische Beweisrecht für die beweisbelastete Partei grundsätzlich viel vorteilhafter ist.

Eine Beweislastumkehr wird der herrschenden Meinung nach abgelehnt,[143] außer wenn eine „presumption of law" Anwendung findet. Im englischen Recht wird eine doppelte Kategorisierung der rechtlichen Vermutungen vorgenommen: In Hinsicht auf das Recht des Gegners, das Gegenteil von unterstellten Tatsachen zu beweisen, werden sie in widerlegbare („praesumptiones iuris sed non de iure") und unwiderlegbare („praesumptiones iuris et de iure") Vermutungen unterteilt.[144] Ferner werden die rechtlichen Vermutungen in Hinsicht auf ihre Rechtsfolgen in zwei Kategorien aufgeteilt: die „legal" und die „evidential presumptions". Eine Umkehr des „legal burden" bewirkt nur die erste Kategorie.[145] Für den Eintritt einer „persuasive" bzw. „compelling presumption" hat eine Partei ihre Voraussetzungen zu beweisen.[146] Wenn diese bewiesen werden, führt die ursprünglich nicht beweisbelastete Partei den Beweis des Gegenteils gegen die unterstellten Tatsachen.[147] Diese Partei trägt nun die objektive Beweislast dieser Tatsachen.[148] Das Gericht ist verpflichtet, sofern die Tatbestandsvoraussetzungen einer „legal presumption" vorliegen, die vermuteten Tatsachen als bewiesen[149] bzw. als festgestellt[150] anzuerkennen.

---

143 *Denning*, LQR 1945, S. 379; *Munday*, Cross & Tapper, S. 127; *Keane/McKeown*, Evidence, S. 86; *Sime/French*, Blackstone, Rn. 49.35; a. A. *Walker*, Companion, S. 904 beim Stichwort „onus of proof".

144 *Keane/McKeown*, 11. Aufl., Evidence, S. 714.

145 *Denning*, LQR 1945, S. 380; *Keane/McKeown*, Evidence, S. 720; *Sime/French*, Blackstone, Rn. 49.35.

146 *Denning*, LQR 1945, S. 380; *Sime/French*, Blackstone, Rn. 49.11.

147 *Sime/French*, Blackstone, Rn. 49.11; *Glover*, Evidence, S. 93.

148 *Denning*, LQR 1945, S. 380; *Keane/McKeown*, Evidence, S. 720.

149 *Glover*, Evidence, S. 92.

150 *Munday*, Cross & Tapper, S. 136 f.

C. Subjektive Beweislast – „evidential burden“

I. Grundrisse des „evidential burden“

Der Begriff „evidential burden“ im englischen Recht steht zwar der Beweisführungslast nahe, hat aber teilweise eine andere Wirkung.[151] Der „evidential burden“ wird auch als „burden of adducing evidence“ und als „burden of passing the judge“ bezeichnet.[152] Der letztere Ausdruck gibt seinen Inhalt genauer wieder.

Im „trial“ trägt eine Partei die objektive Beweislast, das „tribunal of fact“ von der Richtigkeit ihrer Behauptungen zu überzeugen. Demzufolge trägt sie den „evidential burden“, Beweise vorzubringen.[153] Im „trial“ spielt der „evidential burden“ keine andere Rolle als festzulegen, welche Partei die Last trägt, den Beweis zuerst anzutreten. In diesem Sinne entspricht er dem Begriff der abstrakten subjektiven Beweislast. Dies wird im englischen Recht grundsätzlich als ein prozessuales Recht verstanden, das sogenannte „right to begin“.[154] Im Zivilprozess steht dies dem Kläger zu, wenn dieser nach der Verteilung des „evidential burden“ mit mindestens einer der beweiserheblichen Tatsachen belastet ist.[155] Das „right to begin“ hat demnach im Ergebnis die beweisbelastete Partei.[156] Es handelt sich dabei allerdings, auch wenn es als ein Recht bezeichnet wird, im Wesentlichen um eine prozessuale Last, da die Partei das Risiko der Niederlage trägt[157], wenn sie keine Beweise erbringt. Wenn ausnahmsweise der Beklagte den „evidential burden“ aller beweiserheblichen Tatsachen trägt, dann hat auch er das Recht, den Beweis zuerst anzutreten.[158] Der Beklagte kann allerdings mit

---

151 Den Begriff „evidential burden“ hat zuerst *Bridge*, MLR 1949, S. 277, eingeführt.

152 *Sime/French*, Blackstone, Rn. 49.36; *Keane/McKeown*, Evidence, S. 87.

153 *Munday*, Cross & Tapper, S. 131; Phipson/*Auburn*, Rn. 6-02; *Hibbert*, Evidence, Rn. 1-005.

154 Phipson/*Auburn/Day*, Rn. 11-16; *Keane/McKeown*, Evidence, S. 109; *Sime/French*, Blackstone, Rn. 49.36.

155 Phipson/*Auburn/Day*, Rn. 11-16; *Keane/McKeown*, Evidence, S. 109, weist auf *Mercer v Whall*, (1845) 14 LJQB 267 hin; auch *Sime/French*, Blackstone, Rn. 49.36.

156 *Hibbert*, Evidence, 15-002; *Amos v Hughes*, 174 ER 160; *Burke*, Dictionary, S. 1584, die Partei, die das „right to begin“ hat, ist diese, gegen welche die Entscheidung erlassen wird, wenn keine Beweismittel vorhanden sind; *Walker*, Companion, S. 1072 beim Stichwort „right to begin“: Die Partei, die das „right to begin“ hat, ist diese, die die Beweislast trägt (i. V. m. S. 904 beim Stichwort „onus of proof“).

157 *Bowel L. J.* in *Abrath v The North Eastern Railway Company*, (1883) 11 QBD 440 (456).

158 *Hibbert*, Evidence, 15-002; *Keane/McKeown*, Evidence, S. 109; *Sime/French*, Blackstone, Rn. 49.36; *Seldon v Davidson*, [1968] 1 WLR 1083 (1087 f.).

Erlaubnis des Gerichts erst damit beginnen, wenn er das Gericht davon überzeugt hat, dass Gründe dafür vorliegen.[159] In dieser Hinsicht ist die Verteilung der abstrakten subjektiven Beweislast im englischen Recht nicht ohne Ausnahme wie im deutschen Recht.

Im Gegensatz zum deutschen Recht kommt der subjektiven Beweislast im englischen Recht noch eine Funktion hinzu. Der größte Unterschied in der Verteilung der Beweisführungslast zwischen den zwei Prozessen liegt in der prozessualen Besonderheit des englischen Prozesses, einen Prima-facie-Beweis bereits während der Vorbereitung des „trial" anzufordern. Dem „trial" geht der Abschnitt des Prozesses voraus, der als „case management" bezeichnet wird. In diesem Teil des Prozesses finden die sogenannten „hearings" vor dem Richter statt, der das Verfahren steuert und das „trial" anhand von Hinweisen und Beschlüssen vorbereitet. Die beweisbelastete Partei trägt während des „case management" eine besondere und einleitende Beweisführungslast, dem Richter ausreichend Beweismittel zu erbringen.[160] Zweck ist es, einen „prima facie case" zu schaffen.[161] Genauer gesagt müssen im englischen Prozess die Behauptungen der beweisbelasteten Partei im prozessualen Abschnitt schon vor dem „trial" plausibel gemacht werden. Wenn die beweisbelastete Partei dies tut, hat sie einen „prima facie case" gegen ihren Gegner.[162] Dies bedeutet, dass angesichts der beigebrachten Beweismittel das „tribunal of fact" eine für die beweisbelastete Partei günstige Entscheidung fallen könnte.[163] Wenn die Partei zeigt, dass ihre Behauptungen plausibel sind, macht sie vor dem „tribunal of fact" weiter. Die Erfüllung des „evidential burden" hängt nicht von der Erfüllung des „legal burden" ab.[164] Das bloße Geschehen, dass der beweisbelasteten Partei Beweise zur Verfügung stehen, die ihr möglicherweise den Sieg im Prozess verschaffen könnten, bedeutet nicht notwendigerweise, dass ihre Behauptungen wahrscheinlicher sind als die Behauptungen ihres Gegners. Wichtig ist weiterhin, dass die beweisbelastete Partei diese Last nur in diesem Abschnitt des Prozesses erfüllen muss.[165]

Das Erfordernis eines vorläufigen Prima-facie-Beweises der klägerischen Behauptungen als Voraussetzung der Verhandlung vor dem „tribunal of fact" ist

---

159 *Hibbert*, Evidence, 15-002; Phipson/*Auburn/Day*, Rn. 11-16, die Befugnis des Gerichts beruhe auf CPR r. 32. 1; auch *Munday*, Cross & Tapper, S. 295.

160 *Keane/McKeown*, Evidence, S. 87; *Sime/French*, Blackstone, Rn. 49.37.

161 *Glover*, Evidence, S. 92; *Emson*, Evidence, S. 49; *Murphy*, Evidence, S. 87.

162 *Glover*, Evidence, S. 92; *Emson*, Evidence, S. 49; *Murphy*, Evidence, S. 87.

163 *Glover*, Evidence, S. 92.

164 *Keane/McKeown*, Evidence, S. 87; *Sime/French*, Blackstone, Rn. 49.36.

165 *Keane/McKeown*, Evidence, S. 87; *Sime/French*, Blackstone, Rn. 49.36.

im deutschen Prozessrecht nicht vorgesehen. Das englische Recht belastet neben der materiell-rechtlichen Beweislastverteilung die Partei mit dieser zusätzlichen, prozessualen Last eines Prima-facie-Beweises. Zweck dieser Regelung ist nicht mehr die Anregung der Partei, Beweise zu sammeln, sondern die frühzeitige und zügige Unterscheidung zwischen Fällen, die Aussicht auf Erfolg haben, und Fällen, die vollkommen aussichtslos sind[166]. Dies führt zu einer schnellen und günstigeren Auflösung des Rechtsstreits. Für sich betrachtet erscheint diese „einleitende" subjektive Beweislast als ein prozessuales Hindernis für die beweisbelastete Prozesspartei. Dieses Fazit ist aber ungenau. Die Mitwirkungspflichten der nicht beweisbelasteten Partei im englischen Prozess sind wegen der weitgehenden Prozessleitungsbefugnissen des Gerichts und der Dokumentenoffenlegung umfangreich,[167] sodass eventuelle Nachteile der Partei beim „case management" ausgeglichen werden. Ihre Belastung ist darüber hinaus nicht so stark, denn das Beweismaß zur Erfüllung dieses „evidential burden" während des „case management" ist signifikant niedriger als das normale Beweismaß vor dem „tribunal of fact" im „trial".[168] Die Behauptungen sind plausibel, wenn sie lediglich ein positives Ergebnis[169] rechtfertigen können.

Wenn der Richter die vorgelegten Beweise als unzureichend bewertet, kann er die Klage im „hearing" durch ein zusammenfassendes Prozessurteil („summary judgement") zurückweisen, und zwar ohne dem Kläger die Chance zu bieten, seine Behauptungen vor dem „tribunal of fact" vorzutragen.[170] Dies ist der sogenannte „no case to answer"-Fall.[171] Rechtsgrundlage dieser gerichtlichen Befugnis ist der CPR r. 24. 1.[172] Für die Erfüllung des „evidential burden" bestimmt der CPR r. 24. 4 (a) (i), dass das Gericht ein „summary judgement" gegen den Kläger erlassen kann, wenn eine realistische Aussicht auf Erfolg im Rechtsstreit fehlt. Die beigebrachten Beweise müssen der Partei folglich eine positive Aussicht auf einen Prozesssieg verschaffen.[173] Darüber hinaus stellen die Practice Direction 24 para. 1. 3. (2) in Bezug auf die Anwendung des 24. Teils des CPR klar, dass ein Antrag auf „summary judgement" mit dem Fehlen von Beweisen begründet werden kann, die vernünftigerweise im „trial" erbracht werden würden, und die

166 *Munday*, Cross & Tapper, S. 125.
167 Vgl. den zweiten Teil, § 5 B.
168 *Three Rivers DC v Bank of England*, [2003] 2 AC 1 (282).
169 *Keane/McKeown*, 11. Aufl., Evidence, S. 89.
170 *Sime/French*, Blackstone, Rn. 49.36.
171 *Munday*, Cross & Tapper, S. 125.
172 Vgl. CPR r. 24.1 – „Scope of this Part", im Anhang.
173 *Sime/French*, Blackstone, Rn. 49.36; *Keane/McKeown*, Evidence, S. 87.

Practice Direction 24 para. 5. 1. (2), dass die Abweisung einer Klage durch ein Strike-out-Urteil erfolgt.[174] Die Verfügbarkeit von Beweismitteln wird sowohl auf Antrag als auch von Amts wegen überprüft.[175] Für die Entscheidung über einen Antrag gemäß CPR r. 24. 2 – „Grounds for summary judgement" ist, wie oben erwähnt, nicht die allgemeine Regel des Beweismaßes, sondern ein niedrigeres Beweismaß anwendbar.[176]

Eine Umkehrung des „evidential burden" ist möglich und sie geht vonstatten nach Einwirkung eines „evidential presumptions".[177] Es handelt sich im Wesentlichen um eine Kategorie von Vermutungen, die kein Pendant im deutschen Recht hat. Diese unterscheiden sich von den „compelling presumptions" in drei Punkten: Die Anwendung von „evidential presumptions" setzt keinen Vollbeweis von deren Grundlage voraus. Die sich darauf berufende Partei muss lediglich ausreichende Beweismittel beibringen, um einen Prima-facie-Beweis zu schaffen.[178] Zudem wird dem Gegner dadurch kein „legal burden" auferlegt, den Beweis des Gegenteils der unterstellten Tatsachen zu führen. Der „legal burden" wird von dem Beweisbelasteten normalerweise getragen.[179] Diese Vermutung belastet den Gegner mit der prozessualen Last, das heißt mit dem „evidential burden", Beweismittel gegen die relevanten Behauptungen beizubringen.[180] Wenn er seinem „evidential burden" nicht nachkommt, muss das Gericht diese Tatsachen unterstellen, als ob eine „presumption of law" eingetreten wäre. Der dritte Punkt bezieht sich auf die Erfüllung des „evidential burden". Im Gegensatz zum Beweis des Gegenteils hat die Vorlage ausreichender Beweismittel keinen Vollbeweis, sondern einen Prima-facie-Beweis zum Zweck, das heißt, dass diese Beweismittel den Fall der nicht beweisbelasteten Partei plausibel machen. Die

---

174 Vgl. *Mancini v Telecommunications UK Ltd,* [2003] EWHC 211 (Ch), in diesem Fall wies das Gericht die Klage durch „strike out" ab, weil der Kläger entgegen der Anordnung des Gerichts nur unzureichende Beweise vorlegte. Die Beweislage war trotz der Dokumentenoffenlegung seitens des Beklagten unzureichend.

175 Vgl. CPR r. 24.4 (3).

176 *Hibbert*, Evidence, Rn. 1-005; *Sim*, IJEP 2003, S. 222; *Three Rivers DC v Bank of England*, [2003] 2 AC 1 (282), der Maßstab ist nicht die überwiegende, sondern einfach die praktische Wahrscheinlichkeit des Falles.

177 *Keane/McKeown,* Evidence, S. 720; *Sime/French*, Blackstone, Rn. 49.11.

178 *Keane/McKeown,* Evidence, S. 720.

179 *Keane/McKeown,* Evidence, S. 720; *Durston*, Evidence, S. 150.

180 *Keane/McKeown,* Evidence, S. 720; *Durston*, Evidence, S. 150; *Sime/French*, Blackstone, Rn. 49.11; *Munday*, Cross & Tapper, S. 133, „in the absence to of evidence to the contrary".

Erfüllung bewirkt dann die Wiederherstellung des vorherigen Zustands, als ob die „evidential presumption“ nicht einmal angewendet worden wäre.[181]

II. „Tactical burden“

Wie bereits erwähnt, kann nur eine der Parteien den „evidential burden“ tragen, nämlich die mit der objektiven Beweislast belastete Partei. Wenn sie ihren „evidential burden“ erfüllt, kann sie ihre Klage vor dem „tribunal of fact“ vortragen. Die Erfüllung des „evidential burden“ bedeutet jedoch für ihren Gegner, dass er sich gegen die Klage im Prozess zu wehren hat, um eine eventuelle Niederlage zu vermeiden. Der Gegner hat dementsprechend seine eigenen Beweismittel vorzubringen, um die Behauptungen der beweisbelasteten Partei zu widerlegen. Das prozessuale Risiko des Gegners wird teilweise als Umkehrung des „evidential burden“[182] gesehen bzw. als ein andersartiger, sogenannter „tactical burden“ konzipiert, der den nicht beweisbelasteten Gegner zwingt, Beweise zur Entkräftung der schon vorgelegten Beweismittel der beweisbelasteten Partei vor Gericht zu erbringen.[183] Diese „reale“ Beweislast wird als „tactical“ bzw. „provisional burden“ bezeichnet[184] und kann mehrmals zwischen den Parteien wechseln.[185]

So gesehen weist der „tactical burden“ Ähnlichkeiten mit der konkreten subjektiven Beweislast auf, zeigt aber auch essenzielle Unterschiede zu dieser. Einerseits handelt es sich um eine Last, die sich aus dem realen Risiko einer Prozessniederlage ergibt, die die nicht beweisbelastete Partei anreizt, aktiv an der Beweisführung teilzunehmen. Im deutschen Recht hat die Umkehr der konkreten subjektiven Beweislast dieselbe Auswirkung, nämlich den Gegner anzuspornen, den Gegenbeweis anzutreten. Der Unterschied liegt darin, dass im Gegensatz zur konkreten Beweisführungslast der „tactical burden“ keiner vorläufigen Überzeugung des Gerichts bedarf, damit er sich umkehrt. Die beweisbelastete Partei erfüllt ihren „evidential burden“ und der nicht beweisbelastete Gegner nimmt dann direkt den „tactical burden“ auf, und zwar nicht wegen der vorläufigen Überzeugung des „tribunals of fact“, sondern lediglich wegen des

---

181 *Keane/McKeown,* Evidence, S. 720.

182 *Rickards v Kerrier DC,* [1988] JPL 624 (632); *Murphy,* Evidence, S. 87; *Glover,* Evidence, S. 100.

183 *Munday,* Cross & Tapper, S. 129; *Keane/McKeown,* Evidence, S. 87; *Sim,* IJEP 2003, S. 223.

184 *Sime/French,* Blackstone, Rn. 49.36; *Sim,* IJEP 2003, S. 223.

185 *Keane/McKeown,* Evidence, S. 88.

Risikos aus der Vorlage von Beweismitteln, die die Behauptungen der beweisbelasteten Partei eventuell wahrscheinlich machen könnten.

Der „tactical burden" wird aber noch auf eine andere Weise benutzt, wobei dies der konkreten Beweisführungslast sehr nahekommt. In der englischen Lehre wird in Bezug auf den „tactical burden" festgestellt, dass diese Beweislast sich umkehre, wenn das Gericht dazu neigt, von der Wahrheit der Behauptungen der beweisbelasteten Prozesspartei wegen einer „provisional presumption" überzeugt zu werden.[186] Im Gegensatz zur ersteren Bedeutung des „tactical burden" begründet sich diese zweite Bedeutung also durch die Tendenz des Gerichts, angesichts der vorgestellten Beweismittel günstige bzw. ungünstige Schlüsse für eine Partei zu ziehen, und spiegelt das reale Risiko wider, dass eine vorläufige günstige Überzeugung des Gerichts für eine Partei zu einer schlüssigen Überzeugung am Ende des Prozesses heranwächst. Die Partei hat daraufhin diese vorläufige Tendenz auszulöschen und so den „tactical burden" an ihren Gegner zurückzugeben. Diese Last kann während des Prozesses zwischen den Parteien pendeln.[187]

Wie beim „legal" und „evidential burden" entspricht auch der „tactical burden" einer Kategorie von Vermutungen. Dabei handelt es sich um die sogenannten „presumptions of fact", alternativ „praesumptiones hominis" oder „provisional presumptions",[188] die allerdings trotz ihrer Bezeichnung keine Vermutungen im Sinne von „legal presumptions" darstellen.[189] Ein Gericht kann aufgrund von bewiesenen Tatsachen Schlüsse in Bezug auf das Bestehen oder das Nichtbestehen anderer Tatsachen ziehen.[190] Es handelt sich nicht um Rechtssätze, die das Gericht dazu verpflichten, das Bestehen anderer Tatsachen zu unterstellen.[191] Wie in früheren Fällen, bewirkt auch die Anwendung von „presumptions of fact" eine Umkehr, diesmal aber des „tactical burden",[192] die der Umkehr der konkreten subjektiven Beweislast im deutschen Recht entspricht. Ein weiterer

---

186 *Denning*, LQR 1945, S. 380; *Sim*, IJEP 2003, S. 223.

187 *Denning*, LQR 1945, S. 380.

188 *Keane/McKeown*, Evidence, S. 721.

189 *Glover*, Evidence, S. 153; Phipson/*Malek*, Rn. 1-17.

190 Phipson/*Auburn*, Rn. 6-19; *Munday*, Cross & Tapper, S. 129; *Keane/McKeown*, Evidence, S. 721; *Sime/French*, Blackstone, Rn. 49.22, solange ausreichende Beweismittel fehlen.

191 Phipson/*Auburn*, Rn. 6-19; *Keane/McKeown*, Evidence, S. 721.

192 *Denning*, LQR 1945, S. 380, in dem Sinne, dass die Gegenpartei nur neue Beweismittel gegen die indizierten Tatsachen beizubringen hat; *Munday*, Cross & Tapper, S. 133; *Keane/McKeown*, Evidence, S. 721; *Sime/French*, Blackstone, Rn. 49.22.

Unterschied ist, dass im Gegensatz zu „legal presumptions“, die Tatbestandsvoraussetzungen haben, die „presumptions of fact“ auf den Besonderheiten jedes Einzelfalles und auf Erfahrungssätzen beruhen.[193] Die „presumptions of fact“ entsprichen folgerichtig den deutschen Indizien.

§ 3: Zwischenergebnis

Der Vergleich der Beweislastverteilung im deutschen und englischen Recht zeigt, dass die zwei Rechtsordnungen im Wesentlichen ähnliche Regeln zur Überwindung des Problems des non liquet anwenden. Auch wenn ihre Terminologie variiert, steht im Zentrum ihrer Systeme die objektive Beweislast, die mit der subjektiven Beweislast ergänzt wird. Die Nichterfüllung dieser Lasten bedeutet die prozessuale Niederlage der beweisbelasteten Partei. Das englische Recht weist im Rahmen der „hearings“ die Besonderheit auf, dass die beweisbelastete Partei ihre Behauptungen plausibel zu machen hat, damit sie diese dann im „trial“ dem „tribunal of fact“ vorstellen kann.

193 Phipson/*Auburn*, Rn. 6-19.

Zweiter Teil: Rechtsgrundlage der Beweisvereitelung

Abstract: This chapter examines and compares the legal grounds of procedural measures against acts of spoliation of evidence before and after the commencement of formal proceedings. In both the German and the English legal order, the spoliation of evidence is basically prohibited in all of its particular forms. This prohibition covers a wide spectrum of acts, which can potentially cause the counterparty in litigation a specific procedural disadvantage, that is to impede them from adducing certain pieces of evidence before the court. The historical roots of the relevant rules are examined in depth for both legal orders. The academic theories on the legal premises of this rule are thoroughly presented from a critical perspective. The chapter concludes with a new approach against the spoliation of evidence in German law, more precisely against acts of spoliation committed before the commencement of proceedings.

Keywords: Beweisvereitelung; Beweismittel; Aufbewahrungspflicht; Dokumentationspflicht; Mitwirkungspflicht; Nemo tenetur-Prinzip; Spoliation of evidence; Omnia praesumuntur contra spoliatorem; Disclosure; Process orders; Privileges.

§ 4: Deutsches Recht

A. Überblick über die gesetzlichen Vorschriften

Die gesetzlichen Vorschriften für die Beweisvereitelung sind in den §§ 371 Abs. 3, 427, 441 Abs. 3, 444, 446, 453 Abs. 2, 454 Abs. 1 ZPO festgelegt und regeln die Beweisvereitelung wegen Vernichtung von Urkunden bzw. Verweigerung einer Urkundenvorlage, Verhinderung eines Augenscheins und Ablehnung der Parteivernehmung. Demgegenüber fehlen Vorschriften für den Sachverständigen- und Zeugenbeweis. Gemäß diesen Paragrafen kann das Gericht die Behauptungen einer Partei über die Echtheit, die Beschaffenheit und den Inhalt der Urkunde als bewiesen erachten, wenn die zur Vorlage verpflichtete Partei der Anordnung nicht nachkommt (§§ 427, 441 Abs. 3 ZPO) oder die Urkunde „beseitigt oder zur Benutzung untauglich" macht (§ 444 ZPO). Das Gericht kann ferner ihre Behauptungen über die Beschaffenheit des Gegenstandes als bewiesen ansehen, wenn der Gegner eine Vornahme des Augenscheins vereitelt und seine Vernehmung oder Beeidigung verweigert (§§ 446, 453 Abs. 2 ZPO) oder dem dazu bestimmten Termin fernbleibt (§ 454 Abs. 1 ZPO). Eine allgemeine Vorschrift bezüglich der Beweisvereitelung fehlt in der ZPO.

B. Analoge Anwendung der gesetzlichen Vorschriften

I. Ermittlung der Gesetzeslücke

Die gesetzlichen Vorschriften werden als Teile einer umfangreichen rechtlichen Institution erfasst, die verschiedene Aspekte aufweist.[194] Eindeutige Antworten aus dem Gesetzestext über die nicht reglementierten Fälle lassen sich schwerlich ableiten. Die Gesetzeslücken zu den Rechtsfolgen der Vereitelung des Zeugenbeweises erlauben verschiedene Interpretationen und die Frage nach der Rechtsgrundlage der vorprozessualen fahrlässigen Beweisvereitelung sowie von vorprozessualen Mitwirkungspflichten bleibt offen.

Beim Fehlen von erwarteten Vorschriften stellen sich die Fragen, ob überhaupt eine Gesetzeslücke besteht und weiterhin ob die Voraussetzungen, die die Erscheinungsformen der Handlung betreffen, abschließend sind. In Bezug darauf kann der Rechtsanwender zwischen argumentum a contrario und der Rechtsanalogie schwanken. Im Folgenden wird die Argumentation für die analoge Anwendung der Vorschriften näher erläutert.

In Bezug auf die Ermittlung der Gesetzeslücke stützt sich vorliegende Arbeit auf die Lehre von *Larenz*. Seiner Lehre nach ist eine Gesetzeslücke eine „planwidrige Unvollständigkeit".[195] Die „Regelungsabsicht und die immanente Teleologie des Gesetzes" lassen sich als Maßstab zur Feststellung der Lücke heranziehen.[196] Die Absicht des Gesetzgebers, einen Sachverhalt zu regeln, sowie der im Gesetzesplan manifestierte Gesetzeszweck und die allgemeinen Rechtsprinzipien stellen nach *Larenz* eine Reihe von Werten dar, die dem verabschiedeten Gesetz immanent sind. *Larenz* bemerkt, dass unter Berücksichtigung dieser Werte und des erstrebten Rechtszwecks zu erwarten sei, dass ein anderer, aber gleich gearteter Sachverhalt derselben Gesetzgebung unterstellt wird.[197] So gesehen, stellt das Fehlen einer erwarteten Vorschrift eine Dissonanz des Gesetzes dar, weil gleiche Sachverhalte unterschiedlichen Regeln unterliegen.

Zunächst ist zu prüfen, ob eine Gesetzeslücke in der ZPO wegen des Fehlens von besonderen Vorschriften in den Fällen der fahrlässigen und der

---

194 Wieczorek/Schütze/*Ahrens*, § 444 Rn. 5; *Thole*, JR 2011, S. 327; *Paulus*, AcP 197, S. 139.
195 *Larenz*, Methodenlehre, S. 373.
196 *Larenz*, Methodenlehre, S. 374.
197 *Larenz*, Methodenlehre, S. 374 f.

vorprozessualen Beweisvereitelung und der Vereitelung des Sachverständigenbeweises besteht. Dazu bedarf es einer Planwidrigkeit. Dies kann durch die Ermittlung des Willens des historischen Gesetzgebers festgestellt werden.

Es begann mit der Einsetzung der „Hannoverschen Kommission" aufgrund des Beschlusses der Bundesversammlung des Deutschen Bundes vom 17.07.1862.[198] Diese Kommission legte zwei Entwürfe für die „allgemeine deutsche Civilprozeßordnung" der Bundesversammlung vor, den ersten am 09.09.1864 und den zweiten am 30.04.1866.[199] Die Entwürfe waren von der BPO geprägt,[200] das heißt von der Bürgerlichen Prozessordnung von Hannover vom 08.11.1850.[201] Nach der Gründung des Norddeutschen Bundes beantragte Preußen bei der Bundesratssitzung am 04.09.1867, die Kommission zur Ausarbeitung des Entwurfs der CPO erneut einzusetzen.[202] Der Bundesrat beschloss die Errichtung der einschlägigen Kommission am 02.10.1867.[203] Am 20.07.1870 fertigte diese einen „Entwurf einer Civilprozeßordnung für den Norddeutschen Bund" an.[204] Dennoch wurde dieser wie schon die früheren Entwürfe zu keinem Gesetz.[205] Nach der Begründung des Deutschen Reichs bearbeitete das Justizministerium den „Entwurf einer Deutschen Civilprozeßordnung nebst Begründung. Im Königlich Preußischen Justiz-Ministerium bearbeitet".[206] Eine Reichskommission bearbeitete widmete sich dem Entwurf vom 07.09.1871 bis zum 07.03.1872 weiter[207] und legte ihn schließlich am 21.12.1872 dem Bundesrat vor.[208] Der Reichstag nahm am diesen Entwurf 21.12.1876 an.[209] Das Produkt dieses Verfahrens war die Civilprozessordnung.[210]

---

198 *Ahrens*, Prozessreform, S. 562.
199 *Ahrens*, Prozessreform, S. 563 f.
200 *Ahrens*, Prozessreform, S. 566, 586.
201 *Ahrens*, Prozessreform, S. 430.
202 *Ahrens*, Prozessreform, S. 587.
203 *Ahrens*, Prozessreform, S. 587.
204 *Ahrens*, Prozessreform, S. 589.
205 *Ahrens*, Prozessreform, S. 600.
206 *Ahrens*, Prozessreform, S. 601.
207 *Ahrens*, Prozessreform, S. 618.
208 *Ahrens*, Prozessreform, S. 623.
209 *Ahrens*, Prozessreform, S. 630. Zwischen 21.12.1872 und 21.12.1876 fanden viele Beratungen statt, die aber hier nicht detailliert präsentiert werden können. In Bezug darauf vgl. *Ahrens*, Prozessreform, S. 623-627.
210 „Civilprozessordnung und Einführungsgesetz" vom 30.01.1877 RGBl. 1877. Nr. 6, S. 83.

1. *Urkundenbeweis*

a. *Entstehungsgeschichte der §§ 427, 441 Abs. 3, 444 ZPO*

Die Vorschriften der §§ 427, 441 Abs. 3, 444 ZPO entsprechen den §§ 392, 406 Abs. 3, 409 CPO in der Fassung vom 30.01.1877. Die Novelle des Jahres 1898[211] ließ diese Rechtssätze unverändert, abgesehen von ihrer Umbenennung.[212]

Während der Bearbeitung der Entwürfe wurde der Inhalt dieser Paragrafen von der Kommission wenig beachtet.[213] Der Antrag, dem § 387 CPO, der § 441 Abs. 3 ZPO entspricht, den dritten Absatz hinzuzufügen, wurde bei der zwanzigsten Sitzung der Kommission am 23.10.1871 gestellt.[214] Die Sitzungsprotokolle verraten allerdings weder die Absicht der Kommission, diesen Rechtssätzen einen abschließenden Charakter zu verleihen, noch die Absicht, dem ihnen immanenten Rechtsgedanken allgemeine Geltung zuzuschreiben.

Zur Veranschaulichung der Position der Kommission ist die geschichtliche Quelle der Regeln zu ermitteln. Neben den neuen Grundsätzen sind in den ersten Entwurf Vorschriften des gemeinen Rechts hineingelangt.[215] Dazu gehören auch die Regeln der aktuellen §§ 427 und 444 ZPO. Soweit im älteren Recht die Urkunden sich nicht im Besitz der beweisbelasteten Partei befanden, stand unter bestimmten Voraussetzungen[216] der beweisbelasteten Partei das Recht zu, einen Antrag auf Urkundenvorlage[217] gegen den Beklagten und gegen einen Dritten zu stellen.[218] Wenn der Beklagte den Besitz bestritt, wurde von ihm die Leistung eines Eides darüber verlangt, dass er sich nicht im Besitz der Urkunden befand und auf den Besitz nicht böswillig verzichtet hat.[219] Bei Nichtleistung des Eides bzw. Verweigerung der Vorlage galten die Behauptungen des Klägers als

---

211 RGBl. 21 S. 252 vom 27.5.1898.

212 Vgl. *Hahn*, Materialien 1898, S. 645, 648-9.

213 Vgl. die 20. und 21. Sitzung zum Urkunden- und Eidbeweis in *Schubert*, Civilprozessordnung, S. 329 ff.

214 Vgl. *Schubert*, Civilprozessordnung, S. 333.

215 *Ahrens*, Prozessreform, S. 615.

216 *Osterloch*, Lehrbuch, § 152 S. 433 ff.

217 *Schmid*, Civilprozess, § 146 S. 279; *Osterloch*, Lehrbuch, § 152 S. 433.

218 *Renaud*, Civilprozess, § 126 S. 358 ff.; *Schmid*, Civilprozess, §§ 146-7 S. 279 ff.; *Osterloch*, Lehrbuch, § 152 S. 433 ff.; *Endemann*, Zivilprozessrecht, § 217 S. 851 ff.

219 *Renaud*, Civilprozess, § 126 S. 359 f.; *Osterloch*, Lehrbuch, § 152 S. 439; *Schmid*, Civilprozess, § 147 S. 287 ff.; *Endemann*, Zivilprozessrecht, § 217 S. 856; *Heffter*, § 253 S. 309; *Wetzell*, System, S. 250.

bewiesen bzw. die von ihm beigebrachte Abschrift als anerkannt.[220] Zudem ist der Verlust von Urkunden auf eine besondere Weise behandelt worden. Wenn eine Urkunde durch selbst verschuldete Handlung des Beklagten abhandengekommen war und der Kläger beabsichtigt hatte, sie im Prozess vorzulegen, galten die durch die abhandengekommene Urkunde zu beweisenden Tatsachen nebst Eidesleistung[221] als bewiesen.[222] Diese Regeln hatten ihre Wurzeln ursprünglich im römischen Recht[223] und fanden so ihren Weg in die ZPO,[224] zunächst über die BPO in die Entwürfe der CPO und schließlich in die CPO selbst.[225]

b. Beweiserhebung aufgrund des § 142 Abs. 1 ZPO

Die ZPO-Novelle aus dem Jahr 2002[226] führte eine neue Möglichkeit auf Beweiserhebung durch das Gericht gemäß § 142 Abs. 1 ZPO ein. Dieser Paragraf ermächtigt das Gericht, die Vorlage von Urkunden anzuordnen, wenn eine Partei sich auf eine bestimmte Urkunde bezieht. Die Ausforschungsgefahr durch

---

220 Zu diesem Punkt *Schmid*, Civilprozess, §§ 147 S. 288 i. V. m. 290 f. und *Renaud*, Civilprozess, § 126 S. 360. Bei Nichterfüllung hatte der Kläger gegenüber dem „Contumax", nämlich dem Beklagten oder dem Dritten, einen Anspruch auf Herausgabe der Urkunden oder einen Anspruch auf Leistung von Schadensersatz (Contumacia); die Praxis hatte mit der Verweigerung einen fiktiven Beweis verbunden; *Endemann*, Zivilprozessrecht, § 217 S. 856; *Linde*, Lehrbuch, § 281 S. 259; *Osterloch*, Lehrbuch, § 152 S. 440, bezieht sich nur auf die Nichtleistung; *Heffter*, System, § 253 S. 209, erwähnt nur den Fall der Nichterfüllung; *Hahn*, Materialien 1880, S. 326, bezeichnet den fiktiven Beweis der zu beweisenden Tatsachen als „Kontumazialpräjudiz".

221 *Heffter*, System, § 252 S. 306.

222 *Wetzell*, System, S. 248 f. ; *Martin*, Lehrbuch, § 164 S. 194.

223 Die Autoren begründen diese Regel mit verschiedenen römischen Rechtssätzen: *Schmid*, Civilprozess, § 147 S. 290 Fn. 28, begründet den fiktiven Beweis im Fall der vorsätzlichen Vernichtung oder Entfernung der Urkunde damit, dass sie der „contumacia" gleichzustellen waren; *Wetzell*, System, S. 248; *Heffter*, System, § 252 S. 306; *Martin*, Lehrbuch, § 164 S. 194; *Struckmann/Koch*, CPO, § 444 Nr. 1; *Weismann*, Lehrbuch, § 42 Nr. V.; *Linde*, Lehrbuch, § 291 S. 368; *Renaud*, Civilprozess, § 124 S. 353.

224 *Renaud*, Civilprozess, § 126 S. 360 Fn. 16 und S. 354 Fn. 9, 10.

225 ZPO § 427: BPO §§ 313, 314, Ent. 1866 §§ 381, 382, Ent. 1870 § 587, Ent. I. § 365, Ent. II. § 373, CPO § 392.
ZPO § 444: BPO § 309, Ent. 1866 §§ 399, Ent. 1870 § 600, Ent. I. 379, Ent. II § 390, CPO § 409.

226 In der Fassung durch Art. 2 Abs. 1 Nr. 21 G. v. 27.7.2001, BGBl. I 2001 S. 1887 mit Wirkung vom 01.01.2001.

den neuen § 142 Abs. 1 ZPO löste Besorgnis aus. Es wurde in der deutschen Lehre argumentiert, dass das deutsche Recht sich dem US-amerikanischen Recht annähere.[227] Das US-amerikanische Recht kennt das sogenannte discovery-Verfahren, in dem der Nemo-tenetur-Grundsatz ausgeschlossen wird und aufgrund dessen eine Partei sich auf Urkunden beziehen kann, ohne ihren Inhalt vorher zu konkretisieren.[228] Diese Ansicht ist aber vor dem Hintergrund des deutschen Zivilprozesses ungenau. Der Nemo-tenetur-Grundsatz im deutschen Recht schließt sowohl eine allgemeine prozessuale Aufklärungspflicht als auch die Ausforschungsmöglichkeit der beweisbelasteten Partei aus,[229] auch wenn zu Recht in Bezug darauf widerlegt wird, dass der Grundsatz „nemo tenetur" nach § 142 Abs. 1 ZPO weitgehend außer Kraft gesetzt worden ist.[230] Denn er ist zwar nicht vollständig aufgehoben, seine praktische Bedeutung in Hinblick auf die gerichtlichen Befugnisse gemäß §§ 142 und 144 ZPO wird aber erheblich eingeschränkt.

aa. Tatbestandsvoraussetzungen des § 142 Abs. 1 ZPO

Diese Befürchtung hat der BGH zerstreut, indem er ausführte, dass die Anwendung des § 142 Abs. 1 ZPO keine Ausforschung ermöglicht.[231] Nach gängiger Rechtspraxis weist der § 142 Abs. 1 ZPO die folgenden Voraussetzungen auf: Eine Partei, die eine Anordnung gemäß § 142 Abs. 1 ZPO beantragt, muss sich auf konkrete Urkunden beziehen.[232] Die notwendige Konkretisierung der Urkunde wirft die Frage nach den Anforderungen an die Bezugnahme auf. Kenntnis von ihrer Existenz ist geboten.[233] Ein pauschales Berufen auf Urkundenkategorien

---

227 Vgl. *Dombek*, BRAK-Mitt. 2001, S. 124; *Oberheim*, JA 2002, S. 412; *Konrad*, NJW 2004, S. 710; *Leipold*, FS Gerhardt, S. 564 f. ; *Lüpke/Müller*, NZI 2002, S. 588; *Prütting*, AnwBl. 2008, S. 158.

228 *Lüpke/Müller*, NZI 2002, S. 588 f. ; *Becker*, MDR 2008, S. 1310 Fn. 13.

229 *Becker*, MDR 2008, S. 1310.

230 *Stadler*, ZZP 123, S. 266; *Schlosser*, JZ 2003, S. 428; *Salger*, EWiR 2007, 672; *Thole*, JR 2011, S. 334, durchgebrochen; *Konrad*, NJW 2004, S. 711; a. A. *Prütting*, AnwBl. 2008, S. 158.

231 BGHZ 173, 23 (32); BGH NJW 2014, 3312 (3313); BGH WM 2010, 1448 (1450); BGH NJW-RR 2007, 1393 (1394); BGHZ 169, 30 (41); OLG Frankfurt WM 2014, 1089 (1091); BGH Beschluss vom 29.11.2016 – VI ZB 23/16, juris, Rn. 15; BGH, Beschluss vom 21.02.2008 – IX ZR 44/07, juris, Rn. 7.

232 *Stadler*, WuB 2007, S. 882; *Schlosser*, FS Sonnenberger, S. 145; *Musielak*, FG Vollkommer, S. 241; *Scherpe*, ZZP 129, S. 175.

233 *Lüpke/Müller*, NZI 2002, S. 589; *Zöller/Greger*, § 142 Rn. 6; *Leipold*, FS Gerhardt, S. 574; *Konrad*, NJW 2004, 710; Musielak/Voit/*Stadler*, § 142 Rn. 4a, Anhaltspunkte

reicht nicht aus.[234] Die Partei muss nicht nur die relevante Urkunde identifizieren,[235] sondern auch ihre Erheblichkeit für die Sachverhaltsaufklärung erläutern.[236] Die Anforderungen an ihre Konkretisierung dürfen nicht zu hochgesteckt werden.[237] Die Bezugnahme kann ausdrücklich oder konkludent[238] erfolgen, wenn sie sich aus dem gesamten Sachvortrag oder aus anderen eingereichten Unterlagen sinngemäß ergibt.[239]

Was den Vortrag der Partei anbelangt, müssen die darin beschriebenen Tatsachen streitig[240] und „entscheidungserheblich"[241] sein. Wenn das Gericht von einer beweisbelasteten Partei angeregt wird, muss deren Vortrag auch schlüssig sein.[242] Die einschlägigen Behauptungen müssen jedenfalls ausreichend substantiiert werden.[243] Dadurch wird eine Ausforschung durch gerichtliche Mittel ausgeschlossen.[244] Die Einbeziehung des Gerichts in die Beweiserhebung darf nicht auf eine Amtsermittlung hinauslaufen, zumal § 142 Abs. 1 ZPO keinen

---

reichen aus; *Krapfl/Mann*, FS Schütze, S. 283, die anregende Partei müsse die Existenz der Urkunde glaubhaft vorstellen.

234 BGH NJW 2014, 3312 (3313); Musielak/Voit/*Stadler*, § 142 Rn. 4a; erwägend *Wagner*, JZ 2007, S. 713.

235 BGH MDR 2017, 1142 (1143); *Musielak*, FG Vollkommer, S. 241; *Schlosser*, FS Sonnenberger, S. 145; *Zöller/Greger*, § 142 Rn. 6.

236 BGH NJW-RR 2009, 772 (774), wie auch bei § 424 Abs. 1 Nr. 2; OLG Frankfurt BeckRS 2013, 11428; *Schlosser*, FS Sonnenberger, S. 146 f. ; *Stadler*, FS Beys, S. 1639.

237 *Stadler*, FS Beys, S. 1639; *Krapfl/Mann*, FS Schütze, S. 283; *Wagner*, JZ 2007, S. 713; *Musielak*, FG Vollkommer, S. 241; *Stackmann*, NJW 2007, 3523; *Zekoll/Haas*, JZ 2017, S. 1145.

238 *Lüpke/Müller*, NZI 2002, S. 588, Fn. 6.

239 BGH MDR 2017, 1142 (1143); OLG Stuttgart ZIP 2007, 1210 (1216); Musielak/Voit/*Stadler*, § 142 Rn. 4; *Zöller/Greger*, § 142 Rn. 6; *Rühl*, ZZP 125, S. 32; *Krapfl/Mann*, FS Schütze, S. 282; a. A. *Schlosser*, FS Sonnenberger, S. 146.

240 Musielak/Voit/*Stadler*, § 142 Rn. 1.

241 Musielak/Voit/*Stadler*, § 142 Rn. 1; *Stackmann*, NJW 2007, 3524.

242 BGH NJW-RR 2008, 1008 (1011); BGH WM 2010, 1448 (1450); BGH NJW-RR 2007, 1393 (1394); OLG Frankfurt WM 2014, 1089 (1091); BGH Beschluss vom 29.11.2016 – VI ZB 23/16, juris, Rn. 15; BT-Drucks. 14/6036 S. 121; *Zekoll/Haas*, JZ 2017, S. 1140; *Stackmann*, NJW 2007, 3523; *Kraayavanger/Hilgard*, NJ 2003, S. 573.

243 BGHZ 169, 30 (41); *Stadler*, WuB 2007, S. 882; *Krapfl/Mann*, FS Schütze, S. 280; *Greger*, BRAK-Mitt.2005, S. 151; *Zekoll/Haas*, JZ 2017, S. 1143, aufgrund Anhaltspunkte; auch *Leipold*, FS Gerhardt, S. 569 f.

244 BGH NJW 2014, 3312 (3313); BGH NJW-RR 2009, 772 (774); *Stadler*, FS Beys, S. 1639; *Musielak*, FG Vollkommer, S. 241; *Wagner*, JZ 2007, S. 712.

Verzicht auf den Verhandlungsgrundsatz postuliert, sondern ihn beschränkt.[245] Zwar steht dem Gericht die Befugnis zu, die Vorlage von Urkunden anzuordnen, das aber kann das Gericht nur dann tun, wenn irgendeine Partei auf die Urkunde Bezug nimmt.[246] Es steht im Ermessen des Gerichts, deren Vorlage anzuordnen, und zwar unabhängig von der Frage, welche Prozesspartei sich auf die Urkunde bezieht[247] oder ob die Voraussetzungen der §§ 422 und 423 ZPO vorliegen.[248]

bb. Ermessensspielraum des Gerichts

Gemäß § 142 Abs. 1 ZPO liegt eine Anordnung im Prinzip im Ermessen des Gerichts.[249] Zur Berücksichtigung dieser Möglichkeit ist das Gericht jedenfalls verpflichtet.[250] Dennoch lässt das Gesetz den Ermessensspielraum des Gerichts unbestimmt. Der Gesetzesentwurf[251] zu § 142 Abs. 1 ZPO gewährt diesbezüglich wenige Anhaltspunkte.

Im Gegensatz zu § 142 Abs. 2 Satz 1 ZPO, der die Grenze der Vorlagepflicht bei Dritten zieht, fehlt eine entsprechende Vorschrift in § 142 Abs. 1 ZPO. Die herrschende Meinung spricht sich für den Schutz höherer Rechtsgüter und gegen eine Vorlageanordnung aus, zum Beispiel das Anwaltsgeheimnis,[252] das

245 *Prütting*, AnwBl. 2008, S. 158; *Wagner*, JZ 2007, S. 711; *Musielak*, FG Vollkommer, S. 240; *Salger*, EWiR 2007, 672; *Schlosser*, FS Sonnenberger, S. 145; *Stadler*, FS Beys, S. 1639; *Lüpke/Müller*, NZI 2002, S. 589, der Beibrinungsgrundsatz wird durchgebrochen; So auch *Krapfl/Mann*, FS Schütze, S. 279; vgl. BT-Drucks. 14/6036 S. 121 Nr. 21.

246 BGH MDR 2017, 1142 (1143); *Leipold*, FS Gerhardt, S. 580; *Laumen*, BGHReport 2007, S. 984.

247 BGH MDR 2017, 1142 (1143); BGHZ 173, 23 (31); OLG Stuttgart ZIP 2007, 1210 (1216); OLG Frankfurt WM 2014, 1089 (1091); BGH WM 2010, 1448 (1450); Musielak/Voit/*Stadler*, § 142 Rn. 1; *Stadler*, FS Beys, S. 1639; *Konrad*, NJW 2004, 710; *Zekoll/Bolt*, NJW 2002, S. 3130.

248 BGH MDR 2017, 1142 (1143); BGHZ 173, 23 (30 f.); *Stadler*, WuB 2007, S. 882; Musielak/Voit/*Stadler*, § 142 Rn. 1; *Stadler*, FS Beys, S. 1639; *Salger*, EWiR 2007, 672; *Prütting*, AnwBl. 2008, S. 158; *Greger*, BRAK-Mitt. 2005, S. 151; *Musielak*, FG Vollkommer, S. 240; *Krapfl/Mann*, FS Schütze, S. 281; *Laumen*, BGHReport 2007, S. 984; a.A. *Leipold*, FS Gerhardt, S. 583.

249 BGH MDR 2017, 1142 (1143); BGH MDR 2014, 1341; BGHZ 173, 23 (31 f.); BT-Drucks. 14/6036 S. 120.

250 BGHZ 173, 23 (32).

251 BT-Drucks. 14/4722, BT-Drucks. 14/6036.

252 *Rühl*, ZZP 125, S. 25 ff. ; *Koch*, S. 210; *Wagner*, JZ 2007, S. 715; *Krapfl/Mann*, FS Schütze, S. 284 ff. ; *Kraayavanger/Hilgard*, NJ 2003, S. 574

Betriebs- und Geschäftsgeheimnis,[253] das Persönlichkeitsrecht[254] wie auch der Schutz gegen Selbstbezichtigung[255] und der Schutz öffentlicher Interessen.[256] Streitig ist indessen die Rechtsgrundlage für die Berücksichtigung dieser Belange. Einer Ansicht nach kommen zum Schutz der Vertrauenssphäre die Grundrechte aus dem Grundgesetz[257] und der Europäischen Menschenrechtskonvention in Betracht.[258] In Hinsicht auf das Recht auf effektive Rechtsverteidigung und auf ein faires Verfahren wird zutreffend angemerkt, dass dem Gericht eine äußerste Grenze gesetzt werde, die die Vertraulichkeit der Korrespondenz zwischen Mandat und Anwalt garantiert.[259]

Nach *Becker* ist eine Analogie zu den §§ 383 ff. ZPO möglich.[260] Die Voraussetzungen einer analogen Anwendung dazu sieht er als gegeben: Eine planwidrige Gesetzeslücke liege vor, weil der Gesetzgeber das Problem der Weigerungsrechte nicht hinreichend berücksichtigt habe und es zwischen § 142 Abs. 1 und 2 ZPO eine notwendige Gleichheit der Interessenlagen gebe. Ein Dritter könne im Fall des § 142 Abs. 2 ZPO eine Urkundenvorlage verweigern, wenn Interessen der Parteien berührt werden. Der Autor merkt an, dass es eine Diskrepanz darstellen würde, wenn die Interessen der Partei von Personen geschützt würden, die damit betraut wurden, nicht aber durch die Prozesspartei selbst. Sollte eine Urkunde ihre Interessen betreffen, könne die Partei aus diesem Grund auch selbst ihre Vorlage aufgrund § 383 Abs. 1 Nr. 6 ZPO verweigern. Es komme also nicht darauf an, aufgrund welches Paragrafen das Gericht die Anordnung erteile, das heißt § 142 Abs. 1 oder § 142 Abs. 2 ZPO, sondern nur darauf, ob die Vorlage das Interesse einer Partei schädigen würde.

Die Analogie wird in der Lehre aber grundsätzlich abgelehnt. Zwei Argumente werden gegen diese Ansicht herangezogen: Zunächst sei die Gleichsetzung von Zeugen und Prozessparteien willkürlich. Die Zeugen stellten keine

---

253 *Wagner*, JZ 2007, S. 715; *Stadler*, WuB 2007, S. 882; *Koch*, S. 205; *Zekoll/Bolt*, NJW 2002, S. 3131; *Krapfl/Mann*, FS Schütze, S. 291; *Laumen*, BGHReport 2007, S. 984; *Kraayavanger/Hilgard*, NJ 2003, S. 574.

254 BT-Drucks. 14/6036, S. 120 Nr. 21; *Stadler*, WuB 2007, S. 882; *Laumen*, BGHReport 2007, S. 984; *Konrad*, NJW 2004, S. 711; Zöller/*Greger*, § 142 Rn. 8; Thomas/Putzo/*Seiler*, § 142 Rn. 1.

255 *Wagner*, JZ 2007, S. 715;

256 *Wagner*, JZ 2007, S. 715.

257 *Zekoll/Bolt*, NJW 2002, S. 3130 f.

258 *Konrad*, NJW 2004, S. 712 f.

259 *Konrad*, NJW 2004, S. 713; vgl. auch *Rühl*, ZZP 125, S. 36 f.

260 *Becker*, MDR 2008, S. 1314 f.

Teile des Prozessrechtverhältnisses dar. Die Beteiligung am Prozess berechtige die intensivere Einbeziehung der Prozessparteien in der Aufklärung des Sachverhaltes.[261] Das zweite Argument gegen die analogische Anwendung der § 383 Abs. 1 Nr. 6 ZPO entstammt „der Systematik des deutschen Zivilprozesses" [262]: Weil eine allgemeine Vorlagepflicht der Parteien im deutschen Prozess fehlt, sei der Einsatz von Weigerungsrechten der Parteien entbehrlich. Mit anderen Worten, im Gegensatz zu Zeugen, die verpflichtet sind, im Prozess auszusagen, seien die Parteien dieser Ansicht nach nicht verpflichtet, ihren Gegnern prozessuale Waffen auszuhändigen, sodass bestimmte Weigerungsrechte unnötig seien. Aber, wie oben erwähnt,[263] wird zu Recht eingewendet, dass der Nemo-tenetur-Grundsatz nach der Einführung des neuen § 142 ZPO maßgeblich durchbrochen wird.[264]

Als Rechtsgrundlage der Berücksichtigung der Geheimhaltungsinteressen der Parteien kommt auch die erste Alternative des § 142 Abs. 2 Satz 1 ZPO, die Zumutbarkeitsentscheidung bzw. ihre Berücksichtigung im Rahmen des gerichtlichen Ermessens in Betracht.[265] Dieser Ansicht nach steht es dem Gericht frei, in Anbetracht des gesamten Prozessstoffes zu entscheiden, ob die Urkundenvorlage zumutbar ist. So könne das Gericht auf die Besonderheiten eines jeglichen Einzelfalles Rücksicht nehmen und die konkurrierenden Interessen gegeneinander abwägen. Diese Meinung ist grundsätzlich zu begrüßen, weil damit dem Gericht ein weitgehender Ermessensspielraum eingeräumt wird, nicht nur den im Gesetz festgelegten Privilegien, sondern auch anderen schutzwürdigen Interessen Rechnung zu tragen.

Einleuchtend zu den Erwägungen des BGH bezüglich der parteiischen Interessen ist dessen Urteil vom 17.07.2014. In Bezug auf die Frage des

---

261 *Zekoll/Bolt*, NJW 2002, S. 3130; zust. *Konrad*, NJW 2004, S. 711; vgl. *Lüpke/Müller*, NZI 2002, S. 588 Fn. 13, argumentum a contrario; *Kraayavanger/Hilgard*, NJ 2003, S. 574, Hinweis auf § 138 ZPO; Erwägend *Becker*, MDR 2008, S. 1314.

262 Dieses Argument wird von *Krapfl/Mann*, FS Schütze, S. 287 und *Wagner*, JZ 2007, S. 715 zwar erwähnt. Die Autoren plädieren allerdings für den Schutz der Interessen der Parteien durch das gerichtliche Ermessen.

263 Vgl. die Fn. 230.

264 *Konrad*, NJW 2004, S. 711.

265 BT-Drucks. 14/6036, S. 120 Nr. 21; BGHZ 169, 30 (40); *Stadler*, WuB 2007, S. 882; *Laumen*, BGHReport, S. 984; *Wagner*, JZ 2007, S. 715; Baumbach/Lautenbach/Hartmann/Anders/Gehle/*Bünnigmann*, § 142 Rn. 5; *Zekoll/Bolt*, NJW 2002, S. 3130 f. ; *Krapfl/Mann*, FS Schütze, S. 287, gegen das Zumutbarkeitskriterium; *Prütting*/Gehrlein, § 142 Rn. 11.

Ermessenspielraums zog der BGH zwei Faktoren in Betracht:[266] zunächst die konkurrierenden Interessen. Das Gericht nahm an, dass der Beklagte Notar sei und deshalb aus § 18 Abs. 1 BNotO dazu verpflichtet gewesen sei, seine Aussage vor Gericht zu verweigern, sofern dies zum Schutz einer Person, die der Notar betreut, notwendig ist.[267] Geheimhaltungsinteressen seien von ausschlaggebender Bedeutung.[268] Das hat der BGH ferner in Bezug auf technische Schutzrechte erklärt: Gehe es um technische Schutzrechte, müsse jeder Zugriff verhältnismäßig intensiv sein.[269] Es sei in solchen Fällen besonders die Wahrscheinlichkeit der behaupteten Rechtsverletzung in Erwägung zu ziehen.[270]

Das Gericht nahm darüber hinaus auf die Beweislage Rücksicht: Die Beweisnot der auf die Urkunde Bezug nehmenden Partei sei beizumessen.[271] Sollten der Partei andere Beweismittel zur Verfügung stehen, könne das gegen den Erlass einer Anordnung sprechen. Zudem sei auch dem Erkenntniswert des einschlägigen Beweismittels Rechnung zu tragen.[272] Soweit dies auf das Beweisergebnis ausschlaggebenden Einfluss habe, könne dessen Vorlage notwendig sein.[273] Diese Interessenabwägung schafft ein gerechtes Ergebnis, das nicht nur materielle Interesse, sondern auch prozessuale Faktoren berücksichtigt.

Des Weiteren wird in der Lehre die Aufhebung des Ermessensspielraums in zwei Richtungen bejaht: einerseits in dem Sinne, dass rechtliche Interessen vorliegen, die die Vorlage gewisser Urkunden in der Regel ausschließen, und andererseits, dass das Gericht, wenn tragende Gründe gegen die Vorlage fehlen, verpflichtet ist, sie anzuordnen.

Für die erste Auffassung argumentiert *Rühl*.[274] Die Autorin sieht in der Ermessensentscheidung des Gerichts im besonderen Fall des Anwaltsprivilegs eine Abwägung gegenseitiger Interessen: das Interesse des Mandanten gegenüber dem Gegner und abstrakter betrachtet das Interesse der Allgemeinheit einerseits „am Schutz der Vertrauenssphäre zwischen Anwalt und Mandant“ und andererseits „an der Durchsetzung zivilrechtlicher Ansprüche“. Die Autorin merkt an, dass die Vorlage von Anwaltsunterlagen in der Regel nicht angemessen sei, weil

---

266 BGH MDR 2014, 1341.
267 BGH MDR 2014, 1341.
268 BGH MDR 2014, 1341.
269 BGHZ 169, 30 (40); BGH MDR 2017, 1142 (1143).
270 BGHZ 169, 30 (41); BGH GRUR 2013, 316 (318).
271 BGH MDR 2014, 1341.
272 BGH MDR 2017, 1142 (1143).
273 OLG München, Urteil vom 09. November 2006 – 1 U 2742/06, juris, Rn. 22.
274 *Rühl*, ZZP 125, S. 38 f. ; zust. *Krapfl/Mann*, FS Schütze, S. 289.

der Kernbereich des Privilegs getroffen werde. Nach der Lehre von *Rühl* erlaubt das Vertrauensverhältnis zwischen Mandanten und Anwalt sowohl den effektiven Schutz der Interessen des Mandanten als auch die zügige Justizgewährung. Die Urkundenvorlage beeinträchtige das Vertrauen zwischen den zwei Seiten in dem Sinne, dass das wesentliche Element, nämlich das Vertrauen darauf, dass die anvertrauten Informationen geheim bleiben, abhandenkäme. Im Ergebnis zieht *Rühl* aus der Interessenabwägung das Resümee, dass die Nachteile aus der Vorlage von Anwaltsunterlagen signifikant größer als ihre Vorteile seien. Diese Ansicht ist korrekt, und zwar in dem Sinne, dass nicht nur die konkurrierenden Interessen im Prozess, sondern auch die weiteren Auswirkungen der Vorlageanordnung auf die Allgemeinheit im Rahmen der Ermessensausübung zu berücksichtigen sind.

Andererseits stellt sich die Frage, ob das Gericht zur Anordnung verpflichtet ist, wenn der Gegner kein schutzwürdiges Interesse an der Urkunde hat. Eine Partei kann zunächst zum Beweisantritt einen Beweisantrag gemäß § 421 ZPO stellen, sofern ihr gemäß § 422 ZPO ein materieller Herausgabe- bzw. Vorlegungsanspruch gegenüber ihrem Gegner zusteht oder wenn gemäß § 423 ZPO ihr Gegner auf eine Urkunde Bezug nimmt. Die Voraussetzungen der zitierten Paragrafen liegen aber nicht immer unbedingt vor. Es ist der Partei dann unmöglich, den Beweis gemäß § 421 ZPO anzutreten. Eine Anordnung des Gerichts kann aber erfolgen, wenn die Urkunde hinreichend bezeichnet wird und sich auf beweiserhebliche Tatsachen bezieht. Um aus dieser Lage einen Ausweg zu bieten, wird in der Lehre die Auffassung für eine Einschränkung des gerichtlichen Ermessens vertreten.[275] *Stadler* argumentiert treffend, dass, sofern diese Voraussetzungen vorliegen, der Ermessensspielraum des Gerichts ausfalle.[276] Der Grund dafür sei das verfassungsrechtliche Gebot auf rechtliches Gehör:[277] Das Gericht müsse jede gesetzliche prozessuale Möglichkeit zur schnellen Sachverhaltsaufklärung ausnutzen, wenn die Partei außerstande ist, diese allein herbeizuschaffen, obwohl sie die betreffende Behauptung substantiiert und die relevante Urkunde hinreichend identifiziere. Außer bei Weigerungsgründen seien schwerlich Umstände vorstellbar, womit das Gericht die Nichtausübung seiner Befugnis begründen könne.[278] Diese Lehre ist zu begrüßen, da der prozessuale Zustand einen erheblichen Faktor für den Erlass der relevanten Anordnung

---

275 *Stadler*, FS Beys, S. 1644 f. ; *Greger*, BRAK-Mitt. 2005, S. 152; *Scherpe*, ZZP 129, S. 183.
276 *Stadler*, FS Beys, S. 1644 f. ; *Greger*, BRAK-Mitt. 2005, S. 152.
277 *Stadler*, FS Beys, S. 1644 f. ; zust. *Greger*, BRAK-Mitt. 2005, S. 152.
278 *Stadler*, FS Beys, S. 1644; zust. *Greger*, BRAK-Mitt. 2005, S. 152.

darstellt. *Scherpe* kommt zu demselben Schluss, geht aber von einer anderen Position aus. Der Grund für den Ausfall des Ermessens sei das verfassungsrechtliche „Recht auf Beweis“ der Parteien.[279] Das Berufen der Partei auf die Urkunde stelle keine bloße Anregung an das Gericht dar, sondern einen Beweisantritt, der das Gericht verpflichte, die Anordnung zu erlassen, wenn Weigerungsgründe fehlen.[280] Sein Ermessensspielraum sei dann ausgeschaltet.[281]

Nach der hier vertretenen Meinung gibt es noch einen weiteren Grund, der den Ermessensspielraum des Gerichts einschränkt, genauer gesagt die Beweislastverteilung in Beweisvereitelungsfällen. Wenn die Voraussetzungen der §§ 422 und 423 ZPO nicht vorliegen, sind §§ 142 und 144 ZPO entscheidend für die Wahrheitsfindung. Eine Partei, die wegen des Verhaltens ihres Gegners in Beweisschwierigkeiten gerät, trägt die Beweislast für alle Tatbestandsvoraussetzungen der Beweisvereitelung,[282] also einschließlich der Beweislast für den Kausalzusammenhang. Die Zerstörung eines Beweismittels führt zur Verdunkelung des Sachverhalts nur dann, wenn das Gericht die Vorlage einer Urkunde oder eines Gegenstandes zweifellos angeordnet hätte. Wenn die beweisbehinderte Partei einen Anspruch auf Vorlage der Objekte gemäß §§ 422 und 423 ZPO hätte, wäre das Gericht verpflichtet, deren Vorlage anzuordnen, sodass in diesem Fall der Kausalzusammenhang zwischen dem beweisvereitelnden Verhalten und der Erschwerung der Beweisführung gegeben ist. Wenn indessen die Voraussetzungen der §§ 422 und 423 ZPO fehlen, hat die beweisbehinderte Partei zu beweisen, dass das Gericht deren Vorlage gemäß §§ 142 und 144 ZPO angeordnet hätte, das heißt als ob die fehlenden Beweismittel vorhanden wären. Dies kann sicher den Beweis der Tatbestandsvoraussetzungen der Beweisvereitelung erheblich erschweren und spricht im Ergebnis für die Einschränkung des Ermessensspielraums des Gerichts.

2. *Parteivernehmung*

Die Aufnahme der Parteivernehmung als Beweismittel in die ZPO beruht auf einer völlig anderen Grundlage. Dies wurde als Ersatz für den Eid durch die Novelle aus dem Jahr 1933 aufgenommen.[283]

---

279 *Scherpe*, ZZP 129, S. 177.

280 *Scherpe*, ZZP 129, S. 179; vgl. aber *Stadler*, WuB 2007, S. 882, die Vorlageanordnung ist unabhängig von einem Beweisantrag; auch *Zekoll/Bolt*, NJW 2002, S. 3129.

281 *Scherpe*, ZZP 129, S. 179.

282 *Krapoth*, S. 36.

283 RGBl. 120 Teil I. 1933 S. 780 vom 27.10.1933.

Der Eid war ein Beweismittel, der auf römischen Recht basierte.[284] Bevor er durch die Parteivernehmung ersetzt wurde, war der Eid in den §§ 445-478 ZPO verankert. Diese Vorschriften gewährten der beweisbelasteten[285] Partei die prozessuale Möglichkeit, auf ihren Gegner Druck auszuüben: Ersterer, der Deferent, konnte durch die Verschiebung des Eides auf den Gegner, den Delaten, diesen damit belasten, das Gegenteil seiner Behauptungen zu schwören.[286] Trotz des möglichen Auswegs des Delaten, unter Umständen den Eid „zurückzuschieben"[287] oder ihn unter Bedingungen anzunehmen,[288] erbrachten die Verweigerung der Eidesleistung,[289] das Versäumnis eines bestimmten Termins,[290] das Fehlen der Abgabe einer Erklärung in Bezug auf die Verweigerung der Eidesleistung und seine unzulässige „Zurückschiebung"[291] den vollständigen Beweis der Behauptungen des Deferenten in dem Sinne, dass das Gegenteil des Eidesinhaltes als bewiesen galt. Leistete der Delat den Eid, galt dieser als vollständiger Beweis der Tatsachen,[292] der unter bestimmten Voraussetzungen[293] durch den Beweis des Gegenteils erschüttert werden konnte.[294] Das Gericht hatte folglich wegen des vollständigen Beweises keinen Spielraum, die Wahrheit des Eidesgehalts zu bewerten.[295] Die §§ 463 und 464 enthielten eine gesetzliche Beweisregel im Sinne des § 286 Abs. 2 ZPO, die die freie Beweiswürdigung ausschloss[296]. Zudem gab es in Bezug auf die dem Eid zugeschriebene Effizienz Zweifel, weil es trotz der Verweigerung der Eidesleistung realistisch oder vorstellbar war, dass der Delat aus anderen Gründen diese Eidesleistung verweigerte.[297]

Hauptzweck der Novelle des Jahres 1933 war der Ausschluss der parteiischen Willkürlichkeit, nicht nur in Form der böswilligen bzw. der nachlässigen

---

284 *Planck*, Civilprozess, § 123 S. 289 f.
285 *Struckmann/Koch*, CPO, § 447; *Stein/Jonas*, § 447 Rn. 1.
286 § 445 ZPO.
287 § 448 ZPO.
288 § 452 Abs. 2 ZPO.
289 § 464 Abs. 2 ZPO.
290 § 465 ZPO.
291 § 452 Abs. 2 ZPO.
292 § 463 Abs. 1 ZPO.
293 *Stein/Jonas*, § 463 Nr. 2; *Baumbach*, ZPO, § 463 Nr. 1.
294 § 463 Abs. 2 ZPO.
295 *Stein/Jonas*, § 463 Nr. 1.
296 *Baumbach*, ZPO, § 463 Nr. 3, § 464 Nr. 3; *Stein/Jonas*, § 463 Nr. 1; *Struckmann/Koch*, CPO, § 447 Nr. 1; *Endemann*, CPO, § 428, in Bezug auf die Eidesleistung.
297 *Wildhagen*, Rechtsstreit, S. 85 f.

Prozessverschleppung, sondern auch durch Irreführung des Gerichts aufgrund von Unwahrheiten.[298] Eine ausführliche Erläuterung der erstrebten Ziele gewährte der „Entwurf einer Zivilprozessordnung“ des Reichsjustizministeriums aus dem Jahr 1931. Darauf basierend veränderte die Novelle des Jahres 1933 neben ihrem Hauptzweck auch Vorschriften, zu denen der Beweis durch Eid zu zählen ist.[299] Der Grund für deren Modernisierung war die dadurch hervorgerufene Einschränkung der Wahrheitsermittlung.[300] Diese Wende zeigte die Rückkehr zur Regel des § 286 Abs. 1 ZPO. Das Gericht soll nicht nur den Inhalt der Aussage einer Partei, sondern auch ihre Verweigerung oder ihr Säumnis und ihre beeidete Aussage frei beurteilen.[301] Folgerichtig stellten die Vorschriften zur Beweisvereitelung keine eigenständige Regel des Zivilprozesses dar, denn das Gericht konnte die Vereitelungshandlung nur im Rahmen der Beweiswürdigung als Indiz würdigen. Trotz Abweichung von der Zeichnung des Entwurfs sind diese Vorschriften in die ZPO eingegangen.[302]

3. *Augenschein*

§ 371 Abs. 3 ZPO wurde durch die Novelle des Jahres 2002[303] als Pendant der §§ 427 und 444 ZPO eingesetzt. Gemäß dem Entwurf der Bundesregierung verfolgte die Reform den Zweck, die Qualität zu verbessern und die Effizienz der Ziviljustiz zu steigern.[304] Die Mittel dafür waren die Einführung einer Güterverhandlung, die Reform des Rechtsmittelrechts und die „Erhöhung der Transparenz und Akzeptanz richterlicher Entscheidungsfindung durch die stärkere Betonung der richterlichen Aufklärungs- und Hinweispflichten“.[305]

Diesem Zweck diente die Reform der §§ 139, 142 und 144 ZPO. Insbesondere durch § 144 Abs. 1 Satz 2 ZPO kann das Gericht die Vorlage eines Gegenstandes zum Zweck des § 144 Abs. 1 Satz 1 ZPO anordnen, nämlich die Einnahme eines Augenscheins oder eines Sachverständigengutachtens. Diese Befugnis des Gerichts wurde mit der Rechtsfolge der Vereitelung des damals neuen § 371 Abs. 3 ZPO kombiniert. Der Entwurf weist explizit auf § 371 Abs. 3 ZPO als

---

298 RGBl. 120 Teil I. 1933, S. 780.
299 Entwurf einer Zivilprozessordnung 1931, S. 276.
300 Entwurf 1931, S. 336.
301 Entwurf 1931, S. 337 f.
302 Entwurf 1931, §§ 434-445 Entwurf der ZPO, S. 100 ff.
303 BGBl. 40 Teil I. S. 1887 vom 27.7.2001.
304 BT-Drucksache 14/4722 vom 24.11.2000.
305 BT-Drucksache 14/4722, S. 2.

beweisrechtliche Folge der Nichtvorlage des Gegenstandes hin. Dasselbe gilt für den Fall der Nichtvorlage von Urkunden aufgrund gerichtlicher Anordnung gemäß § 142 Abs. 1 Satz 1 ZPO. In diesem Fall weist der Entwurf expressis verbis auf § 427 ZPO hin.[306] Der neue Absatz entspricht im Rahmen des Beweises durch Augenschein § 444 ZPO und greift, wenn der Prozessgegner das Objekt von vornherein unbrauchbar macht oder wenn er die Herausgabe des Objekts gemäß § 371 Abs. 2 ZPO oder die Duldung der Einnahme verweigert.[307]

4. *Zeugenbeweis*

In der ZPO ist weder die Weigerung der Partei, die Zeugen von ihrer Verschwiegenheitspflicht zu entbinden, noch die Weigerung, deren Namen und deren Anschriften mitzuteilen, explizit sanktioniert. Regeln gelten nur für die Fälle des unentschuldigten Ausbleibens eines Zeugen (§§ 380, 381 ZPO) und der Zeugnisverweigerung (§ 390 ZPO). Die Verweigerung der prozessualen Mitwirkung der Parteien im Zeugenbeweis ist nach gefestigter Rechtsprechung zuungunsten der verweigerten Partei gewürdigt.

Eine Liste der Gründe, weshalb ein Zeuge seine Aussage verweigern kann, stellt § 383 Abs. 1 ZPO auf. Ins Gewicht fällt insbesondere § 383 Abs. 1 Nr. 6 ZPO, wonach Personen berechtigt sind, ihre Vernehmung über Tatsachen zu verweigern, welche ihnen kraft ihres Amtes oder ihrer Stellung anvertraut worden sind. In einer Reihe von Fällen, in denen die Vernehmung von Zeugen, die zum Schweigen verpflichtet waren, bedeutsam für die Wahrheitsfindung ist, entschieden die Gerichte unter Berufen auf das Verbot der Beweisvereitelung, dass der Partei die Entbindung des Zeugen von seiner Schweigepflicht obliegt.[308] Was andererseits die Namhaftmachung von Zeugen anbelangt, beinhaltet die ZPO keine entsprechenden Vorschriften.

§ 383 Abs. 1 ZPO enthält eine Auflistung der Personenkreise, die zur Verweigerung ihrer Aussage berechtigt sind. Diese Personenkreise sind in drei Gruppen zu unterteilen: Angehörige der Partei (§ 383 Abs. 1 Nr. 1-3 ZPO); Personen, zu denen die Partei in einem Vertrauensverhältnis steht (§ 383 Abs. 1 Nr. 4, 6 ZPO); Personen, die sich in der Presse und im Rundfunk betätigen (§ 383

---

306 BT-Drucksache 14/4722, S. 78 f. Nr. 21-22.

307 BT-Drucksache 14/4722, S. 90 f. Nr. 58.

308 BGH NZV 1990, 385; BGH VersR 1981, 42; BGH NJW 1972, 1131 (1132); OLG München NJW-RR 1987, 1021 (1022); BAG NJW 2015, 365 (367); OLG Hamm BeckRS 2017, 106822, Rn. 13; OLG Koblenz BeckRS 2016, 16497, Rn. 21.

Abs. 1 Nr. 5 ZPO). In Hinsicht auf die Beweisvereitelung fällt die zweite Gruppe ins Gewicht und genauer gesagt

> „Personen, denen kraft ihres Amtes, Standes oder Gewerbes Tatsachen anvertraut sind, deren Geheimhaltung durch ihre Natur oder durch gesetzliche Vorschrift geboten ist, in Betreff der Tatsachen, auf welche die Verpflichtung zur Verschwiegenheit sich bezieht".[309]

§ 383 Abs. 1 ZPO statuiert ein Recht auf Zeugnisverweigerung.[310] Aufgrund dieses Rechts ist der Zeuge berechtigt, seine Aussage über anvertraute Tatsachen zu verweigern.[311] Kraft § 383 ZPO bleibt dem anvertrauten Zeugen ein Interessenkonflikt erspart.[312] Die geschützten Interessen sind höchstpersönlicher oder wirtschaftlicher Natur.[313] Dazu gehört allerdings nicht das Interesse einer Partei, ihrem Gegner prozessuale Nachteile zuzufügen.[314] Um indessen Tatsachen zu schützen, müssen diese objektiv geheimhaltungsbedürftig sein in dem Sinne, dass der private Wille Geheimnisse nicht festsetzen kann.[315]

Das Zeugnisverweigerungsrecht ist im Rahmen des Spannungsverhältnisses zwischen der Sachverhaltsaufklärung einerseits, die der Aussagepflicht des Zeugen entspricht, und dem Schutz des persönlichen Interesses andererseits, Tatsachen geheim zu halten, auszulegen.[316] Die allgemeine öffentlich-rechtliche Aussagepflicht verpflichtet den Zeugen, vor Gericht zu erscheinen (§§ 380, 382 ZPO), wahrheitsgemäß auszusagen (§§ 376, 390, 393 ff. ZPO) und gegebenenfalls die Aussage (§§ 391 ff. , 390 ZPO) zu beeidigen.[317] Deswegen wird die Ansicht vertreten, der zugestimmt werden kann, dass der Schutz des Vertrauensverhältnisses durch den Schutz der Privatsphäre des Geheimnisträgers seinem Persönlichkeitsrecht diene.[318] Gleichzeitig sind allerdings auch öffentliche Interessen zu berücksichtigen.[319] Es wird nämlich davon ausgegangen, dass die

---

309 § 383 Abs. 1 Nr. 6 ZPO.

310 Musielak/Voit/*Huber*, § 383 Rn. 1; Wieczorek/Schütze/*Ahrens*, § 383 Rn. 1.

311 Musielak/Voit/*Huber*, § 383 Rn. 1; MüKoZPO/*Damrau*, § 383 Rn. 4.

312 Musielak/Voit/*Huber*, § 383 Rn. 1; Stein/Jonas/*Berger*, § 383 Rn. 1; MüKoZPO/*Damrau*, § 383 Rn. 2.

313 Zum Beispiel: Geschäftsangestellte, Rechtspflegeberufe, Heilberufe, Beamte und Angestellte bei Behörden; zur Kasuistik vgl. Wieczorek/Schütze/*Ahrens*, § 383 Rn. 61 und Baumbach/Lautenbach/Hartmann/Anders/*Gehle*, § 383 Rn. 12 ff.

314 *Gottwald*, BB 1979, S. 1783.

315 Wieczorek/Schütze/*Ahrens*, § 383 Rn. 48.

316 *Lenckner*, NJW 1965, S. 321.

317 Stein/Jonas/*Berger*, vor § 373 Rn. 18; *Rosenberg/Schwab/Gottwald*, § 121 Rn. 11.

318 Wieczorek/Schütze/*Ahrens*, § 383 Rn. 46.

319 Vgl. die Analyse von *Rühl*, ZZP 125, S. 39.

mutmaßliche Offenbarung im Prozess von anvertrauten Tatsachen die Entmutigung des Schutzrechtsinhabers bewirkt, dem Zeugen alle Einzelheiten darzulegen, aus Furcht, dass sie anlässlich des Prozesses dem Gericht offenbart werden könnten. Dies könnte möglicherweise die Beeinträchtigung der Ausübung der Befugnisse von Freiberuflern und Gewerbetreibern bedeuten.[320] Denn wegen der Natur mancher Tätigkeiten können die Berufstätigen nur dann ihre Befugnisse sachgerecht ausüben, wenn sie die vollständige Übersicht über den Einzelfall haben. Das in § 383 Abs. 1 Nr. 6 ZPO verankerte Vertrauensverhältnis hat folglich als Zweck nicht nur persönliche, sondern auch öffentliche Belange zu schützen.

Im Zeugenbeweis setzt die Rechtsprechung für die negative Würdigung des Verhaltens voraus, dass die parteiische Weigerung zu missbilligen[321] bzw. missbräuchlich ist.[322] Diese zwei Begründungen sind hier gleichwertig. Missbrauch ist ein missbilligendes Verhalten oder die Ausübung einer Befugnis ohne schutzwürdiges Interesse mit dem Zweck der Benachteiligung des Gegners.[323] Das Reichsgericht hatte diesbezüglich ausgeführt, dass die Partei, die die Zeugenentbindung verweigert, von einer ihr gesetzlich gewährten Befugnis Gebrauch mache, und so sei ihr Verhalten nicht als Beweisvereitelung einzuordnen.[324] Der BGH geht davon aus, dass trotz des Berufens der Partei auf deren gesetzliche Befugnis das Gericht ihr Verhalten aufgrund von Treu und Glauben zu ihren Lasten würdigen kann, wenn triftige Gründe für deren Weigerung fehlen.[325] Die Partei ist im Ergebnis dazu angehalten, den Zeugen zu entbinden, denn sonst hat sie mit der negativen Würdigung ihres Verhaltens zu rechnen.

In ähnlicher Weise behandelt die Rechtsprechung auch die zweite Form der Beweisvereitelung im Zeugenbeweis, nämlich die Verweigerung der Partei, ihrem Gegner den Namen bzw. die Anschrift des Zeugen mitzuteilen.[326] Die

---

320 Vgl. die Argumentation von *Rühl*, ZZP 125, S. 39.

321 BGH GuT 2012, 384 (385); BGH NJW-RR 1996, 1534; BGH NJW-RR 1988, 962 (964); BGH NJW 1960, 821; BGH NJW-RR 2009, 995 (996); OLG Stuttgart MDR 2017, 1322; OLG Dresden, Beschluss vom 12. Januar 2018 – 4 U 1487/17, juris, Rn. 9.

322 BGH MDR 1984, 48; OLG Frankfurt NJW 1980, 2758.

323 MüKoBGB/*Schubert*, 8. Aufl., § 242 Rn. 239 f.

324 RG WarnErg 1912, 149; RG JW 1915, 1361.

325 BGH MDR 1984, 48; BGH NJW 1960, 821; BGH NZV 1990, 385; BGH NJW-RR 1996, 1534. a. A. BGH NJW 1967, 2012; BGH NJW 1972, 1131 (1131); OLG Frankfurt a. M. BeckRS 2021, 2725, Rn. 22; OLG Düsseldorf MDR 1976, 762; OLG München NJW-RR 1987, 1021 (1022).

326 BGH NJW 2008, 982 (985); BGH GuT 2012, 384 (385); BGH NJW 1960, 821; LAG Hamm BeckRS 1999, 30780685, Rn. 1; OLG Nürnberg NJW 2014, 2963 (2965 f.).

Rechtsprechung weist hier auf die in den Händen des Tatrichters liegende freie Beweiswürdigung.[327] Die Partei erwartet dann, aus der Verhinderung der Zeugenaussage einen prozessualen Vorteil zu ziehen. Das Verhalten des Prozessgegners wird demgegenüber nicht negativ gewürdigt, sofern triftige Gründe vorliegen. Diesen Begriff hat der BGH nicht eindeutig klargestellt, ihn aber wie folgt umrissen: Es handelt sich um hochwertige Belange, die über den Rechtsstreit hinausgehen.[328] Dazu gehören unter anderem das Bankgeheimnis,[329] die dem Rechtsanwalt[330] oder Steuerberater[331] anvertrauten Tatsachen sowie von Ärzten getragene Geheimnisse.[332] Jenseits gesetzlich geschützter Belange berücksichtigen die Gerichte die Besonderheiten des Einzelfalles. Die Gerichte sehen die Weigerung der Entbindung des Zeugen für gerechtfertigt, insbesondere wenn dieser in einem solchen Verhältnis zum Gegner steht, dass dem Gericht Zweifel an der Glaubwürdigkeit des Zeugen entstehen.[333] Somit erweitert die Rechtsprechung den Umfang des triftigen Grundes über die gesetzlichen Weigerungsrechte auf Umstände, die auf den Einzelfall bezogen sind.

II. Position der Rechtsprechung

Die Beweisvereitelung aufgrund einer analogen Anwendung gesetzlicher Paragrafen wird in der Rechtsprechung tendenziell angenommen. Der in den Rechtssätzen immanente Gedanke wird demgemäß verallgemeinert und stellt eine von den Voraussetzungen jedes einzelnen Paragrafen unabhängige Regel auf.[334] Ein Teil der Rechtsprechung legt viel Gewicht auf § 444 ZPO.[335] Er wird als der zentrale Paragraf der Beweisvereitelung verstanden und kommt oft als die entscheidende Quelle zur Ableitung des allgemeinen Rechtsgedankens vor. Ein anderer

---

327 BGH NJW 2008, 982 (985); BGH NJW 1960, 821; BGH GuT 2012, 384 (385); LAG Hamm BeckRS 1999, 30780685, Rn. 1.

328 BGH NJW-RR 1996, 1534; BGH NJW 1967, 2012.

329 BGH NJW 2016, 2190; OLG Celle ZIP 1981, 1324.

330 BGH NZV 1990, 385.

331 OLG Hamm BeckRS 2017, 106822 Rn. 11.

332 OLG Frankfurt NJW 1980, 2758; BGH VersR 1981, 42, medizinale Personen.

333 BGH NJW-RR 1996, 1534; BGH NJW-RR 1988, 962 (964); OLG Koblenz BeckRS 2016, 16497 Rn. 22; vgl. OLG Karlsruhe ZEV 2006, 315 (316).

334 BGH NJW 2007, 3130 (3131); BGH NJW 2006, 434 (436); BGH NJW 1998, 79 (81); BGH NJW 1986, 59 (60); OLG Bremen MDR 2008, 1061 (1062); OLG Dresden OLG-NL 2001, 97 (102).

335 BGH NJW 2002, 825 (827); BGH NJW 1978, 2154 (2156); BGH NJW 1963, 389 (390); RGZ 101, 198 (199).

Teil fügt den einzelnen Paragrafen der ZPO § 242 BGB hinzu.[336] Die jüngere Rechtsprechung hat diese Regel auf verschiedene Weise ausformuliert, jeweils mit demselben Inhalt:

> „Nach der ständigen Rechtsprechung des *BGH* liegt in Anwendung des Rechtsgedankens aus §§ 427, 441 III 3, 444, 446, 453 II, 454 ZPO und § 242 BGB eine Beweisvereitelung vor, wenn eine Partei ihrem beweispflichtigen Gegner die Beweisführung schuldhaft erschwert oder unmöglich macht. Dies kann vorprozessual oder während des Prozesses durch gezielte oder fahrlässige Handlungen geschehen, mit denen bereits vorhandene Beweismittel vernichtet oder vorenthalten werden."[337]

Auf diesen abstrakt ausformulierten Rechtsgedanken beruft sich die Rechtsprechung, wenn die beweisbelastete Prozesspartei den Beweis durch Sachverständige[338] oder Zeugen[339] zu führen versucht.

III. Position der Lehre

Die Lehre ist in Bezug auf die analoge Anwendung der gesetzlichen Vorschriften gespalten. Einerseits wird der Analogie ausschließlich aufgrund § 444 ZPO zugestimmt,[340] andererseits aufgrund mehrerer Rechtssätze.[341]

Was die analoge Anwendung des § 444 ZPO auf andere Beweismittel betrifft, vertritt *Konzen* die Ansicht, dass die Erstreckung der gesetzlichen Regel auf die ungedeckten Fälle berechtigt sei, zumal die zugrunde liegenden Interessen dieselben seien.[342] Es mache keinen Unterschied, ob eine Partei den Beweis durch

---

336 BGH NJW 2006, 434 (436); BGH NJW 1998, 79 (81); BGH NJW 1986, 59 (60); OLG Bremen MDR 2008, 1061 (1062); OLG München OLGZ 1977, 79 (83); OLG Nürnberg MDR 1986, 233 (234).

337 BGH NJW 2006, 434 (436).

338 BGH NJW 2004, 222; OLG Stuttgart MDR 2017, 1322; OLG Bremen MDR 2008, 1061 (1062); OLG Koblenz NJW-RR 2013, 796 (797); OLG Naumburg OLG-NL 1999, 23 (24); OLG Köln VersR 1992, 355 (356); OLG München NJW 1984, 807 (808); LG Bielefeld MDR 2016, 646 (647); LG Berlin, Urteil vom 3. August 2012 – 63 S 359/10, juris, Rn. 20.

339 BGH NJW 2008, 982 (985); BGH NJW 1972, 1131 (1131); BGH NJW 1967, 2012; BGH NJW 1960, 821; BGH MDR 1984, 48; BGH BeckRS 2012, 16127, Rn. 12; BAG NJW 2015, 365 (367); OLG Dresden OLG-NL 2001, 97 (101); OLG München NJW-RR 1987, 1021 (1022); BGH VersR 1981, 42; OLG Düsseldorf, MDR 1976, 762; OLG Celle VersR 1966, 870.

340 *Konzen*, S. 240; *Blomeyer*, AcP 158, S. 98 f. ; *Ordemann*, NJW 1962, 1903.

341 *Peters*, ZZP 82, S. 208; *Lutz*, S. 55.

342 *Konzen*, S. 240.

das eine oder das andere Beweismittel anzutreten versuche, falls ihr Gegner ihre Beweisführung arglistig vereitelt. Kernpunkt dieser Anschauung ist, dass die absichtliche Beweisvereitelung gleich zu behandeln ist. Im Gegensatz dazu unterliege die fahrlässige Beweisvereitelung diesem Rechtssatz nicht, sondern werde aufgrund der Verletzung des zwischen den Parteien bestehenden Rechtsverhältnisses sanktioniert.[343] Ähnlich ist die Ansicht *Blomeyers*, der die entsprechende Anwendung des § 444 ZPO ablehnt und die Sanktionierung aufgrund dieses Paragrafen als einen Unterfall der Beweiswürdigung erachtet.[344] Ein Argument gegen die analoge Anwendung auf die fahrlässige Beweisvereitelung lässt sich aus den Gesetzesmaterialien ableiten, in denen festgestellt wird, dass die Absicht der Partei ihren Dolus manifestiert, der mit der Culpa, die der fahrlässigen Handlung entspricht, nicht zu vermischen ist.[345] § 444 ZPO geht außerdem nicht so weit, eine Partei zu verpflichten, Urkunden zu erstellen.[346]

Nach anderer Meinung findet die fahrlässige Beweisvereitelung ihre gesetzliche Grundlage in den §§ 427 und 441 Abs. 3 ZPO, in denen die Tatbestandsvoraussetzung des Vorsatzes fehlt.[347] Dieser Ansicht ist zuzustimmen.

Die Paragrafen der ZPO stellen tatsächlich den Ausgangspunkt zur Erfüllung von Lücken in der Beweisvereitelung und Mitwirkung der Parteien dar. Was die in der ZPO geregelten Fälle gemeinsam haben, ist, dass ein konkreter Prozess schon in Gang gesetzt worden ist. Auch wenn ein materielles Rechtsverhältnis fehlt, besteht das Prozessrechtsverhältnis, das die Reichweite der Mitwirkungspflichten der Parteien bestimmt. Auch wenn die Paragrafen der ZPO für eine Mitwirkungspflicht die Grundlagen schaffen, gilt das nicht für die Zeit vor dem Prozess. Auch im Vorfeld des Prozesses ist die Verletzung bestehender Pflichten[348] gegenüber dem künftigen Gegner eine Voraussetzung für seine spätere Benachteiligung im Prozess. Das ist zwar eine Kritik an der Lehre *Blomeyers*[349], hat aber auch für die Prüfung der allgemeinen Möglichkeit der Analogie große Bedeutung.[350] Die erwähnten Paragrafen belasten die Mitglieder des Prozessrechtsverhältnisses mit prozessualen Aufgaben und setzen folglich dessen Bestehen voraus. Wenn ein Rechtsverhältnis schon im Vorfeld des Prozesses

---

343 *Konzen*, S. 240 f.

344 *Blomeyer*, AcP 158, S. 98 f. ; *Peters*, ZZP 82, S. 211

345 *Hahn*, Materialien 1880, S. 329, unter § 396 Abs. 1.

346 Prütting/Gehrlein/*Preuß*, § 444 Rn. 2; Wieczorek/Schütze/*Ahrens*, § 444 Rn. 2.

347 *Peters*, ZZP 82, S. 211; *Koch*, S. 321.

348 Wieczorek/Schütze/*Ahrens*, Vor § 284 Rn. 13.

349 *Gerhardt*, AcP 169, S. 299; *Stürner*, S. 155; *Thole*, JR 2011, S. 332; *Peters*, ZZP 82, S. 207.

350 Vgl. *Prütting*, AnwBl. 2008, S. 157, in Bezug auf die Lehre *Stürners*.

besteht, können dadurch ebenso brauchbare Lösungen geboten werden.[351] Fehlt aber jedes Rechtsverhältnis, fehlt daher auch die Grundlage der Belastung jeder künftigen Partei in Bezug auf Mitwirkungspflichten, da die Interessenlage zwischen den zwei Zuständen essenziell unterschiedlich ist. Folgerichtig ist die analoge Anwendung der §§ 371 Abs. 3, 427, 441 Abs. 3, 444, 446, 453 Abs. 2, 454 Abs. 1 ZPO unmöglich, weil ihre Anwendung ein Prozessrechtsverhältnis voraussetzt. Was die vorprozessuale Beweisvereitelung anbelangt, gibt es im Ergebnis eine Gesetzeslücke.

C. Treu und Glauben als Grundlage der Beweisvereitelung

Wie erwähnt, legt die Rechtsprechung Gewicht auf den Grundsatz von Treu und Glauben neben den im Gesetz vorgeschriebenen Erscheinungsformen der Beweisvereitelung. Ein Teil der Lehre hat sich dieser Auffassung angeschlossen und die Ahndung der Beweisvereitelung mit besonderen Manifestationen des Grundsatzes von Treu und Glauben begründet.

I. Arglistverbot

Eine erste Auffassung fokussiert auf die Missbilligung der Handlung: *Hellwig* meint, die Partei solle aus einer von ihr arglistig geschaffenen Rechtslage keine prozessualen Vorteile ziehen.[352] Diese Regel spiegelt sich in § 444 ZPO wider und setzt die absichtliche Schädigung des Beweismittels voraus.

II. Venire contra factum proprium

Nach anderer Ansicht fällt ausschließlich die nachträgliche Herbeiführung von prozessualen Vorteilen ins Gewicht.[353] *Schneider* vertritt die Meinung, dass die Erlangung solcher Vorteile im Widerspruch zum früheren Verhalten der Partei stehe.[354] Als Grundlage der prozessualen Benachteiligung der Beweisvereitelung erachtet er den Grundsatz venire contra factum proprium.[355] Der Autor merkt

351 *Arens*, ZZP 96, S. 21 ff.

352 *Hellwig*, System 1, S. 458 ff. ; *Riezler*, JhJb 1941, S. 236; OLG Nürnberg MDR 1986, 233 (234). Diese Regel, nämlich die „exceptio doli“, findet *Hellwig* auch in Digesta, vgl. D. 44.4.1.1 Paulus 71 ad ed: „Ideo autem hanc exceptionem praetor proposuit, ne cui dolus suus per occasionem iuris civilis contra naturalem aequitatem prosit.“

353 *Schneider*, MDR 1969, S. 9; *Gerhardt*, AcP 169, S. 304.

354 *Schneider*, MDR 1969, S. 9; *Gerhardt*, AcP 169, S. 304.

355 *Gerhardt*, AcP 169, S. 307; *Arens*, ZZP 96, S. 24.

diesbezüglich an, dass es nicht darauf ankomme, ob die beweisvereitelnde Partei für ihren Realakt verantwortlich ist, sondern ausschließlich auf die Frage, ob die Benachteiligung ihres Gegners ihre Ursache in der „Verantwortungssphäre" der beweisvereitelnden Partei hat.[356] Dann dürfe sie von dem von ihr auf treuwidrige Weise herbeigeführten Vorteil keinen Gebrauch machen, sonst übe sie ihre Rechte unzulässig aus.

III. Kritik der Lehre von Treu und Glauben

Der Ansicht von *Hellwig* sind grundsätzlich zwei Argumente entgegenzuhalten: Einerseits ist die Begrenzung der Beweisvereitelung auf die unter Arglist unternommenen Handlungen unvereinbar mit dem Gesetz. Die fahrlässige Beweisvereitelung hat ihre Grundlage in §§ 427 und 441 Abs. 3 ZPO.[357] Andererseits wäre die Beweislastumkehr, auch wenn sie auf Vorsatz leichter zu begründen ist, praktisch unbrauchbar, weil in solchen Fällen das Gericht aufgrund von Erfahrungssätzen in der Regel zu einem klaren Bild über den Sachverhalt kommt.[358] Unvereinbar mit der Rechtsprechung und der herrschenden Meinung in der Lehre[359] ist ferner die Auffassung von *Schneider*,[360] der das Verschulden als Voraussetzung ausschließt.

In Bezug auf das Prinzip venire contra factum proprium merkt *Stürner* zu Recht an, dass das Verhalten der Partei konsequent ist, wenn sie von vornherein den Zweck verfolgt, durch ihre Verweigerung der Mitwirkung im Prozess zu siegen;[361] wenn kein Vertrauensverhältnis zwischen den Parteien besteht, ist dementsprechend das Berufen der beweisvereitelnden Partei auf die Beweislosigkeit ihres Gegners nicht widersprüchlich.[362] Zutreffend ist außerdem die Bemerkung *Kochs*, dass das Verbot des widersprüchlichen Verhaltens an sich keine Pflicht zur Aufbewahrung von Beweismitteln begründet.[363]

Diese Lehre ist darüber hinaus unter Berücksichtigung noch eines weiteren Punktes gewissen Bedenken ausgesetzt. Selbst wenn ein Verhalten treuwidrig

---

356 *Schneider*, MDR 1969, S. 9.
357 *Peters*, ZZP 82, S. 211; für die Rechtsanalogie auch *Stürner*, S. 92 i. V. m. 158; *Taupitz*, ZZP 100, S. 302.
358 *Musielak*, FS Prütting, S. 447.
359 Vgl. den dritten Teil, § 7 C. I.
360 *Schneider*, MDR 1969, S. 9.
361 *Stürner*, S. 91.
362 Vgl. *Thole*, JR 2011, S. 333.
363 *Koch*, S. 321.

wäre, treten die Rechtsfolgen der §§ 427 und 444 ZPO nicht ein.[364] Nach Ansicht von *Baumgärtel* ist das treuwidrige Vorgehen folgenlos,[365] es habe nämlich keine prozessualen Auswirkungen, in dem Sinne einer Umkehr der objektiven Beweislast, sondern die Benachteiligung der beweisvereitelnden Partei entstehe wegen ihres unredlichen Verhaltens im Rahmen der Beweiswürdigung. Das Prinzip wirke nämlich dann als „Maßstab der Bewertung des Parteiverhaltens".[366] Der Ausgangspunkt von *Lutz* ist ebenfalls zutreffend. Ihrer Ansicht nach kann die Beweisvereitelung nicht auf Treu und Glauben fußen, da eine Beweislastverteilung aufgrund von Billigkeitsgründen ausgeschlossen wird.[367] Die Begründung der vorprozessualen Beweisvereitelung auf der Grundlage von Treu und Glauben würde eine Einschränkung ihrer Rechtsfolgen auf die freie Beweiswürdigung bedeuten und ist daher abzulehnen.

D. Materiell-rechtliche Lehren

I. Lehre von Maassen

Hopmann hat die Beweislastumkehr wegen Beweisvereitelung als Schadensersatz im Zuge der Naturalrestitution im Sinne des § 249 BGB begriffen.[368] Seine Sichtweise wird durch das folgende Beispiel aus der Rechtsprechung veranschaulicht: Ein Ortsvorsteher hatte ein Nottestament schuldbarerweise nicht formgerecht verfasst. Der noch lebende Ehemann der Erblasserin erhob gegen den Ortsvorsteher Klage auf Schadensersatz für den entgangenen Erbteil. Letzterer wendete ein, dass die Erblasserin zum Zeitpunkt der Testamentserrichtung unfähig gewesen wäre, ihren Willen frei zu bestimmen, und so das Testament trotz formgerechter Errichtung nichtig sei. Deshalb habe der Kläger keinen Schaden erlitten. Welche Partei sollte die Beweislast der geistigen Schwäche der Erblasserin in concreto tragen? Nach Ansicht von *Hopmann* stellt die Belastung der Prozesspartei mit der Beweislast der Tatbestandsmerkmale des Deliktsanspruchs (§ 823 I BGB) neben dem Vermögensschaden einen zusätzlichen Schaden dar, falls der Beklagte die Beweisführung durch die Verletzung seiner

364 *Baumgärtel*, ZZP 69, S. 106; *Lutz*, S. 42 f., in Bezug auf die Beweislastumkehr m. w. N.
365 *Baumgärtel*, ZZP 69, S. 106.
366 *Baumgärtel*, ZZP 69, S. 106; a. A. Wieczorek/Schütze/*Ahrens*, § 384 Rn. 19 f., die Verweigerung des Zeugen dürfe nicht im Rahmen der freien Beweiswürdigung gemäß § 286 ZPO berücksichtigt werden, denn seine Verweigerung sei kein Ergebnis aus der Beweisaufnahme.
367 *Lutz*, S. 42 f.; auch *Prölss*, S. 91.
368 *Hopmann*, JW 42, S. 71; *Schatz*, S. 46.

rechtlichen Pflichten verhindert.[369] Der Kläger trägt die Last über die geistige Klarheit der Erblasserin. Das wäre jedoch nicht der Fall gewesen, wenn der Ortsvorsteher das Testament formgerecht verfasst hätte. Der Erbe würde dann die Wirksamkeit des Rechtsgeschäfts gegen jedermann verteidigen, der das Testament anficht. Deswegen bewirke die Pflichtverletzung des Ortsvorstehers nicht nur den echten Schaden der beweisbelasteten Prozesspartei, sondern auch ihre prozessuale Benachteiligung.[370] Der Gedanke *Hopmanns*, dass die materiellrechtliche Pflichtverletzung eine prozessuale Benachteiligung des Anspruchsinhabers bewirke, ist im modernen englischen Beweisrecht teilweise vertreten.[371]

Maassen vertritt eine ähnliche Meinung. Seiner Meinung nach führt die Verschlechterung der Prozesslage zu einem zusätzlichen Schadensanspruch. Diese Ansicht wird folgendermaßen begründet: Wenn der Geschädigte die Tatbestandsvoraussetzungen des Anspruchs nicht mehr beweisen könne, sei es entsprechend nicht mehr möglich, den Schaden auf seinen Gegner abzuwälzen.[372] Nach der Ansicht *Maassens* setzt die Beweisvereitelung zwei Handlungen voraus: die Verletzung beweisrechtlicher Pflichten, die zur Vernichtung von Beweismitteln führe, und die Berufung der beweisvereitelnden Prozesspartei auf die Beweismittellosigkeit ihres Gegners.[373] Die Beweisvereitelung könne dann den Beweisversuch des Geschädigten zwar verhindern, es stehe ihm jedoch die Möglichkeit zu, durch das Berufen auf die Beweisvereitelung seinen Anspruch geltend zu machen. Diese stelle sich nämlich als eine alternative Anspruchsgrundlage dar.[374] Der Autor meint, es seien nur im Rahmen dieser zweiten Anspruchsgrundlage der geschädigten Partei Beweiserleichterungen wegen Verlust ihrer Chance im ursprünglichen Prozess zu gewähren.[375] Verletzt die beweisvereitelde Partei keine spezifische Beweispflicht zum Schutz der Beweisposition des Gegners, sei eine Verletzung eines sonstigen Rechtsguts nach § 823 Abs. 1 BGB zu sehen.[376]

369 *Hopmann*, JW 42, S. 71.
370 *Hopmann*, JW 42, S. 71.
371 Vgl. den vierten Teil, § 11 D. IV. 3.
372 *Maassen*, S. 173.
373 *Maassen*, S. 173 f.
374 *Maassen*, S. 180.
375 *Maassen*, S. 181.
376 *Maassen*, S. 182.

II. Lehre von Blomeyer

Blomeyer hält die Beweisvereitelung für einen Unterfall der Beweislastumkehr.[377] Er bewertet die in den §§ 427, 444 ZPO verankerten Regeln der Beweiswürdigung als zu eng, denn sie würden nur bei der vorsätzlichen Hinderung der Beweisführung greifen und daher für den Fall der fahrlässigen Beweisvereitelung oder einer Beweisvereitelung durch Hilfspersonen nicht genügen.[378] Beide Erscheinungsformen haben aber dasselbe Ergebnis, nämlich dass sie die beweisbelastete Partei in Beweisnot bringen. Zu diesem Punkt entdeckt der Autor eine Gesetzeslücke der Beweislast: Sollte die beweisbelastete Partei den Rechtsstreit wegen der von ihrem Gegner verursachten Beweislosigkeit verlieren, komme das Prinzip der Zumutbarkeit in Betracht.[379] Nach der Lehre *Blomeyers* ist die Beweislast diesem Grundsatz nach derjenigen Partei aufzuerlegen, die eher in der Lage sei, den Beweis einer bestimmten Tatsache zu erbringen. Wenn die beweisbelastete Partei den Beweis wegen der Beweisvereitelung seitens ihres Gegners nicht mehr erbringen könne, sei ihre Belastung daher nunmehr unzumutbar und daher trage der ursprünglich nicht beweisbelastete Prozessgegner die objektive Beweislast für die einschlägigen Tatsachen.

Als Beweisvereitelung begreift *Blomeyer* nicht nur die Vernichtung bzw. die Vorenthaltung von Beweismitteln, sondern auch die unterlassene Aufbewahrung und Beschaffung.[380] Diese Pflicht kann sich aus dem Gesetz oder aus dem Vertrag ergeben.[381]

III. Lehre von Konzen

Konzen vertritt einen ähnlichen Ansatzpunkt. Seine Analyse über die Beweisvereitelung gehört zu seinem Vorgehen, prozessuale Pflichten und Sanktionen als Ausfluss der zwischen den Parteien bestehenden materiell-rechtlichen Verhältnisse, der sogenannten „prozesserheblichen Rechtsbeziehungen", zu begründen. Zur Überbrückung der Kluft zwischen den Gebieten des materiellen und des prozessualen Rechts sei das Berufen auf den Grundsatz von Treu und Glauben entbehrlich.[382] Dieses Argument setze wiederum voraus, was es selbst zu

377 *Blomeyer*, AcP 158, S. 103.
378 *Blomeyer*, AcP 158, S. 98.
379 *Blomeyer*, AcP 158, S. 103.
380 *Blomeyer*, AcP 158, S. 99.
381 *Blomeyer*, AcP 158, S. 100.
382 *Konzen*, S. 79 ff.

überwinden bezweckt, nämlich dass die materielle Rechtswidrigkeit im Prozess berücksichtigt werde.[383] Kernpunkt seiner Analyse in Bezug auf die Grundlage der Beweisvereitelung sind die materiell-rechtlichen Pflichten.[384] Im Fall der vorsätzlichen Beweisvereitelung sei § 444 ZPO aufgrund der Gleichheit der gegenseitigen Interessen analog anwendbar. *Konzen* erachtet als Grundlage der fahrlässigen Beweisvereitelung das zwischen den Parteien stehende materiell-rechtliche Verhältnis.[385] Es sei nämlich aufgrund einer vertraglichen Nebenpflicht geboten, jenen Vertragspartner vor Schäden zu bewahren, die durch den Prozessverlust auftreten könnten.[386] Eine vorprozessuale Beweismittelvernichtung sei der Vorlageversagung im Prozess gleichzusetzen, weil im Ergebnis beide Handlungen dieselbe Auswirkung hätten, nämlich den Prozessverlust und demzufolge den Schaden des Vertragspartners. Daher setze ihre Vorlagemöglichkeit ihre Anfertigung oder Aufbewahrung voraus.[387] In Übereinstimmung mit der Lehre von *Blomeyer* sieht *Konzen*, dass jedes materiell-rechtliche Rechtsverhältnis als Rechtsgrundlage von vorprozessualen Beweispflichten wirken könne, auch wenn ein Vertrag fehlt.[388]

IV. Rechtsprechung

Die Ahndung der Beweisvereitelung wird in der Rechtsprechung oft aufgrund vorliegender materiell-rechtlicher Grundlagen begründet. Im Folgenden wird die relevante Rechtsprechung dargestellt, unter besonderer Berücksichtigung der besonderen vorprozessualen Pflichten von Ärzten und Produzenten.

1. Dokumentationspflicht im Arztrecht

a. Problemstellung

Die Dokumentationspflicht im Arztrecht ist in § 630 f BGB geregelt und grundsätzlich mit der Eigentümlichkeit der ärztlichen Behandlung verbunden. Die §§ 630 a ff. BGB beinhalten die Regeln der Arzthaftung, wie diese von der Rechtsprechung mit der Zeit entwickelt worden sind.[389]

---

383 *Konzen*, S. 80 i. V. m. S. 237.
384 *Konzen*, S. 230.
385 *Konzen*, S. 241 f.
386 *Konzen*, S. 241.
387 *Konzen*, S. 242.
388 *Konzen*, S. 242.
389 *Katzenmeier*, NJW 2013, S. 817, 821; MüKoBGB/*Wagner*, 8. Aufl., § 630 f Rn. 1.

In der Praxis wird die Heilung des Patienten durch dessen Behandlung bezweckt. Das begehrte Ergebnis ist allerdings trotz der Behandlung oftmals nicht gesichert, und deshalb ist eine unglückliche Entwicklung einer Behandlung nicht zweifellos auf einen ärztlichen Behandlungsfehler zurückzuführen. Aus diesem Grund entwickelte das Reichsgericht einen Rahmen zur Verminderung der Patientenbelastung,[390] den anschließend der Bundesgerichtshof weiterentwickelte. Das sind die Beweislastumkehr des Kausalzusammenhangs wegen groben Behandlungsfehlers und die Beweiserleichterungen wegen Verletzung der Pflichten auf Dokumentation und Befundsicherung.

b. Entwicklung der Dokumentations- und Befundsicherungspflicht

Im Jahr 1978 wurde eine Wendung in der Rechtsprechung des BGH um die ärztliche Dokumentation realisiert, der ab diesem Zeitpunkt eine Pflicht des Arztes zur Dokumentation anerkannte und besondere Anforderungen an ihre Wahrung festsetzte. Das ist durch die Urteile vom 14.03.1978[391] und vom 27.06.1978[392] geschehen.[393]

Die Rechtsprechung hatte sich mit der ärztlichen Dokumentation während des 20. Jahrhunderts befasst. Zur Frage stand, welche rechtlichen Konsequenzen die fehlerhafte Dokumentierung der Behandlung mit sich brachte[394] und ob dem Patienten ein Einsichts- bzw. Herausgaberecht gegen den behandelnden Arzt oder gegen seinen Nachfolger zustand.[395] Dagegen hatte sich die Rechtsprechung nicht eingehend mit der Rechtsgrundlage von Beweissicherungspflichten im Arztrecht befasst.[396]

---

390 RG WarnR 41, 29 (33); RGZ 171, 168 (171).

391 BGH NJW 1978, 1681.

392 BGH NJW 1978, 2337.

393 *Bartlakowski*, S. 22 f.

394 Beweislastumkehr: RG WarnR 36, 323 (325); OLG Frankfurt a. M. JW 1934, 3299; BGH VersR 1955, 344 (345); Beweiserleichterung bis hin zur Beweislastumkehr: BGH NJW 1972, 1520; Beweiswürdigung: BGH NJW 1963, 389 (390); RGZ 128, 121 (125).

395 Die Rechtsprechung lehnte grundsätzlich einen vertraglichen oder außervertraglichen Anspruch ab, BGH NJW 1963, 389; LG Hannover NJW 1956, 348; OLG Stuttgart NJW 1958, 2118 (2119); HansOLG Hamburg MDR 1960, 501 (502); vgl. aber BGHZ 85, 327 (329).

396 RG WarnR 36, 323 (325), Nebenpflicht; BGH VersR 1955, 344 (345), Voraussehbarkeit eines Prozesses; abl. BGH VersR 1963, 168 (169); OLG Köln VersR 1988, 43 (44), Voraussehbarkeit eines Prozesses; OLG Frankfurt a. M. JW 1934, 3299 (3300); Sicherungsmaßnahme; OLG Celle NJW 1978, 1200, Standespflicht aus der Berufsordnung.

Die Rechtsprechung hielt zunächst die Dokumentation für eine persönliche Gedächtnisschrift des Arztes, die nur seinen eigenen Interessen diente.[397] Diese Ansicht stieß zunehmend auf Kritik.[398] Die theoretische Auseinandersetzung über die kollidierenden Interessen lief auf die Anerkennung der Interessen des Patienten hinaus. Die ältere Rechtsprechung wurde durch zwei Urteile des BGH im Jahr 1978 aufgehoben, nämlich die NJW 1978, 1681 und NJW 1978, 2337.

Das erste Urteil legte zugrunde, dass der Arzt dem Patienten „Aufschluß" geben muss und dass er seiner Pflicht durch „Vorlage einer ordnungsmäßigen Dokumentation" nachkommt.[399] Im zweiten Urteil wird die Dokumentationswahrung als eine Pflicht des Arztes gegenüber dem Patienten ebenfalls anerkannt.[400] Sie dient sowohl materiellen, nämlich der Behandlung des Patienten und der Gewährung von Rechenschaft, als auch prozessualen Zwecken.[401]

Die Rechtsfolgen der Verletzung der Dokumentationspflicht wurden auf die Verletzung der Befunderhebungs- und Sicherungspflicht erstreckt.[402] Der Arzt hatte nach der Rechtsprechung erforderliche Untersuchungen vorzunehmen und deren Befunde zu sichern.[403] Ihr Versäumen stellte einen Behandlungsfehler dar. [404] Deren Einhaltung war nicht nur für den Fortgang der Therapie bedeutsam,[405] sondern auch für den Beweis des Kausalzusammenhangs zwischen dem Behandlungsfehler und dem Körperschaden des Patienten.[406]

c. *Rechtsgrundlage der ärztlichen Dokumentationspflicht*

Die Dokumentationspflicht wurde grundsätzlich als Nebenpflicht verstanden.[407] In Bezug auf die Rechtsgrundlage wurde hervorgehoben, dass die Grundlage

---

397 HansOLG Hamburg MDR 1960, 501 (502); OLG Celle NJW 1978, 1200; OLG Stuttgart NJW 1958, 2118 (2119); LG Hannover NJW 1956, 348.

398 Vgl. *Bender*, VersR 1997, S. 918 m. w. N.

399 BGH NJW 1978, 1681 (1682).

400 BGH NJW 1978, 2337 (2339).

401 BGH NJW 1978, 2337 (2339); vgl. OLG Düsseldorf VersR 1985, 169 (171).

402 BGHZ 85, 212 (216); BGHZ 99, 391 (396); BGH NJW 1996, 1589 (1590); eingehend *Katzenmeier*, Arzthaftung, S. 477 ff. ; *Schultze-Zeu.*, VersR 2000, S. 565 ff.

403 BGHZ 99, 391 (396); BGH NJW 1996, 1589; BGH NJW 1996, 779 (780).

404 BGHZ 85, 212 (218); BGHZ 99, 391 (394); BGH NJW 1996, 1589.

405 BGHZ 99, 391 (397).

406 BGHZ 85, 212 (217 f.); BGHZ 99, 391 (396 f.); BGH NJW 1996, 1589 (1590).

407 *Hohloch*, NJW 1982, 2580; *Wasserburg*, NJW 1980, S. 618; *Nüßgens*, FS Boujong, S. 832; *Taupitz*, ZZP 100, S. 308; *Strohmaier*, VersR 1998, S. 416; *Bender*, VersR 1997, S. 925; *Baumgärtel.*, GS Bruns, S. 99; *Helbron*, S. 43 f. ; *Bartlakowski*, S. 120; *Peter*, NJW 1988, S. 752; *Rieger*, Rn. 570; *Schmid*, NJW 1994, S. 772.

der Dokumentationspflicht der Behandlungsvertrag ist.[408] Diese Pflicht wurde in vielerlei Hinsicht als notwendig erachtet: zur Überprüfbarkeit von medizinischen Leistungen,[409] zur Gewährung der Rechenschaft[410] wie auch hinsichtlich des Persönlichkeitsrechts[411] und ihrer prozessualen Nützlichkeit.[412]

§ 630 f Abs. 2 BGB beinhaltet eine exemplarische Liste von Aufzeichnungen, die eben dazu gehören. Der Gesetzesentwurf erklärt, dass ihr primärer Zweck die sachgerechte therapeutische Behandlung und Weiterbehandlung ist, sie aber zusätzlich zur Wahrung der Persönlichkeitsrechte des Patienten dient.[413] Von besonderer Bedeutung ist die Bemerkung, dass die ärztliche Dokumentation für die Beweissicherung „faktisch"[414] bedeutsam ist.

Für den Fall, dass kein gültiger Vertrag zustande gekommen ist, wurde argumentiert, dass zwei Alternativen in Betracht kämen: Einerseits wird vertreten, dass die Dokumentationspflicht auf der Behandlungstätigkeit des Arztes begründet werde. Genauer gesagt begründe sie ein Behandlungsverhältnis, aus dem sich eine Pflicht des Arztes zur Therapie mit Sorgfalt gegenüber den Patienten ergebe,[415] und gebiete, dass eine Weiterbehandlung durch die Erstellung der sachgerechten Dokumentation möglich sei.[416] Andererseits vertritt *Taupitz* die Ansicht, dass die prozessuale Benachteiligung des Arztes auch aufgrund von Treu und Glauben möglich sei, wenn von ihm erwartet werde, den „ärztlichen Standard" einzuhalten.[417]

2. *Befundsicherungspflicht im Produzentenrecht*

a. *Problemstellung*

Im „Hühnerpest"-Fall hatte die Klägerin gegen den Hersteller von Impfstoffen gemäß § 823 BGB einen Anspruch wegen Vermögensschaden. Die Beweislast

---

408 *Hohloch*, NJW 1982, 2580; *Taupitz*, ZZP 100, S. 308; *Bender*, VersR 1997, S. 918.

409 *Nüßgens*, FS Boujong, S. 833; *Bender*, VersR 1997, S. 922; *Steffen*, FS Brandner, S. 331.

410 *Matthies*, JZ 1986, S. 961.

411 *Nüßgens*, FS Boujong, S. 833 ff. ; *Katzenmeier*, Arzthaftung, S. 473; a. A. *Peter*, NJW 1988, S. 752.

412 *Matthies*, JZ 1986, S. 961; *Taupitz*, ZZP 100, S. 309; *Peter*, NJW 1988, S. 751; *Bender*, VersR 1997, S. 923; *Rieger*, Rn. 571; *Bartlakowski*, S. 130 ff.

413 BT-Dr 17/10488, S. 25 f.

414 BT-Dr 17/10488, S. 26.

415 *Nüßgens*, FS Boujong, S. 832.

416 *Nüßgens*, FS Boujong, S. 832; *Strohmaier*, VersR 1998, S. 416.

417 *Taupitz*, ZZP 100, S. 312; zust. *Wasserburg*, NJW 1980, S. 618; *Krapoth*, S. 31, bezieht sich auf § 242 BGB als eine mögliche Rechtsgrundlage, ohne nähere Begründung.

der Tatbestandsmerkmale des relevanten Rechtssatzes trägt im Prinzip die auf Schadensersatz klageerhebende Partei. Vor diesem Fall bewältigte die Rechtsprechung die Beweisschwierigkeiten des Klägers durch die Gewährung von Beweiserleichterungen, beispielsweise in Form des Anscheinsbeweises.[418] In diesem Fall betrieb die Klägerin eine Farm und impfte ihre Hühner gegen Pest. Der Tierarzt verwendete Impfstoff, der vom Beklagten hergestellt worden war. Nach kurzer Zeit brach die Hühnerpest aus, die der Klägerin einen Vermögensschaden zufügte. Es wurde festgestellt, dass die verwendete Charge des Impfstoffs noch aktive Viren beinhaltete, die die Pest verursachten. Worauf die Verunreinigung zurückzuführen war, war nach der Beweisaufnahme offengeblieben. Das Verschulden des Beklagten wurde nicht bewiesen. Das Gericht nahm eine Beweislastumkehr in Bezug auf die subjektiven Voraussetzungen zur Haftung aufgrund der Lehre der Gefahrenbereiche an.[419] Es war zumutbar, dem Produzenten die Beweislast des Verschuldens aufzuerlegen, weil er die Produktionssphäre überblickte und sich folglich näher an den notwendigen Beweisen befand, im Gegensatz zur Klägerin, der es praktisch unmöglich war, den Herstellungsprozess klar zu durchschauen.[420] Sofern der Geschädigte belegt, „daß sein Schaden im Organisations- und Gefahrenbereich des Herstellers, und zwar durch einen objektiven Mangel oder Zustand der Verkehrswidrigkeit ausgelöst worden ist",[421] fällt es dem Produzenten zur Last, sich zu exkulpieren. Der Geschädigte hatte folglich die Aufgabe, den Schaden, den Kausalzusammenhang zwischen dem Schaden und dem fehlerhaften Produkt und die Fehlerhaftigkeit des Produktes zum Zeitpunkt des Inverkehrbringens zu beweisen,[422] während der Hersteller beweisen musste, dass kein Fehler bei der Herstellung des Produkts vorlag, denn sonst wäre sein Verschulden für die Fehlerhaftigkeit des Produktes gegeben.[423]

b. Inhalt der Befundsicherungspflicht

Die Beweisschwierigkeiten, die den Geschädigten trotz der Beweislastumkehr in Bezug auf die Fehlerhaftigkeit des Produkts treffen können, lassen sich in solchen

418 *Baumgärtel*, JA 1984, S. 663.
419 BGHZ 51, 91 (104 f.).
420 BGHZ 51, 91 (104).
421 BGHZ 51, 91 (105).
422 *Winkelmann*, MDR 1989, S. 16, 17 „Fehler-Bereichsnachweis"; *Baumgärtel*, JA 1984, S. 667.
423 *Winkelmann*, MDR 1989, S. 17.

Fällen illustrieren, in denen mehrere Stationen zwischen dem Inverkehrbringen und der Verwendung des Produktes auftreten. Beruft sich der Geschädigte auf einen Fehler, der erst nach dem Inverkehrbringen verursacht worden sein kann, zum Beispiel ein Riss in einer Flasche, hätte er darzulegen, dass der Fehler schon beim Inverkehrbringen vorlag und nicht erst später entstand.[424] So würde diese Beweislastverteilung dem Verbraucher in solchen Fällen nur eingeschränkt helfen.

Zur Bewältigung dieser Beweisschwierigkeit nahm der BGH im Mehrwegflaschenfall eine weitere Beweislastumkehr zugunsten des Verbrauchers an, der die Rechtsprechung in den folgenden Jahren gefolgt ist.[425] In diesem Fall produzierte die Beklagte kohlensäurehaltige Getränke, füllte damit Mehrwegflaschen ab und brachte die Flaschen in den Handel. Der Kläger wurde beim Gebrauch durch das Platzen einer Flasche verletzt und verlangte von der Beklagten Schadensersatzanspruch. Trotz der Beweisaufnahme blieb ungeklärt, ob das Platzen auf einen Fabrikationsfehler, nämlich auf einen Fehler bei der Befüllung des Glases, oder auf die Entstehung eines Haarrisses im Glas zurückzuführen war. Nur in Bezug auf diese zweite mögliche Ursache war allerdings der Zeitpunkt des Auftretens des Fehlers entscheidend. Weil der Haarriss erst nach dem Inverkehrbringen entstanden sein könnte, war zweifelhaft geblieben, ob der Produzent schuldig war. Im Fall eines Fabrikationsfehlers würde aber sein Verschulden außer Frage stehen. Das Gericht entschied, dass der Nachweis der Fehlerhaftigkeit beim Inverkehrbringen den Verbraucher belastet, nahm aber die Möglichkeit einer Gewährung von Beweiserleichterungen an. Eine Kausalitätsvermutung greift,

> „[...] wenn der festgestellte Mangel des Produkts typischerweise aus dem Bereich des Herstellers stammt, dieser gerade deshalb – und weil er zur Vermeidung schwerer Schadensfolgen ein derartiges Risiko nach Möglichkeit auszuschließen hat – zum Schutz des Verbrauchers verpflichtet ist, sich über das Freisein des Produkts von solchen Mängeln vor Inverkehrgabe zuverlässig zu vergewissern, und der Geschädigte nachgewiesen hat, dass der Hersteller diese ‚Statussicherung' über den mangelfreien Zustand des Produkts nur unzureichend vorgenommen hat".[426]

Die Beweislastumkehr betrifft die Fehlerhaftigkeit des Produkts beim Inverkehrbringen, wenn der Hersteller seiner „Statussicherungspflicht"[427] nicht

---

424 *Winkelmann*, MDR 1989, S. 17.

425 BGH NJW 1993, 528; BGHZ 129, 353.

426 BGHZ 104, 323 (333); vgl. BGH NJW 1993, 528 (529); OLG Dresden NJW-RR 1999, 34 (35); OLG Braunschweig VersR 2005, 417 (418); LG Augsburg NJW-RR 2001, 594 (595); LG Stuttgart NJW-RR 2012, 1169 (1170).

427 *Winkelmann*, MDR 1989, S. 18.

nachgekommen ist. In diesem Fall trägt er die Beweislast, dass eine rechtzeitige Befunderhebung einen einwandfreien Zustand ergeben würde.[428] Der BGH leitet aus der Pflicht des Herstellers, sichere Produkte herzustellen[429], die besondere Pflicht, Befunderhebungen rechtzeitig durchzuführen, ab.

In der Lehre wurden zum Teil Vorbehalte gegen diese Ausführung ausgedrückt: Die zwei Fälle, Arzthaftung und Produzentenhaftung, seien unterschiedlich und die Übertragung der Befundsicherungspflicht auf die zweite Konstellation sei unzutreffend;[430] die Voraussetzungen der Befundsicherungspflicht seien nur unzureichend ausformuliert;[431] die Gefahr bestehe, dass der Ausnahmefall in der Zukunft sich zum Regelfall entwickle;[432] fraglich war auch, ob der Produzent eine Aufbewahrungspflicht habe.[433]

Der BGH konkretisierte den Inhalt dieser Befundsicherungspflicht.[434] Der Produzent hat keine Auflistung der in Verkehr gebrachten Produkte einzuhalten, im Sinne einer beweisbezogenen Dokumentation.[435] Er muss die Durchführung von Kontrollen nachweisen, die, soweit technisch möglich,[436] die Beschaffenheit des einzelnen Produktes überprüfen[437] und zumutbar gewährleisten, dass mangelhafte Flaschen von der Wiederverwendung ausgeschlossen werden.[438] Mit Recht erklärt *Kullmann* diesbezüglich, dass die Befundsicherung sich auf den Beweis der Durchführung von technisch möglichen Kontrollen beschränke.[439] Obwohl die Prüfung den Zustand aller Flaschen betreffe, obliege es nicht dem Hersteller, jede Flasche als fehlerfrei zu registrieren. Die Befundsicherung liegt

---

428 BGHZ 104, 323 (334).

429 BGHZ 104, 323 (326).

430 *Brüggermeier*, VuR 1988, 348 f. ; *Schmidt-Saher*, PHi 1988, S. 151; *Winkelmann*, MDR 1989, S. 18; *Foerste*, VersR 1988, 960; *Arens*, ZZP 104, S. 133 f. ; *Pfeiffer*, LM 1993, Nr. 186 zu § 823 (Dc) BGB; *Kunz*, BB 1994, S. 454; *Birkmann*, DAR 1989, S. 283.

431 *Winkelmann*, MDR 1989, S. 18; *Pfeiffer*, LM 1993, Nr. 186 zu § 823 (Dc) BGB; *Kunz*, BB 1994, S. 454.

432 *Schmidt-Saher*, PHi 1988, S. 153; *Arens*, ZZP 104, S. 134; *Kunz*, BB 1994, S. 454.

433 *Winkelmann*, MDR 1989, S. 18; *Pfeiffer*, LM 1993, Nr. 186 zu § 823 (Dc) BGB.

434 BGH NJW 1993, 528; BGHZ 129, 353; BGH NJW 1999, 1028 (1029); vgl. OLG Düsseldorf NJW-RR 2000, 833 (835); OLG Koblenz NJW-RR 1999, 1624 (1626).

435 BGH NJW 1993, 528 (529).

436 BGHZ 129, 353 (363 f.); BGH NJW-RR 1993, 988; OLG Koblenz NJW-RR 1999, 1624 (1626).

437 BGHZ 129, 353 (363 f.).

438 BGH NJW 1993, 528 (529); BGHZ 129, 353 (363).

439 *Kullmann*, NJW 1994, S. 1704 f. ; *Steffen*, FS Brandner, S. 337; *Pfister*, EWiR 1988, S. 892.

also nicht in der Beweiserstellung durch die Dokumentierung der Ergebnisse, sondern in der Aussonderung der fehlerhaften Flaschen. Diesen Inhalt scheint die Rechtsprechung tatsächlich zu teilen.[440]

c. Rechtsgrundlage der Beweislastumkehr

Bedenken bestehen in Bezug auf die Rechtsgrundlage der „Statussicherungspflicht". Einerseits hat die Rechtsprechung festgestellt, dass der Hersteller widersprüchlich handelt, wenn er sich auf die Unklarheit des Zustandes eines Produkts bei dessen Inverkehrbringen beruft, obwohl er materiell-rechtlich dazu verpflichtet ist, sich über die Fehlerfreiheit des Produkts im Klaren zu sein.[441] Im letzteren Fall würde er nämlich prozessuale Vorteile aus der Missachtung seiner materiellen Pflicht ziehen.

Einer Ansicht nach lässt sich diese Pflicht aus der allgemeinen Pflicht des Herstellers, für die Produktsicherheit zu sorgen, ableiten.[442] Die Verkehrssicherungspflicht des Herstellers wird dann als eine von der Gefährlichkeit des bestimmten Produktes abhängige Pflicht konzipiert. Der Vergleich dieser Pflicht des Herstellers mit der Befunderhebungspflicht des Arztes und der Hinweis darauf, dass die Belastung des Herstellers mit dem Beweis des Produktzustandes seine materielle „Pflichtenstellung [...] bestätigt",[443] zeigen nach der hier vertretenen Ansicht, dass der BGH die Befundsicherungspflicht des Herstellers im Wesentlichen als Aspekt seiner materiell-rechtlichen Verkehrssicherungspflicht versteht. Die Unterlassung von besonderen Kontrollen stellt einerseits die Schadensursache dar, andererseits verursacht sie auch die Beweisnot des Geschädigten im späteren Schadensersatzprozess. Die Beweislast kehrt sich dementsprechend zur Überwindung der vom Produzenten verursachten Beweisnot zu seinen Ungunsten um.[444] *Winkelmann* bringt ebenfalls eine naheliegende Konzeption der Befundsicherungspflicht zum Ausdruck: Sie habe ihre Grundlage nicht in der „allgemeinen Versicherungspflicht", die nur die Prüfung der Sicherheit der Produkte fordere.[445] Es handele sich um eine Beweiserhaltungspflicht, die den

440 BGH NJW 1993, 528 (529); BGH NJW-RR 1993, 988; OLG Koblenz NJW-RR 1999, 1624 (1626); OLG Braunschweig VersR 2005, 417; LG Stuttgart NJW-RR 2012, 1169 (1170).

441 BGH NJW 1993, 529 (529); BGHZ 104, 323 (333).

442 *Giesen*, JZ 1988, S. 971; *Kunz*, BB 1994, S. 453; *Kullmann*, PHI 1989, S. 115; *Kullmann*, NJW 1994, S. 1704; *Baumgärtel*, FS Walder, S. 147; *Steffen*, FS Brandner, S. 338; a. A. *Foerste*, JZ 1995, S. 1064 Fn. 12.

443 BGHZ 104, 323 (334).

444 *Foerste*, JZ 1995, S. 1064; *Steffen*, FS Brandner, S. 338.

445 *Winkelmann*, MDR 1989, S. 18.

Hersteller belaste, Unterlagen anzufertigen, die die Prüfung des Produktzustandes darlegen.[446]

Für die Anwendung der Regel der Beweisvereitelung bei Verletzung von Kontrollen hat der BGH in seiner Entscheidung vom 25.01.1983 plädiert.[447] Darin nimmt er an, dass § 444 ZPO auf Fälle anwendbar sei, in denen vorgeschriebene Kontrollen versäumt werden und so Umstände nachträglich nicht mehr aufklärbar sind.[448] Allerdings kann hier dagegengehalten werden, dass der ausschlaggebende Unterschied zwischen den zwei Befundsicherungspflichten darin liegt, dass im ersten Fall, nämlich Befundsicherungspflicht des Produzenten, die Beschaffung von Beweismitteln nicht vorausgesetzt werde, während im erwähnten Beschluss Beweismittel durch die Kontrolle geschaffen werden. Das Berufen auf die Beweisvereitelung in diesem Fall ist auf Kritik gestoßen.[449] Es wird argumentiert, dass dadurch diese Handlung doppelt sanktioniert werde.[450] Dieses Argument ist grundsätzlich korrekt. Wenn der Hersteller durch die Unterlassung von Kontrollen ein gefährliches Erzeugnis produziert, verletzt er seine Verkehrssicherungspflicht und ist daher schuldig. Wird er mit der Beweislast der Kausalität zusätzlich belastet, ist dies als eine zweite Sanktion für dieselbe Handlung zu erachten. Die Umkehr der Beweislast als prozessuale Sanktion muss sich dementsprechend der Verletzung einer unterschiedlichen Pflicht anschließen, wie auch *Winkelmann* zu Recht bemerkt. Für eine Abweichung von der allgemeinen Beweislastregel spricht sich auch *Kullmann* aus.[451] Seiner Ansicht nach ist es widersprüchlich, wenn der Produzent sich auf die Unaufklärbarkeit eines Zustands berufe, obwohl es seine materiell-rechtliche Pflicht sei, diesen Zustand durch die Beschaffung von Beweisen aufzuklären.

---

446 *Winkelmann*, MDR 1989, S. 19; *Kunz*, BB 1994, S. 453; *Giesen*, JZ 1988, S. 971; abl. *Kullmann*, NJW 1994, S. 1704; *Schmidt-Saher*, PHi 1988, S. 151.

447 BGH NJW 1983, 2935.

448 BGH NJW 1983, 2935 (2936).

449 *Baumgärtel*, FS Walder, S. 150; *Foerste*, VersR 1988, 960; *Birkmann*, DAR 1989, S. 283; *Kunz*, BB 1994, S. 454; *Krapoth*, S. 32.

450 *Foerste*, VersR 1988, S. 960; a. A. *Steffen*, FS Brandner, S. 338; OLG Bamberg VersR 1971, 769 (770).

451 *Kullmann*, PHi 1989, S. 122.

3. *Beweispflichten in Werkverträgen*

Der BGH hat Beweisbeschaffungspflichten auch aus Werkverträgen herangezogen.[452] Das Gericht nahm an, dass angesichts der Gefahren, die den Rechtsgütern des Auftraggebers drohen und die sich aus der Natur des Werks ergeben, der Beauftragte je nach Umständen eine Pflicht tragen kann, notwendige Sicherungsmaßnahmen zu treffen.

In einem Fall hatte der Beklagte den Auftrag angenommen, ein Programm auf einer EDV-Anlage zu implementieren.[453] Er hätte gemäß Vertrag des Weiteren überprüfen müssen, ob die zur Datensicherung notwendige Sicherungsroutine lauffähig war. Nach einem Jahr waren die Daten verloren gegangen. Der Beauftragte hatte seine Sicherungspflicht verletzt, weil er es unterlassen hatte zu überprüfen, ob die Leistung des Programms fehlerfrei war. Zur Begründung seines Schadensersatzanspruchs musste der Auftraggeber ein vertragswidriges Verhalten des Beklagten beweisen. Das Gericht ging davon aus, dass es nicht unverhältnismäßig sei, den Beklagten mit der objektiven Beweislast der Schadensursache und des Zeitpunkts ihres Entstehens zu belasten.[454]

Abgesehen von dem Fall, wonach sich die Beweissicherungspflicht aus der Natur des Werks ergibt und dem Beauftragten obliegt, entschied der BGH, dass auch der Auftraggeber unter Umständen zur Befundsicherung verpflichtet sein könne. Der Sachverhalt von NJW 1998, 79 ist wie folgt: Die Firma K war gegenüber der S-AG dazu verpflichtet, die Beförderung der ihr gehörenden Waren zu organisieren. Die Firma K beauftragte dazu die Klägerin. Diese wies daraufhin den Beklagten an, zur Vorbereitung des Transports die Güter auf Paletten zu stapeln. Wegen einer Erschütterung beim Transport stürzten die Waren auf die Deichsel des Transportwagens. Die Klägerin verweigerte trotz der Anregungen seitens des Beklagten, einen Sachverständigen zur Feststellung des Zustandes der Güter unmittelbar nach dem Unfall hinzuzuziehen. Der Schaden wurde im Ergebnis erst nach dem Transport festgestellt. Die Klägerin hatte durch ihre Verweigerung den Gegenbeweis des Beklagten erschwert, dass die Güter nicht beim Sturz, sondern erst später zu Schaden gekommen waren. Das Gericht entschied, dass aus dem Werkvertrag geboten war, die Gegenstände den geeigneten Kontrollen zu unterziehen.[455] Diese vertragliche Nebenpflicht des Auftraggebers

---

452 BGH NJW 2009, 360; BGH NJW 1998, 79; BGHZ 133, 155; BGH VersR 1974, 261; BGH VersR 1960, 844 (845); vgl. OLG Frankfurt MDR 1984, 946; OLG Dresden BauR 2013, 825; LG Oldenburg MDR 1982, 847 (848)

453 BGHZ 133, 155 (156 f.).

454 BGHZ 133, 155 (166).

455 BGH NJW 1998, 79 (81).

gegen den Beauftragten, abgeleitet aus dem Vertrag aufgrund des Grundsatzes von Treu und Glauben, bezweckte, durch die Sicherung des Befundes den endgültigen Verlust von Beweismitteln auszuschließen, und wurde vom Gericht als „Fall zur Mitwirkung an der Beweissicherung" bezeichnet.[456]

In einem dritten Fall rechtfertigte der BGH eine Beweislastumkehr für Mängel eines Gewerkes wegen Verletzung einer vertraglichen Kooperationspflicht.[457] Die Beklagte hatte die Klägerin beauftragt, Arbeiten in einem von ihr aufgebauten Parkhaus auszuführen. Die Klägerin übersah die Rügen der Beklagten zu Mängeln des Gewerkes. Aus diesem Grund entzog die Beklagte der Klägerin den Auftrag und beseitigte die Mängel selbst, ohne eine Dokumentation zu erstellen oder der Beklagten eine vorausgehende Begutachtung vor Ort zu ermöglichen. Die Beklagte war indessen gegen ihre Vertragspartnerin dazu verpflichtet, die notwendige Beweissicherung durch die Begutachtung des Werkes zu ermöglichen, und zwar unabhängig von ihrem Recht, die Mängel allein zu beseitigen.[458] Die Beklagte hatte dadurch die Beweisführung der mit dem Beweis der Mangelfreiheit des Werks belasteten Klägerin erschwert. Die Beweisvereitelung lag in diesem Fall nicht in der späteren Veränderung des Werkes, sondern in der Verweigerung des Auftraggebers bezüglich der Mitwirkung oder Dokumentierung des Zustandes des Werks. Aus dem Vertrag war er verpflichtet, die Beweissicherung zu ermöglichen.

4. *Formerfordernis in Arbeitsverträgen – § 2 Abs. 1 Nachweisgesetz*

Das Arbeitsverhältnis ist formfrei, soweit es um einen Vertrag auf unbestimmte Zeit geht.[459] Das Formerfordernis aus § 2 Abs. 1 Satz 1 NachwG setzt den Art. 2 der Richtlinie 91/533/EWG in die deutsche Rechtsordnung um. Dies setzt eine Nebenpflicht des Arbeitgebers fest,[460] spätestens einen Monat nach dem vereinbarten Beginn des Arbeitsverhältnisses wesentliche Vertragsbedingungen schriftlich niederzuschreiben, die Niederschrift zu unterzeichnen und dem Arbeitnehmer auszuhändigen.[461] Sie dient der vollständigen Auskunft des Arbeitnehmers und zugleich auch der Beweissicherheit.[462]

---

456 BGH NJW 1998, 79 (81).
457 BGH NJW 2009, 360 (362).
458 BGH NJW 2009, 360 (362).
459 MüArbR/*Benecke*, § 36 Rn. 27.
460 *Preis*, NZA 1997, S. 11.
461 § 2 Abs. 1 Satz 1 NachwG.
462 *Preis*, NZA 1997, S. 13 f.

Diese Vorschrift wurde durch zwei Urteile des EuGHs ausgelegt.[463] Demgemäß bleiben nach Art. 6 der Richtlinie die nationalen Beweislastregeln unberührt. Dementsprechend müssen die Gerichte das Unterrichtungsdokument mit solchen Rechtsfolgen verbinden, „wie sie nach innerstaatlichem Recht einem solchen vom Arbeitgeber ausgestellten und dem Arbeitnehmer übermittelten Dokument zukommen würde".[464]

Der EuGH bezog insbesondere auf die Frage der Beweisvereitelung nicht klar Stellung.[465] Die nationale Rechtsprechung hat das Ganze dennoch für eine Beweisvereitelung gehalten.[466]

5. *Zwangsvollstreckung*

Die Rechtsprechung hat die Dokumentations- und die Befundsicherungspflichten außer bei den Fällen der Arzt- und Produkthaftung uneinheitlich angewendet und als Unterfälle der Beweisvereitelung behandelt. Im Bereich der Zwangsvollstreckung ist der Zwangsverwalter verpflichtet, Handlungen vorzunehmen, die erforderlich sind, um das Grundstück in seinem wirtschaftlichen Bestand zu erhalten und es ordnungsgemäß zu benutzen. Unter Umständen trägt er die Pflicht, ein Verzeichnis des verwalteten Vermögens zu erstellen.[467] Wenn er das Vermögen einer Person vermietet und Verdacht von Verwahrlosung der Mietsache erregt wird, gebietet ihm die Sorgfaltspflicht, vor Ort Maßnahmen zur Feststellung des fremden Vermögens zu treffen.[468] Unterlässt er die notwendigen Feststellungen, trägt er deshalb die Beweislast der Kausalität zwischen unterlassenen Erhaltungsmaßnahmen und dem Schaden.[469] Es handelt sich um eine Dokumentationspflicht.[470]

---

463 EuGH NZA 1998, 137; NZA 2001, 381.

464 EuGH NZA 1998, 137 (138); NZA 2001, 381 (383).

465 EuGH NZA 2001, 381 (383).

466 LAG Düsseldorf, Urteil vom 20. Oktober 2015 – 8 Sa 1091/13 –, juris, Rn. 77; LAG Rheinland-Pfalz Urteil vom 1. Juni 2012 – 9 Sa 279/11, juris, Rn. 28 f.; LAG Rheinland-Pfalz Urteil vom 10. Mai 2007 – 11 Sa 25/07, juris, Rn. 37; LAG Niedersachen MDR 2003, 1426 (1426 f.); LAG Nürnberg LAGE Nr. 12 zu § 2 NachwG; LAG Hamm BeckRS 1998, 30777048; LAG Hamm MDR 1999, 618 (619); LAG Köln MDR 1999, 1074 (1075); ArbG Celle LAGE Nr. 7a zu § 2 NachwG; LAG Köln BB 1998, 1643; LAG Köln BB 1998, 590.

467 BGH MDR 2006, 22; BGH NJW 1986, 59 (60).

468 BGH MDR 2006, 22 (23).

469 BGH MDR 2006, 22 (23).

470 BGH NJW 1986, 59 (61).

V. Kritik der materiell-rechtlichen Lehren

Die Lehre von *Maassen* hat in der Lehre wenige Beachtung gefunden. Das ist darauf zurückzuführen, dass es nicht wirklich um eine Lehre von Beweiserleichterung geht, sondern um eine Lehre von alternativen Anspruchsgrundlagen. Ein Schwachpunkt betrifft die Konzipierung der Beweisposition als sonstiges Recht im Sinne des § 823 Abs. 1 BGB,[471] der die Träger von „fundamentalen" absoluten Rechten und Rechtsgütern vor Körperverletzungen und Sachbeschädigungen schützt.[472] Die absolut herrschende Meinung zählt indessen nicht die Beweisposition zum Begriff des sonstigen Rechts.[473] Das würde tatsächlich voraussetzen, dass der vorprozessual prospektiven Beweismöglichkeit einer Person die Qualität des absoluten subjektiven Rechts[474] zuzuschreiben wäre. Darüber hinaus ist nicht zu übersehen, dass dadurch der Partei keine Beweiserleichterung für ihre Beweisführung im Rahmen der ursprünglichen Anspruchsgrundlage gewährt wird, während ein Schadensersatz im Allgemeinen unbrauchbar ist, wenn der ursprüngliche Prozess ein anderes Begehren hat, nämlich keinen Schadensersatz. Schlussendlich ist auch anzumerken, dass die Einführung der alternativen Anspruchsgrundlage nicht mit dem Text der in der ZPO vorgesehenen Regeln übereinstimmt, weil die Paragrafen keine Anhaltspunkte für eine solche Auslegung gewähren.

Die Ansicht von *Blomeyer* ist teilweise zu begrüßen. Seiner Lehre wird indes das Argument entgegengehalten, dass die prozessuale Ahndung einer Handlung das Bestehen der materiellen Mitwirkungspflicht voraussetzt,[475] unabhängig von der Grundlage der Rechtsbeziehung. Diese kann sich entweder aus einer gesetzlichen Rechtsbeziehung oder aus einem Vertrag herleiten. Fehlt eine Rechtsbeziehung, ist die Partei gegenüber der Beweisvereitelung ungeschützt.

In Bezug auf das Fehlen jener Rechtsbeziehung könnte vorprozessual auf die Voraussehbarkeit eines künftigen Prozesses abgestellt werden, dass ein

---

471 *Schatz*, S. 48.

472 *Schellhammer*, Schuldrecht, Rn. 953; jurisPK-BGB/*J. Lange*/*Schmidbauer*, § 823 Rn. 3 ff.

473 *Schellhammer*, Schuldrecht, Rn. 964; Palandt/*Sprau*, § 823 Rn. 11 ff. ; MüKoBGB/*Wagner*, 7. Aufl., § 823 Rn. 265 ff. ; Erman/*Wilhelmi*, § 823 Rn. 35 ff. ; Hk-BGB/*Staudinger*, § 823 Rn. 28; *Soergel*/*Spickhoff*, 13. Aufl. § 823 Rn. 86 ff. *Larenz*, SchuldR. II, § 72 I; Jauernig/*Teichmann*, § 823 Rn. 12 ff.

474 MüKoBGB/*Wagner*, 7. Aufl., § 823 Rn. 265 ff. ; Staudinger/*Hager*, § 823 Rn. B124.

475 *Peters*, ZZP 82, S. 207; *Gerhardt*, AcP 169, S. 299; *Stürner*, S. 155; *Stürner*, ZZP 98, S. 245; *Thole*, JR 2011, S. 332.

selbstständiges Rechtsverhältnis, sofern ein Rechtsstreit erkennbar ansteht, begründet wird. Diesbezüglich erweist sich das Tupferfall-Urteil als wegweisend.[476] Der Kläger erhob gegen den operierenden Arzt Schadensersatzklage, weil er bei der ursprünglichen Operation einen Tupfer in der Wunde des Klägers übersehen hatte und im Körper zurückgeblieben war. Daher hatte er eine zweite Operation durchgeführt. Der Kläger war nicht imstande, das Verschulden des Arztes zu beweisen, da dies durch die Entsorgung des Tupfers erschwert wurde. Der Arzt hätte ihn aufbewahren müssen, zumal ein Prozess schon damals voraussehbar war und auch, dass das Objekt eine Rolle darin spielen könnte.[477] Bemerkenswert ist diesbezüglich, dass das Gericht sich selbstständig auf die Voraussehbarkeit des Prozesses und auf die Nützlichkeit des Objekts zur Begründung der Pflicht bezieht, ohne die Rechtsgrundlage zu konkretisieren.[478] Mangels einer bestehenden Rechtsbeziehung zum Zeitpunkt der Zerstörung des Beweismittels darf erörtert werden, ob bei Voraussehbarkeit eines Prozesses die fahrlässige Vernichtung eines Objekts rechtswidrig ist.[479] Nach der hier vertretenen Ansicht reicht die Voraussehbarkeit eines möglichen Prozesses für die Begründung einer Aufbewahrungspflicht nicht aus. Das würde bedeuten, dass das Beweisvereitelungsverhalten nicht an sich, sondern wegen seiner Folgen, nämlich die Gefährdung der Beweisposition der Partei, rechtswidrig wäre. Es wird in der Lehre die Meinung vertreten, dass durch die „Vermengung" der Fahrlässigkeit und der Rechtswidrigkeit im materiellen Recht Verkehrspflichten begründet werden.[480] In den Worten von *Stathopoulos,* bestimmt das mögliche und zumutbare „Können" das „Müssen".[481] Vorhersehbarkeit und Vermeidbarkeit des Verstoßes seien in solchen Fällen vorausgesetzt.[482] Die Verkehrspflichten schützen vor Gefahren im öffentlichen Verkehr und aus gewissen Tätigkeiten.[483] Dieser Ansatz

---

476 BGH VersR 1955, 344; vgl. OLG Köln VersR 1988, 43; BGH NJW 1960, 821; BGH NJW 2004, 222; OLG Köln VersR 1988, 43 (44).

477 BGH VersR 1955, 344 (345); vgl. BGH NJW 1994, 1594 (1595).

478 *Konzen*, S. 228, bemerkt aber in Bezug darauf zu Recht, dass es um eine Vertragsverletzung geht; sinngemäß ist also das Fazit zu ziehen, dass das Gericht keine selbstständige Aufbewahrungspflicht anerkannt hat.

479 Vgl. auch die Lehren von *Stürner* im zweiten Teil, § 4 E. II. und *Gomille*, im zweiten Teil, § 4 E. III und die Ansicht von *Musielak*, FS Prütting, S. 445, der sich auf den Grundsatz von Treu und Glauben bezieht.

480 *Stathopoulos*, FS Larenz, S. 632; *Nipperdey*, NJW 1957, S. 1777 ff.

481 *Stathopoulos*, FS Larenz, S. 633.

482 *Stathopoulos*, FS Larenz, S. 635.

483 MüKoBGB/*Wagner*, 7. Aufl., § 823 Rn. 380.

ist allerdings nicht auf die Beweisvereitelung übertragbar. Zu den erwähnten Gefahrenquellen ist die Beweisnot im Zivilprozess nicht zu zählen, wie auch die Prozessstelle einer Partei kein „sonstiges Recht" aus § 823 Abs. 1 BGB darstellt. Das ist außerdem in der Rechtsprechung des BGH in Produzentenhaftung gegeben, in der das Gericht den Produzenten im Anschluss an ihre materielle Verkehrssicherungspflicht, Verbraucher vor Gefahren aus fehlerhaften Produkten zu schützen, einer prozessualen „Statussicherungspflicht" unterzieht.[484] Wenn nämlich ein Vertrag fehlt, hat der BGH eine andere materiell-rechtliche Alternative ausgesucht, nämlich ein Rechtsverhältnis, im Rahmen dessen die ungleichen Beweisstellen durch die besonderen Pflichten austariert werden. Wo dies der Fall ist, müssen die Voraussetzungen dieser Beweissicherungspflicht mit Genauigkeit bestimmt werden, sodass die Rechtssicherheit bewahrt wird.[485] Denn sonst ist die Belastung der späteren Prozessparteien mit unbestimmten vorprozessualen Mitwirkungspflichten unvereinbar sowohl mit dem Nemo-tenetur-Grundsatz als auch mit der allgemeinen Beweislastverteilung.

Außerdem wird eingewendet, dass die Verbindung von prozessrechtlichen Konsequenzen und materiell-rechtlichen Pflichten die zwei Disziplinen etwas ungeschickt vermische.[486] Hier ist eine Trennung zwischen Handlungen geboten, die rechtswidrig sind und einen Schaden stiften, und solchen, die rechtswidrig sind, aber keinen Schaden zufügen. Gegen die erstere Kategorie wird mit Recht eingewendet, dass die Pflichtverletzung einen Anspruch auf Schadensersatz als Rechtsfolge hat.[487] So verstanden stellt ihre prozessuale Benachteiligung eine zweite Sanktion derselben Handlung dar.[488] Wie aber aus der Ermittlung der relevanten Rechtsprechung oben herausgestellt wurde, gibt es Kategorien von Nebenpflichten, deren Verletzung dem Gegner keinen materiellen Schaden stiftet, sondern ihm im Prozess nur Schwierigkeiten beim Beweis der Tatsachen bereiten, die seinen Schadensersatzanspruch begründen würden. Mit Recht wird von *Matthies* diesbezüglich bemerkt, dass „[m]ateriellrechtliche Normen … prozeßrechtliche Konsequenzen zeitigen" können.[489] Diese Beweisschwierigkeit

---

484 Vgl. den zweiten Teil, § 4, D. IV. 2. c.

485 Vgl. *Winkelmann*, MDR 1989, S. 18, bezieht sich auch auf die Frage der Rechtssicherheit.

486 *Thole*, JR 2011, S. 333.

487 *Gerhardt*, AcP 169, S. 300.

488 Vgl. *Foerste*, VersR 1988, S. 960 und *Kunz*, BB 1994, S. 454, in Bezug auf die Produzentenhaftung.

489 *Matthies*, JZ 1986, S. 961, spricht von Rechenschaftspflicht.

wegen Verletzung materieller Nebenpflichten ist mithilfe prozessualer Mittel im Prozess zu bekämpfen.

E. Prozessrechtliche Lehren

I. Lehre von Peters: Die allgemeine prozessuale Mitwirkungspflicht

Peters bestreitet, dass das Verhandlungsprinzip so zu begreifen ist, dass jede Partei den für sie günstigen Beweisstoff allein zu sammeln hat.[490] Die Prozessförderungspflicht, in § 282 ZPO verankert, weist zwar einen zeitlichen Aspekt auf: Die Parteien müssen ihre Angriffs- und Verteidigungsmittel rechtzeitig vorbringen, wie es nach der Prozesslage einer sorgfältigen und auf Förderung des Verfahrens bedachten Prozessführung entspricht. Nach Lehre von *Peters* ist aber in dieser Pflicht auch eine inhaltliche Seite zu berücksichtigen. Demgemäß trage der Gegner die prozessuale Pflicht, die Behauptungen der Gegenpartei näher zu substantiieren und ihr Beweismittel zur Verfügung zu stellen.[491] Sein Argument begründet der Autor folgendermaßen: Diese Pflicht werde im Gesetzestext zwar nicht explizit ausgeführt, in zahlreichen Vorschriften werde aber vom Gegner im Prozess verlangt, der beweisbelasteten Partei auf verschiedene Weise entweder auf der Ebene der Behauptungen oder der Beweisführung zu helfen.[492] Die nicht beweisbelastete Partei werde genauer gesagt gemäß § 138 Abs. 1 und 2 ZPO dazu verpflichtet, Behauptungen wahrheitsgemäß und vollständig vorzutragen, gemäß den §§ 445 f. ZPO bei einer Parteivernehmung auszusagen und gemäß § 423 ZPO Augenscheinobjekte und Urkunden vorzulegen, während Mitwirkungspflichten darüber hinaus im materiellen Recht bestehen. Aus diesen vereinzelten Regeln folgert *Peters,* dass eine allgemeine Mitwirkungspflicht bestehe,[493] deren fahrlässige[494] Verletzung die Benachteiligung der beweisvereitelnden Partei im Prozess ermögliche.[495] *Peters* bestreitet zwar nicht, dass materielle Mitwirkungspflichten für die Sachverhaltsaufklärung fruchtbar gemacht werden können.[496] Es sei indes aber vorstellbar, dass derartige Pflichten

---

490 *Peters*, ZZP 82, S. 208 m. w. N.; *Peters*, FS Schwab, S. 407.

491 *Peters*, ZZP 82, S. 208 f. ; *Peters*, FS Schwab, S. 407.

492 *Peters*, ZZP 82, S. 208.

493 *Peters*, ZZP 82, S. 208.

494 *Peters*, ZZP 82, S. 211.

495 *Peters*, ZZP 82, S. 206.

496 *Peters*, ZZP 82, S. 206.

fehlen.[497] Eine allgemeine Mitwirkungspflicht diene der Gleichbehandlung aller Erscheinungsformen der Beweisvereitelung.[498]

II. Lehre von Stürner: Die allgemeine Aufklärungs- und Mitwirkungspflicht

Die Lehre *Stürners* ähnelt der Lehre *Peters,* ist aber gründlicher und bietet eine ausführliche dogmatische Begründung. Kernpunkt seiner Untersuchung ist die Gestaltung einer allgemeinen Aufklärungspflicht. *Stürner* greift auf die Verfassung und den Prozesszweck als legitimierende Faktoren der allgemeinen Aufklärungspflicht zurück: Aus der Gewährung des staatlichen Rechtsschutzes (Art. 2 Abs. 1 GG) i. V. m. dem Rechtsstaatsprinzip ergebe sich die „Rechtsschutzgewährleistung".[499] Daraus folge, dass der Staat die „Rechtsdurchsetzung" und die „Unrechtsabwehr" verfechten müsse und deren Verwirklichung setze „denknotwendig" die Wahrheitsprüfung voraus.[500] Daher sei die Würdigung aller verfügbaren Aufklärungsmittel die Voraussetzung zur Wahrheitsfindung.[501] Letzterer könnten Grenzen gesetzt werden, sofern die Einbeziehung des Gegners in die Wahrheitsfindung „höherrangige Rechtsgüter" berühren würde.[502] Der Autor erachtet die Wahrheitsfindung als ein unverzichtbares Mittel, um den Zweck des Prozesses, nämlich den Individualrechtsschutz, zu verwirklichen.[503] Seiner Lehre nach kann nur aufgrund des zugrunde liegenden Sachverhalts und des materiellen Rechts eine richtige Entscheidung gefällt werden, wenn die Parteien keine Vereinbarung über den Abschluss des Verfahrens getroffen hätten. Das setze die ausführliche Prüfung des Sachverhalts voraus. Demgegenüber verdunkle die Mitwirkungsverweigerung entweder durch das Verschweigen von Tatsachen oder durch die Vorenthaltung von Beweismitteln die Sachverhaltsaufklärung, sodass dies zu ungerechten Schlussfolgerungen führe. *Stürner* sieht in einer Reihe von Vorschriften der ZPO Aspekte der parteiischen Aufklärungspflicht, deren analoge Anwendung dazu diene, Lücken im Bereich der Sachverhaltsaufklärung zu füllen.[504] Seiner Lehre über diese allgemeine

---

497 *Peters*, ZZP 82, S. 207.
498 *Peters*, ZZP 82, S. 212.
499 *Stürner*, S. 39.
500 *Stürner*, S. 43.
501 *Stürner*, S. 43.
502 *Stürner*, S. 46.
503 *Stürner*, S. 49 ff.
504 *Stürner*, S. 92 f.

Aufklärungs- und Mitwirkungspflicht zufolge muss die nicht beweisbelastete Partei Auskunft über den Tatsachenkomplex geben,[505] die in ihrem Besitz und Eigentum befindlichen Augenscheinobjekte zur Besichtigung verfügbar machen und vorlegen,[506] sich zu Körper- und Geistuntersuchungen begeben,[507] Urkunden über die in §§ 422, 423 ZPO aufgestellten Einschränkungen hinaus vorlegen[508] sowie Zeugen benennen[509] und von ihrer Schweigepflicht entbinden.[510] Ganz treffend merkt der Autor an, dass diese Aufklärungspflicht unnütz wäre, wenn das Vorhandensein von Beweismitteln nicht bereits vorprozessual gesichert werde. Daher konzipiert er ihre Sicherung als eine Vorwirkung der Aufklärungspflicht, die darauf ziele, die Effektivität der Pflicht zu gewährleisten,[511] und auf dem künftigen Prozessrechtsverhältnis beruhe.[512] Aus diesem Grund sieht *Stürner* die nicht belastete Partei unabhängig von einem materiellen Rechtsverhältnis im Ergebnis verpflichtet, Beweismittel zu erhalten, wenn das Risiko eines Prozesses erkennbar sei.[513]

III. Lehre von Gomille: Die Wahrheitspflicht

In Hinsicht auf die Beweisvereitelung liegt die Lehre *Gomilles* nahe bei den Lehren *Stürners* und *Peters. Gomille* erachtet § 138 Abs. 1 ZPO als die dogmatische Grundlage der Beweisvereitelung.[514] Seine Lehre erklärt das beweisvereitelnde Verhalten des Gegners der risikobelasteten Partei als Verstoß gegen die § 138 Abs. 1 ZPO, genauer gesagt in Form eines subjektiv unwahren Bestreitens.[515] Das gelte direkt für die reglementierten Fälle der Beweisvereitelung,[516] während für die unreglementierten Fälle eine Rechtsfortbildung geboten sei: In Anwendung der „äußerdeliktischen Regel" werde eine Äußerung als unwahr behandelt, wenn Belegtatsachen, einschließlich Beweismittel, für ihre Wahrheit nicht

505 *Stürner*, S. 134 ff.
506 *Stürner*, S. 138 f.
507 *Stürner*, S. 140 ff.
508 *Stürner*, S. 144 ff.
509 *Stürner*, S. 136.
510 *Stürner*, S. 202 ff.
511 *Stürner*, S. 152.
512 *Stürner*, S. 156; *Koch*, S. 321; zust. *Taupitz*, ZZP 100, S. 305.
513 *Stürner*, S. 158 ff. ;
514 *Gomille*, S. 276 ff. ; vgl. auch *Gottwald*, BB 1979, S. 1781.
515 *Gomille*, S. 277.
516 *Gomille*, S. 277 ff.

beigebracht werden, und zwar unabhängig von der Beweislastverteilung.[517] Bringe der Betroffene keine „erwartbare“ Beweismittel bei, dürfe sich das nicht zulasten des Erklärenden, nämlich des Risikobelasteten, auswirken.[518] Eine allgemeine Aufbewahrungs- bzw. Dokumentationspflicht nimmt der Autor nicht an.[519] Auch wenn diese Pflichten sich aus dem Gesetz oder aus dem Vertrag ergeben müssen, entstehen eine Aufbewahrungs- und Dokumentationsobliegenheit zu dem Zeitpunkt, ab dem einem „verständigen Dritten“ die Nützlichkeit des bestimmten Beweismittels für einen voraussehbaren Rechtsstreit klar werde.[520]

IV. Lehre von Habscheid: Das Recht auf Beweis

Nach *Habscheid* beruht die Beweisvereitelung auf dem verfassungsrechtlichen Recht auf Beweis.[521] Das gehöre zum Justizanspruch und habe den Zweck, die Justizgewährung effektiv zu gestalten, das heißt den Parteien die Möglichkeit zu gewähren, die ihrem Anspruch zugrunde liegenden Tatsachen im Prozess beweisen zu können.[522] Einschränkungen seien möglich, soweit sie ausreichend legitimiert seien.[523] Die Frage der Beweisvereitelung gehöre zum Thema der Mitwirkung der Parteien zur Bekämpfung der Beweisnot im weiteren Sinne. Fehlen Einschränkungen im Gesetz, sei jede Partei dazu verpflichtet, an der Beweisführung ihres Gegners mitzuwirken.[524] So gesehen liegt die Lehre *Habscheids* nahe an der Lehre *Stürners,* der die Ausschöpfung aller verfügbaren Beweismittel als Voraussetzung der Wahrheitsfindung erachtet.

V. Lehre von Nolte: Die Waffengleichheit

Nolte geht von einem anderen Standpunkt aus. Er plädiert für das Bestehen des Rechts auf Beweis, wie dies von *Habscheid* präsentiert wird, sieht jedoch als eine Auswirkung die Pflicht des Gerichts, die formale Gleichbehandlung der Parteien wiederherzustellen.[525] Er bemerkt, dass die Prinzipien der Waffengleichheit und des fairen Verfahrens auf das vertikale Verhältnis zwischen Partei und Richter

---

517 *Gomille*, S. 290 ff.
518 *Gomille*, S. 292.
519 *Gomille*, S. 297, 301 f.
520 *Gomille*, S. 297, 302.
521 *Habscheid*, ZZP 96, S. 324 ff.
522 *Habscheid*, ZZP 96, S. 308.
523 *Habscheid*, ZZP 96, S. 308.
524 *Habscheid*, ZZP 96, S. 326.
525 *Nolte*, S. 251; zust. *Rosenberg/Schwab/Gottwald*, § 116 Rn. 18.

anwendbar seien.[526] Dieses Verhältnis erachtet *Nolte* als Rechtsgrundlage der Pflicht des Richters bei Beweisvereitelung, den Prozessnachteil von Ersterer wieder auszugleichen.[527] Sonst werde die Gleichbehandlung der Parteien verletzt: Die beweisvereitelnde Prozesspartei sei imstande, alle erheblichen Mittel zu ihrem Prozesssieg vorzutragen, während ihrem Gegner diese Möglichkeit nun fehle. Diese zwei „*un*gleiche[n] Situationen“[528] müssen nicht gleichbehandelt werden.

VI. Beweisvereitelung aufgrund eines Geständnisses

Die Ansicht, dass die Beweisvereitelung einen Unterfall des Geständnisses darstellt, wird stellenweise in der griechischen Fachliteratur und Rechtsprechung vertreten.[529] Um eine soweit möglich vollständige Darstellung der vorstellbaren Grundlagen der Beweislastumkehr wegen Beweisvereitelung zu bieten, ist es angebracht, den Umriss der griechischen Lehre ebenfalls zu präsentieren. Der Zusammenhang zwischen den zwei Regeln wurde in der deutschen Rechtsprechung explizit abgelehnt:

> „Dabei führt eine solche Beweisvereitelung – anders als mangelndes Bestreiten nach § 138 III ZPO – nicht ohne Weiteres dazu, dass der Vortrag der beweisbelasteten Partei als zugestanden gilt. Vielmehr kommen Beweiserleichterungen bis hin zur Umkehr der Beweislast in Betracht […].“[530]

Die griechische ZPO beinhaltet keine allgemeine Regel in Bezug auf die Beweisvereitelung. Sie ist wie auch in der deutschen ZPO uneinheitlich in §§ 366, 420, 452 Abs. 2 GZPO geregelt und weist den deutschen Regeln vergleichbare Auslegungsschwierigkeiten auf. Die Paragrafen der griechischen ZPO[531], die den

---

526 *Nolte*, S. 252.

527 *Nolte*, S. 252.

528 *Nolte*, S. 252 (Hervorhebung im Original, E.Z.)

529 Für die Beweislastumkehr *Beys*, Zivilprozess, § 366, § 452; *ders.*, Díke 1987, S. 91 ff. ; *Orfanides*, Geständnis, S. 158 ff. ; *Fragistas/Gesiou-Faltsi*, Beweisrecht, § 17. Für die freie Würdigung *Vathrakokoilis*, ZPB, §§ 366 und 452 und Kerameus/Kondylis/Nikas/*Tentes*, ZPB, § 452 Rn. 3. Für das Vorliegen eines Geständnisses AP 1251/1977, JT 1978, S. 1039; OLG Dodekanes 26/1971, Arm 25, 357; abl. AP 1180/2017 (abrufbar auf NOMOS Datenbank Nr. 708330) AP 781/1974, JT 1975, 328; AP 780/1978, JT 1979, 563 (564); AP 835/1987 GJZ 1988, 363; OLG Athen 16072/1988 GJ 1993, 1366 (1367).

530 BAG NJW 2015, 365 (367).

531 Zivilprozessbuch (Κώδικας Πολιτικής Δικονομίας), am 16.09.1968 in Kraft getreten (Regierungsblatt A 182 19851024), durch die Königsverordnung 657/1971 (A 19/

deutschen §§ 371 Abs. 3, 427, 441 Abs. 3, 444, 446, 453 Abs. 2, 454 Abs. 1 ZPO entsprechen, sind die folgenden: zum Augenschein § 366, zu Urkunden §§ 420, 452 Abs. 2 und zur Parteivernehmung § 459 Abs. 2 Satz 3 GZPO.[532] Die Ansicht, dass aus dem rechtswidrigen Verhalten der Partei ein Geständnis abzuleiten ist, vertrat in der älteren Lehre *Beys*, in der aktuellen Lehre *Orfanides*.[533]

Das Geständnis ist in der GZPO im Abschnitt der Beweismittel, nämlich den §§ 352-465 GZPO, zu finden und in § 339 GZPO als Beweismittel bezeichnet. Bindungswirkung ist nur dem gerichtlichen Geständnis (§ 352 Abs. 1 GZPO) verliehen, während das außergerichtliche frei gewürdigt wird.[534] Ersteres bewirkt den vollständigen Beweis von beweiserheblichen Behauptungen in dem Sinne, dass die gestehende Partei gegen diese Behauptungen nunmehr den Beweis des Gegenteils gemäß § 354 GZPO zu beschaffen hat. Gegen die gestandenen Tatsachen ist kein Gegenbeweis zulässig[535] und ein Beweisbeschluss ist ausgeschlossen.[536] Je nach Zuordnung des Geständnisses als gerichtlich oder nicht hat folglich die gestehende Partei den Gegenbeweis oder den Beweis des Gegenteils zu führen. Diese Diskrepanz in den Rechtsfolgen der zwei Geständnisformen wird unterschiedlich interpretiert. *Orfanides* legt ihre unterschiedliche Handhabung als Folge ihrer unterschiedlichen Rechtsnatur aus.[537] Das gerichtliche Geständnis stelle eine Verfügungshandlung dar, die das Gericht binde. Dies gelte nicht für das außergerichtliche Geständnis, weil dies ein Beweismittel darstellt, das das Gericht gemäß § 340 GZPO frei würdige. Im Gegensatz dazu findet *Beys* den ausschlaggebenden Unterschied darin: Das gerichtliche Geständnis werde

---

25.10.1971/1.11.1971) kodifiziert und in die Volkssprache durch die Präsidialverordnung 503/1985 (182/24.10.1985) übersetzt. Dieses Zivilprozessbuch wird im Folgenden als die griechische ZPO mit der Abkürzung GZPO zitiert.

532 Vgl. die erwähnten Paragrafen im Anhang.

533 *Beys*, Zivilprozess, § 366 Rn. 1, § 452 Rn. 3 und Díke 1987, S. 91 ff. ; *Orfanides*, Geständnis, insbesondere S. 158 ff. ; *Fragistas/Gesiou-Faltsi*, Beweisrecht, § 17 Rn. 285, sprechen von „negativen Beweisschlüssen" des Gerichts, bezeichnen aber die Handlung nicht als Geständnis, obwohl sie sich an die einschlägige Rechtsprechung in Fn. 192 anschließen. Für die freie Würdigung des Verhaltens Kerameus/Kondylis/Nikas/*Tentes*, ZPB, § 452 Rn. 3 und *Vathrakokoilis*, ZPB, §§ 366 Rn. 1 und 452 Rn. 3.

534 *Beys*, Zivilprozess, S. 1606, 1621.

535 *Klamaris/Koussoulis/Pantazopoulos*, ZP, S. 646; Kerameus/Kondylis/Nikas/*Tentes*, ZPB, § 352 Rn. 10; *Nikas*, HdB-Zivilprozess, § 80 Rn. 13.

536 *Vathrakokoilis*, ZPB, § 352 Rn. 39.

537 *Orfanides*, Geständnis, S. 48 f.

vom Gericht unmittelbar aufgenommen, während ein vor dem Prozess abgelegtes Geständnis durch andere Beweismittel bewiesen werden müsse.[538]

In Bezug auf die Beweisvereitelung schließt *Beys* die Möglichkeit eines stillschweigenden Geständnisses im Rahmen der §§ 366, 420, 452 Abs. 2 GZPO nicht aus.[539] Die zugestehende beweisvereitelnde Partei könne ihr Geständnis nach § 354 GZPO bei jedem Prozessstand zwar widerrufen,[540] aber sie trage ab diesem Zeitpunkt die objektive Beweislast für die relevanten Behauptungen.[541] Selbstredend ist, dass diese Geständnisform erst nach der Klageeinreichung abgelegt wird. *Orfanides* betrachtet auch die Beweisvereitelung als einen Unterfall des Geständnisses, begründet sie aber ganz anders. Bei Anwendung der §§ 366, 452 Abs. 2 GZPO gälten die Behauptungen der Partei nicht als stillschweigend, sondern als fiktiv zugestanden.[542] Dann habe die Partei die Gründe des verspäteten Widerrufs zu präsentieren, nicht aber den Beweis des Gegenteils gemäß § 354 GZPO zu führen.[543]

Das älteste Urteil in Bezug auf die Beweisvereitelung ist ein Urteil des OLG Dodekanes.[544] Sowohl der Areopag als auch die Instanzgerichte scheinen indessen diese Lösung, nämlich die Beweislastumkehr aufgrund Geständnisses, abzulehnen.[545]

VII. Kritik an den Lehren der prozessualen Mitwirkungspflichten

Die allgemeinen Mitwirkungspflichten *Peters, Habscheids* und *Stürners* haben Skepsis erregt. Die Gegenargumente beruhen auf dem Gesetzestext und auf dem System des Prozesses.

Der Begründung einer Mitwirkungspflicht gemäß § 138 ZPO wird entgegengehalten, dass sich der Paragraf nicht auf die Beibringung von Beweismitteln

538 *Beys*, Díke 1973, S. 537 f.

539 Zu § 366 GZPO: *Beys*, Zivilprozess, S. 1653; zu § 452 Abs. 2 GZPO: *Beys*, Zivilprozess, S. 1756; zu § 420 GZPO: *Beys*, Zivilprozess, S. 1726; auch *Nikas*, HdB-Zivilprozess, § 85 Rn. 71; *Theodoropoulos*, ZPO, § 452 Rn. 2a.

540 *Beys*, Zivilprozess, S. 1621 f.

541 *Beys*, Zivilprozess, S. 1606.

542 *Orfanides*, Geständnis, S. 167.

543 *Orfanides*, Geständnis, S. 173.

544 OLG Dodekanes 26/1971, Arm 25 (357).

545 Für das Vorliegen eines Geständnisses AP 1251/1977, JT 1978, S. 1039; OLG Dodekanes 26/1971, Arm 25, 357; abl. AP 1180/2017 (abrufbar auf NOMOS Datenbank Nr. 708330) AP 781/1974, JT 1975, 328; AP 780/1978, JT 1979, 563 (564); AP 835/1987 GJZ 1988, 363; OLG Athen 16072/1988 GJ 1993, 1366 (1367).

bezieht, sondern prozessuale Pflichten in Bezug auf die beigebrachten Behauptungen auferlegt.[546] Darüber hinaus würde eine Aufklärungspflicht über pauschal behaupteten Tatsachen über die Grenze des § 138 Abs. 3 hinausgehen.[547] Des Weiteren wird eine analoge Anwendung der §§ 423, 372 a, 654 ff. ZPO abgelehnt, und zwar aus zwei Gründen: Erstens gebe es überhaupt keine Lücke im Bereich der prozessualen Aufklärung.[548] Selbst wenn eine solche bestünde, wäre die Analogiebasis ungeeignet für die Analogie, weil die zitierten Paragrafen „singulären Charakter" hätten und deshalb von ihnen keine allgemeine Pflicht abgeleitet werden könne.[549] Die Partei bleibe geschützt, wenn Mitteilungs- bzw. Vorlageansprüche gegenüber dem Prozessgegner aufgrund des materiellen Rechts bestünden.[550]

Der zweite Ausgangspunkt der Kritik ist der Nemo-tenetur-Grundsatz. Im deutschen Prozess gilt der Verhandlungsgrundsatz, der die Parteien damit belastet, Behauptungen vorzutragen und Beweise beizubringen. Diese Lasten werden zwischen den Parteien aufgrund abstrakter Normen aufgeteilt: Die mit der objektiven Beweislast beauftragte Partei trägt außerdem die Beweisführungslast und die Behauptungslast. Die Skeptiker wenden gegen die allgemeinen Mitwirkungspflichten ein, dass jede beweisbelastete Partei das Material zu ihrem prozessualen Sieg grundsätzlich allein sammeln solle.[551] Die Wahrheitsfindung wird lediglich als ein „Zwischenziel" des Prozesses[552] verstanden, die der Verhandlungsmaxime und dem Nemo-tenetur-Grundsatz untergeordnet wird.[553] Deswegen sei es falsch, sie als „denknotwendige" Voraussetzung der Rechtsschutzgewährung zu begreifen.[554] Der Zweck des Prozesses werde durch die Beweislastverteilung bedient, die auf jeden Fall eine Sachentscheidung ermögliche.[555]

Bestritten wird die allgemeine prozessuale Aufklärungspflicht auch in der höherrangigen Rechtsprechung. Insbesondere in seinem Urteil vom 11.06.1990 hat der BGH ausgeführt:

---

546 *Baumgärtel*, FS Kralik, S. 65; Baumgärtel/*Laumen*/Prütting, HdB-Grundlagen, Kap. 16 Rn. 12; *Ahrens*, ZZP 131, S. 264.

547 *Arens*, ZZP 96, S. 13.

548 *Prütting*, S. 138.

549 *Baumgärtel*, FS Kralik, S. 65; *Prütting*, AnwBl. 2008, S. 157.

550 Stein/Jonas/*Leipold*, 22. Aufl., § 138 Rn. 26; *Prütting*, AnwBl. 2008, S. 156.

551 *Prütting*, AnwBl. 2008, S. 158; *Diakonis*, S. 192; *Arens*, ZZP 96, S. 22.

552 *Brehm*, S. 27; *Arens*, ZZP 96, S. 12.

553 BGH NJW 1990, 3151 (3152).

554 *Arens*, ZZP 96, S. 11.

555 *Prütting*, S. 124.

> „Die Lehre von der allgemeinen prozessualen Aufklärungspflicht hat sich nicht durchsetzen können […]. Daß im Zivilprozeß die Wahrheitspflicht wesentliche Bedeutung hat, erlaubt nicht den Schluß, die Parteien seien generell zu dem Verhalten verpflichtet, das am besten der Wahrheitsfindung dient. Weder die Aufgabe der Wahrheitsfindung noch das Rechtsstaatsprinzip hindern den Gesetzgeber daran, den Zivilprozeß der Verhandlungsmaxime zu unterstellen und es in erster Linie den Parteien zu überlassen, die notwendigen Tatsachenbehauptungen aufzustellen und die Beweismittel zu benennen. Darauf beruht auch die Regelung der Behauptungs- und Beweislast im Zivilprozeß. Ob eine Partei Ansprüche gegen die andere auf Erteilung von Auskünften, Rechnungslegung, Herausgabe von Unterlagen usw. hat, ist eine Frage des materiellen Rechts […]. Dieses enthält darüber eine Reihe ausdrücklicher Vorschriften; zudem kann je nach dem Inhalt des Rechtsverhältnisses und der Interessenlage der Gesichtspunkt von Treu und Glauben solche Pflichten rechtfertigen […]. Eine allgemeine Auskunftspflicht kennt das materielle Recht jedoch nicht, und es ist nicht Aufgabe des Prozeßrechts, sie einzuführen […]. Es bleibt vielmehr bei dem Grundsatz, daß keine Partei gehalten ist, dem Gegner für seinen Prozeßsieg das Material zu verschaffen, über das er nicht schon von sich aus verfügt […]. Aus diesen Gründen vermögen die Ausführungen des BerGer. zur allgemeinen prozessualen Aufklärungspflicht das angefochtene Urteil nicht zu tragen."[556]

Dieses Prinzip wurde auch in späterer Rechtsprechung wieder aufgenommen.[557]

Ahrens stellt auch die Frage nach der Privatautonomie. Er sieht die Verhandlungsmaxime als die Kehrseite der Privatautonomie im Privatrecht.[558] Seiner Meinung nach darf die Verstärkung der Richtermacht die Freiheit der Parteien nicht abschaffen, den Prozess selbst zu führen,[559] was eine allgemeine und umfangreiche Aufklärungspflicht bedeuten würde.[560] Die prozessfreie Sphäre der Partei würde dann auf null reduziert.[561]

Außerdem stellt sich die Frage der vorprozessualen Belastung der künftigen Parteien in Bezug auf Mitwirkungspflichten. Die Voraussehbarkeit eines Rechtsstreits ist in der Rechtsprechung eine wesentliche Voraussetzung für die Belastung einer Person mit einer vorprozessualen Aufbewahrungspflicht.[562] Sie

---

556 BGH NJW 1990, 3151; a. A. OLG Düsseldorf NJW-RR 1991, 937 (937 f.).

557 Darauf bezieht sich der BGH in den folgenden Urteilen: BGH NJW 2013, 2015 (2017); BGH MDR 2008, 647 f. ; BGH NJW 2007, 155 (156); BGH NJW 1997, 128 (129); BGHZ 116, 47 (56).

558 *Arens*, ZZP 96, S. 21; vgl. *Rosenberg/Schwab/Gottwald*, § 110 Rn. 9, der Nemotenetur-Grundsatz diene dem Schutz der Privatsphäre sowie der privaten und Geschäftsgeheimnisse.

559 *Arens*, ZZP 96, S. 21.

560 *Arens*, ZZP 96, S. 18.

561 *Arens*, ZZP 96, S. 18.

562 Vgl. BGH VersR 1955, 344; vgl. OLG Köln VersR 1988, 43.

stellt aber nichts anderes als eine Tatbestandsvoraussetzung der anzuwendenden Regel dar, sodass die Frage der Rechtsgrundlage der auferlegten Pflicht durch die Voraussehbarkeit des späteren Prozesses nicht automatisch beantwortet wird. Es wird, wie gesehen, zu Recht argumentiert, dass die Verletzung einer materiell-rechtlichen Pflicht zu Beweiserleichterungen führen kann, was jedoch das Bestehen des Rechtsverhältnisses schon im Vorfeld des Prozesses voraussetzt.[563] Dieser Widerspruch gilt im Wesentlichen auch gegen die prozessrechtlichen Lehren. Das Fehlen eines Rechtsverhältnisses macht die Sanktionierung der Beweisvereitelung im späteren Prozess unmöglich.

Insbesondere gegen die Lehre von *Nolte* ist Folgendes einzuwenden: Uneinigkeit herrscht in Bezug auf den Inhalt des Waffengleichheitsgrundsatzes, nämlich ob er materiell oder formal ist. Für die zweite Alternative wird argumentiert, dass die prozessuale Gleichheit unabhängig vom materiell-rechtlich geschaffenen Gleichgewicht zwischen den Parteien zu konzipieren sei:[564] Der Prozess sei ein Streit zwischen Parteien, nicht ein Gefecht eines Gläubigers gegen seinen Schuldner.[565] Die Waffengleichheit gewährleiste daher einen austarierten Prozess ohne Rücksicht auf die Stelle der Parteien im Prozess, nämlich Kläger und Beklagte. Diese Meinung wird dahingehend treffend widerlegt, dass eine rein formale Waffengleichheit den Parteien kaum weiterhelfen kann.[566] Das Gericht dürfe ihnen zusätzlich zum formalen Inhalt des Gebots gleichmäßige Ausübungsbedingungen ihrer prozessualen Rechte gewähren.[567] Sonst bleibt die rein formale Waffengleichheit im Wesentlichen unfruchtbar. *Nolte* beruft sich explizit auf die „formale Gleichbehandlung" der Parteien. Sicher wird wegen der Beweisvereitelung die Partei in ihrer Möglichkeit nicht daran gehindert, Angriffs- bzw. Verteidigungsmittel beizubringen. Ihr prozessuales Recht an sich, noch bestehende Beweismittel vorzutragen, wird ihr nicht verweigert. Korrekt merkt er jedoch an, dass die Gewährung von Beweiserleichterungen eine Wiederherstellung der Waffengleichheit zwischen den Parteien schafft, und zwar in dem Sinne, dass die beweisverhinderte Partei durch die Beweiserleichterungen erneut Aussichten auf Erfolg hat. Zu Recht wird aber gegen diese Lehre eingewendet, dass der

---

563 Vgl. den zweiten Teil, § 4 D. V. und insbesondere *Prütting*, AnwBl. 2008, S. 157.

564 *Bötticher*, S. 12; vgl. *Kwaschik*, S. 188 f.

565 Vgl. *Bötticher*, S. 12.

566 *Kern/Wolf*, § 29 I 3; *Vollkommer*, FS Schwab, S. 520; *Schack*, ZZP 129, S. 400; *Kwaschik*, S. 190.

567 *Kern/Wolf*, § 29 I 3; *Vollkommer*, FS Schwab, S. 520; Zöller/*Vollkommer*, Einleitung Rn. 27.

Anspruch der Partei an das Gericht im vertikalen Rechtsverhältnis kein Beweisvereitelungsverbot im horizontalen Rechtsverhältnis zwischen den Parteien erzeugt.[568] Diese Kritik ist nach der hier vertretenen Meinung treffend, zumal sowohl die Ahndung der Beweisvereitelung als auch die Verletzung von Mitwirkungspflichten Pflichten voraussetzen, die das Verhalten der Parteien steuern und die sich entweder aus dem Gesetz oder aus einem Rechtsverhältnis ergeben. Es ist folglich nicht der Richter im Prozess durch Ausübung seiner Ermessensfreiheit, sondern der Gesetzgeber, der eine Grundlage für die Beweisvereitelung und die Mitwirkung auch vorprozessual schaffen muss.

Die griechische Lehre, dass die Beweisvereitelung eine Geständnisform darstellt, weist einen Vorteil auf: Die zugestehende Partei erkennt den Sachverhalt als wahr an und unterliegt daher den prozessualen Konsequenzen, genauer gesagt der Beweislastumkehr. Demzufolge kommt es nicht auf die Problematik der Rechtsgrundlage jeder vereinzelten Erscheinungsform der Beweisvereitelung an. Das Geständnis bietet in dieser Hinsicht eine einheitliche Lösung. Es kann allerdings dagegen eingewendet werden, dass diese Lehre Erklärungen und Realakte fälschlicherweise miteinander vermischt. Diese sind aber nicht gleichzustellen. Denn ein Verhalten beinhaltet nicht unbedingt eine Erklärung: Zum Beispiel hat das Verbrennen einer Urkunde keinen Gedankeninhalt, wie die Urkunde selbst dies hat, auch wenn die Handlung in Hinsicht auf gewisse Erfahrungsgrundsätze in Bezug auf die Motive des Täters verständlich sein kann. Darüber hinaus haben die Parteien die Pflicht, gemäß § 116 GZPO nach Beginn des Prozesses wahrheitsgemäß und vollständig ihre Behauptungen vorzutragen.[569] Denn wie für die anderen prozessrechtlichen Lehren stellt die vorprozessuale Beweisvereitelung auch für die präsentierte griechische Lehre einen Schwachpunkt dar.

§ 5: Englisches Recht

A. Das Prinzip „omnia praesumuntur contra spoliatorem" – „Case Law"

Der deutschen Beweisvereitelung entspricht der englische Begriff der „spoliation of evidence". Hierbei handelt es sich um einen umfassenden Begriff, der, auch wenn er an sich in der englischen Lehre und Rechtsprechung selten auftritt, verschiedene Handlungen erfasst, die die Bereitstellung von Beweisen vor einem Gericht behindern. Als Rechtsgrundlage der prozessualen Ahndung

---

568 *Lutz*, S. 47.

569 Wieczorek/Schütze/*Gerken*, § 138 Rn. 3, das gilt auch für § 138 ZPO im deutschen Recht.

solcher Handlungen wird das Prinzip aus dem Urteil *Armory v Delamirie* aus dem englischen „Case Law“ herangezogen. Alternativ wird es als Omnia-praesumuntur-contra-spoliatorem-Prinzip bezeichnet. Der Ursprung des lateinischen Ausdrucks ist unklar. Wie bereits erwähnt, war die Rechtsprechung in England im Mittelalter noch nicht zu einer Rechtsquelle herangereift. Sie folgte sowohl den alten Gewohnheitsregeln als auch der Lehre des römischen Rechts und den Prinzipien des kanonischen Rechts.

I. Begründung des Armory v Delamirie-Prinzips bis zum 20. Jahrhundert

1. Wegweisende Urteile im 17. und 18. Jahrhundert

Das Prinzip tritt in der Lehre und in der Rechtsprechung dieser Periode in zwei Versionen auf: vorwiegend als „omnia praesumuntur contra spoliatorem“, vereinzelt als „omnia praesumuntur in odium spoliatoris“.[570] In der englischen Lehre werden zwei Urteile als die Ursprünge des Prinzips „omnia praesumuntur contra spoliatorem“ im englischen Recht zitiert. Diese sind die Urteile *Rex v Arundel* und *Armory v Delamirie*. Aber nur Letzteres hat durch seine analoge Anwendung den Weg für die spätere Rechtsprechung geebnet und die Rechtsgrundlage für die weitere Ausgestaltung des Prinzips für die nächsten Jahre geliefert. Daher wird in der aktuellen Rechtsprechung und in der aktuellen Lehre das Contra-spoliatorem-Prinzip ausschließlich als *Armory v Delamirie*-Prinzip erwähnt. Seine unterschiedliche Titulierung bedeutet jedoch nicht, dass es inhaltliche Unterschiede gibt.

a. Rex v Arundel

Das Urteil *Rex v Arundel*[571] wurde im Jahr 1615 erlassen. Dies ist eines der früheren Urteile, in dem prozessuale Maßnahmen gegen eine Partei, die Beweismittel vorzulegen verweigerte, getroffen wurden. Ihr Sachverhalt lautet wie folgt: Der König hatte ein Besitzrecht auf Herrenhäuser auf dem Grundstück des *William Lord Dacres.* Dieses Besitzrecht wurde durch einen Landwirt des Königs ausgeübt. *Francis Dacres,* der 4. Erbe von *William Lord Dacres*, hatte aus unbekanntem Grund sein Vermögen an die *Countess of Arundel* und an den *Lord William Howard* und dessen Ehefrau übertragen. Die *Countess of Arundel* hatte sich in

570 *Cowper v Cowper*, 24 ER 930 (940); *Dixon*, Deeds, S. 262.

571 *Rex v Arundel*, 80 ER 258; vgl. auch *Hampden v Hampden* zitiert in *Dalston v Coastworth*, (1721) 1 PWms 731 (733).

einem dieser Herrenhäuser angesiedelt. Der Attorney-General erhob gegen sie im Namen des Königs vor dem „King's Court" („Chancery Division") Klage mit der Behauptung, ihr Besitz des Hauses wäre illegal. Die Beklagten hatten den Eigentumstitel des vorausgehenden Eigentümers *Francis Dacres* vorzulegen.[572] Was den Eigentumstitel der Beklagten angeht, hatte das Gericht zwei Optionen, um dessen Richtigkeit herauszufinden: Entweder hätten die Beklagten die Urschrift vorlegen können, da sich der Titel tatsächlich noch in ihrem Besitz befand, oder das Gericht hätte Zeugenaussagen darüber berücksichtigen können. Das Gericht entschied sich schließlich für die erste Alternative und erließ ein Urteil zugunsten des Königs: Sofern die Beklagten den Eigentumstitel nicht vorlegen würden, bleibe der König im Besitz der Häuser.[573]

In älterer englischer Lehre wurde diese Entscheidung oft als die erste erachtet, die eine Regel zur Beweisvereitelung aufgestellt hat.[574] Das Contra-spoliatorem-Prinzip hatte in dieser Zeit einen engen Anwendungsbereich, denn es umfasste die Beschädigung bzw. Unterdrückung von „deeds"[575], Testamenten[576], „bills" und „bonds"[577]. In moderner Lehre und Rechtsprechung wird in Bezug auf die „spoliation of evidence" das Urteil *Rex v Arundel* nicht berücksichtigt.

b. *Armory v Delamirie*

Der nächste Fall ist *Armory v Delamirie*.[578] Diese Entscheidung ist für die Weiterentwicklung der Rechtsprechung von höchster Bedeutung, da sie die moderne Grundlage der Ahndung der „spoliation of evidence" im englischen Recht darstellt. Deshalb soll hier ihr vollständiger Text zitiert werden. Das Gericht entschied wie folgt:

> „The plaintiff being a chimney sweeper's boy found a jewel and carried it to the defendant's shop (who was a goldsmith) to know what it was, and delivered it into the hands of the apprentice, who under pretence of weighing it, took out the stones, and calling to the

572 *Rex v Arundel*, 80 ER 258.

573 *Rex v Arundel*, 80 ER 258 (261).

574 Das Urteil *Rex v Arundel* hat allerdings aus anderen Gründen in der Lehre Beachtung gefunden, nämlich für die darin gemachten Ausführungen zur Legitimität von Parlamentsakten, vgl. *Hammond*, Parliament, S. 50, und zur Zulässigkeit von Zeugenaussagen, vgl. *Freeman*, Chancery, S. 263.

575 *Garteside v Ratcliffe*, 1 Chan Cases 292; *Hunt v Matthews*, [1686] EngR 307.

576 *Maddock*, Treatise on Chancery, S. 326; *Chitty*, Index, S. 311 f.; vgl. *Cowper v Cowper*, 24 ER 930; *Dalston v Coastworth*, (1721) 1 PWms 731.

577 *Dixon*, Deeds, S. 249 ff., 261.

578 *Armory v Delamirie*, (1722) 1 Str 505.

master to let him know it came to three halfpence, the master offered the boy the money, who refused to take it, and insisted to have the thing again; whereupon the apprentice delivered him back the socket without the stones. And now in trover against the master these points were ruled:

1. That the finder of a jewel, though he does not by such finding acquire an absolute property or ownership, yet he has such a property as will enable him to keep it against all but the rightful owner, and consequently may maintain trover.
2. That the action well lay against the master, who gives a credit to his apprentice, and is answerable for his neglect.
3. As to the value of the jewel several of the trade were examined to prove what a jewel of the finest water that would fit the socket would be worth; and the Chief Justice directed the jury, that unless the defendant did produce the jewel, and shew it not to be of the finest water, they should presume the strongest against him, and make the value of the best jewels the measure of their damages: which they accordingly did.“[579]

Die Phrase „presume the strongest against him“ entspricht dem Prinzip omnia praesumuntur contra spoliatorem[580] und begründet eine Regel für die schadensersatzbegehrende Partei, die ihr dabei hilft, den Wert des fehlenden Objektes und so die Höhe des Schadens zu bemessen. Die Entziehung des Besitzes fügte dem Eigentümer einen Schaden in seinem Vermögen zu und führte gleichzeitig Beweisschwierigkeiten für ihn herbei. Im Gegensatz zur vorausgehenden Rechtsprechung geht es darüber hinaus in diesem Fall weder um einen „deed“ noch um ein Dokument, sondern um „real evidence“, das heißt um einen bloßen Gegenstand. Mit dem Urteil *Armorie v Delamirie* wurde das Contra-spoliatorem-Prinzip zum ersten Mal außerhalb seines ursprünglichen Anwendungsbereichs angewendet. Sein Anwendungsbereich wurde erweitert und seine Anwendung wurde verallgemeinert und in der Rechtsprechung des 18. Jahrhunderts gefestigt.[581] Allerdings findet das Urteil *Armory v Delamirie* auch deshalb Beachtung, weil darin die „finders keepers“-Regel des Sachenrechts aufgestellt wurde.[582]

579 *Armory v Delamirie*, (1722) 1 Str 505.

580 *Wharton*, Law library, S. 265.

581 *Ward v Apprice*, (1704) 6 ModRep 264, Geschäftsbücher; *Tucker v Phipps*, [1746] EngR 773, Testament; *Young v Holmes*, 93 ER 390, Mietvertrag; *Cooke v Hellier*, [1749] EngR 63, „deed“; *R v Smith*, 97 ER 934, Handelslizenz; *Roe v Harvey*, 98 ER 302, „deed“.

582 *Bridge/Gullifer/Low/McMeel*, Property, Rn. 16-007; *Burrows*, Obligations, Rn. 2-311; *Austin*, LT 2014, S. 94; *Rostill*, LQR 2018, S. 412; *Fox*, CLJ 2006, S. 347; *Bray*, Conv 2013, S. 265.

2. *Anwendung des Armory v Delamirie-Prinzips im 19. Jahrhundert*

Im Laufe des 19. Jahrhunderts wurden in England, in Irland und in den USA verschiedene wissenschaftliche Abhandlungen zur Rechtsprechung der Courts of Common Law und Equity Courts veröffentlicht.[583] Darin wurden Entscheidungen gesammelt und eingeordnet, ohne eine strenge Trennung zwischen materiellem und prozessualem Recht vorzunehmen.

In der ersten Hälfte des 19. Jahrhunderts war das Prinzip bereits zur festen Regel geworden, die schrittweise allgemeine Anwendung in Fällen von Vernichtung („destruction") und Unterdrückung („suppression") für verschiedene Arten von Urkunden fand. In der Lehre wurden die klassischen Urteile der „Courts of Equity" zitiert, aber ohne eine theoretische Analyse des zugrunde liegenden Prinzips vorzunehmen. Die Lehre konzentrierte sich grundsätzlich auf die Rechtsfolgen der „spoliation". Als Folge wurde teilweise eine Vermutung gegen die beweisvereitelnde Prozesspartei angenommen.[584] Einer anderen Ansicht nach hatte die Beweisvereitelung eine Ausnahme von der „best evidence"-Regel erlaubt.[585] Demgemäß musste der Beweis, sofern eine Urschrift vorhanden war, durch deren Vorlage erbracht werden.[586] Diese Regel wurde allerdings ausnahmsweise nicht angewendet, wenn die Urschrift im Besitz des Gegners war und er deren Vorlage verweigerte. In diesem Fall konnte die Partei sekundäre Beweismittel vorlegen.[587] So waren anstatt einer Urschrift mündliche Beweismittel und Kopien zulässig.[588] Das Urteil *Armory v Delamirie* wurde dennoch bis Mitte des 19. Jahrhunderts in Lehre und Rechtsprechung nicht berücksichtigt. Erst *Simcoe* zitierte dieses Urteil im Rahmen seiner Lehre über den Besitz im

---

583 *Best*, Presumptions; *Burn/Chatwynd/Wharton-Marriott*, Justice; *Chitty*, Index; *Dixon*, Deeds; *Dunford/Hyde*, Reports; *Freeman*, Chancery; *Greenleaf*, Evidence 1864; *Greenleaf*, Evidence 1883; *Indermaur*, Principles; *Maddock*, Treatise on Chancery; *Purcelli*, Ireland; *Simcoe-Saunder*, Evidence Bd. 1 und 2; *Story*, Equity; *Troubat/Lewis/M'Candless*, Law and Equity; *Taylor*, Treatise; *Vernon*, Treatise on Chancery; *Wambaugh*, Cases; *Wharton*, Law library.

584 *Dixon*, Deeds, S. 264 f.

585 *Vernon*, Treatise on Chancery, S. 380; *Simcoe-Saunder*, Evidence Bd. 1, S. 422, „[...] for the best evidence of a written instrument consists in its actual production, and secondary evidence of it cannot be admitted, until the impossibility of producing it has been shown".

586 *Simcoe-Saunder*, Evidence Bd. 1, S. 422.

587 *Troubat/Lewis/M'Candless*, Law and Equity, S. 219.

588 *Dixon*, Deeds, S. 277, durch Kopien; *Jagoe*, Index, S. 455, durch mündliche Beweismittel.

Jahr 1844,[589] während *Wharton* es im selben Jahr zum ersten Mal klar mit dem Prinzip „omnia praesumuntur contra spoliatorem“ verband.[590] Dennoch wurde nicht jede Handlung, die die Beweisführung erschweren könnte, als Beweisvereitelung bewertet. Diese umfasste nur die Handlungen der Vernichtung („destruction“) und der Unterdrückung („suppression“).[591]

Best widmete im Jahr 1843 in seiner wissenschaftlichen Abhandlung über Vermutungen den „presumptions in disfavour of the spoliator“ ein Kapitel.[592] Darin ermittelte er den Ursprung des Prinzips. Seiner Auffassung nach tritt dieses Prinzip zunächst im römischen Recht in Erscheinung, genauer gesagt in Dig. lib. 22.3.25.[593] Darüber hinaus bedeutet seiner Meinung nach die „spoliation“ nicht nur eine Vernichtung bzw. Unterdrückung, sondern auch die Beschädigung von Objekten und die Verletzung der Pflicht, Beweismittel zu beschaffen. Rechtsgrundlage des Contra-spoliatorem-Prinzips sei, dass niemand aus seinem eigenen Unrecht Vorteile ziehen soll, [594] was dem Grundsatz von Treu und Glauben entspricht. Dies wirkte sich dreifach aus: Die Beweisvereitelung indizierte den Inhalt der fehlenden Urkunde und machte sekundäre Beweismittel zulässig, während sie die negative Würdigung anderer Beweismittel des „spoliators“ berechtige.[595]

Der Anwendung des Prinzips im Strafrecht wurde auch nicht völlig widersprochen. Neben der grundsätzlichen Unschuldsvermutung gab es gewisse Vermutungen, die diese widerlegten; dazu war ebenfalls das Prinzip „omnia praesumuntur contra spoliatorem“ zu zählen.[596] In der Abhandlung von *Purcelli* ist die „spoliation“ im Common Law zum ersten Mal eindeutig mit der Beweislastverteilung verbunden, und zwar in dem Sinne, dass die Vermutung der Unschuld durch eine andere Vermutung widerlegt werden könnte, das heißt, dass wegen der Beweisvereitelung die Beweislast des Verschuldens, die normalerweise beim Staat liegt, auf den Angeklagten übertragen werden könnte.[597]

---

589 *Simcoe-Saunder*, Evidence Bd. 2, S. 879.

590 *Wharton*, Law library, S. 265.

591 *Dixon*, Deeds, S. 266.

592 *Best*, Presumptions, S. 127.

593 *Best*, Presumptions, S. 128.

594 *Best*, Presumptions, S. 128 f.

595 *Best*, Presumptions, S. 128.

596 *Taylor*, Treatise, S. 131, spricht von Schuldvermutung („presumption of guilt“) offensichtlich im Gegensatz zur Unschuldsvermutung; *Purcelli*, Ireland, 234 f. ; *Greenleaf*, Evidence 1864, S. 44; *Greenleaf*, Evidence 1883, S. 39, benutzt den Begriff, „presumption of guilt“; a. A. *Best*, Presumptions, S. 130.

597 *Purcelli*, Ireland, 235.

Greenleaf vertrat im Ergebnis dieselbe Ansicht und bemerkte, dass die Beweislastumkehr durch Prima-facie-Beweis erfolge.[598] Wie im Folgenden das Wort „bound" zeigt, ging es allerdings nicht um eine Umkehr der konkreten subjektiven Beweislast aufgrund eines Indizes, sondern um eine Regel, die Bindungswirkung entwickelte:

> „In this mode, the law defines the nature and amount of the evidence, which it deems sufficient to establish a primâ facie case, and to throw the burden of proof on the other party; and if no opposing evidence is offered, the jury are bound to find in favour of the presumption."[599]

Die „spoliation of evidence" wurde im 19. Jahrhundert in der englischen Rechtsprechung zwar berücksichtigt, jedoch nicht eingehend systematisiert.[600]

II. Entwicklung des Armory v Delamirie-Prinzips im 20. und 21. Jahrhundert

In der modernen englischen Lehre und Rechtsprechung spielen die älteren Urteile keine Rolle mehr, außer natürlich das Urteil *Armory v Delamirie*. Im Folgenden werden Anwendung und Einfluss des Urteils im aktuellen „Case Law" ermittelt, sowohl in Hinsicht des materiellen als auch des prozessualen Rechtsverhältnisses der Parteien.

---

598 *Greenleaf*, Evidence 1864, S. 40.

599 *Greenleaf*, Evidence 1864, S. 39 f.

600 In den folgenden Urteilen waren Aspekte der „spoliation of evidence" aufgetreten: *Clunnes v Pezzey*, [1807] EngR 429; *Lupton v White/White v Lupton*, 33 ER 817; *The Atalanta*, [1808] EngR 109; *Crisp v Anderson*, [1815] EngR 98; *James v Biou*, 57 ER 475; *Barker v Ray*, [1826] EngR 881; *The Hunter*, [1815] EngR 628; *The Johanna Emilie*, (1854) 1 Spinks 317; *Rintoul v Boyter*, [1833] UKHL 6 W&S 394; *Marston v Downes and Wife*, [1834] EngR 639; *Simpson v Clarke*, [1835] 150 ER 148; *Edward Hoggan, Writer to the Signet, Appellant -Pemberton-Sandford; Elizabeth Craigie, Daughter of George Craigie, sometime residing at Clan-Gregor Castle, Respondent-Attorney General (Campbell)-James Anderson*, 9 ER 350; *Doe d. Gilbert v Ross*, [1840] EngR 64; *Smith v Henley*, [1844] EngR 352; *Blair v Ormond*, 63 ER 1134; *Crowther v Solomons*, [1848] EngR 1010; *Percival v Caney*, 64 ER 979; *Gray v Haig*, [1855] EngR 469; *Lock v Henry Furze, Executor of John Furze, Deceased*, 144 ER 722; *Hammersmith Ry Co v Brand*, [1861-73] All ER 60; *Birmingham and Staffordshire Gas Co v Ratclif*, (1870-71) LR 6 Ex 224.

1. Vorprozessuale Vernichtung von Beweismitteln

Die Ahndung der vorprozessualen „spoliation" ist in der englischen Lehre und Rechtsprechung strittig.[601] In der Rechtsprechung gibt es Urteile, in denen beide Ansichten vertreten werden, wenngleich Fälle vorprozessualer Beweisvereitelung selten sind. Bemerkenswert ist, dass eine allgemeine vorprozessuale Aufbewahrungspflicht in der englischen Lehre grundsätzlich abgelehnt wird, außer wenn eine materiell-rechtliche Pflicht besteht, deren Verletzung beim Kläger Beweisschwierigkeiten hervorruft. Im Folgenden werden diese zwei Ansichten in Lehre und Rechtsprechung erläutert.

a. The Ophelia

The Ophelia ist eine der ersten Entscheidungen des letzten Jahrhunderts. Damit wird die Regel gegen den „spoliator" eindeutig bestätigt und angewendet. Die Besonderheit des Falles besteht darin, dass es um einen Fall vorprozessualer und fahrlässiger Vernichtung von Beweismitteln geht. Dennoch wird *The Ophelia* nur selten in Rechtsprechung[602] und Lehre[603] erwähnt.

Der Sachverhalt lautet wie folgt:[604] Die *Ophelia* war ein deutsches Handelsschiff aus dem Jahr 1914. Nach dem Ausbruch des Ersten Weltkrieges wurde sie nach Deutschland zurückgerufen, damit sie nach ihrem Umbau im Krieg

---

601 Vgl. *Hollander*, Evidence, Rn. 11-06 f. ; *Hibbert*, Evidence, Rn. 8-001 ff. ; *Hibbert*, CLJ 29, 2010, S. 5; *Tronson*, CJQ 2006, S. 451; *Dobson v North Tyneside HA*, [1997] 1 WLR 596 (602), der Zugriff des Prinzips „omnia praesumuntur contra spoliatorem" setze eine Pflichtverletzung voraus; *Earles v Barclays Bank Plc*, [2010] BusLR 566 (574); *British Sky Broadcasting Group Plc v Sky Home Services Ltd*, [2007] FSR 14 (377 f.); *Douglas v Hello! Ltd (No. 3)*, [2003] EWHC 55 (Ch), Rn. 86 f. – Für das Bestehen einer Pflicht, Beweise zu schaffen, sofern eine Gesellschaft an die Grenze einer Patentverletzung arbeitet, *General Tire & Rubber Co Ltd v Firestone Tyre & Rubber Co Ltd (No.2)*, [1973] FSR 79 (87), nicht bestätigt aber in *General Tire & Rubber Co. v Firestone Tyre & Rubber Co. Ltd.*, [1974] FSR 122 (162 f.). Im Patentrecht wurde das Bestehen einer Dokumentationspflicht in *Hoechst Celanese Corporation v BP Chemicals Limited*, [1998] FSR 586 (606 f.) abgelehnt.

602 *Paine v Catlins*, [2004] EWHC 3054 (TCC); *Marme Inversiones 2007 SL v Natwest Markets Plc* [2019] EWHC 366 (Comm); *Thames Valley Housing Association Ltd & Anr v Elegant (Guernsey) Ltd & Ors, Willmett solicitor and Howard Macpherson,* [2011] EWHC 1288 (Ch).

603 *Gillespie/Weare*, Legal System, S. 92; *Hibbert*, Evidence, Rn. 11-035; *Hollander*, Evidence, Rn. 11-27, plädiert im Wesentlichen für die ratio des Urteils *The Ophelia*, bezieht sich aber dennoch nicht namentlich auf die Entscheidung.

604 *The Ophelia*, [1915] P 129 ff.

als Hospitalschiff eingesetzt werden konnte. Die Aufträge von Hospitalschiffen wurden durch internationales Recht bestimmt, genauer gesagt durch die „Convention for the Adaptation to Maritime War of the Principles of the Geneva Convention“ vom 06.07.1906.[605] Der Auftrag eines Hospitalschiffes bestand darin, sich um verwundete Soldaten zu kümmern, ohne sich am Krieg durch militärische Handlungen zu beteiligen. Nach ihrem Umbau nahm die *Ophelia* von anderen deutschen militärischen Schiffen Befehle entgegen, sich zu einem bestimmten Ort zu begeben. An diesem Ort wurde am 06.10.1914 ein deutsches Schiff nach Angriff vonseiten eines englischen U-Boots versenkt und die *Ophelia* musste sich um die Rettung der Überlebenden des Schiffes kümmern. Aus den verfügbaren Beweisen ergab sich jedoch, dass weder die Zeit ihrer Ankunft vor Ort noch ihre Manöver der Rettung der Besatzung dienten. Am 16.10.1914 vernichtete der Kapitän der *Ophelia* vor einer bevorstehenden Kontrolle vonseiten eines englischen Schiffes drei Arten von Dokumenten: die Chiffre zur Dekodierung von aufgefangenen Signalen, die Aufzeichnungen der Signale von deutschen Behörden und die Aufzeichnungen der Benutzung von Lichtsignalen („signal lights“). Die Vernichtung der Aufzeichnungen erfolgte unmittelbar vor der Kontrolle. Nach Durchsuchung des Schiffs stellten die englischen Behörden fest, dass eine ungewöhnlich große Zahl von Lichtsignalen auf dem Schiff stattgefunden hatte. Das Gericht war deshalb davon überzeugt, dass die *Ophelia* militärischen statt humanitären Zwecken gedient habe.

Zuständig für solche Angelegenheiten war das Prize Court des High Court of Justice, während die Berufung vor dem Privy Council verhandelt wurde. Beide würdigten die Vernichtung der Dokumente negativ. Das Prize Court fand als Rechtsgrundlage der Ahndung der „spoliation“ den älteren und ähnlichen Fall des Schiffes *The Johanna Emilie* aus dem Jahr 1845. Wegen der Ähnlichkeiten zwischen den zwei Fällen hielt das Prize Court den *The Johanna Emilie*-Fall für einen bindenden Präzedenzfall. In *The Ophelia* wurde unter anderem der folgende Abschnitt zitiert:

> „Now let me say a word on this, as to the time at which the papers are destroyed. I pray that my meaning may not be understood beyond the words I use. I hold time to be of great importance. If papers are destroyed when the capturing vessel is in sight, or there is a chance of capture, it is the strongest proof that these papers contain some matter which would inure to condemnation; so it is if they are destroyed at the time of capture, and if they are destroyed clandestinely after capture; but if the papers are destroyed a long time

605 Vgl. „Convention for the Adaptation to Maritime War of the Principles of the Geneva Convention“ im Anhang.

> antecedently before there is any probability that they were destroyed for fraudulent purposes and there is no evidence that it was for fraudulent purposes, then, though there is no spoliation, and though, no doubt, the inference of law is against the act during war, yet the case is of a less stringent nature."[606]

Das Prize Court hielt in *The Ophelia* die erwähnten Vernichtungen für ungerechtfertigt. Der Kapitän hätte die Dokumente unversehrt lassen müssen.[607] Daher kam das Gericht aufgrund ihrer Vernichtung zu einem negativen Ergebnis in Bezug auf ihren Inhalt. Das Urteil des High Court wurde durch den Privy Council angenommen,[608] der das Prinzip als einen Rechtsgrundsatz verstand.

b. *Douglas v Hello! Ltd (No. 3)*

Eine allgemeine vorprozessuale Aufbewahrungspflicht wird, wie schon erwähnt, in Lehre und Rechtsprechung in England bestritten.[609] Ihre Existenz wurde im Fall *Douglas v Hello! Ltd (No. 3)* eindeutig abgelehnt. Nach der Ansicht des Vice-Chancellor besteht im englischen „Case Law" kein Präzedenzfall zur vorprozessualen Aufbewahrungspflicht. Dies steht offensichtlich im Widerspruch zum Urteil *The Ophelia*.

Der Sachverhalt in *Douglas v Hello! Ltd (No. 3)* war wie folgt:[610] Die zwei Kläger hatten mit dem dritten Kläger einen Vertrag abgeschlossen, wonach Letzterem das ausschließliche Recht eingeräumt wurde, bei ihrer Hochzeit Fotografien anzufertigen und diese in dessen Zeitung zu veröffentlichen. Das Paar hatte demzufolge ein entsprechendes Angebot von einem der Beklagten, Hochzeitsfotos zu machen, abgelehnt. Bei der Hochzeit nahm jedoch ein unbefugter Dritter Fotografien auf. Diese wurden dann demselben Beklagten verkauft und dieser veröffentlichte die Fotografien in seiner Zeitschrift. Die Kläger verklagten deshalb die Beklagten auf Schadensersatz. Das Gericht musste ermitteln, wie die Beklagten miteinander kooperiert hatten. Dazu war die Offenlegung ihrer Korrespondenz erforderlich. Das war jedoch unmöglich, denn einer der Beklagten hatte einen großen Teil der Dokumente vor und nach Beginn des Prozesses vernichtet. In Bezug auf die Aufbewahrungspflicht bemerkte das Gericht:

---

606 *The Ophelia*, [1915] P 129 (182).

607 *The Ophelia*, [1915] P 129 (182 f.).

608 *The Ophelia*, [1916] 2 AC 206 (PC).

609 Vgl. die Fn. 601.

610 *Douglas v Hello! Ltd (No. 3)*, [2003] EWHC 55 (Ch), Rn. 9 ff. ; vgl. *Earles v Barclays Bank Plc*, [2010] BusLR 566 (574); *Bilta (UK) Ltd v Nazir*, [2010] EWHC 3227 (Ch), Rn. 20.

„86. […] There is, however a distinction to be drawn between those which were destroyed or disposed of before these proceedings were commenced and those which were destroyed or disposed of thereafter. With regard to the former category it is established in the very recent decision of the *Court of Appeal for the State of Victoria in British American Tobacco Australia Services Ltd v Cowell and McCabe [2002] VSCA 197* paras 173 and 175 that the criterion for the Court's intervention of the type sought on this application is whether that destruction or disposal amounts to an attempt to pervert the course of justice. There being no English authority on this point I propose to apply that principle, not only because the decision of the Court of Appeal for the State of Victoria is persuasive authority but because I respectfully consider it to be right.
87. The documents, which fall into this category, are the e-mails passing between the personnel in the […] offices and others. The solicitor for the […] Defendants has stated that ‚as with many other e-mail systems, e-mails are deleted once read'. Plainly the deletion of such documents cannot justify the court's intervention."[611]

Der Fall *British American Tobacco Australia Services Ltd v Cowell and McCabe*[612] gehört nicht zur englischen Rechtsprechung. Daher entfaltet dieses Urteil auf englische Gerichte keine Bindungswirkung in dem Sinne, dass dies kein Präzedenzfall aufgrund des Stare-decisis-Prinzips ist und so keinen direkten Einfluss, nämlich keine Bindungswirkung, auf die Urteile englischer Gerichte hat. Die Begründungen des australischen Gerichts kann dennoch jedes englische Gericht als „persuasive authority" berücksichtigen und, wenn es von deren Richtigkeit überzeugt ist, seinem Urteil zugrunde legen. In Bezug auf die vorprozessuale Aufbewahrungspflicht ist das Urteil des Berufungsgerichts in Australien von besonderer Bedeutung, weil es vorausgehende Fälle aus dem englischen „Case Law" analysiert und seiner Entscheidung zugrunde gelegt hatte.

Der Sachverhalt des *British American Tobacco Australia Services Ltd v Cowell and McCabe* ist komplex: Die Klägerin war aufgrund der Nutzung der Produkte der beklagten Gesellschaft an Krebs gestorben. Vor ihrem Tod erhob sie gegen die Beklagte eine Schadensersatzklage. Das Gericht ordnete die Offenlegung von Dokumenten seitens der Beklagten an. Ein Teil der Dokumente konnte allerdings nicht mehr offengelegt werden, weil sie bereits vernichtet waren. Schon im Jahr 1985 hatte die Beklagte eine Dokumentenaufbewahrungspolitik („document retention policy") eingeführt, die bezweckte, die einschlägigen „Statutory"-Reglementierungen einzuhalten. Im Jahr 1990 begann dann eine Reihe

611 *Douglas v Hello! Ltd (No. 3)*, [2003] EWHC 55 (Ch), Rn. 86 f.

612 *British American Tobacco Australia Services Ltd v Cowell and McCabe*, [2002] VSCA 19; der Text des Urteils ist auf http://www.austlii.edu.au/cgi-bin/sinodisp/au/cases/vic/VSCA/2002/197.html abrufbar. Letztmals besucht am 11.07.2020.

von Prozessen gegen die beklagte Gesellschaft und eine Aufbewahrungsanordnung („hold order") wurde gegen sie erlassen, die mehrmals durch neue Anordnungen ersetzt wurde. Die letzte dieser Anordnungen wurde allerdings im Jahr 1998 vom Gericht wieder zurückgenommen. Zwischen der Rücknahme der letzten Anordnung und vor Beginn des hier betreffenden Prozesses vernichtete die Beklagte alle relevanten Dokumente, obwohl ihr bewusst sein musste, dass weitere Prozesse dieser Art folgen würden. Unter Berücksichtigung des englischen „Case Law" lehnte das Gericht die Ansicht ab, dass eine allgemeine vorprozessuale Aufbewahrungspflicht bestehe, selbst dann nicht, wenn ein Prozess tatsächlich vorhersehbar sei. Bemerkenswert ist, dass eine vorprozessuale Vernichtung von Dokumenten nicht als prozessuale Offenlegungspflichtverletzung zu werten ist. Das Gericht kann diese Vernichtung nur sanktionieren, wenn diese entweder einen Versuch auf Justizbehinderung („attempt to pervert the course of justice") oder eine Missachtung des Gerichts („contempt of court") darstellt. Daraus folgt, dass die vorprozessuale „spoliation of evidence" nicht aufgrund des Bewusstseins des Beklagten allein geahndet wird, sondern dass es erforderlich ist, dass eine feste Grundlage dazu bereits vorliegen muss wie im letzten Fall die „hold order". Denn sonst wird die „spoliation" weder geahndet noch bestraft. Erheblich ist folglich das Bestehen einer entsprechenden Pflicht.

Mit dem Urteil *Douglas v Hello! Ltd (No. 3)* lehnt die moderne englische Rechtsprechung eine allgemeine Aufbewahrungspflicht ab. Falls also eine besondere Aufbewahrungspflicht fehlt, beispielsweise in Form einer vertraglichen Nebenpflicht oder aufgrund der „Statutory" Gesetzgebung, kann eine vorprozessuale Beweisvereitelungshandlung nur dann berücksichtigt werden, wenn diese gleichzeitig einen Versuch auf Justizbehinderung darstellt.[613]

Im Einklang dazu hat der High Court die vorprozessuale Beweisvereitelung im Fall *Scammell v Farmer* im Jahr 2008 entschieden.[614] In diesem Fall stritten die Parteien um die Gültigkeit eines Testaments.[615] Die Kläger begehrten die Anerkennung der Nichtigkeit eines Testaments, da ihren Behauptungen zufolge der Erblasserin die Testierfähigkeit zum Zeitpunkt der Abfassung des Testaments fehlte. Die Erblasserin war die Mutter der Kläger und der Beklagten. Das Testament wurde im Jahr 2003 erstellt und war in der Tat ihr zweites Testament. Denn sie hatte im Jahr 1995 ein erstes Testament verfasst, von deren Existenz lange Zeit niemand wusste. Die Beklagte hatte herausgefunden, dass es

---

613 *Douglas v Hello! Ltd (No. 3),* [2003] EWHC 55 (Ch), Rn. 86.
614 *Scammell v Farmer,* [2008] EWHC 1100 (Ch).
615 *Scammell v Farmer,* [2008] EWHC 1100 (Ch), Rn. 2-14.

dieses Testament gab, und danach ihre Mutter genötigt, das Testament zu ihren Gunsten zu ändern. Das führte zu dem zweiten Testament im Jahr 2003. Nach dem Tod ihrer Mutter im Jahr 2003 vernichtete die Beklagte das erste Testament. Im Prozess des Jahres 2008 hatte das Gericht verschiedene Beweismittel hauptsächlich aus ihrer ärztlichen Behandlung zu würdigen, um Gewissheit über den Geisteszustand der Mutter bei der Abfassung ihres zweiten Testaments zu bekommen.[616] Es brachte in Bezug auf die Beweisvereitelung die Auffassung als judicial dictum dahingehend zum Ausdruck, dass die vorsätzlich unternommene Beweisvereitelung zu einem Vertrauensverlust aufseiten des Richters gegen die Partei geführt habe, auch wenn das Prinzip „omnia praesumuntur contra spoliatorem" nicht mehr gebräuchlich ist.[617] Mit anderen Worten erklärte das Gericht, dass das Prinzip keine Norm mehr darstelle und es als Erfahrungssatz nur im Rahmen der Beweiswürdigung zu berücksichtigen sei.

c. *Die allgemeine vorprozessuale Aufbewahrungspflicht in der Lehre*

In der modernen englischen Lehre wird das Bestehen einer Aufbewahrungspflicht vereinzelt zugesprochen. Ausgangspunkt der Auslegung des Contra-spoliatorem-Prinzips von *Hollander* ist die „Fairness".[618] Bei der Anwendung des *Armory v Delamirie*-Prinzips gehe es nicht um einen Erfahrungssatz, der die negative Würdigung des Verhaltens einfach erlaubt, sondern um die Verletzung einer Pflicht („duty"), die die fahrlässige Beweisvereitelung umfasst. In Bezug darauf bemerkt *Hollander*: Die Partei dürfe aufgrund der Fairness Dokumente aufbewahren, und zwar nicht, weil sie eine entsprechende legale Pflicht („legal duty") trage, sondern weil es angesichts der Umstände lediglich erwartet würde, dass sie es tut.[619] In solchen Fällen sei ihre Aufbewahrungspflicht („duty to retain documents") offensichtlich. Seine Vorstellung beruht auf dem Grundsatz von Treu und Glauben. Der Autor begründet die nachteilige Behandlung der Partei vonseiten des Gerichts mit der Vereitelung der vernünftigen Erwartung, die er als Grundlage der Aufbewahrungspflicht sieht. In diesem Sinne meint *Hollander* eher eine „legal duty" als eine im Gesetz vorgeschriebene Aufbewahrungspflicht. Deswegen beschränkt er die Ahndung der Vernichtung von Dokumenten nicht auf den Prozess, sondern erstreckt sie ebenso auf das vorprozessuale Umfeld,

---

616 *Scammell v Farmer*, [2008] EWHC 1100 (Ch), Rn. 40 ff.
617 *Scammell v Farmer*, [2008] EWHC 1100 (Ch), Rn. 57.
618 *Hollander*, Evidence, Rn. 11-24.
619 *Hollander*, Evidence, Rn. 11-27, beruft sich auf *British Railsways Board v Herrington*, [1972] UKHL 1.

sofern die Aufbewahrung von Objekten aus triftigen Gründen erwartet werde.[620] Für die Anwendung des Prinzips hält der Autor deswegen die Absicht der Partei, Rechtsbeugung zu begehen, nicht für notwendig.[621]

Eine alternative Grundlage für die Ahndung der vorprozessualen Beweismittelvernichtung sieht *Hollander* in der Practice Direction 31 B.[622] Es wird darin zum Ausdruck gebracht, dass die Rechtsanwälte, sobald ein Rechtsstreit voraussehbar ist, ihre Klienten über den Bedarf der Aufbewahrung benachrichtigen müssen. In dieser Practice Direction wird im Wesentlichen die im Urteil *Rockwell Machine Tool v E.P. Barrus Ltd* aufgestellte Regel wiedergegeben,[623] das heißt, dass Anwälte verpflichtet seien, ihren Klienten rechtzeitig Hinweise zu geben, in Hinsicht auf eine spätere Dokumentenoffenlegung nützliche Dokumente unbeschädigt zu behalten. Eine neue Pflicht wird folglich nicht aufgestellt.[624] Trotzdem vertritt *Hollander* die Meinung, dass die Rechtsprechung die Practice Direction 31 B als Grundlage einer besonderen vorprozessualen Aufbewahrungspflicht behandeln könne, die allein durch die Tatsache begründet wird, dass diese Aufbewahrungspflicht an sich der Prozesspartei „ausreichend offensichtlich“ sei.[625] Diesbezüglich wird besonders der Fall erwähnt, in dem der Rechtsanwalt einer Partei die Aufbewahrung von Dokumenten von der anderen Seite beantrage. Was also zum Kern der Lehre von *Hollander* gehört, ist die Voraussehbarkeit des späteren Prozesses. Das Gericht sei dann berechtigt, negative Schlussfolgerungen gegenüber der Partei zu ziehen, auch wenn sie sich fahrlässig verhalten habe.

Der Ausgangspunkt von *Tronson* ist gleich dem soeben ausgeführten[626], nämlich die „Fairness“ des Prozesses. Die Autorin bezieht sich nicht explizit auf das Bestehen einer vorprozessualen Pflicht. Für sie kommt es – wie auch für *Hollander* – nicht darauf an, ob die künftige Partei die Beweismittel absichtlich vernichtet, sondern darauf, ob ein „fairer“ Prozess noch möglich ist.[627]

---

620 Vgl. *Hollander*, Evidence, Rn. 11-27.

621 *Hollander*, Evidence, Rn. 11-24 i. V. m. 11-27.

622 Vgl. Practice Direction 31 B Preservation of documents, im Anhang.

623 *Hibbert*, Evidence, Rn. 8-010 ff.

624 *Moore-Birk*, CCP, S. 863.

625 *Hollander*, Evidence, Rn. 11-27, „… in breach of Practice Direction 31B, treating that as the relevant duty.“ Vgl. *Wheater/Raffin*, Disclosure, Rn. 4.68, die Aufbewahrungspflicht der Prozessparteien entspreche der Informationspflicht aufseiten der Rechtsanwälte, ihre Parteien zu unterrichten.

626 *Tronson*, CJQ 2006, S. 451 ff.

627 *Tronson*, CJQ 2006, S. 454.

Grundlage ihrer Ahndung ist jedoch nicht das *The Ophelia*-Urteil und so das Contra-spoliatorem-Prinzip, sondern das Urteil *Arrow Nominees Inc v Blackledge*.[628] Nach Auffassung von *Tronson* macht es keinen Unterschied, ob die Beweisvereitelung vor oder während des Prozesses stattfinde, sofern ein Prozess vorprozessual wahrscheinlich ist.[629] Der Ansicht *Tronsons*, dass die Absicht der mutmaßlichen Partei irrelevant sei, ist zuzustimmen. Dies kann im Rahmen der Beweiswürdigung immer berücksichtigt werden. Nur die „Fairness" ist von ausschlaggebender Bedeutung, nämlich die Frage, ob trotz der Beweisvereitelungshandlung die Wahrheitsfindung noch möglich ist. Schwachpunkt der Argumentation *Tronsons* ist jedoch, dass, selbst wenn sie keine Aufbewahrungspflicht für notwendig erachtet, eine Prozesspartei im Ergebnis belastet ist, prospektive Beweise aufzubewahren, obwohl eine Rechtsgrundlage für diese Last nicht unbedingt besteht.

Im Gegensatz zu den präsentierten Ansichten lehnt *Hibbert* das Bestehen einer allgemeinen Aufbewahrungspflicht in jedem Sinne ab, und zwar auch dann, wenn eine mutmaßliche Partei von ihrem Gegner einen „letter of claim" erhalten hat.[630] Nach der Ansicht *Hibberts* ist das vorprozessuale Verhalten der späteren Parteien nur dann im Prozess zu berücksichtigen, sofern sie die Absicht gezeigt habe, entweder die Justizgewährung zu behindern („attempt to pervert the course of justice")[631] oder einen späteren Straf- oder Zivilprozess zu verdunkeln.[632] Im letzteren Fall sei das Gericht aufgrund des Contra-spoliatorem-Prinzips befugt, negative Schlüsse gegen den „spoliator" zu ziehen.[633] Der Anwendungsbereich des Contra-spoliatorem-Prinzips ist folglich nach der Ansicht *Hibberts* erheblich enger im Vorfeld des Prozesses.

Im Ergebnis lässt sich das Fazit ziehen, dass in Lehre und in Rechtsprechung eine klare Linie in Bezug auf die vorprozessuale Aufbewahrungspflicht nicht vorgegeben ist. Tatsächlich liegen die Tendenzen weit auseinander: Die Rechtsprechung berücksichtigt die vorprozessuale Beweisvereitelung sehr restriktiv, während in der Lehre Stimmen für die Erweiterung des Anwendungsbereichs des Contra-spoliatorem-Prinzips tendenziell plädieren. Nach der hier vertretenen Ansicht ist allerdings im Rahmen der englischen Rechtsordnung

---

628 *Arrow Nominees Inc v Blackledge*, [2000] CPRep 59, vgl. den dritten Teil, § 8 E. II.

629 *Tronson*, CJQ 2006, S. 452, „… is likely…".

630 *Hibbert*, Evidence, Rn. 8-004 ff.

631 *Hibbert*, Evidence, Rn. 8-005, beruft sich auf das Urteil *Douglas v Hello! Ltd (No. 3)*.

632 *Hibbert*, Evidence, Rn. 8-004.

633 *Hibbert*, Evidence, Rn. 8-004,

die Anerkennung einer vorprozessualen Pflicht möglich, insbesondere unter Berücksichtigung des Urteils *The Ophelia*.[634]

2. *Verletzung materiell-rechtlicher Pflichten*

Im Gegensatz zur ersten Kategorie treten öfter Fälle auf, in denen die Gerichte die Verletzung einer vertraglichen oder gesetzlichen Pflicht mit prozessualen Nachteilen verknüpfen, sofern sich aus dieser Pflichtverletzung Beweisschwierigkeiten für den Kläger ergeben.[635] Diese Tendenz kam zu Beginn des 20. Jahrhunderts auf und setzt sich im aktuellen „Case Law" in verschiedenen Fällen fort. Gemeinsam ist ihnen, dass die Beweiserleichterungen durch die Unterlassung des Gegners begründet werden, Beweismittel zu beschaffen oder aufzubewahren. Denn wenn er seiner Pflicht nachgekommen wäre, wären erhebliche Beweismittel vorhanden, so diese Ansichten[636]. Im Folgenden werden Fallgruppen ermittelt, in denen die Parteien im Vorfeld des Prozesses Mitwirkungspflichten hatten.

Die Verletzung dieser beweisbezogenen Mitwirkungspflichten ist vom „fair wind principle" zu trennen. Damit wird ein Prinzip des Common Law wiedergegeben, Beweiserleichterungen unabhängig von der Verletzung einer besonderen Beweispflicht zu gewähren, wenn die Verletzung einer materiell-rechtlichen Pflicht den Kläger in Beweisschwierigkeiten im Prozess führt, auch wenn kein bestimmtes Beweismittel durch die Erfüllung der vertraglichen Pflicht beschaffen worden wäre.[637]

a. *Morison v Walton*

Ein erstes Beispiel stammt vom Beginn des 20. Jahrhunderts. Im Urteil *Morison v Walton*[638] ging es darum, dass der Beklagte vom Kläger ein Boot in seinen Besitz

---

634 Vgl. den zweiten Teil, § 5 A. II. 1. a.

635 *Keefe v The Isle of Man Steam Packet Company Ltd*, [2010] EWCA Civ 683; *Mr Brian MacKenzie v Alcoa Manufacturing (GB) Limited*, [2019] EWHC 149 (QB); *Paine v Catlins*, [2004] EWHC 3054 (TCC), Rn. 72 (judicial dictum); *Raggett (Deceased) v Kings College Hospital NHS Foundation Trust*, [2016] EWHC 1604 (QB); *Micklewright v Surrey CC*, [2011] EWCA Civ 922; *Robinson v North Bristol NHS Trust*, [2013] 6 WLUK 23.

636 Vgl. *Morison v Walton*, *Keefe v The Isle of Man Steam Packet Company Ltd* und *Micklewright v Surrey CC*.

637 Vgl. den vierten Teil, § 11 D. III. 3.

638 *Morison v Walton*, Unreported. Der Text des Urteils ist teilweise in *Joseph Travers & Sons, Limited v Cooper*, [1915] 1 KB 73, und *Re S. Davis and Company Ltd.*, [1945] Ch 402 auffindbar.

bekommen hatte. Im Vertrag war verklausuliert, dass sich jederzeit ein Wachmann an Bord befinden müsse. Der Beklagte verletzte diese Pflicht. Das Boot verschwand eines Nachts und es fehlten Beweise, ob es wegen einer Undichte gesunken war oder ob eine Welle es zerstört hatte. Im Prozess blieb unklar, ob ein Wachmann an Bord das Leck entdeckt hätte und das Schiff hat gerettet werden können oder ob seine Zerstörung unvermeidlich war. Das House of Lords stellte fest, dass die Partei, die ihre Pflichten verletzt hat, sich nicht auf das Fehlen von Beweisen berufen könne, wenn diese Beweismittel die Schadensursache aufklären würden und sie selbst diese Beweiserschwerung verursacht habe; es obliege ihr nämlich nachzuweisen, dass ihre Pflichtverletzung den Verlust nicht verursacht habe, und dementsprechend obliege es nicht dem Kläger, die Schadensursache zu beweisen. Hierzu die Auffassung des House of Lords:

> „ […] appears to be merely an application of the principle *omnia præsumuntur contra spoliatorem*, under which a man who, having converted property, refuses to produce it that its exact value may be known, is liable for the greatest value that such an article could have […] ".[639] (Hervorhebung im Original, E.Z.)

Damit bezieht sich das Gericht direkt auf das *Armory v Delamirie*-Prinzip. Die Verletzung der Nebenpflicht seitens des Beklagten bedeutet die Beweislastumkehr des Kausalzusammenhangs zwischen der Pflichtverletzung und dem Schaden.[640] Diese Pflicht hatte zwar nicht den Zweck, Beweismittel zu beschaffen, sondern den Vertragsgegenstand sicherzustellen.[641]

Im aktuellen englischen Verwahrungsrecht trägt der Verwahrer die Beweislast dafür, dass entweder die Verletzung seiner Sorgfaltspflicht den Schaden nicht verursacht hat oder dass der Schaden trotz seiner Sicherungsmaßnahmen eingetreten ist.[642] Der Unterschied zum älteren Verwahrungsrecht liegt darin, dass der Verwahrer nach der früheren Rechtsprechung die Beweislast des Kausalzusammenhangs nur dann aufgenommen hätte, wenn die Pflichtverletzung gleichzeitig Beweisschwierigkeiten für seinen Vertragspartner ausgelöst hätte. Nach der Beweislastverteilung im modernen englischen Recht trägt im Allgemeinen der Verwahrer die Beweislast des Kausalzusammenhangs. Das Urteil *Morison v Walton* hat deswegen heute keinen Einfluss mehr auf die Rechtsprechung der „spoliation", seine ratio decidendi ist aber in der aktuellen Rechtsprechung noch vorhanden.

---

639 *Morison v Walton*, Unreported, zitiert in *Re S. Davis and Company, Ltd.*

640 *Kiralfy*, Burden, S. 97 f.

641 *Joseph Travers & Sons, Limited v Cooper*, [1915] 1 KB 73 (90).

642 *Matrix Europe Ltd v Uniserve Holdings Ltd*, [2009] EWHC 919 (Comm), Rn. 47 f.

b. *Keefe v The Isle of Man Steam Packet Company Ltd*

Einer der wichtigsten Fälle in Bezug auf Beweiserleichterungen wegen Pflichtverletzung ist der Fall *Keefe v The Isle of Man Steam Packet Company Ltd.*[643] In diesem Fall hatte die beklagte Firma ihre Dokumentationspflicht verletzt. Der Sachverhalt ist wie folgt: Der Kläger hatte sein Leben als Seemann verbracht. Er hatte zwischen 1973 und 1978 auf verschiedenen Schiffen für verschiedene Reedereien gearbeitet, einschließlich der beklagten Firma. Zwischen 1978 und 1998 war er allerdings ausschließlich für die beklagte Firma tätig. Dann wurde er entlassen und hatte bis zum Datum eines Audiogramms zum Test seines Hörvermögens im Jahr 2004 nur noch 110 Tage auf anderen Schiffen gearbeitet. Der Kläger wollte von der beklagten Firma Schadensersatz, war aber mit seiner Klage in der ersten Instanz erfolglos. Das Gericht entschied, dass er seiner Feststellungslast nicht nachgekommen sei, er habe nämlich nicht bewiesen, dass er wie behauptet regelmäßig mehr als acht Stunden lang Lärmpegeln von über 85 dB (A) oder schwankenden Pegeln mit einem Äquivalent von über 85 dB (A) ausgesetzt gewesen war. Das Gericht nahm an, dass er tatsächlich manchmal Lärmpegeln von über 90 dB (A) ausgesetzt gewesen war. Er hätte aber zusätzlich die Regelmäßigkeit dieses hohen Lärmpegels beweisen müssen. Das Gericht stellte zudem heraus, dass die Beklagte ihre Nebenpflicht verletzt habe, Lärmpegel in Arbeitsräumen zu messen, ohne aber ihre Pflichtverletzung negativ zu würdigen. Das Gericht stellte im Ergebnis nicht fest, dass die nachgewiesenen hohen Lärmpegel die Hörbehinderung des Klägers verursacht hatten. Die Pflichtverletzung der Firma hatte folgerichtig keinen Einfluss auf das Beweisergebnis oder die Beweislastverteilung.

Das Berufungsgericht zog diese Pflichtverletzung („breach of duty") aber in Erwägung.[644] In seiner Begründung schreibt das Gericht dieser Bemessungspflicht zwar keinen prozessualen Zweck zu, bringt aber die Auffassung zum Ausdruck, dass es je nach Umständen vorkommen kann, dass die Pflichtverletzung des Vertragspartners prozessuale Auswirkungen haben könne, das heißt entweder die günstige Würdigung der Beweismittel des Klägers oder die ungünstige Würdigung der Beweismittel des Beklagten.

---

643 *Keefe v The Isle of Man Steam Packet Company Ltd,* [2010] EWCA Civ 683; *Mr Brian MacKenzie v Alcoa Manufacturing (GB) Limited,* [2019] EWHC 149 (QB); *Raggett (Deceased) v Kings College Hospital NHS Foundation Trust,* [2016] EWHC 1604 (QB); *JAH v Burne,* [2018] EWHC 3461 (QB); *Shawe-Lincoln v Neelakandan,* [2012] EWHC 1150 (QB).

644 *Keefe v The Isle of Man Steam Packet Company Ltd,* [2010] EWCA Civ 683, Rn. 18 ff.

Nach Ansicht von *Patten* ist die Ursache dieser Rechtsfolge auf das Prinzip zurückzuführen, dass niemand, der eine Pflichtverletzung begeht, sich auf die Beweislast seines Gegners berufen dürfe, um sich im Prozess zu verteidigen.[645] *Patten* ordnet somit die Grundlage dieser Sanktion in den Grundsatz von Treu und Glauben ein.

c. *Micklewright v Surrey CC*

Das Urteil *Keefe v The Isle of Man Steam Packet Co Ltd* wurde im Fall *Micklewright v Surrey CC* berücksichtigt.[646] Der Ehemann der Klägerin wurde von einem herabstürzenden Ast eines Baumes getötet. Der Baum stand neben der Autobahn und der Getötete hatte sein Auto in einer Haltebucht unter dem Baum abgestellt. Er wurde erschlagen, als der Ast sich vom Baumstamm löste. Zum Zeitpunkt des Unfalls war kein ordnungsgemäßes System für die Inspektion der an Autobahnen angrenzenden Bäume eingerichtet worden und Dokumente über den betreffenden Baum fehlten. Ferner zersägten die Behörden nach dem Unfall und vor Durchführung einer Untersuchung den Ast und entsorgten den größten Teil. Die Klage wurde abgewiesen, weil das Berufungsgericht davon überzeugt war, dass, selbst wenn die Behörden ein Inspektionssystem eingerichtet hätten, der Unfall wegen der Besonderheiten des konkreten Falles, nämlich des besonderen Zustands des Baumes, sich dennoch ereignet hätte. Das Unterlassen der Behörde, ein Überwachungssystem aufzustellen, die Vernichtung der vorhandenen Beweismittel und die Ermittlungserschwerung sprechen dem Gericht zufolge für die analoge Anwendung der ratio decidendi aus dem Fall *Keefe v The Isle of Man Steam Packet Co Ltd*.[647] Trotzdem fehlten konkrete Anhaltspunkte dafür, sodass der Präzedenzfall nicht anwendbar war.[648]

Was im Hinblick auf *Micklewright v Surrey CC* ins Gewicht fällt, ist, dass das Urteil nicht nur für eine Dokumentationspflicht, sondern auch für eine vorprozessuale Mitwirkungspflicht durch die Aufbewahrung von Beweisen spricht.[649] Die Ähnlichkeit der zwei Fälle liegt darin: In *Keefe v The Isle of Man Steam Packet Co Ltd* trug der Beklagte die Pflicht, den Lärmpegel als Sicherungsmaßnahme zu messen. Die Dokumentation der Daten kann zwar bei der Aufklärung der Frage des Kausalzusammenhangs helfen, dient aber dem Zweck der Erfüllung der

645 *Patten*, PIN 2010, S. 8.
646 *Micklewright v Surrey CC*, [2011] EWCA Civ 922.
647 *Micklewright v Surrey CC*, [2011] EWCA Civ 922, Rn. 18.
648 *Micklewright v Surrey CC*, [2011] EWCA Civ 922, Rn. 17.
649 So auch *Bevan*, JPIL 2011, S. 193.

materiell-rechtlichen Nebenpflicht, nämlich den Lärm unter der Maximalgrenze zu halten. Das Inspektionssystem hat denselben Zweck, nämlich den Zweck der Sicherung der Benutzer der Anlagen, kann aber zudem im Prozess im Rahmen der Beweisführung für eine Partei von Wert sein. Sowohl die Lärmkontrolle als auch das Inspektionssystem wirken sich in dieser Hinsicht präventiv aus, nämlich vor dem Eintritt eines später beweiserheblichen Unfalls. Aufgrund des Urteils *Micklewright v Surrey* erweiterte das Gericht den Anwendungsbereich des *Armory v Delamirie*-Grundsatzes über die Dokumentationspflicht aus *Keefe v The Isle of Man Steam Packet Co Ltd* auf eine besondere Mitwirkungspflicht, die erst nach der Verwirklichung einer Gefahr fordert, Gegenstände, die in engem Zusammenhang mit einem realisierten schadensstiftenden Ereignis stehen, aufzubewahren, wenn aus den Umständen zu erwarten ist, dass diese als Beweismittel in einem voraussehbar bevorstehenden Rechtstreit benutzt werden können. Diese Erweiterung stellt aber im vorliegenden Fall nur ein judicial dictum dar und hatte deswegen keinen direkten Einfluss auf die englische Rechtsprechung.

d. *Robinson v North Bristol NHS Trust*

Das Urteil *Keefe v The Isle of Man Steam Packet Company Ltd* wurde auch auf die Verletzung anderer „Statutory"-Pflichten angewendet. Im Fall *Robinson v North Bristol NHS Trust*[650] war die Klägerin Krankenschwester beim *North Bristol NHS Trust*. Im Zeitraum ihrer Tätigkeit im Krankenhaus hatte sie eine spezielle Operation an den Arterien von Patienten mehrmals durchgeführt. Ihrer Behauptung nach hatte diese Tätigkeit dazu geführt, dass sich an ihrem linken Ellenbogen Epikondylitis entwickelt hatte. Es waren keine anderen Beweismittel über die Häufigkeit und die Dauer der Operationen vorhanden außer gewissen Beweismitteln, die die Klägerin selbst erbracht hatte. Das Gericht bewertete ihre Beweisschwierigkeit zulasten des Krankenhauses, da es seiner Verpflichtung aus dem „Statutory Law" nicht nachgekommen war, eine Gefährdungsabschätzung zu Beginn seines Betriebs anzufertigen. Wenn diese angefertigt worden wäre, hätte die Klägerin keine Beweisschwierigkeiten, da das Gericht hätte feststellen können, welche Aufgaben die Angestellten während dieser Operationen zu verrichten haben und wie lange diese dauern. Das Gericht bewertete daher die von der Klägerin vorgebrachten Beweise günstiger als die Beweise des Beklagten.

---

650 *Robinson v North Bristol NHS Trust*, [2013] 6 WLUK 23.

3. *Die prozessuale Aufbewahrungspflicht*

Im Gegensatz zur Ablehnung der allgemeinen vorprozessualen Aufbewahrungspflicht wird in der Lehre angenommen, dass beide Parteien Dokumente nach Prozessbeginn aufzubewahren haben.[651] Diese prozessuale Aufbewahrungspflicht ist von ausschlaggebender Bedeutung, weil ihre Verletzung nicht nur eine Beweiserleichterung aufgrund des *Armory v Delamirie*-Prinzips, sondern auch das Zurückweisen von Angriffs- und Verteidigungsmitteln der Partei nach der CPR r. 3. 4. mit sich bringen kann.

Der Fall *Rockwell Machine Tool v E.P. Barrus (Concessionaires) Ltd*[652] ist ein Meilenstein für die Pflicht der Parteien, Beweismittel im Prozess aufzubewahren. Das Gericht wandte sich nicht an die Parteien selbst, sondern an deren Rechtsanwälte, die ihre Klienten sachgemäß und früh über die Bedeutung und das Ausmaß einer eventuellen Dokumentenoffenlegung unterrichten müssen. *Megarry J.* erklärt diese Pflicht wie folgt:

> „In preparing for trial solicitors bear a great responsibility and a heavy burden. Not the least of these burdens is that of discovery. This is of especial weight in a complex case of passing off such as this was. Many litigants (and not least corporate litigants) have little appreciation of the scope of discovery, and the duty of making full disclosure. So often they neither know nor appreciate the requirement that they must search for and disclose to their adversary any document which, in the classic phrase of Brett L.J. in the *Peruvian Guano Company* case, ‚may fairly lead him to a train of inquiry' which may either advance his own case or damage his opponent's.
> Accordingly, it seems to me necessary for solicitors to take positive steps to ensure that their clients appreciate at an early stage of the litigation, promptly after writ issued, not only the duty of discovery and its width but also the importance of not destroying documents which might by possibility have to be disclosed. This burden extends, in my judgment, to taking steps to ensure that in any corporate organisation knowledge of this burden is passed on to any who may be affected by it."[653]

Eine Aufbewahrungspflicht der Parteien selber wurde im Fall *Infabrics Ltd v Jaytex Ltd (No. 2)*[654], unabhängig von der allgemeinen Informationspflicht ihrer

---

651 *Moore-Birk*, CCP, S. 863; *Andrews*, Procedure, Rn. 26.32; *Wheater/Raffin*, Disclosure, Rn. 4.68; *Hibbert*, Evidence, Rn. 8-008; *Hollander*, Evidence, Rn. 11-11, etwas zurückhaltend in Bezug auf den Zeitpunkt, ab dem die Partei mit der Aufbewahrungspflicht belastet wird.

652 *Rockwell Machine Tool v E.P. Barrus (Concessionaires) Ltd*, [1968] 1 WLR 693.

653 *Rockwell Machine Tool v E.P. Barrus (Concessionaires) Ltd*, [1968] 1 WLR 693 (694).

654 *Infabrics Ltd v Jaytex Ltd (No.1)*, [1985] FSR 75; vgl. *British Sky Broadcasting Group Plc v Sky Home Services Ltd*, [2007] FSR 14; *Malhotra v Dhawan*, [1997] EWCA Civ

Rechtsanwälte, aufgestellt. Der Sachverhalt dieses Falles ist wie folgt: Im Jahr 1974 umfasste das Portfolio der Kläger viele Designs, einschließlich des Designs „past the post". Die Kläger hatten ihr Portfolio in London einem Direktor des Beklagten gezeigt, der Großhändler von Hemden war, den das Design aber beeindruckt hatte. Im Juli 1974 ging der Direktor nach Hong Kong, wo ihm von einem Hersteller verschiedene Stoffdesigns vorgelegt wurden. Er wählte einige Entwürfe aus, einschließlich des ihm in London präsentierten Designs „past the post", ohne sich aber daran zu erinnern, dass er dieses Design zuvor in London bereits gesehen hatte und dass es den Klägern gehörte. So bestellte er die Produktion einiger Hemden mit dem einschlägigen Design. Die Herstellerin musste die Produkte an den Beklagten in England zu senden. Von der Herstellerin waren zwischen dem 21.11.1974 und dem 24.02.1975 vier Sendungen nach England mit 7.102 Hemden verschickt worden. Die Kläger entdeckten eines dieser Hemden in London. Am 21.02.1975 benachrichtigten die Kläger den Beklagten darüber, dass sie die Inhaber des Urheberrechts des Designs waren. Letzterer antwortete, dass er die Produkte im guten Glauben gekauft habe und keine Kenntnis von Urheberrechtsverletzungen gehabt habe.

Das House of Lords entschied, dass der Beklagte vor einem bestimmten Datum weder für eine Urheberrechtsverletzung noch für die Aneignung („appropriation") verantwortlich sei,[655] nämlich vor dem Datum, an dem er zum ersten Mal Kenntnis davon bekommen hatte, dass Urheberrechte der Kläger verletzt worden seien. Dieses Datum war der 05.03.1975.[656] Er bleibe aber schuldig für Produkte, die am oder ab dem 05.03.1975 in seinen Besitz gekommen seien. Er wurde am Ende für schuldig gesprochen, weil mindestens eine der Sendungen nach diesem Datum im Vereinigten Königreich angekommen war.[657]

Gegenstand der Entscheidung *Infabrics Ltd v Jaytex Ltd (Nr. 2)* war die Bemessung der Höhe des geschuldeten Schadensersatzes und so des zugefügten Schadens. Zu diesem Zweck legte das Gericht dem Beklagten die Pflicht auf, Dokumente offenzulegen, die Einzelheiten zu den Sendungen beinhalteten. Die offengelegten Aufzeichnungen waren jedoch unvollständig, weil Mitarbeiter des Beklagten Dokumente bereits vernichtet hatten. Bemerkenswert ist, dass die Vernichtung nach Prozessbeginn stattgefunden hatte. Wegen der Verdunkelung des

---

1096 (judicial dictum); *IS Innovative Software Ltd v Howes*, [2004] EWCA Civ 275 (judicial dictum); *Axa Sun Life Services Plc v Cannon*, [2007] EWHC 2466.

655 Vgl. Copyright Act 1956 vor, 4 & 5 *Eliz.* 2, Ch. 74, Section 17 (2), im Anhang.

656 *Infabrics Ltd v Jaytex Ltd (No.1)*, [1982] AC 1 (2 f.).

657 *Infabrics Ltd v Jaytex Ltd (No.2)*, [1985] FSR 75 (76).

Sachverhalts durch den Beklagten konnte das Gericht nicht beurteilen, wie viele Sendungen vor dem 05.03.1975 in den Besitz des Beklagten gekommen waren. Das wäre aber wichtig gewesen, denn vor diesem Datum war der Beklagte nicht schuldig.

Das Gericht schenkte der Vernichtung von Dokumenten viel Aufmerksamkeit, wandte sich hierfür aber nicht an die Anwälte, sondern an die Parteien selbst. Im vorliegenden Fall hatte der Beklagte zwar seine Angestellten darauf aufmerksam gemacht, dass die Aufzeichnungen unversehrt bleiben müssten, hatte es aber unterlassen, notwendige Schritte zu unternehmen, um diese sicherzustellen.[658] In diesem Abschnitt des Prozesses hielt das Gericht das Prinzip „omnia praesumuntur contra spoliatorem" für anwendbar. Mit der Verletzung dieser im „Case Law" begründeten Aufbewahrungspflicht verbindet das Gericht prozessuale Konsequenzen.[659]

Nach Untersuchung von Rechtsprechung und Lehre ist festzuhalten: Während für den Prozess eine allgemeine Aufbewahrungspflicht besteht, wird diese vorprozessual im Ergebnis nur dann angenommen, wenn ein Vertrag zwischen den künftigen Parteien besteht oder eine Pflicht im Gesetz vorgesehen wird.

B. Mitwirkungspflichten in den Civil Procedure Rules

Im englischen Prozess werden teilweise andere Prinzipien als im deutschen Prozess angewendet. Der größte Unterschied ist sicher die allgemeine Dokumentenoffenlegungspflicht („disclosure of documents"), die fordert, dass jede Partei ihrem Gegner Zugang zu den sich in ihrem Besitz befindenden Dokumenten gewährt. Darüber hinaus beinhalten die Civil Procedure Rules (CPR) gewisse Vorschriften, die die Parteien zur Mitwirkung in Bezug auf „real evidence" verpflichten. Die relevanten Mitwirkungspflichten im englischen Recht sind jedoch noch aus einem Grund besonders zu beachten: Bei Verletzung einer einschlägigen gerichtlichen Anordnung kommt nicht immer das Contra-spoliatorem-Prinzip in Betracht, sondern das Gericht hat die immanente Befugnis, von Amts wegen die Angriffs- oder Verteidigungsmittel des „spoliators" zurückzuweisen. Die CPR stellen folglich eine separate und selbstständige Rechtsgrundlage im englischen Recht für die Ahndung des „spoliators" dar. Im Weiteren werden die prozessualen Mitwirkungspflichten im englischen Prozess erläutert, deren Verletzung negative Rechtsfolge zulasten der verweigernden Partei haben kann.

---

658 *Infabrics Ltd v Jaytex Ltd (No.2)*, [1985] FSR 75 (79).

659 Vgl. den vierten Teil, § 11 D.

I. *Mitwirkungspflicht in „documentary evidence“*

1. *Die „standard disclosure“*

Je nach Begehren wird der englische Prozess in drei Verfahren („tracks“) aufgeteilt:[660] den im 27. Teil benannten „small claims track“, den im 28. Teil zitierten „fast track“ und den im 29. Teil genannten „multi-track“. Das Offenlegungsverfahren ist auf alle außer den „small claims track“ anwendbar.[661]

Die im deutschen Prozess vorgenommene Trennung zwischen den Arten, durch die eine Partei die Urkundenvorlage vonseiten ihres Gegners erreicht (§§ 142, 421 ff. ZPO), ist im englischen Beweisrecht nicht unbekannt. Die „standard disclosure“ stellt die allgemeine Regel in Bezug auf die Urkundevorlage dar.[662] Diese Regel ist in der CPR r. 31. 6 verankert. Demgemäß ist eine Bezugnahme von einer der Parteien auf ein bestimmtes Dokument nach dem Vorbild der §§ 142 und 423 ZPO nicht erforderlich. Im Gegensatz zum deutschen Recht muss jede der Parteien gemäß der CPR r. 31. 6. nicht nur Dokumente offenlegen, auf die sie sich im Prozess beruft, sondern auch Dokumente, die sich auf ihre eigenen Behauptungen oder auf die Behauptungen ihres Gegners negativ auswirken oder diese unterstützen könnten.[663] Ob sich ein Dokument für oder gegen die Parteien auswirkt, ist nur vor dem Hintergrund der parteiischen Behauptungen zu beurteilen.[664] Der Umfang der Pflicht ergibt sich folgerichtig grundsätzlich aus dem Gesetz. Ausnahmsweise kann allerdings das Gericht das Ausmaß der Offenlegung einschränken[665] oder gemäß CPR r. 31. 12 (1) i. V. m. (2) erweitern. Bei Antragstellung muss nicht unbedingt ein Prozess bereits im Gange sein.[666]

Die CPR r. 31. 5 schreibt außerdem vor, dass die „standard disclosure“ und die „menu option disclosure“ unterschiedlichen Verfahren folgen. Während Erstere im 31. Teil festgelegt wird, ist die „menu option disclosure“ in den CPR rr.

---

660 CPR r. 26. 6.

661 CPR rr. 27. 2 (1) (b) i. V. m. 31. 6. Beim „small claims track“ muss die Partei mindestens 14 Tage vor dem letzten Termin Abschriften aller Dokumente, auf die sie sich beim Termin zu berufen beabsichtigt, einreichen und allen anderen Parteien zustellen, vgl. CPR rr. 27. 4 (1) (a) i. V. m. 27. 4 (3) (a). Damit werden Dokumente exkludiert, die der anderen Partei von Nutzen sein könnten.

662 Vgl. CPR r. 31. 5 (1) und (2), im Anhang.

663 Vgl. CPR rr. 31. 6 (a) i. V. m. (b), im Anhang.

664 *Sime/French*, Blackstone, Rn. 50.5 m. w. N.

665 CPR r. 31. 5 (1) (b)

666 CPR r. 31. 16 – „Disclosure before proceedings start“.

31. 5 (2) – (9) reglementiert. In diesen Absätzen werden Vorschriften festgelegt, die sowohl Präklusionen zur Vorlage der Liste der verfügbaren Dokumente enthalten[667] als auch Vorschriften zu ihrem Inhalt.[668] Darüber hinaus sind darin Vorschriften zur Kooperation der Parteien[669] und zur Prozessleitungsbefugnis des Gerichts[670] zu finden.

Entgegen dem Nemo-tenetur-Grundsatz folgt das englische Beweisrecht einem völlig anderen Prinzip in Bezug auf den Zugang der Parteien zu Beweismitteln, die sich im Besitz des Gegners befinden. Die grundsätzliche Regel des englischen Rechts diesbezüglich lautet, dass die Parteien ihre „cards upon the table" legen müssen,[671] das heißt, dass die Besitzer ihren Gegnern relevante Beweise, außer wenn Weigerungsgründe vorliegen, im Prinzip zugänglich machen müssen. *Zuckerman* rechtfertigt diesen Grundsatz aufgrund von zwei Prinzipien: einerseits aufgrund des Rechts auf einen fairen Prozess nach EMRK Art. 6, das die Gerichte verpflichtet, den Parteien Assistenz zur Durchsetzung ihrer Rechte zu gewähren, und andererseits aufgrund des Waffengleichheitsprinzips.[672]

2. *Aufbewahrung- und Forschungspflicht gemäß CPR r. 31. 7*

Die „disclosure of documents" setzt, wie die Vorlagepflicht im deutschen § 142 Abs. 1 ZPO, eine entsprechende gerichtliche Anordnung voraus, in dem Sinne, dass sie nicht automatisch vom Gesetz nach Prozessbeginn auferlegt wird.[673] Vor der Offenlegung müssen die Parteien eine Dokumentenaufzeichnung anfertigen. Darüber enthält die CPR r. 31. 10 detaillierte Vorschriften.

Nach der CPR r. 31. 7 – „Duty of search" haben die Parteien die Pflicht, eine sachgemäße Nachforschung nach Dokumenten zu betreiben und gemäß der CPR r. 31. 2 – „Meaning of disclosure" tritt eine Partei die Offenlegung von Dokumenten durch ihre Erklärung an, dass ein Dokument zum Zeitpunkt der Erklärung existiert bzw. existiert hat.[674] Die Offenlegung räumt dem Gegner

667 CPR r. 31. 5 (3).

668 CPR r. 31. 5 (3) (a) ff.

669 CPR r. 31. 5 (5) f.

670 CPR r. 31. 5 (7) f.

671 Phipson/*Hanif*, Rn. 10-08.

672 *Zuckerman*, CPR, Rn. 3.211.

673 Vgl. Practice Direction 31 A Disclosure and inspection para. 1. 4. im Anhang; *Moore-Birk*, CCP, S. 860; *Thomson/Mambro*, BCCP, Issue No. 131 S. D-3.

674 CPR r. 31. 2.

das Recht ein, in diese Einsicht zu nehmen.[675] Die Erklärung über das Bestehen eines Dokuments ist entweder in der Liste von CPR r. 31. 10 (2) oder im Bericht der CPR r. 31. 5 (3) enthalten. Die Liste muss sich auf die in CPR r. 31. 6 aufgelisteten Dokumente beziehen. Ins Gewicht fällt insbesondere, dass eine offenlegende Partei in ihrer Liste außerdem noch ein „disclosure statement“ abgeben muss, in der sie einige Punkte klarzustellen und zu bestätigen hat. Gemäß CPR r. 31. 10 (6) (a) ist eine Partei zur Klarstellung darüber verpflichtet, in welchem Ausmaß sie nach den offenzulegenden Dokumenten geforscht hat, während sie nach der CPR rr. 31. 10 (6) (b) und (c) weiter bestätigen muss, dass sie ihre Pflicht verstanden hat[676] und, soweit ihr ersichtlich, dass sie dieser vollständig nachgekommen ist. Die Aufstellung dieser Liste bedeutet allerdings nicht die Erfüllung der entsprechenden Pflicht, da die Offenlegungspflicht nach CPR r. 31. 11 (1) während des ganzen Prozesses weiterläuft.[677] Deswegen hat eine Partei nicht nur die Liste bzw. den Bericht von Anfang an aufzustellen, sondern sie muss ihren Gegner über die Existenz weiterer Dokumente nach CPR r. 31. 11 (2) unmittelbar benachrichtigen, sobald sie sich über deren Existenz bewusst ist.

Alle in die CPR r. 31. 6 fallenden Dokumente sind offenzulegen. Die Nachforschungspflicht der Parteien erfasst aber gemäß CPR r. 31. 7 (1) auch Dokumente, die in die letzten beiden Gruppen der CPR rr. 31. 6 fallen, das heißt die Gruppen unter (b) und (c). Wie bereits erwähnt, muss diese Nachforschung sachgemäß sein. Zur Konkretisierung des Begriffes der „reasonableness“ der CPR r. 31. 7 (1) sind in der CPR r. 31. 7 (2) Kriterien aufgestellt, das heißt, jede Partei muss: (a) die Anzahl der Dokumente, (b) die Natur und die Komplexität des laufenden Prozesses, (c) die Leichtigkeit und den Aufwand für die Suche eines bestimmten Dokuments und (d) seine Wichtigkeit berücksichtigen. Diese Auflistung ist aber nicht abschließend und es hängt vom Gericht ab, zu beurteilen, ob die

---

675 CPR r. 31. 3; vgl. *Moore-Birk*, CCP, S. 858 i. V. m. S. 865 f. , das Einsichtsrecht der Partei aus CPR r. 31. 3 beschränkt sich auf die offengelegten und in der Kontrolle einer Partei befindlichen Dokumente. Es sei aber nicht mit dem Recht aus CPR r. 31. 14 (1) zu verwechseln, das der Partei auch Einsicht in nur „erwähnte“ Dokumente erlaubt.

676 Zum Zweck eines richtigen und vollständigen Verständnisses der Offenlegungspflicht verpflichtet das Gesetz den Rechtsanwalt dazu, seinem Klienten die Offenlegungspflicht nach Part 31 klarzustellen, vgl. Practice Direction 31 A para. 4. 4. „Disclosure statement“.

677 *Moore-Birk*, CCP, S. 860, 864; *Thomson/Mambro*, BCCP, Issue No. 131 S. D-3.

durchgeführte Forschung „reasonable“ war.[678] Hält eine Partei die Durchführung einer Forschung in einer Klasse von Dokumenten für unsachgemäß, dann ist sie verpflichtet, sowohl die Identität der weggelassenen Dokumente als auch den Grund ihrer Entscheidung in ihrem „disclosure statement“ nach der CPR r. 31. 7 (3) darzulegen. Das Ausmaß der Nachforschung hängt allerdings von den Umständen des Einzelfalles ab, immer in Hinsicht auf das Gebot der Angemessenheit aus der CPR r. 1. 1 (2) (c).[679]

3. *Ausmaß der Offenlegungspflicht*

a. *Begriffsbestimmung des Dokuments*

Im englischen Beweisrecht wird zwischen „documentary“, „oral“ und „real evidence“ unterschieden. Die erste Kategorie bilden Gegenstände, die Aufzeichnungen persönlicher Erklärungen beinhalten. Ein Objekt kann in zwei Kategorien gehören: Wenn durch das Objekt eine Erklärung abgegeben wird, wird es als „document“ qualifiziert, in Hinsicht auf seine äußere Erscheinung bzw. seine Existenz jedoch als reales Beweismittel.[680] Der Unterschied ist allerdings wichtig, denn es gelten unterschiedliche Regeln für die verschiedenen Kategorien von Beweismitteln. Der wichtigste Unterschied ist, dass die allgemeine Offenlegungspflicht aus dem CPR 31. Teil ausschließlich Dokumente, jedoch keine „oral“ und „real evidence“ erfasst.

Der Begriff des Dokuments wird in zwei Gesetzestexten erläutert. Einerseits ist dieser Begriff im Text des Civil Evidence Act 1995 s. 13 – „Interpretation“ zu finden, andererseits beinhaltet der 31. Teil der CPR die Begriffsbestimmung von Dokumenten. Beide Gesetze beinhalten dieselbe Begriffsbestimmung zu Dokumenten. Für die Anwendung des 31. Teils der CPR wird in CPR r. 31. 4 klargestellt, dass die in diesem Paragrafen gewährte Begriffsbestimmung maßgebend ist. Ihr Kernpunkt ist, dass nicht das Objekt an sich, sondern die darin enthaltenen Informationen für die Wahrheitsforschung essenziell sind. Der Begriff eines Dokuments ist folglich sehr weit zu fassen. Er umfasst materielle[681] und

---

678 *Sime/French*, Blackstone, Rn. 50.20, ein Kriterium des Ausmaßes der Forschung sei die Unterscheidung zwischen primären und sekundären Beweismitteln. Wenn es um sekundäre Beweismittel gehe, sei ihr Ausmaß angemessen einzuschränken.

679 Vgl. Practice Direction 31 A para. 2 und para. 4. 2, im Anhang. *Sime/French*, Blackstone, Rn. 50.20, jede Nachforschung muss aufgrund des CPR r. 31. 7 „sinnvoll und effektiv“ sein.

680 *Keane/McKeown*, Evidence, S. 298; *Iller*, Evidence, Rn. 5-57.

681 *Arrow Nominees Inc v Blackledge*, [2000] CPRep 59, Rn. 25; *Moore-Birk*, CCP, S. 856; *Keane/McKeown*, Evidence, S. 285, umfasst Skizzen, Pläne und Mappen.

elektronische Urkunden, E-Mails,[682] Aufzeichnungen von Kommunikationen,[683] SMS und Sprachnachrichten,[684] Einzelverbindungsnachweise,[685] vernichtete E-Mails und Metadaten,[686] Datenbanken,[687] Backup-Disketten und CDs[688] sowie „witness statements".[689]

Eine besondere Kategorie von Dokumenten bilden die „train of inquiry documents". So werden Dokumente bezeichnet, die der Partei durch die darin enthaltenen Informationen dabei helfen können, relevante Informationen zu finden.[690] Diese Gruppe fällt nicht unter die CPR r. 31. 6,[691] sondern sie setzt einen besonderen Offenlegungsbeschluss voraus.[692] Damit werden allerdings nicht „fishing expeditions" erlaubt.[693]

Aus der Bestimmung des Begriffs „document" im englischen Recht ergibt sich ein zweiter Unterschied zwischen den zwei Beweisrechten. Während das deutsche Recht nur Urkunden umfasst, nämlich schriftlich verkörperte Gedankenäußerungen,[694] geht das englische Recht über diese weit hinaus und der Begriff des Dokuments beinhaltet Urkunden und jedes Objekt, auf dem Informationen aufgezeichnet worden sind.[695] Jeder Informationsträger stellt ein Dokument dar. Der Begriff des Dokuments und dementsprechend der Umfang der relevanten Pflicht ist äußerst weit gefasst und demzufolge ist insbesondere die beweisbelastete Partei im englischen Prozess in Hinsicht auf ihre Aussichten auf Erfolg in günstigerer Lage als die beweisbelastete Partei im deutschen Prozess. Nichtsdestoweniger ist dieses Fazit ungenau. Der Grund ist hierin zu finden: Im deutschen

---

682 *Axa Sun Life Services Plc v Cannon*, [2007] EWHC 2466, Rn. 41.
683 *Axa Sun Life Services Plc v Cannon*, [2007] EWHC 2466, Rn. 41.
684 Practice Direction 31 B para. 5 (3).
685 *Earles v Barclays Bank plc*, [2010] Bus. L.R. 566 (574).
686 *Bilta (UK) Ltd v Nazir*, [2010] EWHC 3227 (Ch), Rn. 15.
687 Practice Direction 31 A para. 2A. 1 – Electronic disclosure.
688 *Mueller Europe Limited v Central Roofing (South Wales) Limited*, [2012] EWHC 3417 (TCC), Rn. 19.
689 *Iller*, Evidence, Rn. 5-34.
690 *Compagnie financiere er Commericale du Pacifique v Peruvian Guano Co*, (1882) 11 QBD 55 (63); *G.E. Capital Corporate Finance Group Ltd. v Bankers Trust Co. and Others*, [1995] 1 WLR 172.
691 *Shah v HSBC Private Bank (UK) Ltd*, [2011] EWCA Civ 1154, Rn. 50.
692 *Sime/French*, Blackstone, Rn. 50. 14.
693 *Mohamed Taranissi, ARGC Limited v British Broadcasting Corporation*, [2008] EWHC 2486 (QB), Rn. 8 f.
694 Musielak/Voit/*Huber*, § 415 Rn. 4.
695 CPR r. 31. 4.

Prozessrecht ist auch die Vorlage von beweglichen Objekten, die im Rahmen der CPR R. 31. 6. „documents" darstellen, nach § 144 Abs. 1 ZPO möglich. Auch wenn die Vorlagepflicht von Augenscheinobjekten in § 144 Abs. 1 ZPO nicht „standardisiert" nach dem Vorbild der englischen Offenlegungspflicht nach CPR 31. 6. ist, sind die Voraussetzungen des Paragrafen leicht erfüllt, da eine Beweiserhebung auch bei fehlendem Beweisantrag von Amts wegen möglich ist, sofern das Gericht sie für erforderlich hält.[696]

Des Weiteren wird den Parteien in Prozessen beider Rechtsordnungen, der deutschen und der englischen, die Möglichkeit eingeräumt, die Vorlage von bestimmten Urkunden zu beantragen. Das geht im deutschen Recht nicht nur durch die §§ 422 ff. ZPO, sondern auch durch die Bezugnahme einer Partei auf eine konkrete Urkunde. Das Pendant im englischen Recht ist der Antrag auf Offenlegung bestimmter Dokumente gemäß der CPR r. 31. 12 – „Specific disclosure or inspection". Demgemäß kann eine Partei, auch wenn ein Dokument von der „standard disclosure" nicht gedeckt wird oder die mit der „standard disclosure" beauftragte Partei ihrer Pflicht nicht nachkommt[697], kann eine Partei seine Vorlage verlangen, sofern das für die Sachverhaltsermittlung erforderlich ist.

b. Begriffsbestimmung der Kontrolle über Dokumente

Die CPR r. 31. 8 – „Duty of disclosure limited to documents which are or have been in party's control" schränkt den Anwendungsbereich des 31. Teils weiter ein. Gemäß CPR rr. 31. 8 (1) und (2) ist die Partei verpflichtet, Dokumente offenzulegen, die sich unter ihrer Kontrolle befinden. Dazu zählen Dokumente, die entweder in ihrem materiellen Besitz sind oder an denen sie ein Besitz- oder Einsichtsrecht hat oder hatte oder das Recht hat, davon Ausfertigungen zu machen. Zur Auslegung des Begriffs „control" von Dokumenten, die im Besitz einer dritten Person sind, wurden in *North Shore Ventures Limited v Anstead Holdings Inc* die folgenden Ausführungen niedergeschrieben:

> „In determining whether documents in the physical possession of a third party are in a litigant's control for the purposes of CPR 31.8, the court must have regard to the true nature of the relationship between the third party and the litigant. The concept of ‚right to possession' in CPR 31.8(2)(b) covers a situation where a third party is in possession of documents as agent for a litigant. The same would apply in my view if the true nature of the relationship was that the litigant was to be the puppet master in the handling of

696 Musielak/Voit/*Stadler*, § 144 Rn. 4.
697 *Hollander*, Evidence, Rn. 11-01.

> money entrusted to him for the specific purpose of defeating the claim of a creditor. The situation would be akin to agency. But even if there were on a strict legal view no ‚right to possession', for example, because the parties to the arrangement caused the documents to be held in a jurisdiction whose laws would preclude the physical possessor from handing them over to the party at whose behest he was truly acting, it would be open to the English court in such circumstances to find that as a matter of fact the documents were nevertheless within the control of that party within the meaning of CPR 31.8(1). CPR 31.8(2) states that for the purpose of CPR 31.8(1) a party has or has had a document in his control if the case falls within paragraphs (a) to (c). It does not state that a party has or has had a document in his control if *but only if* the case falls within one of those paragraphs.“ [698] (Hervorhebung im Original, E.Z.)

Wenn sich ein Dokument sich nicht mehr unter der Kontrolle einer Partei befindet, muss sie diesen Umstand im Prozess erklären.[699] Das Gericht erlässt dann keinen Vorlagebeschluss.[700]

So gesehen ist die Pflicht im englischen Recht umfangreicher: Als Kontrolle wird nicht nur der Besitz von der Prozesspartei selbst (unmittelbarer Besitz, § 855 BGB) oder von einem Dritten (mittelbarer Besitz, § 868 BGB) verstanden,[701] mit dem sie in einem Besitzmittlungsverhältnis steht[702] oder gegen welchen sie mindestens einen Anspruch auf Herausgabe hat,[703] sondern auch jedes Verhältnis zwischen der Partei und dem Dritten, das es der Partei erlaubt, sich auf das Nichtbestehen eines Rechtes bzw. ihre Unmöglichkeit, den Dritten zur Herausgabe zu zwingen, zu berufen, damit er gegen eine Vorlageanordnung im Prozess geschützt ist.[704] Demzufolge ist das englische Recht weiter gefasst, denn die Erfüllung der Offenlegungspflicht im englischen Recht besteht nicht in der Vorlage der Dokumente, sondern in der Offenlegung ihrer Existenz. Eine Partei hat demzufolge die Pflicht, ihrem Prozessgegner die Existenz von Dokumenten

---

698 *North Shore Ventures Limited v Anstead Holdings Inc,* [2012] EWCA Civ 11, Rn. 40; auch *Global Energy Horizons Corp v Gray,* [2014] EWHC 2925 (Ch); *Ardila Investments NV v ENRC NV v Zamin Ferrous Limited,* [2015] EWHC 3761 (Comm).

699 CPR r. 31. 10 (4) (b).

700 *Moore-Birk*, CCP, S. 858.

701 *Prütting*/Gehrlein, § 142 Rn. 5; Musielak/Voit/*Stadler*, § 142 Rn. 3; Wieczorek/Schütze/*Smid*, § 142 Rn. 16; Stein/Jonas/*Althammer*, 23. Aufl. § 142 Rn. 16; Baumbach/Lautenbach/Hartmann/Anders/Gehle/*Bünnigmann*, § 142 Rn. 8.

702 Staudiger/*Gutzeit*, § 868 Rn. 16.

703 MüKoBGB/*Schäfer*, 7. Aufl., § 868 Rn. 15.

704 *North Shore Ventures Limited v Anstead Holdings Inc,* [2012] EWCA Civ 11, Rn. 40.

preiszugeben, auch wenn zwischen dieser Partei und dem Dritten eine lose Beziehung besteht.

4. *Verweigerungsgründe im „documentary evidence"*

Die Offenlegungspflicht im englischen Recht ist nicht uneingeschränkt, sondern entfällt, wenn Verweigerungsgründe bestehen. Die CPR beschränken die Berücksichtigung von Privilegien auf das Offenlegungsverfahren.[705] Dennoch wird in der englischen Lehre hervorgehoben, dass die in den CPR vorgeschriebenen Verweigerungsgründe auch im Zeugenbeweis Anwendung finden.[706] Wie auch im deutschen Recht sind die Verweigerungsrechte von Bedeutung: Sofern solche Rechte bestehen, kann das Gericht die Mitwirkungsverweigerung der Prozesspartei als „spoliation of evidence" nicht ahnden. Im Folgenden werden diese Kategorien von Rechten im englischen Prozess übersichtlich dargestellt.

a. *Immunität aufgrund öffentlicher Interessen*

Parteien haben kein Einsichtsrecht aus dem Offenlegungsverfahren in Dokumente, soweit ihr Gegner das Recht hat oder die Pflicht trägt, die Einsicht in diese Dokumente zu verweigern. Diese Regel ist in der CPR r. 31. 3 (1) (b) verankert und entspricht einem allgemeinen Prinzip. Was die Kategorie der öffentlichen Interessen angeht, wenn sich eine Partei auf die Immunität eines Dokuments wegen öffentlichen Interesses beruft, so übt sie kein Recht aus, sondern sie erfüllt eine Pflicht („duty").[707] Gemäß der CPR r. 31. 19 – „Claim to withhold inspection or disclosure of a document" (1) kann eine Person ohne vorausgehende Nachricht an die Parteien einen Antrag an das Gericht stellen, dass die Vorlage von Dokumenten ausnahmsweise aus dem Grund versäumt wird, weil deren Offenlegung das öffentliche Interesse schädigen würde. Berechtigt sind dafür nicht nur Parteien.[708] Jede Person kann unabhängig von ihrer Beteiligung an

---

705 Vgl. auch beim 00. Teil der CPR – „GLOSSARY" die Begriffsbestimmung von „privilege", die die Privilegien auf das Offenlegungsverfahren einschränken: „The right of a party to refuse to disclose a document or produce a document or to refuse to answer questions on the ground of some special interest recognised by law."

706 Phipson/*Hollander*, Rn. 23-01; *Munday*, Evidence, Rn. 3.29.

707 *R. v Chief Constable of West Midlands Police Ex p Wiley*, [1995] 1 AC 274 (296); vgl. *Duncan v Cammell Laird & Co Ltd*, [1942] AC 624 (642). Zur Geschichte der Immunität vgl. *Conway v Rimmer*, [1968] AC 910, *Duncan v Cammell Laird & Co Ltd*, [1942] AC 624, *Air Canada v Secretary of State for Trade (No 2)*, [1983] 2 AC 394 und *Air Canada v Secretary of State for Trade (No 2)*, [1983] 2 AC 394.

708 *Sime/French*, Blackstone, Rn. 50. 81.

einem Prozess dem Gericht ein Verzeichnis einreichen, in dem ihre Legitimationsgrundlage und die Gründe des beantragten Vorbehalts dargestellt werden.[709] Der einschlägige Beschluss des Gerichts nach CPR r. 31. 19 (1) darf weder zugestellt noch besichtigt werden, außer wenn das Gericht anders entscheidet.[710] Von besonderer Bedeutung ist auch, dass das Gericht gemäß CPR r. 31. 19 (5) fordern kann, dass der Antragsteller dem Gericht das relevante Dokument vorlegt, und weiter noch, dass jede Person ihre Stellungnahme dazu abgibt.

Die Bestimmung des Anwendungsbereichs der Immunität aufgrund von öffentlichen Interessen in den CPR fehlt. Die CPR r. 31. 19 (8) schreibt lediglich vor, dass der 31. Teil der CPR Vorschriften unverändert lässt, die das Vorenthalten eines Dokuments vor Einsicht und Offenlegung erlauben oder vorsehen, wenn dieses dem öffentlichen Interesse schaden würde. Das Vorenthalten des Dokuments ist demnach möglich, wenn es im Gesetz vorgeschrieben ist.

Klare Richtlinien von geschützten Dokumenten fehlen in Lehre und Rechtsprechung. In Bezug auf die Dokumente unterscheidet man zwei Gruppen: Zur ersten Gruppe gehören Dokumente, die die Kommunikation,[711] den Betrieb der Regierung,[712] den Betrieb öffentlicher Dienste[713] und die nationale Sicherheit[714] betreffen. Ihr Schutz ist nicht absolut, zumal das Gericht die Einsicht in derartige Dokumente erlauben kann.[715] Die zweite Gruppe bilden Dokumente, die sich auf den Polizeidienst beziehen, genauer gesagt Dokumente, die während einer Polizeiuntersuchung angefertigt werden,[716] Polizeiberichte[717] und Dokumente, die die Identität von Polizeispitzeln verraten.[718]

---

709 CPR r. 31. 19 (3).

710 CPR r. 31. 19 (2).

711 *Hennessy v Wright*, (1888) 21 QBD 509; *Chatterton v Secretary of State for India in Council*, [1895] 2 QB 189, CA.

712 *Duncan v Cammell Laird & Co Ltd*, [1942] AC 624; *Conway v Rimmer*, [1968] AC 910 (993); *Asiatic Petroleum Co Ltd v Anglo-Persian Oil Co Ltd*, [1916] 1 KB 822, CA.

713 *Lonrho pcl v Fayed (No 4)*, [1994] 1 All ER 870, CA und *Alfred Cromption Amusement Machines Ltd v Customs and Excise Comrs (No 2)*, [1974] AC 405, HL beide in Bezug auf den Betrieb des Finanzamtes.

714 *Balfour v Foreign and Commonwealth Office*, [1994] 2 All ER 588, CA.

715 *Air Canada v Secretary of State for Trade (No2)*, [1983] 2 AC 394 (395).

716 *Neilson v Laugharne*, [1981] QB 736; *R. v Chief Constable of West Midlands Police Ex p Wiley*, [1995] 1 AC 274; *Taylor v Anderson and the Police Complaints Authority*, [1995] 1 WLR 447.

717 *O'Sullivan v Commissioner of Police of the Metropolis*, The Times, July 3, 1995.

718 *Chief Constable of Greater Manchester Police v McNally*, [2002] EWCA Civ 14.

b. „Private privileges"

aa. Vorschriften der CPR r. 31. 19

In der CPR r. 31. 19 wird zwischen der Immunität aufgrund von öffentlichen Interessen und anderen Gründen getrennt. Die anderen Gründe bilden die sogenannten privaten Privilegien.

Die CPR r. 31. 19 (3) unterscheidet zwischen den Begriffen „duty" und „right". Ein Privileg kann entweder eine Pflicht oder ein Recht sein.[719] Gemäß dieser Regel kann eine Person, und zwar ohne sich im Prozess zu beteiligen, behaupten, dass ihr das Recht zusteht, die Einsicht in ein Dokument zu verweigern, sie kann aber nicht die Bekanntmachung der Existenz eines Dokuments verhindern. Der Hinweis auf das Privileg muss in der „list of documents" stehen.[720] Diese Trennung zwischen Einsicht und Offenlegung ergibt sich aus der CPR r. 31. 19 (6), wo zwischen der „application to withhold disclosure" gemäß der CPR r. 31. 19 (1) und dem „claim to withhold inspection" gemäß der CPR r. 31. 19 (3) unterschieden wird. Gemäß der CPR r. 31. 19 (5) hat jede Partei das Recht, einen Antrag zu stellen, damit das Gericht herausfinden kann, ob die Behauptung, dass jemandem ein Privileg zusteht, begründet ist.

bb. Privileg gegen die Selbstbezichtigung

Das Privileg gegen die Selbstbezichtigung einer Person aufgrund des Prinzips „nemo tenetur seipsum prodere"[721] hat seine Grundlage im „Case Law", ist aber auch im Civil Evidence Act 1968 c. 64 s. 14 verankert.[722] Demgemäß erfasst das Privileg sowohl die Offenlegung von Dokumenten[723] als auch die Vorlage von Objekten, während das „Case Law" dieses Privileg auch auf den Zeugenbeweis erweitert.[724] Für die Einschätzung der Höhe des Risikos einer Strafverfolgung haben die Gerichte im Laufe der Zeit verschiedene Formulierungen

---

719 *Sime/French*, Blackstone, Rn. 50.50; Phipson/*Hollander*, Rn. 23-01, bezeichnet es als ein Recht.

720 *Thomson/Mambro*, BCCP, Issue No. 131 S. D-7.

721 *Rio Tinto Zinc Corp v Westinghouse Electric Corp (Nos.1 and 2)*, [1978] AC 547 (573 f.).

722 Vgl. Civil Evidence Act 1968 c. 64 s. 14 (1), im Anhang. In *AT & T Istel v Tully*, [1993] AC 45 (53), *Lord Templeman* erwägend gegen die Anwendung des Privilegs gegen die Selbstbezichtigung im Zivilprozess.

723 *Re Arrows (No 4), Hamilton v Naviede*, [1995] 2 AC 75 (95).

724 *R v Boyes*, (1861) 1 B&S 311 (329 f.).

zum Ausdruck gebracht: „berechtigte Erwartung“[725] oder „Tendenz“ [726] zur Strafverfolgung; „wahres und abschätzbares Risiko“;[727] das Risiko müsse die sich auf das Privileg berufende Partei direkt gefährden.[728] Das Gericht ist allerdings keinesfalls an die Behauptungen der sich auf das Privileg berufenden Person gebunden.[729]

cc. Anwaltliches Berufsgeheimnis

Das anwaltliche Berufsgeheimnis wird sowohl im „Statutory Law“ als auch im „Case Law“ festgelegt. Der Police and Criminal Evidence Act 1984 c. 60 beinhaltet Vorschriften, aus denen sich der Inhalt des Privilegs ergibt.[730]

In Bezug auf die erste Form („legal advice privilege“) erfasst der Legal Services Act 2007 c. 29 s. 190 eine Auflistung von Berufstätigen, die das Privileg haben.[731] In der Rechtsprechung wird erklärt, dass das Privileg nur die Rechtsanwaltschaft deckt.[732] Rechtsinhaber und Berechtigter für den Verzicht auf das Privileg ist deren Klient.[733] Eine Abwägung zwischen dem anwaltlichen Berufsgeheimnis und den öffentlichen Interessen ist ausgeschlossen. Es kann nicht angesichts eines höherrangigen öffentlichen Interesses aufgehoben werden.[734]

---

725 *Rio Tinto Zinc Corp v Westinghouse Electric Corp (Nos.1 and 2),* [1978] AC 547 (574); *R v Boyes,* (1861) 1 B&S 311 (330).

726 *Blunt v Park Lane Hotel Ltd,* [1942] 2 KB 253 (257).

727 *Rank Film Distributors Ltd v Video Information Centre,* [1982] AC 380 (412); *Phillips v News Group Newspapers Ltd,* [2010] EWHC 2952 (Ch), Rn. 37; auch *Moore-Birk,* CCP, S. 879.

728 *Tate Access Floors Inc. and Another v Boswell and Others,* [1991] Ch 512 (513).

729 *Triplex Safety Glass Company, Ltd v Lancegaye Safety Glass (1934), Ltd,* [1939] 2 KB 395 (403); *JSC BTA Bank v Mukhtar Ablyazov, Ilyas Khrapunov,* [2016] EWHC 289 (Comm), Rn. 14 ff.

730 Vgl. Police and Criminal Evidence Act 1984 s. 10 (1) subsections (a) und (b), im Anhang.

731 Vgl. Legal Services Act 2007 s. 190 – „Legal professional privilege“, in der Fassung vom 01.10.2010.

732 *Regina (Prudential plc and another) v Special Commissioner of Income Tax and another,* [2013] 2 AC 185 (198); *Greenough v Gaskell,* (1833) 1 My&K 98 (103).

733 *Three Rivers DC v Bank of England,* [2005] 1 AC 610 (646); auch *West London Pipeline and Storage Ltd v Total UK Ltd,* [2008] EWHC 1729 (Comm), Rn. 54.

734 *Three Rivers DC v Bank of England,* [2005] 1 AC 610 (646); auch *West London Pipeline and Storage Ltd v Total UK Ltd,* [2008] EWHC 1729 (Comm), Rn. 54; Phipson/*Hollander*, Rn. 23-15, das Privileg könne durch „Statutory Law“ eingeschränkt werden.

Ferner ergibt sich aus der Rechtsprechung, dass ein Gericht aus dem Berufen einer Prozesspartei auf ihr Privileg keine negativen Schlüsse aufgrund des *Armory v Delamirie*-Prinzips ziehen dürfe.[735] Das würde der Natur des Privilegs als ein Grundrecht widersprechen.[736]

In Bezug auf die Rechtsgrundlage des anwaltlichen Berufsgeheimnisses werden verschiedene Meinungen vertreten. Einer Auffassung nach ist das Bedürfnis nach Vertraulichkeit der Kommunikation zwischen dem Anwalt und seinem Klienten eine Voraussetzung für die erfolgreiche Durchsetzung der Rechte von Letzterem und auch seiner Abwehr gegenüber illegalen Ansprüchen.[737] Im Hinblick auf die Herstellung von Gerechtigkeit diene das Berufsgeheimnis dem öffentlichen Interesse eines Zugangs zum rechtlichen Beistand.[738] Einer zweiten Auffassung nach ergibt sich das Privileg aus dem Rechtsstaatsprinzip.[739] Außerdem hat der Supreme Court den Human Rights Act 1998 c. 42 als eine Grundlage anerkannt, die den Artikel 8 der Europäischen Menschenrechtskonvention in die englische Rechtsordnung eingliedert und die das Privatleben jedes Menschen als ein grundsätzliches Menschenrecht festlegt, das im Prozess i. V. m. Artikel 6 der EMRK anwendbar ist.[740]

---

735 *Wentworth v Lloyd*, 11 ER 1154 (1155) „I confess that I am unable to conceive the analogy between a client closing the mouth of his solicitor upon a question as to professional communications, and the conduct of the jeweller in *Armory* v. *Delamirie*, who, upon a mounted jewel which had been found being brought to him, took out the stones and returned the empty socket to the finder, and not producing the jewel at the trial of the action brought to recover its value, was made to pay in damages the value of a jewel of the finest water, which would fit the socket, upon the rule *omnia praesumuntur contra spoliatorem.* But a person who refuses to allow his solicitor to violate the confidence of the professional relation cannot be regarded in that odious light. The law has so great a regard to the preservation of the secrecy of this relation, that even the party himself cannot be compelled to disclose his own statements made to his solicitor with reference to professional business." (Hervorhebung im Original, E.Z.) – Vgl. *Michael Patrick Sayers v Clarke Walker (A Firm),* [2002] EWCA CIV 910, Rn. 16; *Oxford Gene Technology Ltd v Affymetrix Inc. (No. 2),* [2001] RPC 18 (327).

736 Phipson/*Hollander*, Rn. 23-22.

737 *Anderson v Bank of British Columbia,* (1876) 2 ChD 644 (649); auch Phipson/*Hollander*, Rn. 23-02; vgl. *McE v Prison Service of Northern Ireland*, [2009] 1 AC 908 (917), das Privileg schütze die Partei vor der mutmaßlichen Präjudizierung.

738 *Three Rivers DC v Bank of England,* [2005] 1 AC 610 (614); *Moore-Birk*, CCP, S. 867.

739 *Three Rivers DC v Bank of England,* [2005] 1 AC 610 (649 f.).

740 *Regina (Prudential plc and another) v Special Commissioner of Income Tax and another,* [2013] 2 AC 185 (191); auch *Moore-Birk*, CCP, S. 867; vgl. *Hollander*, Evidence, Rn. 12-03.

Im Hinblick auf seine rechtliche Natur wird das anwaltliche Berufsgeheimnis grundsätzlich als materielles Recht verstanden[741] und erfasst jede Rechtsberatung im „relevant legal context".[742]

Die zweite Erscheinungsform des anwaltlichen Berufsgeheimnisses ist die Privilegierung der Kommunikation zwischen einem Rechtsanwalt bzw. seinem Klienten und jemandem Dritten („litigation privilege").[743] Die Begründung hierfür ist, dass eine Partei sicher sein müsse, dass ihre Informationen und Dokumente vertraulich bleiben, auch wenn jemand Drittes Kenntnis über diese vertraulichen Informationen erlange.[744] Alternativ wird auch die Meinung vertreten, dass das Privileg auf dem Verhandlungsgrundsatz fuße, der die Parteien verpflichte, im Prozess durch Rechtsanwälte vertreten zu werden, die ihr „Alter Ego" sind.[745] Voraussetzung dieser Form ist die Anhängigkeit oder die vernünftige Aussicht („prospect") eines Prozesses.[746]

Das „litigation privilege" umfasst dennoch nicht die gesamte Kommunikation. Im Fall *Waugh Appellant v British Railways Board Respondents* hat das House of Lords die Voraussetzungen bestimmt, unter denen die Kommunikation einer Partei mit jemandem Dritten vertraulich bleiben. Dazu ist der Zweck der Kommunikation zu berücksichtigen. Sie müssen unbedingt in Bezug auf

---

741 Phipson/*Hollander*, Rn. 23-03; *Hollander*, Evidence, Rn. 12-03; für die doppelte Natur, *Three Rivers DC v Bank of England*, [2005] 1 AC 610 (646); *McE v Prison Service of Northern Ireland*, [2009] 1 AC 908 (916).

742 *Balabel v Air India*, [1988] Ch 317 (330); in Bezug auf den Umfang des „legal advice privilege" vgl. insbesondere *Three Rivers DC v Bank of England*, [2005] 1 AC 610 (651 ff.).

743 Wegweisend ist der Fall *Waugh Appellant v British Railways Board Respondents*, [1980] AC 521; vgl. *Rawlinson and Hunter Trustees SA, Ors v Akers & Anr*, [2014] EWCA Civ 136; *Westminster International BV & Ors v Dornoch Ltd & Ors*, [2009] EWCA Civ 1323; *United States v Philip Morris Inc (No.1)*, [2004] EWCA Civ 330.

744 *Regina (Morgan Grenfell & Co Ltd) v Special Commissioner of Income Tax and Another*, [2003] 1 AC 563 (611), das Gericht unterscheidet nicht zwischen dem „legal advice privilege" und dem „litigation privilege", und zwar deshalb nicht, da sie beide auf demselben Grundgedanken fußen; so auch *Ventouris v Mountain*, [1991] 1 WLR 607 (611).

745 *Lord Simon of Glaisdale* in *Waugh Appellant v British Railways Board Respondents*, [1980] AC 521 (536).

746 *Rawlinson and Hunter Trustees SA, Ors v Akers & Anr*, [2014] EWCA Civ 136, Rn. 13; *Westminster International BV & Ors v Dornoch Ltd & Ors*, [2009] EWCA Civ 1323, Rn. 19; *United States v Philip Morris Inc (No.1)*, [2004] EWCA Civ 330, Rn. 68; Phipson/*Hollander*, Rn. 23-18.

einen voraussehbaren oder anhängigen Prozess unternommen werden. Es reicht nicht, dass die Vorbereitung eines Prozesses einen zweitrangigen Zweck verfolgt. Sie muss entweder ihr einziger oder ihr Hauptzweck sein.[747]

dd. „Without-prejudice negotiations"

Als „without-prejudice negotiations" werden Verhandlungen zwischen Parteien bezeichnet, die den Abschluss eines Prozessvergleichs bezwecken. Der diesem Privileg zugrunde liegende Zweck ist es, die Parteien, soweit dies möglich ist, zu ermutigen, Streitigkeiten ohne Anrufung eines Gerichtes beizulegen und sie vom Risiko einer Offenlegung ihrer vertraulichen Verhandlungen in einem mutmaßlichen Prozess zu schützen, in dem ihnen diese entgegengehalten würden.[748] Die Vertraulichkeit der Kommunikation ist demnach eine unverzichtbare Bedingung für den Erfolg der Verhandlungen, sie reicht jedoch nicht für ihre Privilegierung. Dafür ist ihr Zweck maßgebend: Wenn die Verhandlungen „bona fide" geführt werden, das heißt mit der Absicht, einen Vergleich zu schließen, werden sie privilegiert.[749] Das Gericht entscheidet unter Berücksichtigung aller Umstände.[750] Die Titulierung eines Anschreibens als „without-prejudice" kann zwar als ein Indiz herangezogen werden,[751] bewirkt aber nicht unbedingt

---

747 *Waugh Appellant v British Railways Board Respondents,* [1980] AC 521 (533, 537, 545); *Director of the Serious Fraud Office v Eurasian Natural Resources Corp Ltd,* [2018] EWCA Civ 2006, Rn. 103 f. ; *Rawlinson and Hunter Trustees SA, Ors v Akers & Anr,* [2014] EWCA Civ 136, Rn. 13 und 23; Phipson/*Hollander*, Rn. 23-18.

748 *Cutts v Head,* [1984] Ch 290 (306); *Rush and Tompkins Ltd v Greater London Council,* [1989] AC 1280 (1299); *Schering Corporation v Cipla Ltd,* [2004] EWHC 2587 (Ch), Rn. 12.

749 Im 00. Teil der CPR – „GLOSSARY" bei „without prejudice", in dem klargestellt wird, dass die Parteien „with a view to a settlement" Verhandlungen führen; *Schering Corporation v Cipla Ltd,* [2004] EWHC 2587 (Ch), Rn. 15.

750 *Schering Corporation v Cipla Ltd,* [2004] EWHC 2587 (Ch), Rn. 13; *Moore-Birk*, CCP, S. 861, die „without prejudice"-Dokumente fallen im Prinzip in den Anwendungsbereich der Offenlegungspflicht, außer wenn ein anderes rechtliches Prinzip zur Anwendung kommt.

751 *Schering Corporation v Cipla Ltd,* [2004] EWHC 2587 (Ch), Rn. 14; *Prudential Assurance Co Ltd v Prudential Insurance Co of America,* [2003] EWCA Civ 1154, Rn. 26, das Fehlen einer sinngemäßen Titulierung kann gegen die Führung von vertraulichen Verhandlungen sprechen.

die Privilegierung des Schriftverkehrs.[752] Sie ist weder erforderlich noch ausreichende Bedingung für ihre Privilegierung.[753]

c. *Vertrauliche Informationen*

Im Prozess werden nicht nur gesetzliche Privilegien berücksichtigt. Die Gerichte nehmen auch Rücksicht auf Geschäftsgeheimnisse und vertrauliche Informationen der Parteien. Allerdings werden die zwei Begriffe weder in den CPR noch im „Case Law" gleichgestellt. Im Gegensatz zum Schutz von Privilegien gilt für andere Kategorien von Informationen keine absolute Regel, und deshalb müssen die Gerichte ein Gleichgewicht zwischen den konkurrierenden Belangen der beiden Seiten angesichts der Besonderheiten des Einzelfalles schaffen. Die Qualifizierung von Dokumenten als vertraulich fußt entweder auf einer Rechtsbeziehung[754] oder aus dem Interesse einer Partei auf ihre Geheimhaltung.[755]

Zwischen den privilegierten und den vertraulichen Informationen gibt es drei Unterschiede: Die Privilegierung von Informationen setzt deren Vertraulichkeit voraus, basiert jedoch auf der Notwendigkeit eines absoluten Schutzes vor ihrer potenziellen Veröffentlichung. Demgegenüber hat der Schutz vertraulicher Informationen keine andere Voraussetzung, das heißt, dass es reicht, wenn eine Person gegenüber der Partei verpflichtet ist, den Inhalt ihrer Kommunikation vertraulich zu behandeln, oder dass die Veröffentlichung der Informationen ihren Geschäftsbetrieb beeinträchtigen könnte. Der zweite Unterschied ist, dass die Einsicht in privilegierte Dokumente völlig ausgeschlossen wird. Im Gegensatz dazu sind Offenlegung und Einsicht in Dokumente zwingend, auch wenn diese vertrauliche Informationen enthalten.[756] Der dritte Unterschied bezieht sich auf die Weise, auf die Privilegien und Informationen im Prozess geschützt werden. Auf privilegierte Dokumente hat der Prozessgegner kein Recht und das Gericht keine Befugnis. Der Zugang zu ihrem Inhalt hängt vom Verzicht der berechtigten Person auf ihr Privileg ab. Dies ist aber die Ausnahme.

---

752 *South Shropshire District Council v Amos,* [1986] 1 WLR 1271 (1277); *Buckinghamshire Country Council v Moran,* [1990] Ch 623 (624).

753 *Bath and North East Somerset District Council v Nicholson,* [2002] 2 WLUK 586.

754 *Porton Capital Technology Funds (A Body Corporate) v 3M UK Holdings Ltd,* [2010] EWHC 114; *Glenn v Watson,* [2016] EWHC 3259 (Ch).

755 Zu dieser Kategorie gehören grundsätzlich die Geschäftsgeheimnisse, vgl. *Roussel Uclaf v ICI (No.2),* [1989] 11 WLUK 64; *Magnesium Elektron Ltd v Neo Chemicals and Oxides (Europe) Ltd,* [2017] EWHC 2957 (Pat).

756 *Porton Capital Technology Funds (A Body Corporate) v 3M UK Holdings Ltd,* [2010] EWHC 114, Rn. 20.

Die „disclosure of documents" bedeutet im Prinzip ein Einsichtsrecht des Gegners. Das Gericht muss die Belange austarieren, das bedeutet der berechtigten Person Schutz gewährleisten und den „natürlichen Wunsch" des Antragstellers, Zugang zu Beweismitteln zu haben, erfüllen.[757] Der entscheidende Faktor ist die Beibehaltung der Fairness beim Prozess.[758] Der Schutz von vertraulichen Informationen ist in dieser Hinsicht keinesfalls absolut; das Gericht muss ein Gleichgewicht durch praktische Lösungen schaffen: Es kann die Einsicht ausschließen, wenn die relevanten Beweismittel von minderem Beweiswert sind,[759] Maßnahmen treffen[760] oder ein „in camera"-Verfahren einführen.[761] Alternativ ist es möglich, „confidentiality clubs" aufzustellen.[762] Dazu gehören in der Regel die Rechtsanwälte der Parteien, während Dritte, einschließlich der Parteien selbst, exkludiert werden können.[763] Der Grund ihrer Exklusion ist das Risiko einer Benutzung der relevanten Informationen vonseiten der Partei, der das Einsichtsrecht zusteht, zu anderen Zwecken als dem des Prozesses.[764] Teile eines Dokuments könnten vertuscht werden und die Verhandlung könnte nicht öffentlich stattfinden („in camera"-Verfahren).[765] Entscheidend ist allerdings die Erheblichkeit des relevanten Dokuments.[766]

---

757 *Roussel Uclaf v ICI (No.2),* [1989] 11 WLUK 64.

758 *Science Research Council v Nassé,* [1980] AC 1028 (1039).

759 *Science Research Council v Nassé,* [1980] AC 1028 (1040).

760 *Science Research Council v Nassé,* [1980] AC 1028 (1052), zum Beispiel „sealing up".

761 *Science Research Council v Nassé,* [1980] AC 1028(1040).

762 *Church of Scientology of California v Department of Health and Social Security,* [1979] 1 WLR 723.

763 *Infederation Limited v Google LLC, Google Ireland Limited, Google UK Limited,* [2020] EWHC 657 (Ch); *Omnipharm Ltd v Merial,* [2011] EWHC 3064 (Pat); *TQ Delta LLC v ZyXEL Communications UK Ltd,* [2019] EWHC 1597 (Pat); *Evalve Inc v Edwards Lifesciences Ltd,* [2019] EWHC 955 (Pat); *Garbett/Preston-Jones,* NLJ 2016, S. 11.

764 *Libyan Investment Authority v Societe Generale SA,* [2015] EWHC 550 (QB), Rn. 20 ff. ; *Garbett/Preston-Jones,* NLJ 2016, S. 11.

765 *Science Research Council v Nassé,* [1980] AC 1028 (1066).

766 *Science Research Council v Nassé,* [1980] AC 1028 (1066): „The ultimate test in discrimination (as in other) proceedings is whether discovery is necessary for disposing fairly of the proceedings. If it is, then discovery must be ordered notwithstanding confidentiality. But where the court is impressed with the need to preserve confidentiality in a particular case, it will consider carefully whether the necessary information has been or can be obtained by other means, not involving a breach of confidence." – *Mears Ltd v Leeds City Council,* [2011] EWHC 40 (QB), Rn. 49 f. ; *Croft House Care Limited, Orchard Home Care Limited, Kelly Park Caring Agency v Durham County Council,* [2010] EWHC 909 (TCC), Rn. 38.

II. Mitwirkungspflichten in „real evidence“

1. Begriffsbestimmung von „real evidence“

Als reale Beweismittel sind die Beweismittel zu bezeichnen, die nicht unbedingt Erklärungen beinhalten, sondern mit der äußeren Welt zu tun haben. Dasselbe Objekt kann unter Umständen zu zwei Gruppen gehören: Im Hinblick auf seinen Inhalt ist das Objekt als Dokument zu sehen, sofern darauf Erklärungen zu finden sind.[767] Es ist aber gleichzeitig als ein bloßer Gegenstand zu sehen, und zwar im Hinblick darauf, dass seine Eigenschaften wahrgenommen werden können. Wenn etwas lediglich durch Sinnesorgane wahrnehmbar ist, wird es als „real evidence“ eingeordnet und seine Würdigung erfolgt durch gerichtlichen Augenschein. Im Gegensatz zum Begriff des Dokuments schreibt das Gesetz keine Begriffsbestimmung der „real evidence“ vor.

Körperliche Objekte stellen die größte Kategorie realer Beweismittel dar. Dazu gehören alle körperlichen Objekte, die der Tatrichter durch Augenschein ermittelt, um Schlüsse in Bezug auf ihre Existenz, ihren Zustand und ihren Wert zu ziehen.[768] Wenn reale Beweismittel auch „documentary evidence“ darstellen, sind die Vorschriften des 31. Teils anwendbar. Besondere Vorschriften in Bezug auf die Zulässigkeit von Plänen, Fotografien und Skizzen beinhaltet die CPR r. 33. 6. Ein reales Beweismittel kann auch das Verhalten eines Zeugen bei seiner Vernehmung vor dem Gericht sein.[769] Schlüsse kann das Gericht des Weiteren sowohl aus dem Aussehen von Personen und Tieren ziehen[770] als auch aus anderen Kennzeichenn, die ihnen zuordenbar sind.[771]

Der „view“ („demonstration“) ist eine alternative Form des Augenscheins. Der Unterschied zwischen dem normalen Augenschein und dem „view“ liegt darin, dass der „view“ außerhalb des Gerichtsgebäudes erfolgt.[772] Er stellt ein Beweismittel dar.[773] Das Gericht kann einen „view“ sowohl für ein körperliches Objekt, dessen Vorlage unmöglich ist, anordnen[774] als auch für die Nachstellung eines

---

767 *Keane/McKeown,* Evidence, S. 298; *Iller*, Evidence, Rn. 5-57; *Carter*, Evidence, S. 553.

768 *Keane/McKeown,* Evidence, S. 13; *Sime/French*, Blackstone, Rn. 49.90.

769 *Keane/McKeown,* Evidence, S. 297; *Sime/French*, Blackstone, Rn. 49.91.

770 *Keane/McKeown,* Evidence, S. 297; *Sime/French*, Blackstone, Rn. 49.91.

771 *Keane/McKeown,* Evidence, S. 297, zum Beispiel ob eine Person Linkshänder ist oder ob sie einen Akzent hat.

772 *Sime/French*, Blackstone, Rn. 49.93.

773 *Auburn/Day*, Rn. 11-14.

774 *London General Omnibus Co. Ltd v Lavell,* [1901] 1 Ch 135, Gegenstand war ein Omnibus.

Geschehens.[775] Beim „view“ können sowohl der Richter als auch die Parteien und ihre Anwälte zugegen sein.[776]

2. *Befugnisse des Gerichts gemäß der CPR r. 25. 1*

Dem englischen Gericht wird gemäß der CPR r. 3. 1 – „The court’s general powers of management“ (2) (m) die Befugnis eingeräumt,

> „[to] take any other step or make any other order for the purpose of managing the case and furthering the overriding objective, including hearing an Early Neutral Evaluation with the aim of helping the parties settle the case“.[777]

Solche Beschlüsse kann das Gericht aus eigener Initiative[778] oder auf Parteiantrag[779] erteilen. Dennoch machen sowohl der Verhandlungsgrundsatz als auch die Härte eines Eingriffs in die Sphäre einer Prozesspartei einen Antrag praktisch erforderlich. Mit diesem Paragrafen wird dem Gericht die Befugnis anheimgestellt, eine Anordnung zur Förderung des Prozesszwecks zu treffen. Diese allgemeine Klausel wird einerseits mit der allgemeinen Mitwirkungspflicht der Parteien gegenüber dem Gericht nach der CPR r. 1. 3, zur Verwirklichung des Prozesszwecks beizutragen, und andererseits mit detaillierten Vorschriften im Beweisrecht zur Offenlegung und Vorlage von Dokumenten und Objekten ergänzt. Neben den detaillierten Vorschriften zur „disclosure“ werden zusätzliche Vorschriften hinzugefügt, die die allgemeine Befugnis des Gerichts aus der CPR r. 3. 1. präzisieren. Demzufolge ist genau zu ersehen , dass die CPR r. 25. 1. (1) einfach eine exemplarische Liste von Rechtsbehelfen zur Förderung des Prozesses beinhaltet. Systematisch ergibt sich die Prozessleitung des Gerichts aufgrund des Erlasses von Anordnungen aus der CPR r. 1. 4. (g). Dass diese Liste exemplarisch ist, folgt eindeutig aus der CPR r. 25. 1. (3).[780] Das bedeutet, dass die in den CPR rr. 25. 1. (1) (c), (d) und (h) detailliert ausformulierten Befugnisse die allgemeine Befugnis des Gerichts gemäß der CPR r. 3. 1 nicht einschränken. CPR r. 3. 1dient dem Zweck des Ausgleichs der prozessualen Waffen der Parteien

---

775 *Sime/French*, Blackstone, Rn. 49.93; *Keane/McKeown*, Evidence, S. 300; *Buckingham v Daily News Ltd*, [1956] 2 QB 534.

776 Phipson/*Auburn/Day*, Rn. 11-14.

777 In der Fassung vom 01.10.2015.

778 Vgl. CPR r. 3. 3 – „Court’s power to make order of its own initiative“, im Anhang. *Zuckerman*, CPR, Rn. 8.22; *Sime*, Procedure, S. 78.

779 Der 23. Teil der CPR beschreibt die allgemeine Regel für die Erteilung von gerichtlichen Anordnungen.

780 Vgl. CPR r. 25. 1. (3), im Anhang.

und steht im Einklang mit dem im englischen Prozess herrschenden „cards on the table"-Prinzip. Nach der hier vertretene Meinung finden diese Prinzipien im Rahmen von „real evidence" Anwendung in dem Sinne, dass die antragstellende Partei sich weder auf ein materielles Recht auf Vorlage des Gegenstandes vonseiten ihres Gegners noch auf das vorherige Berufen des Gegners auf das Objekt beziehen darf, auch wenn, wie erwähnt, ein Antrag praktisch notwendig ist.

3. *„Protective orders" gemäß der CPR r. 23.*

In Hinsicht auf den Zweck der vorgesehenen Anordnungen lassen sich die Rechtsbehelfe auf zwei Kategorien aufschlüsseln: einerseits auf die Schutzanordnungen („protective orders"), deren Zweck die Sicherstellung von bestehenden, möglicherweise im Prozess beteiligten Rechte ist, und andererseits auf die Verfahrensanordnungen („process orders"), die entweder den Zugang zu Informationen oder die Steuerung des Prozesses erleichtern.[781] Die Gerichte kombinieren in der Praxis Anordnungen beider Kategorien, immer je nach den Anforderungen des Einzelfalles.

Die in der CPR r. 25. 1. (1) vorgeschriebenen Anordnungen, die sich auf die Beweissicherung beziehen, sind Verfahrensanordnungen.[782] Diese Vorschriften räumen dem Richter extensive Möglichkeiten ein, die Beweisführung einer Partei zu erleichtern. Demgemäß kann ihr Gegner verpflichtet werden, Gegenstände aufzubewahren oder Einsicht in Gegenstände zu erlauben, immer im Einklang mit den jeweils bestehenden besonders aufgestellten Bedingungen des Gerichts. Diese Paragrafen dienen einem doppelten Zweck: Sie stellen sicher, dass zum einen relevante Beweise im Prozess verbleiben und dass zum anderen die Parteien die Chance haben, unverzüglich einen Sachverständigenbeweis herzustellen.[783] Ein Antrag auf Aufbewahrung oder Einsicht in Eigentum kann auch vor Prozessbeginn gestellt werden.[784] Sofern nicht eine Prozesspartei, sondern jemand Dritter im Besitz eines Gegenstandes ist, erfolgt der Beschluss auf Einsicht oder Aufbewahrung aufgrund des CPR r. 25. 1. (1) (j).

Eine besondere Kategorie von Anordnungen stellt die in der CPR r. 25. 1. (1) (h) vorgesehene Durchsuchungsanordnung, in Lehre und Rechtsprechung üblicherweise als „Anton Piller order" erwähnt. Diese Anordnung stellt eine der

781 *Zuckerman*, CPR, Rn. 10.3.

782 Vgl. CPR r. 25. 1. (1) und Civil Procedure Act 1997 c. 12 - Power of courts to make orders for preserving evidence, etc., s. 7, im Anhang.

783 *Sime/French*, Blackstone, Rn. 41.1.

784 CPR r. 25. 1 (1) (i).

wichtigsten Waffen der Partei im englischen Prozess dar. Sie unterliegt besonderen Voraussetzungen und hat ihren Ursprung im „Case Law". Genauer gesagt wurde sie im Fall *Anton Piller KG v Manufacturing Processes Ltd*[785] begründet, in dem das Gericht eine tiefgreifende „search order" erteilte, die seit diesem Fall in Lehre und Rechtsprechung als „Anton Piller Order" bezeichnet wird. Der Sachverhalt dieses Falles war wie folgt: Die klagende Firma stellte Frequenzumrichter in Deutschland her. Die Beklagte war seit 1972 Agent des Klägers in Großbritannien. Aufgrund der Zusammenarbeit hatte der Kläger der beklagten Firma vertrauliche Informationen über seine Maschinen und Zeichnungen anvertraut, die seinem Urheberrecht unterlagen. Zu einem gewissen Zeitpunkt erfuhr der Kläger, dass die Beklagte sich in geheimer Kommunikation mit anderen Unternehmen befand. Gegenstand dieser Kommunikation waren sowohl vertrauliche Zeichnungen und Materialien der klagenden Firma als auch andere Informationen. Deshalb beantragte der Kläger, dass das Gericht durch einstweilige Verfügung die weitere Preisgabe von vertraulichen Informationen verbiete und ihm Zugang zum Gelände des Vertragspartners erlaube, um in relevante Urkunden Einsicht zu nehmen und sie zu entfernen. Das Gericht berücksichtigte die Einzigartigkeit des Antrags. Die Besonderheiten der „search order" wurden in der Entscheidung besonders erklärt. Eine derartige Anordnung des Gerichts stellt keine „search warrant" dar; zudem hat der Kläger, selbst wenn das Gericht die Anordnung erteilt, keinesfalls die Befugnis, durch Anwendung von Gewalt das Gelände des Beklagten zu betreten.[786] Es geht um eine gerichtliche Anordnung, die der angegriffenen Partei die Ermessensfreiheit anheimstellt, ihre Mitwirkung abzulehnen, auch wenn ihre Ablehnung wegen „contempt of court" negative prozessuale Auswirkungen haben kann.[787] Damit wird lediglich Druck auf die Partei ausgeübt. Zudem muss das Verfahren für die Erteilung der Anordnung ex parte, das heißt in Abwesenheit des Vertragspartners, geführt werden.[788] Somit wird der Überraschungsfaktor des Beschlusses sichergestellt. Vor der Gefahr einer „spoliation of evidence" und unter der Bedingung, dass die Beklagte aus der Einsicht keinen wesentlichen Schaden erleiden würde, wurde der Beschluss erteilt.[789] *Ormrod L. J.* bestätigte die Erklärungen von *Lord Denning M. R.* und fügte hinzu, dass zusätzlich noch drei Voraussetzungen vorliegen

---

785 *Anton Piller KG v Manufacturing Processes Ltd. and Others*, [1976] Ch 55.
786 *Anton Piller KG v Manufacturing Processes Ltd. and Others*, [1976] Ch 55 (60).
787 *Anton Piller KG v Manufacturing Processes Ltd. and Others*, [1976] Ch 55 (61).
788 *Anton Piller KG v Manufacturing Processes Ltd. and Others*, [1976] Ch 55 (61).
789 *Anton Piller KG v Manufacturing Processes Ltd. and Others*, [1976] Ch 55 (61).

müssen: Einerseits müssen die Behauptungen des Antragstellers prima facie außerordentlich stark und sein eigentlicher oder lediglich möglicher Schaden gravierend sein.[790] Darüber hinaus muss sich aus eindeutigen Beweisen mit Klarheit ergeben, dass der Beklagte im Besitz von belastenden Gegenständen oder Dokumenten ist und dass eine „real possibility" besteht, dass der Gegner den Beweisstoff vernichten würde, wenn ihm bewusst wäre, dass ein Prozess gegen ihn ansteht.[791] Am Ende gab das Gericht dem Antrag statt, indem es die Nachforschung nach Dokumenten erlaubte. Das entspricht der modernen „search order". Die vorgestellten Anforderungen an eine „search order" werden in der heutigen Rechtsprechung bestätigt.[792] Die Möglichkeit einer Partei, außerhalb des Prozesses den Erlass einer Anordnung zu erwirken, wird in den CPR rr. 25. 2. 1 (a) i. V. m. 25. 5. vorgeschrieben.

Auch wenn im deutschen Recht eine so umfangreiche „search order" nicht vorgesehen ist, kann diese mit dem Recht aufseiten prospektiver Parteien nach § 485 Abs. 1 Alt. 2. ZPO verglichen werden, einen Antrag auf Einnahme eines Augenscheins, auf Vernehmung von Zeugen oder auf Begutachtung durch einen Sachverständigen an das Gerich zu stellen, soweit die Sorge besteht, dass ein Beweismittel verloren geht oder seine Benutzung erschwert wird. Zweck des § 485 Abs. 1 ZPO ist die Erleichterung einer späteren Sachverhaltsermittlung durch zügige Beweissicherung.[793]

Diese Möglichkeit ist in beiden Rechtsordnungen systemkonform, und zwar in Hinsicht des Fehlens einer allgemeinen Pflicht der Parteien, Beweismittel vor dem Prozess aufzubewahren. Es hat sich nämlich gezeigt, dass weder im deutschen noch im englischen Recht eine solche Pflicht vorgesehen wird, deren Verletzung zu einer Beweiserleichterung der beweisbelasteten Partei im künftigen Prozess führt. Die Anordnungen nach § 485 ZPO und CPR r. 25. 1. gewähren ihr dagegen eine feste Grundlage, dem späteren Gegner die Aufgabe aufzubürden, jedes Beschädigen von prospektiven Beweisen zu unterlassen. Auch wenn die beweisbelaste Prozesspartei sich von der Beweislast im späteren Prozess mit dieser Antragstellung keinesfalls automatisch entlastet, hängt es ab dem Zeitpunkt

790 *Anton Piller KG v Manufacturing Processes Ltd. and Others*, [1976] Ch 55 (62).

791 *Anton Piller KG v Manufacturing Processes Ltd. and Others*, [1976] Ch 55 (62); vgl. Practice Direction 25A para. 7. 3. (2).

792 *ArcelorMittal USA LLC v Essar Steel Ltd*, [2019] EWHC 724 (Comm), Rn. 97 f. ; *MX1 Ltd v Farazhad*, [2018] 3 WLUK 744, Rn. 40; *Indicii Salus Ltd v Chandrakeharan*, [2006] EWHC 521 (Ch), Rn. 85.

793 Musielak/Voit/*Huber*, § 485 Rn. 2.

des Erlasses der Anordnung vom Verhalten ihres Prozessgegners ab, inwieweit der beweisbelasteten Partei im zukünftigen Prozess Beweiserleichterungen gewährt werden. Dasselbe gilt im englischen Recht, wo die Verletzung einer gerichtlichen Anordnung zum Zurückweisen von Angriffs- und Verteidigungsmitteln der verletzenden Partei führen kann.

4. *Verfahrensantrag gemäß der CPR r. 23*

Im 23. Teil werden die allgemeinen Vorschriften zur Antragstellung festgelegt. Ein Antrag auf Beweissicherung muss im Einklang mit diesen Rules gestellt werden. Diese Vorschriften zur Vorlage von Objekten und Beweissicherung nach der CPR r. 23 entsprechen den Vorschriften der §§ 371 und 485 ZPO.

Besondere Vorschriften in Bezug auf den Antrag auf Erlass einer Verfahrensanordnung fehlen. In ihrem Antrag hat eine Partei gemäß der CPR r. 23. 6. die Anordnung zu bezeichnen, die sie beantragt, sowie den Grund, weshalb sie sie beantragt.[794] In der CPR r. 25. 1. (1) wird klargestellt, dass die Anordnung nur sachbezogenes („relevant") Eigentum erfassen kann. Daraus ergibt sich, dass die beantragten Beweismittel diese Grenze nicht überschreiten können. Die Partei hat deswegen den Grund zu erklären, aus dem hervorgeht, weshalb die bezeichneten Beweise zur Sachverhaltsaufklärung erheblich sind. In der CPR r. 25. 1. (2) wird diesbezüglich klargestellt, dass zum Begriff des „sachbezogenen Eigentums" Gegenstände gehören, die entweder den Streitgegenstand selbst darstellen oder die sich auf den Streitgegenstand beziehen. Wenn das Bestehen bzw. Nichtbestehen eines Anspruchs durch gewisse Gegenstände bewiesen werden kann, sind sie sachbezogen und eine Prozesspartei kann ihre Aufbewahrung oder einen Augenschein beantragen. Diese Anforderung, nämlich die genaue Bezeichnung der zu beweisenden Tatsachen, gilt auch im deutschen Prozess. Genauer gesagt ergibt sich das Bedürfnis der Substantiierung[795] des Beweisthemas aus dem Gesetzestext, das heißt aus § 144 Abs. 3 i. V. m. §§ 371 Abs. 2, 403, 424 Nr. 2 und 487 Nr. 2 ZPO.

Der Grad der erforderlichen Konkretisierung für die Identifizierung des Gegenstandes ergibt sich allerdings nicht aus dem Text der CPR. Dass die Partei sich in ihrem Antrag auf, so weit möglich, konkrete Gegenstände zu berufen hat, ergibt sich nach der hier vertretenen Ansicht aus zwei allgemeinen Regeln des Prozesses: einerseits aus dem Verhandlungsgrundsatz, der die Parteien sowohl mit der Erbringung von Behauptungen als auch mit der Beschaffung von

794 Vgl. CPR r. 23. 6. – What an application notice must include, im Anhang
795 Vgl. Stein/Jonas/*Althammer*, 23. Aufl., § 144 Rn. 14; Musielak/Voit/*Stadler*, § 144 Rn. 3.

Beweismitteln belastet.[796] Ein pauschales Berufen der antragstellenden Partei auf Objekte im Besitz des Gegners würde dem Gegner die Pflicht auferlegen, alle relevanten Gegenstände verfügbar zu machen. Was aber die „real evidence“ anbelangt, besteht keine Offenlegungspflicht, wie dies in der CPR r. 31. 6 der Fall ist. Andererseits ergibt sich die Anforderung der Konkretisierung darüber hinaus aus der Regel der „relevancy“. Dieser Regel nach müssen alle Beweismittel sachbezogen sein, und zwar in dem Sinne, dass sie sich auf eine Tatsache beziehen, deren Darlegung das Bestehen bzw. das Nichtbestehen des Sachverhalts wahrscheinlicher macht.[797] Es folgt daraus, dass die beantragten Beweismittel ausreichend konkret zu bezeichnen sind, zumal das Gericht die Sachbezogenheit eines Beweismittels zu prüfen hat. In der Praxis bestimmen die antragstellenden Prozessparteien die einschlägigen Beweismittel in ihrem Anordnungsvorwurf.[798] Ein Anordnungsentwurf ist aber nicht immer erforderlich, sondern nur für Anträge, die gewissermaßen komplex sind.[799] Gesetzliche Anforderungen an die Bezeichnung von Beweismitteln sind im Rahmen des deutschen Rechts in den §§ 371 Abs. 2 Satz 2 i. V. m. 424 Nr. 1 und 487 Nr. 3 ZPO vorgesehen. Ein Objekt wird ausreichend genau bezeichnet, wenn seine Identität und sein Bezug auf die beweiserheblichen Tatsachen klargestellt werden.[800]

Eine zweite Anforderung zur Antragstellung ergibt sich aus der Practice Direction 23A para. 9. 1. Die Grundregel besagt, dass die Vorlage von Beweisen zur Unterstützung eines Antrags nicht zwingend ist, außer wenn dies in Sondervorschriften vorgeschrieben wird; dies kann aber praktisch notwendig sein. Sondervorschriften für die Beantragung von „search orders“ sieht die Practice Direction 25 A para. 3. 1 vor, genauer gesagt muss in diesem Fall der Antrag durch „affidavit“ unterstützt werden.

5. Ermessensspielraum des Gerichts

Das englische Gericht ist nicht verpflichtet, eine Anordnung gemäß der CPR r. 25. 1. (1) zu erteilen. Was den Augenschein eines Gegenstandes berechtigt, ist, dass dieser für die Wahrheitsfindung erheblich ist, weil er sich auf den Beweis einer Tatsache eines Sachverhalts bezieht. Dennoch sind im Gegensatz zur Dokumentenoffenlegung die Prozessparteien im Sachverständigen- und

---

796 So *Zuckerman*, CPR, Rn. 11.21.

797 *Zuckerman*, CPR, Rn. 11.80.

798 *Sime/French*, Blackstone, Rn. 41.5.

799 Vgl. Practice Direction 23A para. 12. 1.

800 Musielak/Voit/*Huber*, § 487 Rn. 4, die „Beweistauglichkeit“ des Objektes.

Augenscheinbeweis nicht verpflichtet, alle günstigen und ungünstigen Gegenstände gegen sich selbst aufzulisten. Der Erlass einer Anordnung steht folglich im Ermessen des Gerichts. Klare Kriterien zur Ausübung des Ermessens werden im Gesetz nicht festgelegt.

Zu bestimmen ist zunächst, was durch den Erlass der Anordnung bezweckt wird. Durch die sogenannten „protective orders" werden die Interessen der Parteien geschützt, wenn während eines Prozesses das Risiko eines irreparablen Schadens gegen sie vorliegt.[801] Die beantragende Partei hätte nämlich nicht die Chance, ihre Rechte durchzusetzen, selbst wenn sie den Prozess tatsächlich gewinnen würde. Andererseits bezwecken Verfahrensanordnungen, genauer gesagt die beweisbezogenen „process orders" gemäß der CPR r. 25. 1. (1), die Sicherstellung von Beweismitteln in Anbetracht einer anstehenden Beweisaufnahme und dementsprechend die Sachverhaltsaufklärung.

Was die „protective orders" anbelangt, nimmt das Gericht eine Zweckmäßigkeitsabwägung („balance of convenience") vor.[802] Das setzt voraus, dass ein ernsthafter Fall („serious question") vorliegt.[803] Das Gericht prüft diesbezüglich nicht die Wahrscheinlichkeit, sondern die Plausibilität der einschlägigen Behauptungen.[804] Es prüft dann, ob ein Schadensersatz den Kläger angemessen entschädigen würde, sofern der Gegner imstande wäre, die Geldsumme zu zahlen.[805] In verschiedenen Fällen ist die Zahlung des Schadensersatzes unangemessen, zum Beispiel wenn der Schaden schwerlich auszurechnen ist, wenn der Gegner die einschlägige Geldsumme nicht zahlen kann oder wenn der Schaden immateriell ist.[806] Ferner sind noch andere, vom Schadensersatz unabhängige Faktoren zu berücksichtigen. Zu diesen Faktoren gehören die Gefahr der Präjudizierung des Gerichts,[807] die Geschwindigkeit des Prozesses,[808] das

801 *Zuckerman*, CPR, Rn. 10.6.

802 Diese Methode wurde in der Entscheidung *American Cyanamid Co v Ethicon Ltd,* [1975] AC 396, festgelegt; vgl. *Series 5 Software Limited v Philip Clarke and Others,* [1996] FSR 273; *Ideal Standard International SA v Herbert,* [2018] EWHC 3326 (Comm).

803 *American Cyanamid Co v Ethicon Ltd,* [1975] AC 396 (407).

804 *Sime/French*, Blackstone, Rn. 37.21.

805 *American Cyanamid Co v Ethicon Ltd,* [1975] AC 396 (408).

806 *Sime/French*, Blackstone, Rn. 37.23.

807 *National Commercial Bank Jamaica Ltd v Olint Corp Ltd,* [2009] UKPC 16, Rn. 17.

808 *Talaris (Sweden) AB v Network Controls International Ltd,* [2008] EWHC 2930 (TCC).

Verhältnismäßigkeitsprinzips,[809] die konkurrierenden Grundrechte[810] und das Risiko einer Beeinträchtigung des Gegenstandes[811]. Die englische Rechtsprechung hat also zur Ausübung des gerichtlichen Ermessens ein flexibles System von Faktoren ausgestaltet.[812]

Der Erlass einer Verfahrensanordnung kann die Rechte einer der Prozessparteien erheblich beeinträchtigen.[813] Der Besitzer eines Gegenstandes, der für die Wahrheitsfindung erheblich ist, kann ein berechtigtes Interesse haben, diesen ohne Verzögerung zu verkaufen. Daraus folgt, dass das Gericht nicht nur die besonderen Faktoren aus der Beweissicherung, sondern auch die gerade dargestellten Faktoren in seiner Ermessensausübung berücksichtigen muss. Eine strikte Trennung zwischen den Faktoren zum Erlass von „protective orders" und denen von „process orders" würde sich gegen die Flexibilität des Systems wenden.

Aus dem Gesetz ergibt sich eine Reihe besonderer Faktoren, die das Gericht berücksichtigen muss. Der erste Faktor ist die Erheblichkeit der beantragten Beweise. Das Gericht kann gemäß der CPR r. 32. 1. den Aufwand einer Beweisführung berücksichtigen.[814] Wenn bestrittene Tatsachen durch andere Beweismittel leichter bewiesen werden können, muss das Gericht eine übermäßige Belastung des Besitzers vermeiden.[815] Sein Ermessensspielraum wird allerdings auf null reduziert, wenn ein bestimmtes Beweismittel ungleich wichtiger für den Beweis einer Tatsache ist.[816] Solche Fälle erfassen insbesondere die Anordnungen gemäß den CPR rr. 25. 1. (1) (c) (ii) und (iv).

Der zweite Faktor ist das Risiko der Zerstörung des Beweismittels.[817] Das Gericht kann in solchen Fällen die Aufbewahrung der einschlägigen Objekte

---

809 *Hyperama Plc v Poulis,* [2018] EWHC 3483 (QB), Rn. 42 ff. ; *Lock International Plc. v Beswick and Others,* [1989] 1 WLR 1268 (1281), es wird auch in „search order"-Anträgen berücksichtigt.

810 *A v B Plc,* [2002] EWCA Civ 337.

811 *Tata Consultancy Services Ltd v Sengar,* [2016] EWHC 456 (QB). Vgl. Torts (Interference with Goods) Act 1977 i. V. m. der CPR r. 25. 1. (1) (e)

812 *Series 5 Software Limited v Philip Clarke and Others,* [1996] FSR 273 (286).

813 Vgl. *Zuckerman*, CPR, Rn. 10.20.

814 *Zuckerman*, CPR, Rn. 11.29.

815 *Sime/French*, Blackstone, Rn. 41.6, erwähnt den Aufwand allerdings nur in Bezug auf die vorprozessuale Beweissicherung.

816 *Sime/French*, Blackstone, Rn. 41.5, stellt zu Recht fest, dass in manchen Fällen eine Anordnung selbstredend ist.

817 *Sime/French*, Blackstone, Rn. 41.2.

gemäß der CPR r. 25. 1. (1) (c) (i) oder eine Stichprobe aus dem Beweismittel gemäß der CPR r. 25. 1. (1) (c) (iii) anordnen. In Bezug auf die Gefahr einer Beweisvereitelung hat das Gericht den Grad der Intensivität des Eingriffs der Anordnung in der Privatsphäre des Gegners zu berücksichtigen. Dies wird insbesondere beim Erlass von „search orders" berücksichtigt.[818] Zum Zweck der Beweissicherung hat das Gericht nicht nur der Plausibilität der Behauptungen des Antragstellers, sondern auch der Gefahr einer Beweisvereitelung Rechnung zu tragen. Mit Recht wird diesbezüglich angemerkt, dass das Gericht zu versichern hat, dass sein Beweissicherungsbeschluss nicht nur im Hinblick auf die geschützten, sondern auch auf die angegriffenen Interessen verhältnisgemäß ist.[819] Ferner müssen mutmaßlich einschlägige Privilegien nicht beeinträchtigt werden: Wenn das Gericht im Ex-parte-Verfahren ausreichendes Material hat, aus dem sich ergibt, dass die Gefahr einer Selbstbezichtigung des Gegners vorliegt, darf es eine Anordnung, das heißt eine „search order", nicht in Abwesenheit der anderen Seite erlassen.[820]

Im Ergebnis verfügt das englische Gericht wegen der allgemeinen Klausel der CPR r. 3. 1. wie auch der immanenten Flexibilität des Case Law über extensive Befugnisse zur Beweiserhebung und so zur Wahrheitsfindung. Berechtigte Belange werden vor dem Erlass der Anordnung berücksichtigt, sodass die konkurrierenden Interessen vom Gericht ausgeglichen werden. Das erfolgt durch die umfangreiche Befugnis des Gerichts nach der CPR r. 3. 1, Anordnungen unter Bedingungen zu setzen. Auf diese Weise können flexible Lösungen angeboten werden, wie die Einstellung von „confidentiality rings" bei einer Dokumentenoffenlegung.[821] Dies gilt auch für andere Arten von Beweisbeschlüssen, zum Beispiel für die „search order" nach der CPR r. 25. 1. (1) (h): Der Antragssteller dürfe keinesfalls an der Ermittlung teilnehmen, sofern er ein Wettbewerber des Antragsgegners sei und Geschäftsgeheimnisse des Letzteren von der Durchsuchung berührt würden.[822]

---

818 In Bezug auf die „search orders" vgl. den zweiten Teil, § 5 B. II. 3.

819 *Moore-Birk*, CCP, S. 701.

820 *Rank Film Distributors Ltd v Video Information Centre*, [1982] AC 380 (398); *Tate Access Floors Inc. and Another v Boswell and Others*, [1991] Ch 512 (530).

821 *Libyan Investment Authority v Societe Generale SA*, [2015] EWHC 550 (QB); *TQ Delta LLC v ZyXEL Communications UK Ltd*, [2019] EWHC 1597 (Pat); *Evalve Inc v Edwards Lifesciences Ltd*, [2019] EWHC 955 (Pat); *Porton Capital Technology Funds (A Body Corporate) v 3M UK Holdings Ltd*, [2010] EWHC 114.

822 *Sime*, Procedure, S. 384.

Das gilt auch im Rahmen des deutschen § 144 Abs. 1 ZPO, mit Ausnahme des § 144 Abs. 1 Satz 3 ZPO. Das deutsche Gericht kann nämlich die Einnahme eines Augenscheins sowie die Begutachtung durch Sachverständige nach § 144 Abs. 1 ZPO anordnen, wenn die beweiserheblichen Tatsachen ausreichend substantiiert sind.[823] Die § 144 Abs. 1 ZPO und CPR r. 25. 1. stehen, so gesehen, im Einklang miteinander in Hinsicht auf ihren Anwendungsbereich und die Faktoren, die die Entscheidung des Gerichts bestimmen. Mit anderen Worten kommt es darauf an, welche Ermessensgrenzen des Gerichts vorliegen: Der Erlass einer Anordnung darf weder einen Ausforschungsbeweis ermöglichen,[824] noch die Parteien mit unzumutbaren Aufgaben belasten[825] oder den Verhandlungsgrundsatz missachten[826]. Allerdings kann auch die Beweiserheblichkeit einer Tatsache grundsätzlich in beiden Prozessen von Bedeutung sein.[827] Das ist unter Berücksichtigung des Beweismaßes im deutschen Prozess besonders wichtig, da die Not der beweisbelasteten Partei im deutschen Prozess an Beweiserleichterungen im Prinzip erheblich größer als im englischen Prozess ist.

Wie im Rahmen des Urkundenbeweises schreiben folglich beide Beweisrechte umfangreiche Mitwirkungspflichten auch im Augenschein- und Sachverständigenbeweis vor, allerdings unter Berücksichtigung der gegenseitigen Interessen.

III. Mitwirkung in mündlichen Beweismitteln

1. Zeugenladung in den Civil Procedure Rules

Unter „oral evidence“ sind die mündlichen Beweismittel zu verstehen. Diese umfassen die Zeugenaussagen und die mündlichen Aussagen von Sachverständigen. Bemerkenswert ist, dass im englischen Recht die Möglichkeit fehlt, die Zeugen zum „trial“ direkt vorzuladen. Die Zeugenvernehmung zeichnet sich durch ein zweistufiges Verfahren aus: Zuerst werden die Zeugenaussagen aufgenommen, die „witness statements“. Diese Erklärungen in schriftlicher Form beinhalten Aussagen, die der Zeuge im „trial“ mündlich aussagen würde,[828] und

823 Stein/Jonas/*Althammer*, 23. Aufl., § 144 Rn. 14; vgl. Musielak/Voit/*Stadler*, § 144 Rn. 3, ausnahmsweise nicht notwendig bei beweiserheblichen Tatsachen und fehlender Sachkunde des Gerichts.

824 Hk-ZPO/*Wöstmann*, § 144 Rn. 2; Stein/Jonas/*Althammer*, 23. Aufl., § 144 Rn. 4.

825 Musielak/Voit/*Stadler*, § 144 Rn. 3.

826 Vgl. MüKoZPO/*Fritsche*, § 144 Rn. 24; Stein/Jonas/*Althammer*, 23. Aufl., § 144 Rn. 7, das Gericht soll den Parteien die Initiative überlassen.

827 Vgl. im deutschen Recht Musielak/Voit/*Stadler*, § 144 Rn. 4.

828 CPR r. 32. 4 – „Requirement to serve witness statements for use at trial“ (1).

diese werden auch in Vorbereitungsterminen („hearings") berücksichtigt.[829] Die „witness statements" müssen dem Gegner zugestellt werden.[830] Den genauen Zeitpunkt der Zustellung bestimmt das Gericht.[831] Wenn ein „witness statement" nicht zugestellt wird, können die Zeugen zum „trial" im Prinzip nicht geladen werden.[832]

Gemäß CPR r. 32. 5 – „Use at trial of witness statements which have been served" (1) können die Parteien einen Zeugen zur Vernehmung vorladen. Hier gibt es jedoch eine Einschränkung: Nicht jede Partei kann dies tun, sondern nur diejenige, die das „witness statement" des Zeugen vorgenommen hat, und dies auch nur, wenn die Zustellung erfolgreich war.[833] Die Partei hat dann die Wahl, entweder den Zeugen gar nicht vorzuladen oder seine Aussage nach der Zustellung nur als „hearsay evidence" zu verwenden. Im letzten Fall muss sie ihren Gegner über ihre Absicht benachrichtigen und ihn über ihre Gründe informieren.[834] Es ist zudem wichtig anzumerken, dass die sogenannten „hearsay evidence" kein mündliches Beweismittel darstellen.[835] Gemäß der CPR r. 33. 1 – „Introductory" (a) – bedeutet der Begriff „hearsay" eine Erklärung, die nicht mündlich, sondern in anderer Weise von jemandem im Prozess gemacht wird und die als Beweis für die behaupteten Tatsachen dienen kann. Dennoch wird die Möglichkeit des Empfängers, „witness statements" im „trial" zu nutzen, nicht erheblich eingeschränkt. Er kann wählen, entweder die schriftliche Zeugenaussage im „trial" als „hearsay evidence" zu erbringen[836] oder zu beantragen, dass er selbst den Zeugen zum Kreuzverhör vorlädt.[837] Die Zeugenvernehmung ist immer auf den

829 CPR r. 32. 2 – „Evidence of witnesses – general rule" (1) und 32.6 – „Evidence in proceedings other than at trial". Das gilt, außer wenn die CPR oder das Gericht es anders anordnen, so der CPR r. 32. 2 (2).

830 CPR r. 32. 4 (2).

831 CPR r. 32. 4 (2).

832 CPR r.32. 10 – „Consequence of failure to serve witness statement or summary".

833 CPR r. 32. 5 (1) – „Use at trial of witness statements which have been served".

834 CPR r. 33. 4 – „Power to call witness for cross-examination on hearsay evidence", im Anhang.

835 Phipson/*Auburn/Day*, Rn. 11-04, „witness evidence" werden im „trial" abgegeben; Phipson/*Patteder*, Rn. 28-01, „hearsay evidence" sind außerhalb des „trial" abgegebene Erklärungen.

836 CPR r. 32. 5 (5).

837 Vgl .CPR r. 33. 4 – „Power to call witness for cross-examination on hearsay evidence", im Anhang.
Vgl. *Douglas & Ors v Hello Ltd (No. 5)*, [2003] EWCA Civ 332, Rn. 17, die Zeugenaussage im „trial" sei „oral evidence"; *Sime/French*, Blackstone, Rn. 53.12, die CPR

Inhalt seiner schriftlichen Aussage limitiert, außer wenn das Gericht anderes erlaubt.

Der zweite Schritt erfolgt im „trial" selber. Die mündliche Zeugenvernehmung entwickelt sich dann in drei aufeinanderfolgenden Phasen: „examination-in-chief", „cross-examination" und „re-examination". Zu Beginn des Verfahrens findet die „examination-in-chief" statt, das ist die Vernehmung des Zeugen von der ihn ladenden Partei.[838] Unmittelbar danach folgt die „cross-examination". Damit wird die Vernehmung bezeichnet, die jede andere Partei durchführt,[839] und sie beschränkt sich auf die Klärung von Punkten, über die der Zeuge vom Gegner vernommen wurde.[840] Die „re-examination" wird noch einmal von der ersten Partei durchgeführt und beschränkt sich ebenso auf die Punkte, über die die andere Seite den Zeugen vernommen hat.[841] Dieser muss sich bei seiner Aussage nur auf seine Erklärungen in seinem „witness statement" beziehen, außer wenn das Gericht etwas anderes erlaubt.[842]

In den CPR wird den Parteien folglich keine Pflicht vorgeschrieben, Zeugen vorzuladen bzw. den Namen und Anschrift von potenziellen Zeugen zu offenbaren.

2. *Prozessleitungsbefugnis des Gerichts*

Auch wenn dem Gegner die prozessuale Möglichkeit anheimgestellt wird, Zeugen zu laden, werden dem Gericht entsprechende Befugnisse nicht eingeräumt. Gemäß der CPR r. 32. 1 – „Power of court to control evidence" (1) hat das Gericht die Befugnis, die Beweisführung zu steuern, indem es Hinweise erteilt: (a) zu Tatsachen, über die es Beweismittel einfordert, (b) über die Art der Beweismittel, die es einfordert, um diese Tatsachen zu beurteilen, und (c) über die Weise, in der diese Beweismittel dem Gericht vorzulegen sind. Nach der in der Lehre herrschenden Meinung stellt ein solcher Hinweis allerdings keine Anordnung

---

r. 33. 4 entspreche der Civil Evidence Act 1995 section 3 – „Power to call witness of cross-examination on hearsay statement", in der Fassung vom 31.01.1997.

838 Im 00. Teil der CPR – „GLOSSARY" bei „evidence in chief"; *Dennis*, Evidence, Rn. 14-003; *Keane/McKeown*, Evidence, S. 174.

839 Im 00. Teil der CPR – „GLOSSARY" bei „cross-examination"; *Keane/McKeown*, Evidence, S. 204; vgl. CPR r. 33. 4 (1), im Anhang.

840 *Dennis*, Evidence, Rn. 14-025 ff.

841 *Dennis*, Evidence, Rn. 14-045; *Keane/McKeown*, Evidence, S. 235.

842 CPR rr. 32. 5 (2) und (3).

dar.[843] Die „oral evidence“ werden weder von den Vorschriften des 25. Teils noch von den Vorschriften des 31. Teils der CPR erfasst und deswegen fehlt dem Gericht die Befugnis, relevante Beschlüsse zu erteilen. Die Befugnisse des Gerichts im Zeugenbeweis werden gemäß der CPR r. 32. 2 (3) (b) auf Folgendes beschränkt: Hinweise darüber zu geben, welche Zeugen geladen werden dürfen und welche „witness statements“ verlesen werden dürfen. Wie bei der CPR r. 32. 1 (1) steuert das Gericht zwar den Prozess, erteilt aber diesbezüglich keine verbindliche Anordnung. Es hat Befugnisse im Rahmen der Zeugenvernehmung,[844] kann aber eine Partei nicht dazu verpflichten, ein „witness statement“ zu erstellen und nach einem „witness statement“ den Zeugen vor das „tribunal of fact“ im „trial“ zu laden. So betrachtet umfasst die CPR r. 3. 1 – „The court's general powers of management“ (2) (m) nicht den Zeugenbeweis.

a. Tay Bok Choon v Tahansan Sdn. Bhd

Auf die allgemeine Befugnis des Gerichts, die Beweise der Parteien zu steuern, bezog sich der Privy Council im Urteil *Tay Bok Choon v Tahansan Sdn. Bhd.*[845] Der Antragsteller hatte einen Antrag gegen eine Gesellschaft gestellt. Nach dem geltenden Recht musste dieser Antrag durch affidavit bestätigt werden. Beide gaben ihre Erklärungen ab.[846] Das Gericht gab dem Antrag statt. Die Gesellschaft wandte gegen dieses Urteil ein, dass das Gericht es versäumt hätte, die „deponents“ zu vernehmen, obwohl dem Gericht das möglich gewesen wäre. Der Bundesgerichtshof in Malaysia nahm die Rüge der Firma an. Der Privy Council hob sein Urteil dennoch aus dem Grund auf, dass kein Zivilgericht dazu berechtigt ist, Parteien anzuordnen, Beweismittel vorzulegen.[847] Es kann die Parteien nur darauf hinweisen, dass ihre Chancen auf einen Prozesssieg in Zusammenhang mit den von ihnen erbrachten Beweismitteln niedrig sind.[848]

---

843 Phipson/*Auburn/Day*, Rn. 11-14, auch wenn ein „witness statement“ bereits zugestellt worden sei; *Dennis*, Evidence, Rn. 13-003; *Keane/McKeown*, Evidence, S. 146; *Sime/French*, Blackstone, Rn. 49.52.

844 Vgl. CPR rr. 32. 2 (2) (b), 32. 5 (2) und (3), 32. 6 (1), 32. 7 (1), 32. 10, 32. 12 (2) (b).

845 *Tay Bok Choon v Tahansan Sdn. Bhd*, [1987] 1 WLR 413.

846 *Tay Bok Choon v Tahansan Sdn. Bhd*, [1987] 1 WLR 413 (418).

847 *Tay Bok Choon v Tahansan Sdn. Bhd*, [1987] 1 WLR 413 (418).

848 *Tay Bok Choon v Tahansan Sdn. Bhd*, [1987] 1 WLR 413 (418 f.).

b. *Society of Lloyd's v Sir William Otho Jaffray BT*

Der Fall *Society of Lloyd's v Sir William Otho Jaffray BT* bezieht sich auf dieselbe Problematik, diesmal aber im Zeugenbeweis in den aktuellen CPR. Die Klägerin hatte vor dem „trial" eine Reihe von „witness statements" erstellt, lud aber keine der erklärenden Personen als Zeugen. Die Beklagten wandten sich an das Gericht und beantragten, dass dieses die Klägerin durch eine Anordnung verpflichten solle, diese Personen als Zeugen zu laden.[849] *Cresswell Mr. J.* bestätigte die Ausführungen des Privy Council und interpretierte die CPR r. 32. 1 im Zusammenhang mit den CPR rr. 32. 5 i. V. m. 33. 4: Das Gericht hat keine Befugnis, der Partei anzuordnen, Zeugen zu laden; die Partei hat auch keine solche Pflicht, selbst wenn sie diese Absicht bereits zum Ausdruck gebracht hat oder wenn sie die entsprechenden „witness statements" schon zugestellt hat:

> „In civil cases there is no obligation to call witnesses, even where an intention to call the witness is notified by disclosure of their evidence or by service of a hearsay notice. However, there are restrictions on the right to call evidence in that the court may not permit a party to lead evidence unless the intention to call the witness has been notified by service of a witness statement, witness summary, or (in the case of hearsay evidence) a hearsay notice. Where one party serves a witness statement, or expert report, but does not call the evidence, the other party may use the written evidence [...]. In general, it is counsel's duty to decide what evidence is called and in what order it is called."[850]

Die Ausführungen in der *Society of Lloyd's v Sir William Otho Jaffray BT* wurden auch im Urteil *Douglas & Ors v Hello Ltd (No. 5)* bestätigt. Darin wurde festgestellt, dass das Gericht eine umfangreiche Befugnis hat, die Beweisführung zu steuern, wenn Beweismittel vorgelegt werden, aber keine Befugnis, Beweismittel von Amts wegen zu verlangen.[851]

3. *Wisniewski v Central Manchester Health Authority*

Aus der präsentierten Rechtsprechung folgt, dass die Parteien im englischen Zivilprozess nicht die Pflicht haben, Zeugen im „trial" vorzuladen. Trotz dieses Fehlens hat die Rechtsprechung das Versäumen einer Partei, das zu tun, oftmals negativ gewürdigt und die Prinzipien gegen diese Art der Beweisvereitelung systematisiert.

---

849 *Society of Lloyd's v Sir William Otho Jaffray BT*, 2000 WL 989565, unter „Judgement".

850 *Society of Lloyd's v Sir William Otho Jaffray BT*, 2000 WL 989565, unter „Analysis and Conclusions", Rn. 7 m. w. N. Das Bestehen einer Pflicht wurde auch in *Chapman v Copeland* (1966) 110 SJ 569 abgelehnt.

851 *Douglas & Ors v Hello Ltd (No. 5)*, [2003] EWCA Civ 332, Rn. 10.

Das wegweisende Urteil ist *Wisniewski v Central Manchester Health Authority.*[852] In diesem Fall erhob der Kläger Schadensersatzanspruch aus Körperverletzung gegen das beklagte Krankenhaus. Die gebärende Mutter des Klägers klagte kurz vor seiner Geburt über Beschwerden. Trotz ihres Zustands besuchte sie der zuständige Arzt nicht, um ihr zu helfen, daher wurde der Kläger mit einer genetischen Anomalie geboren. Im „trial" blieb unklar, was passiert wäre, wenn der zuständige Arzt gekommen wäre, um der Schwangeren gegen ihre Beschwerden zu helfen. Das beklagte Gesundheitsamt erbrachte dem Gericht darüber keine Beweise und der damals zuständige Arzt wurde vom Gericht nicht als Zeuge vernommen, und dies trotz der Möglichkeit, dass er wichtige Erklärungen über den Sachverhalt hätte abgeben können. Das jedoch erachtete das Gericht als ein strategisches Manöver des Beklagten und würdigte es daher negativ.[853]

Anlässlich dieses Falles fasste das Berufungsgericht die Prinzipien der Beweisvereitelung im Zeugenrecht aus den Präzedenzfällen wie folgt zusammen:

> „(1) In certain circumstances a court may be entitled to draw adverse inferences from the absence or silence of a witness who might be expected to have material evidence to give on an issue in an action.
> (2) If a court is willing to draw such inferences, they may go to strengthen the evidence adduced on that issue by the other party or to weaken the evidence, if any, adduced by the party who might reasonably have been expected to call the witness.
> (3) There must, however, have been some evidence, however weak, adduced by the former on the matter in question before the court is entitled to draw the desired inference: in other words, there must be a case to answer on that issue.

852 *Wisniewski v Central Manchester Health Authority,* [1998] PIQR P324; vgl. *Kadie Kalma & Others v African Minerals Limited, African Mineral (SL) Limited, Tonkolili Iron Ore (SL) Limited,* [2018] EWHC 3506 (QB); *EnergySolutions EU Ltd v Nuclear Decommissioning Authority,* [2016] EWHC 1988 (TCC); *Ahmed v Lalik,* [2015] EWHC 651(QB); *Thames Valley Housing Association Ltd & Anr v Elegant (Guernsey) Ltd & Ors, Willmett solicitor and Howard Macpherson,* [2011] EWHC 1288 (Ch); *Benham Ltd v Kythira Investments Ltd,* [2003] EWCA Civ 1794. – In früherer Rechtsprechung wurde das Versäumnis einer Zeugenvorladung negativ gewürdigt, ältere Entscheidungen werden allerdings nur selten zitiert; sehr wichtig waren *Hughes v Liverpool City Council,* Times, March 30, 1988, *British Railsways Board v Herrington,* [1972] UKHL 1 und *Chapman v Copeland,* (1966) 110 SJ 569.

853 So urteilte das erstinstanzliche Gericht, dessen Urteil vom Berufungsgericht angenommen wurde, *Wisniewski v Central Manchester Health Authority,* [1998] PIQR P324 (331).

(4) If the reason for the witness's absence or silence satisfies the court, then no such adverse inference may be drawn. If, on the other hand, there is some credible explanation given, even if it is not wholly satisfactory, the potentially detrimental effect of his/her absence or silence may be reduced or nullified.“[854]

In der Lehre wird das Bestehen einer Pflicht, Zeugen vorzuladen, grundsätzlich abgelehnt.[855] *Hollander* vertritt die Meinung, dass die Vereitelung der Erwartung des Gerichts, dass eine Partei Beweismittel aufbewahrt oder vorlegt, eine strenge Rechtsfolge gegen sie begründen könne.[856] Seiner Ansicht nach ist es aber keine Verletzung einer legalen Pflicht („legal duty“) vonseiten der Partei, weil eine solche Pflicht fehlt, sondern die Vereitelung der Erwartung des Gerichts, die den Eintritt der Rechtsfolge rechtfertige.

Nach der hier vertretenen Meinung findet das „cards on the table“-Prinzip keine Anwendung im Zeugenbeweis. Aus keiner Vorschrift in den CPR wird eine prozessuale Pflicht einer Partei bzw. ein entsprechendes Recht des Gegners, Zeugen namhaft zu machen bzw. diese zum „trial“ vorzuladen, abgeleitet. Es steht im Widerspruch mit diesen Vorschriften der CPR, das *Armory v Delamirie* so auszulegen. Der Grund ist hierin zu finden: Die „spoliation of evidence“ wird aufgrund des *Armory v Delamirie*-Prinzips nur dann prozessual sanktioniert, wenn eine Partei ihrer beweisbezogenen Pflicht nicht nachgekommen ist. Die Sanktionierung einer Partei wegen des Versäumens einer Zeugenladung verletzt demgegenüber ihr Recht auszuwählen, welche Personen sie im Prozess als Zeugen vernehmen möchte. Weil aber diese Möglichkeit für die Parteien im Statutory Law vorgesehen ist, kann sie durch das Case Law nicht geändert werden. Denn dies würde eine rechtswidrige Erweiterung des Anwendungsbereichs des Prinzips darstellen. Doch ist der Prozessgegner, wie erwähnt, in seinem Recht nicht eingeschränkt, nach dem Empfang des „witness statements“ einen Antrag zu stellen, selbst den Zeugen im „trial“ vorzuladen. Im deutschen Recht muss diese Erscheinungsform aber strikter als jede andere Beweisvereitelungsform behandelt werden, weil dieses Verhalten für die Parteien einen erheblichen Nachteil der Beweisfälligkeit herbeiführen kann. Da nämlich das Beweismaß im englischen „trial“ niedrig ist, führt die Abwesenheit des Zeugen nicht unbedingt zu einer großen Beweisschwierigkeit für die Partei, während das Gericht das Verhalten des Gegners noch frei, und zwar negativ, würdigen kann. Das niedrige

---

854 *Wisniewski v Central Manchester Health Authority*, [1998] PIQR P324 (340).

855 Phipson/*Auburn*/*Day*, Rn. 11-15; *Munday*, Cross & Tapper, S. 41 f. ; *Choo*, Evidence, S. 6; *Iller*, Evidence, Rn. 4-20.

856 *Hollander*, Evidence, Rn. 11-26 f.

Beweismaß in Verbindung mit der negativen Würdigung werden der beweisbehinderten Partei in der Regel im englischen Prozess den Ausschlag für ihren Prozesssieg geben. Diese Gründe plädieren im Ergebnis für die freie Würdigung des Versäumnisses der Zeugenladung und gegen ihre Sanktionierung gemäß dem *Armory v Delamirie*-Prinzip.

4. *Verweigerung der Entbindung von Zeugen von ihrer Schweigepflicht*

Rechtsprechung[857] und Lehre[858] verstehen die Weigerung einer Partei, einen Zeugen von seiner Schweigepflicht gemäß § 385 Abs. 2 ZPO zu entbinden, als eine zweite Erscheinungsform von Beweisvereitelung im Zeugenbeweis. Dadurch wäre es dem Zeugen erlaubt, seine Aussage über den Sachverhalt vor Gericht abzugeben. Die Rechtsprechung würdigt diese Taktik grundsätzlich im Rahmen der Beweiswürdigung.[859]

Im englischen Recht tritt diese besondere Problematik nicht auf. Die englischen Gerichte verneinen seit Langem die prozessuale Benachteiligung der Prozesspartei, einen Zeugen von der Schweigepflicht zu entbinden. Das Gericht darf aus dem Berufen der Partei auf ihr Privileg keine negativen Schlüsse ziehen.[860] Zu Recht wird ein Zusammenhang zwischen dieser Form der prozessualen Abwehr der Prozesspartei einerseits und der Erschwerung der Beweisführung andererseits abgelehnt. Den Hüter des Geheimnisses mit prozessualen Nachteilen zu belasten, würde die geschützten Informationen zwar unantastbar lassen, die Prozesspartei müsste jedoch essenziell zwischen ihrer Offenlegung und dem Prozessverlust wählen.[861] Deshalb wird zu Recht eingewendet, dass dieses Dilemma der Natur des Privilegs selbst als Grundrecht widerspricht.[862] Nach der hier vertretenen Meinung das gilt ebenfalls im deutschen Recht, das bezweckt, durch das Vertrauensverhältnis zwischen Parteien und Zeugen die Privatsphäre

857 Vgl. den zweiten Teil, § 4 B. I. 4.

858 *Adloff*, S. 289; *Lutz*, S. 32; *Gottwald*, BB 1979, S. 1783; Thomas/Putzo/*Seiler*, § 286 Rn. 19; Zöller/*Greger*, § 286 Rn. 14a; Stein/Jonas/*Leipold*, 22. Aufl. § 286 Rn. 187; Prütting/Gehrlein/*Laumen*, § 286 Rn. 101; MüKoZPO/*Prütting*, § 286 Rn. 81; Hk-ZPO/*Saenger*, § 286 Rn. 98.

859 BGH NJW-RR 1996, 1534; BGH NZV 1990, 385; BGH MDR 1984, 48; OLG Koblenz, BeckRS 2016, 16497 (Rn. 21); OLG München NJW-RR 1987, 1021 (1022).

860 *Wentworth v Lloyd*, 11 ER 1154 (1155); *Michael Patrick Sayers v Clarke Walker (A Firm)*, [2002] EWCA CIV 910, Rn. 16.

861 *Stürner*, S. 204.

862 Phipson/*Hollander*, Rn. 23-22.

und das Persönlichkeitsrecht des Vertrauensgebers zu schützen.[863] Es muss darüber hinaus betont werden, dass sowohl in der deutschen als auch in der englischen Lehre die soziale und wirtschaftliche Bedeutung der Schweigepflicht besonders berücksichtigt wird. Das wird im Fall der Schweigepflicht von Rechtsanwälten klar, wonach die Parteien den jeweiligen Fall ihren Anwälten detailliert vorstellen müssen, damit sie ihre Klienten vor dem Gericht sachgemäß vertreten können.[864] Die Mitteilung von vertraulichen Informationen ist Voraussetzung der sachgerechten Ausübung gewisser Tätigkeiten. Die Berücksichtigung der Weigerung der Zeugenentbindung im Rahmen des § 286 Abs. 1 ZPO ist demzufolge zu begrüßen.

5. *Vertrauliche Informationen im Zeugenbeweis*

Beim Zeugenbeweis im „trial" hat das Gericht im Prinzip keine Befugnis, die Offenbarung von vertraulichen Informationen zu verhindern. Die Geheimhaltung vertraulicher Informationen kann nur durch die Exklusion des Zeugen oder die Einschränkung der zu beweisenden Tatsachen gemäß der CPR r. 32. 1 (1) vonstatten gehen, stellt aber eine extreme Ausübung der Befugnisse des Gerichts dar. In *MacLennan v Morgan Sindall (Infrastructure) plc* ging das Gericht davon aus, dass ein Grund für die Exklusion des Zeugen die faire und effektive Durchführung des Prozesses ist.[865] Das setzt indessen voraus, dass das Gericht Zugang zu allen verfügbaren Informationen hat,[866] in dem Sinne, dass andere gleichwertige Informationsquellen vorhanden sind. So erachtet ist der Ausschluss von Zeugen keine praktische Lösung in Fällen, in denen deren Aussage das einzige Beweismittel in Bezug auf gewisse Punkte des Sachverhalts darstellt, da ein fairer Prozess sonst unmöglich wäre.

Die Rechtsprechung hat aber das Risiko der Offenlegung von vertraulichen Informationen auf andere Weise bewältigt. Wie gesagt setzt die mündliche Vernehmung eines Zeugen im „trial" dessen schriftliche Aussage in „witness statements" beim „case management" voraus. Die Rechtsprechung nimmt an, dass

---

863 Wieczorek/Schütze/*Ahrens*, § 383 Rn. 46.

864 Vgl. *Regina (Morgan Grenfell & Co Ltd) v Special Commissioner of Income Tax and Another*, [2003] 1 AC 563 (611) in Bezug auf das „litigation privilege", derselbe Gedanke liegt aber im Wesentlichen beiden Formen des anwaltlichen Privilegs im englischen Recht zugrunde; vgl. im deutschen Recht die Argumentation von *Rühl*, ZZP 125, S. 38 f.

865 *MacLennan v Morgan Sindall (Infrastructure) plc*, [2014] 1 WLR 2462 (2465).

866 *MacLennan v Morgan Sindall (Infrastructure) plc*, [2014] 1 WLR 2462 (2465).

ein Zeuge keine Aussagepflicht vor dem „trial" hat,[867] das heißt Fragen über vertrauliche Informationen zu beantworten, wenn die berechtigte Person auf den Schutz der Vertraulichkeit nicht bereits verzichtet hat,[868] selbst wenn der Zeuge im „trial" verpflichtet wäre, dieselben Fragen zu beantworten.[869] Dies hat zur Folge, dass er, selbst wenn ein „witness statement" möglich wäre, die relevanten Informationen vor seiner mündlichen Vernehmung praktisch nicht mitteilen kann.[870] Daraus folgt im Wesentlichen die Vereitelung seiner mündlichen Vernehmung, weil sie, obwohl sie als Möglichkeit gegeben ist, im Ergebnis vergeblich und fruchtlos ist.[871]

§ 6: Zwischenergebnis und eigene Stellungnahme

A. Beweisvereitelung während des Prozesses

Die §§ 371 Abs. 3, 427, 441 Abs. 3, 444, 446, 453 Abs. 2, 454 Abs. 1 ZPO beziehen sich auf Beweismittel und entwickeln innerprozessuale Wirkung. Es wird deshalb zu Recht festgestellt, dass sie als Grundlage einer analogen Anwendung dienen, weil bei der Zerstörung bzw. bei der Vernichtung eines vorhandenen und nützlichen Beweismittels die betroffenen Interessen der Parteien dieselben sind.[872] Die §§ 371 Abs. 3, 427, 441 Abs. 3 und 444 ZPO umfassen die Vernichtung und die Veränderung sowohl von Urkunden als auch von anderen Objekten, sodass eine Analogie nur in Bezug auf den Zeugenbeweis vorstellbar bleibt. Damit ist jedenfalls nicht gemeint, dass in analoger Anwendung zu § 142 Abs. 1 ZPO das Gericht eine Befugnis hat, die Partei aufzufordern, einen bestimmten Zeugen vorzuladen, sondern dass eine Partei aufgrund von Treu und Glauben dazu

---

867 *Porton Capital Technology Funds (A Body Corporate) v 3M UK Holdings Ltd,* [2010] EWHC 114, Rn. 18; *Glenn v Watson,* [2016] EWHC 3259 (Ch), Rn. 8.

868 *Porton Capital Technology Funds (A Body Corporate) v 3M UK Holdings Ltd,* [2010] EWHC 114, Rn. 28; *Glenn v Watson,* [2016] EWHC 3259 (Ch), Rn. 37, die Offenlegung von gewissen Dokumenten beim „case management", die sich auf die relevanten vertraulichen Informationen beziehen, bedeutet allerdings nicht den Verzicht der Partei auf die Vertraulichkeit. Der Zeuge bleibt dazu verpflichtet trotz der eventuellen „disclosure" der Dokumente.

869 *Glenn v Watson,* [2016] EWHC 3259 (Ch), Rn. 9; vgl. auch *Purkis,* (2017) 161 SJ 29.

870 *Porton Capital Technology Funds (A Body Corporate) v 3M UK Holdings Ltd,* [2010] EWHC 114, Rn. 28 i. V. m. 32.

871 *Porton Capital Technology Funds (A Body Corporate) v 3M UK Holdings Ltd,* [2010] EWHC 114, Rn. 32.

872 Vgl. den zweiten Teil, § 4 B. III.

verpflichtet ist, gegenüber dem Gegner relevante Informationen über Zeugen preiszugeben, sofern Weigerungsgründe fehlen.[873] Die ausschlaggebende Ähnlichkeit zwischen diesen Fällen ist das zwischen den Parteien schon bestehende Prozessrechtsverhältnis, das die Verallgemeinerung der reglementierten Fälle gestattet. Dieses Prozessrechtsverhältnis stellt die Rechtsgrundlage von Mitwirkungspflichten dar, die zwar das Verhandlungsprinzip in gewisser Weise einschränken, die aber gleichzeitig die Wahrheitsfindung und die Gewährung des verfassungsrechtlich garantierten Rechtsschutzes fördern[874] und die nicht nur die aktive Parteienmitwirkung vorantreiben, sondern auch ein allgemeines Beweisvereitelungsverbot nach Prozessbeginn auferlegen, sodass die Möglichkeit der späteren Mitwirkung nicht verhindert wird. Im Ergebnis sind in Hinsicht auf prozessuale Mitwirkungspflichten die Lehren von *Peters* und *Stürner* zu befolgen, und zwar in dem Sinne, dass aus den bestehenden Paragrafen in der ZPO, nämlich §§ 371 Abs. 3, 427, 441 Abs. 3, 444, 446, 453 Abs. 2 und 454 Abs. 1 ZPO, eine allgemeine Mitwirkungspflicht der Parteien ausgestaltet wird.

Etwas anders jedoch als aufgezeigt für das deutsche Recht erweist sich der englische Prozess. Entsprechende Vorschriften in den CPR fehlen, sodass davon ausgegangen werden könnte, dass das englische Recht diesbezüglich lückenhaft ist. Dies ist jedoch aus zwei Gründen ungenau: Einerseits wird dem Gericht gemäß der CPR r. 3. 4. (2) (b) die Befugnis eingeräumt, Angriffs- bzw. Verteidigungsmittel der Parteien durch Prozessurteil auszuschließen, soweit diese einen Prozessmissbrauch darstellen oder die Herstellung von Gerechtigkeit behindern würden. Die Beweisvereitelung findet in dieser Befugnis des englischen Gerichts eine Grundlage, die, selbst wenn sie sich anscheinend nur auf die Unterdrückung von Dokumenten bezieht, allgemein angewandt wird, weil die CPR r. 3. 4. (2) keine einschlägige Einschränkung vorschreibt. Der Schutz jeder Partei erweist sich während des Prozesses demzufolge zwar als vollständig, leidet aber unter der Härte der darauffolgenden Sanktion. Denn auch wenn diese Sanktion nur auf einen Teil der Angriffs- und Verteidigungsmittel einer Partei beschränkt werden kann,[875] bestimmt sie im Wesentlichen das Ergebnis des Prozessstreits. Eine Stärke dieser Befugnis ist allerdings, dass eine konkrete Aufbewahrungspflicht nicht vorausgesetzt wird, zumal die Zurückweisung sich auf einen Prozessmissbrauch bezieht. Andererseits hat das Beweisvereitelungsverbot im englischen Recht eine zusätzliche Grundlage. Wie auch im deutschen

873 Vgl. die Rechtsprechung bei der Fn. 325.
874 Vgl. die Lehre *Stürners* im zweiten Teil, § 4 E. II.
875 Vgl. CPR r. 3. 4. (1).

Recht kann also jedes beweisvereitelnde Verhalten grundsätzlich nach Beginn des Prozesses effektiv geahndet werden, das Beweisvereitelungsverbot erfasst aber nur das Verhalten der Parteien.

Auch wenn die zwei Rechtsordnungen Unterschiede aufweisen, sind sie im Ergebnis, was die Beweisvereitelung während des Prozesses anbelangt, grundsätzlich ähnlich. In beiden Fällen werden alle beweiserschwerenden Handlungen von Anfang an erfasst und die ratio in beiden Fällen ist dieselbe, nämlich dass das allgemeine Verbot einer jeden Beweisvereitelung der Wahrheitsfindung dient und es eine spätere Wahrheitsforschung aufrechterhält. Dies ist auch die Argumentation von *Stürner* für die Begründung von Pflichten, die die Fruchtbarkeit einer späteren Beweisführung absichern. Der Autor bezieht sich zwar auf die Notwendigkeit einer vorprozessualen „Beweiserhaltungspflicht"[876], die Beweisaufbewahrung ist aber sicher auch nach Prozessbeginn unverzichtbar. Dieser Gedanke findet sich auch im Wesentlichen im Urteil *Rockwell Machine Tool v E.P. Barrus (Concessionaires) Ltd*, in dem das Gericht die Wichtigkeit der Aufbewahrung von Beweismitteln nach Beginn des Prozesses angesichts des regelmäßigen Offenlegungsverfahrens hervorhebt.[877] Weiter wird dies auch im Urteil *Logicrose Ltd v Southend United Football Club Ltd* unterstrichen, in dem das Gericht betont, dass eine vorausgehende gerichtliche Anordnung zum Schutz des wichtigen Materials unnötig sei.[878] Dem allgemeinen Beweisvereitelungsverbot entspricht demnach „denknotwendig" die prozessuale Pflicht, „effective steps" zu unternehmen,[879] sodass Beweise unversehrt bleiben. Diese rein prozessuale Aufbewahrungspflicht wird in beiden Prozessen vollständig und zu Recht unabhängig von der Beweislastverteilung bestimmt und dient der Sicherstellung der Beweislage und somit der Wahrheitsfindung. In Hinsicht auf die allgemeinen Lehren im deutschen Recht liegt dieser Gedanke nahe bei der Prozessförderungspflicht[880] *Peters* und der prozessualen Mitwirkungspflicht[881] *Stürners.* Die Missachtung dieser allgemeinen Pflicht kann zu einer fahrlässigen Beweisvereitelung führen in dem Sinne, dass nicht nur die Vernichtung von Beweisen (wie das Zerstören von Röntgenaufnahmen), sondern auch die Unterlassung von notwendigen Maßnahmen, insbesondere deren Sicherstellung, die

---

876 *Stürner*, S. 156.

877 *Rockwell Machine Tool v E.P. Barrus (Concessionaires) Ltd*, [1968] 1 WLR 693 (694).

878 *Logicrose Ltd v Southend United Football Club Ltd*, (1988) 132 SJ 1591.

879 So *Infabrics Ltd v Jaytex Ltd (No.2)*, [1985] FSR 75 (79).

880 *Peters*, FS Schwab, S. 399.

881 Vgl. die Lehre *Stürners* im zweiten Teil, § 4 E. II.

Beweisführung erschweren können.[882] Dahinter steht der Grundgedanke, dass die Wahrheitsfindung auf einer möglichst umfangreichen Beweisführung fußen muss, damit ihr Ergebnis gerecht („fair") ist,[883] und ohne unverhältnismäßige Belastung der Parteien erfolgen muss.[884] Das Beweisvereitelungsverbot im Prozess ist folglich eine Projizierung der mutmaßlichen Mitwirkung der Parteien im selben Zivilprozess, basiert auf dem zwischen ihnen bestehenden Prozessrechtsverhältnis und besteht unmittelbar ab Prozessbeginn. Gerichtliche Anordnungen werden nicht vorausgesetzt. Die zwei Prozessrechte sind demnach in Bezug auf die prozessuale Beweisvereitelung miteinander im Einklang.

B. Vorprozessuale Beweisvereitelung – Eigene Stellungnahme

I. Das englische Recht als Vorbild?

Die vorprozessuale Beweisvereitelung ist komplizierter als die Beweisvereitelung während des Prozesses, denn ein Prozessrechtsverhältnis fehlt. Die Rechtsprechung in beiden Ländern weist die Tendenz auf, Beweisbeschaffungs- und Aufbewahrungspflichten durch materiell-rechtliche Verhältnisse zu begründen, genauer gesagt diese Beweispflichten als Nebenpflichten aus den zwischen den Prozessparteien bestehenden Verträgen abzuleiten. Exemplarisch ist im deutschen Recht der Fall der Dokumentationspflicht im Arztrecht zu sehen, die nun in § 630 f BGB reglementiert ist und ein klares Bild der ärztlichen Pflichten wiedergibt. Das gilt auch für § 2 Abs. 1 NachwG, gemäß dem der Arbeitgeber dem Arbeitsnehmer eine Niederschrift des Vertragsinhalts innerhalb eines gewissen Zeitraums gestatten muss, und für Werkverträge, wofür die Rechtsprechung die Beweissicherung als Nebenpflicht aufgrund von Treu und Glauben annimmt. Die englische Rechtsprechung neigt ebenfalls dazu. Nebenrangig ist die Frage der rechtlichen Grundlage dieser Pflichten, und zwar dahingehend, ob sie auf einem Gesetz („Case Law" oder „Statutory Law") oder auf einer entsprechenden Vereinbarung der Parteien fußt. Wie erwähnt, ist neben dem „Statutory Law" das „Case Law" eine Rechtsquelle, die den Gerichten die Befugnis einräumt, den Vertragsinhalt zu bestimmen. Tatsächlich ist in beiden Rechtsordnungen bei Vorliegen eines gültigen Vertrags eine feste Grundlage für Nebenpflichten vorhanden, die im Einklang mit dem Zweck der sachgemäßen Vertragserfüllung stehen und daran angepasst werden können.

---

882 Vgl. *Infabrics Ltd v Jaytex Ltd (No.2)*, [1985] FSR 75.

883 Vgl. den dritten Teil, § 8 E. II. 2.

884 Vgl. den dritten Teil, § 8 E. II. 3.

Schwachpunkt dieser Lehre ist das Bestehen des materiellen Rechtsverhältnisses als Grundlage der relevanten Beweispflicht.[885] Die Grundlage solcher Beweispflichten beim Vorliegen eines nichtigen Vertrags oder beim Geschehen eines schadensstiftenden Ereignisses entweder fehlt, oder ist zumindest zweifelhaft. In solchen Fällen stellt das materielle Rechtsverhältnis Rechtsgrundlage sowohl eines Anspruchs als auch der relevanten Beweispflicht dar. Die Verletzung dieser Beweispflicht ist dennoch eine Voraussetzung für die Gewährung von Beweiserleichterungen zum Beweis des Anspruchs und folglich seiner Grundlage, auf der aber die Beweispflicht selbst fußt.

Zunächst wird die englische Lösung zu diesem Problem präsentiert und kritisiert. Es wird sich zeigen, ob sie ein Vorbild für das deutsche Recht darstellen kann oder ob das Problem der vorprozessualen Beweisvereitelung eines anderen Auswegs bedarf. Die vorprozessuale Beweisvereitelung im englischen Recht ist weitgehend durch seine immanenten Besonderheiten gekennzeichnet. Die herrschende Meinung in Rechtsprechung[886] und Lehre[887] lehnt das Bestehen vorprozessualer Mitwirkungspflichten ab, außer wenn bereits ein Vertrag oder eine gesetzliche Pflicht vorliegt. Die Zerstörung von Objekten, die in einem künftigen Prozess Beweisstoff darstellen könnten, ist ausschließlich dann sanktionierbar, wenn diese Zerstörung ein Versuch auf Rechtsbeugung ist.[888] Diese Ansicht wird dennoch nicht allerseits vertreten. In der Rechtsprechung gibt es das Urteil *The Ophelia*, in dem eine vorprozessuale Aufbewahrungspflicht bestätigt wird. *The Ophelia* wird auch in der modernen Rechtsprechung berücksichtigt.[889] Aus diesem Grund ist die Ansicht abzulehnen, dass das *Armory v Delamirie*-Prinzip, das in *The Ophelia* eindeutig angewendet wurde, angeblich außer Gebrauch sei.[890] Was nach der hier vertretenen Meinung in Bezug auf das *Armory v Delamirie*-Prinzip bestritten ist, ist der Anwendungsbereich des Prinzips im Vorfeld des Zivilprozesses. Im Fall *The Ophelia* bezog sich das Gericht jedoch explizit auf die Rechtsprechung in maritimen Angelegenheiten. So gesehen lehnte das Gericht im Fall *Douglas v Hello! Ltd (No. 3)* nicht die Geltung des Prinzips an sich und im Allgemeinen ab, sondern nur dessen analoge Anwendung auf den Sachverhalt des ihm vorliegenden Falles. Es kommt demzufolge nicht darauf an, ob die

885 Vgl. die Kritik im zweiten Teil, § 4 B. III.
886 Vgl. den zweiten Teil, § 5 A. II. 1. a. und b.
887 Vgl. den zweiten Teil, § 5 A. II. 1. c.
888 *Douglas v Hello! Ltd (No. 3)*, [2003] EWHC 55 (Ch), Rn. 86 f.
889 Vgl. die zitierte Rechtsprechung in Fn. 602.
890 *Scammell v Farmer*, [2008] EWHC 1100 (Ch), Rn. 57.

vorprozessuale Beweisvereitelung im englischen Recht sanktionierbar ist, sondern in welchen Fällen das Prinzip aus dem *Armory v Delamirie*-Urteil Anwendung findet. *Hollander* plädiert für dessen Verallgemeinerung.[891] Seiner Ansicht nach kann diese Aufbewahrungspflicht sowohl direkt auf der Rechtsprechung als auch auf der Practice Direction 31 B basieren, wenn ein Prozess „in reasonable prospect" sei.[892] Dies macht die vorprozessuale Aufbewahrungspflicht unabhängig vom künftigen Prozess und so vom Prozessrechtsverhältnis selbst. Aus dem Fall *The Ophelia* und aus der Argumentation von *Hollander* ist zu schließen, dass die Rechtsprechung die Regel setzen kann, dass die vorprozessuale Beweisvereitelung unter Umständen und unabhängig vom Bestehen eines Prozesses sanktioniert werden muss. Grundlage dieser Regel wäre dann das „Case Law", mit anderen Worten die der englischen Rechtsprechung immanente Gesetzgebungsbefugnis. Das ist, wie bereits erwähnt, normal für die englische Rechtsordnung, in der das „Case Law" eine Rechtsquelle darstellt.

Derartiges gibt es im deutschen Recht nicht. Art. 20 Abs. 3 GG schreibt vor:

> „(3) Die Gesetzgebung ist an die verfassungsmäßige Ordnung, die vollziehende Gewalt und die Rechtsprechung sind an Gesetz und Recht gebunden."

In diesem Artikel sind Grundsätze festgelegt, die „konstituierende Elemente" des Rechtsstaates darstellen.[893] Was die Rechtsprechung anbelangt, wird vorgeschrieben, dass sie an Gesetz und Recht gebunden ist. Damit sind alle materiellen Gesetze gemeint, einschließlich der Verfassung und des Parlamentsgesetzes.[894] Jede Entscheidung der deutschen Gerichte wird dementsprechend in Einklang mit dem materiellen Gesetz gefällt. Das ist ein gemeinsamer Punkt der beiden Rechtsordnungen. Im Gegensatz zum englischen Recht aber ist die deutsche Rechtsprechung keine Rechtsquelle. Im englischen Recht gilt das Prinzip, dass die englischen Gerichte, außer wenn ein Sachverhalt vom „Statutory Law" erfasst wird, dazu befugt sind, einen Sachverhalt unter Reglementierung zu setzen, soweit kein Präzedenzfall vorliegt. Damit sind die englischen Gerichte gemäß dem Stare-decisis-Prinzip daran gebunden. Diese „inherent jurisdiction" des englischen Richters ist auf die deutsche Rechtsordnung nicht übertragbar. Das würde nach der hier vertretenen Meinung dem dritten Grundsatz

---

891 *Hollander*, Evidence, Rn. 11-27; vgl. auch *Tronson*, CJQ 2006, S. 456 und *Hibbert*, Evidence, Rn. 11-036 ff.

892 *Hollander*, Evidence, Rn. 11-27.

893 v. Mangoldt/Klein/Starck/*Sommermann*, Art. 20 Abs. 3 Rn. 227.

894 v. Mangoldt/Klein/Starck/*Sommermann*, Art. 20 Abs. 3 Rn. 285, 263 ff. ; Sachs/*Sachs*, Art. 20 Rn. 107.

des deutschen Rechtsstaats widersprechen, der die Rechtsprechung dem Gesetz strikt unterwirft.

Darüber hinaus ist die richterrechtliche Rechtsfortbildung als Grundlage der vorprozessualen Beweisvereitelung abzulehnen.[895] Diese ist im deutschen Recht keine selbstständige Rechtsquelle wie das „Case Law" neben dem parlamentarischen „Statutory Law" in der englischen Rechtsordnung, sondern das „Resultat rechtsgebundener Entscheidungstätigkeit der Gerichte".[896] Die Gerichte setzen kein Recht fest, sondern finden es durch die Anwendung juristischer Methoden.[897] Die Begründung einer allgemeinen Aufbewahrungspflicht vor dem Prozess, deren Verletzung als Beweisvereitelungsverhalten zu qualifizieren wäre, wäre nach der hier vertretenen Ansicht eine Contra-legem-Rechtsfortbildung. Des Weiteren ergibt sich, nach der hier vertretenen Ansicht, aus der Ermittlung der deutschen Rechtsprechung keine feste Tendenz, eine vorprozessuale Aufbewahrungspflicht selbstständig, nämlich unabhängig vom Bestehen anderer materiellrechtlichen Pflichten, zu anerkennen.

Problematisch ist des Weiteren die Idee der richterlichen Rechtsfortbildung in Hinsicht auf die Rechtsfolgen dieser allgemeinen Pflicht. Die Bestimmung der Regel der Beweislast ist Sache des Gesetzgebers und so rechtssatzmäßig festzusetzen.[898] Die richterliche Rechtsfortbildung ist zwar nicht ausgeschlossen, muss aber den Ausnahmenfall darstellen.[899] Als Beispiel kann in dieser Hinsicht die Beweislastumkehr in der Haftung des Produzenten dienen,[900] wonach es typischerweise für den Verbraucher unmöglich ist, die Haftung des Herstellers zu beweisen, sodass eine lediglich beschränkte Beweislastumkehr notwendig ist. Diese wird dennoch nicht verallgemeinert, sondern nur auf bestimmte Fälle limitiert, wenn gewisse Probleme der Produkte sowohl vor als auch nach ihrem Inverkehrbringen auftreten. Sie ist nämlich nur die Ausnahme, nicht die Regel. Dieses Kriterium ist jedoch im Fall der vorprozessualen Beweisvereitelung nicht gegeben, weil die vorprozessuale Beweisvereitelung keine typische Erscheinungsform aufweist. Das bedeutet, dass verschiedene Sachverhalte, das heißt sowohl vertragliche als auch außervertragliche Rechtsverhältnisse, von

---

895 Vgl. die Ansicht von *Gomille*, S. 91, m. w. N.

896 Sachs/*Sachs*, Art. 20 Rn. 107; vgl. auch v. Mangoldt/Klein/Starck/*Sommermann*, Art. 20 Abs. 3 Rn. 286.

897 v. Mangoldt/Klein/Starck/*Sommermann*, Art. 20 Abs. 3 Rn. 286.

898 *Laumen*, VersR 2018, S. 1329; vgl. außerdem *Larenz*, Methodenlehre, S. 426 f. , in Bezug auf die Grenze der gesetzesübersteigenden Rechtsfortbildung.

899 *Laumen*, VersR 2018, S. 1329; *Beckhaus*, S. 159.

900 Vgl. den zweiten Teil, § 4 D. IV. 2. c.

einer Regel einheitlich erfasst werden müssen in dem Sinne, dass die vorprozessuale Beweisvereitelung in festen Konturen abstrakt reglementiert werden muss, damit alle möglichen Erscheinungsformen davon umfasst werden. Es ist demzufolge evident, dass die Lösung des englischen Rechts, das heißt das „Case Law", unüberwindbare Schwächen aufweist: wegen des singulären Charakters eines jeden Präzedenzfalles können wesentlich gleiche Sachverhalte unterschiedlich behandelt werden.[901] Dies ist essenziell die Argumentation *Hollanders,* der die Weigerung der Verallgemeinerung des *Herrington*-Präzedenzfalles seitens der Rechtsprechung kritisiert.[902]

Der zweite Schwachpunkt der richterrechtlichen Rechtsfortbildung ist ein Ergebnis des ersten, nämlich die verursachte Rechtsunsicherheit wegen sich widersprechender Präzedenzfälle. Denn alle Rechtsadressaten müssen auch vorprozessual mit den rechtlichen Auswirkungen ihrer Handlungen mit hinreichender Genauigkeit rechnen können. Das „Case Law" und die Möglichkeit einer Abweichung von einem Präzedenzfall zeigen indessen ein gegenteiliges Ergebnis, weil eine Abweichung („distinguishing") davon möglich ist, außer wenn zwei Fälle exakt genau denselben Sachverhalt haben. Darüber hinaus ist auch die gesamte Aufhebung („overruling") von gefestigter Rechtsprechung vonseiten des Supreme Courts möglich.[903] Die Lösung des englischen Rechts stellt so kein Vorbild für das deutsche Recht in Bezug auf die vorprozessuale Beweisvereitelung dar.

II. Stellungnahme – Regelungsvorschlag

1. Grundzüge der vorgeschlagenen Vorschrift

Nach der hier vertretenen Auffassung ist ein Punkt im Urteil *The Ophelia* und in der Practise Direction 31 B tatsächlich zutreffend: Das vorprozessuale Beweisvereitelungsverbot ist auf eine selbstständige Rechtsgrundlage zu begründen, das heißt, dass es unabhängig vom Bestehen eines Zivilprozesses und von einem bereits bestehenden materiellen Rechtsverhältnis auszugestalten ist. In Hinsicht auf das Common Law ist diese Grundlage das „Case Law", weil die Practice Directions der CPR keine Rechtsgrundlage darstellen. Im deutschen Recht kann das jedoch ausschließlich eine gesetzliche Vorschrift sein. Dies hätte dann die

---

901 Vgl. die Rechtsprechung im englischen Recht im zweiten Teil, § 5 A. II. 1. a. und b.
902 *Hollander*, Evidence, Rn. 11-26 f.
903 *Austin v Southwark London Borough Council,* [2011] 1 AC 355, Rn. 24 f. , im Einklang mit dem Practice Statement (Judicial Precedent) [1966] 1 WLR 1234 des House of Lords.

folgenden Vorteile: einerseits die gleiche Behandlung aller Erscheinungsformen der vorprozessualen Beweisvereitelung, da die Tatbestandsvoraussetzungen der vorgeschlagenen Regel gemeinhin für alle Erscheinungsformen bestimmt würden; andererseits würde ihre einheitliche Reglementierung der Rechtsicherheit dienen. Diese ist ein Rechtswert von Verfassungsrang, wozu die Rechtsklarheit, die Bestimmtheit und die Beständigkeit staatlicher Entscheidungen als Bestandteile gehören.[904] Die Festsetzung einer selbstständigen Rechtsgrundlage für die vorprozessuale Beweisvereitelung würde in dieser Hinsicht insbesondere die zwei ersten Elemente fördern, zumal das vorprozessuale Verhalten künftiger Parteien unabhängig von anderen zweifelhaften Rechtsverhältnissen geprüft werden könnte. Gleichzeitig wäre der Inhalt ihrer relevanten Pflichten mit Präzision wiedergegeben. Zweck dieser Regelung ist die feste Verbindung des vorprozessualen Bereiches mit einem mutmaßlichen Prozess, bei dem sich die Rechtsfolgen der vorprozessualen Pflichtverletzung entfalten.

2. *Entwurf des vorgeschlagenen Paragrafen*

Im Folgenden wird der Entwurf eines Regelungsvorschlags präsentiert. Die Annahme dieses Vorschlags würde nach der hier vertretenen Meinung eine verfassungskonforme und praktische Lösung bieten, die in das bestehende System der Beweisvereitelung problemlos eingegliedert werden könnte. Insbesondere müsste die vorgeschlagene Regel in das Bürgerliches Gesetzbuch eingeführt werden. Folgende Formulierung wird vorgeschlagen:

> „§ 811 a Aufbewahrung von Beweismitteln
>
> (1) Muss der Besitzer eines Dokumentes oder einer Sache mit einem Rechtsstreit rechnen, in dem das Dokument oder die Sache voraussichtlich als Beweismittel von einem anderen Beteiligten, insbesondere dem Prozessgegner, von Interesse sein könnte, so ist der Besitzer verpflichtet, das Dokument oder die Sache nicht zu vernichten, zu beschädigen oder auf andere Weise zu beeinträchtigen. Ein besonderes Rechtsverhältnis zwischen dem Besitzer und dem anderen Beteiligten wird dabei nicht vorausgesetzt. Ist es aus der Natur der Sache geboten, muss der Besitzer sachgemäße Maßnahmen treffen, um die Sache unversehrt zu erhalten.
>
> (2) Der Besitzer hat die Aufbewahrung, sobald es tunlich ist, dem anderen Beteiligten anzuzeigen. Er kann ihn jederzeit mit angemessener Fristsetzung auffordern, das Dokument oder die Sache selbst zu verwahren.
>
> (3) Mit einem Rechtsstreit im Sinne von Absatz 1 muss gerechnet werden, wenn zwischen dem Besitzer und dem anderen Beteiligten eine Streitigkeit entstanden ist. Ob

904 Sachs/*Sachs*, Art. 20 Rn. 122, und „auch die Klärung strittiger Rechtsverhältnisse in angemessener Zeit".

eine Streitigkeit entstanden ist, bestimmt sich unter Berücksichtigung aller Umstände, insbesondere der Erklärungen der beteiligten Personen und, sofern solche nicht vorliegen, mit Rücksicht auf deren mutmaßlichen Willen.
(4) Die Pflicht nach Absatz 1 entfällt mit der Verjährung des streitigen Anspruchs sowie vor diesem Zeitpunkt, wenn der andere Beteiligte das Dokument oder die Sache selbst in Besitz nimmt, auf eine Aufforderung nach Absatz 2 Satz 2 nicht innerhalb der ihm gesetzten Frist reagiert oder den Beweis durch ein selbstständiges Beweisverfahren nach den §§ 485 ff. Zivilprozessordnung sichern kann.
(5) Wer gemäß den Vorschriften dieser Vorschrift nach Absatz 1 verpflichtet ist, kann die Erstattung seiner notwendigen Aufwendungen von dem anderen Beteiligten verlangen. Kommt es zu einem Gerichtsverfahren, sind die notwendigen Aufwendungen Teil der Prozesskosten."

3. *Anwendungsbereich und Inhalt der Aufbewahrungspflicht*

Es wird vorgeschlagen, diese Regelung in die Systematik der §§ 809-811 BGB einzugliedern. Die §§ 809 und 810 BGB begründen zwei Ansprüche auf Vorlage von Objekten und Urkunden mit dem Zweck der Unterstützung der Rechtsposition einer Person. Kernelemente dieser Regel sind einerseits die Bezugnahme auf Gegenstände und andererseits das berechtigte Interesse der Anspruchsinhaber.

In Bezug auf den ersten Punkt ist der Zusammenhang evident. Der Interessent hat kein direktes Interesse an der von § 811 a Abs. 1 BGB erfassten Sache selbst, sondern möchte sie nur für sein Ziel, das heißt die Durchsetzung seiner Rechte, verwenden. Die Unversehrtheit der relevanten Sache stellt dementsprechend die unverzichtbare Bedingung des Endziels des Interessenten dar. Daraus ergibt sich demzufolge der Schluss, dass die Versicherung der Unversehrtheit eines Objektes nur den unmittelbaren Zweck des vorgeschlagenen Paragrafen darstellt. Wie auch für die §§ 809 ff. BGB[905] liegt die praktische Bedeutung der Regel im Prozessrecht, obwohl sie eine materielle Rechtsbeziehung begründet. Daher ist es geboten, diesbezüglich anzumerken, dass die hier vorgeschlagene Regel grundsätzlich demselben Zweck wie § 485 Abs. 1 ZPO dient, das heißt der mutmaßlichen Verschlechterung der bestehenden Beweislage entgegenzuwirken. Hervorzuheben ist, dass der vorgeschlagene § 811 a BGB das System der §§ 485 ff. ZPO im Wesentlichen ergänzt, und zwar in der Weise, dass für den Interessenten die Chance einer Beweissicherung vorübergehend sichergestellt ist, dass er die Not einer Beweissicherung aber keinesfalls ersetzt oder in

905 Jauernig/*Stadler*, § 809 Rn. 1.

anderer Weise überflüssig macht. Aus diesem Grund wird als Nächstes das Verhältnis zwischen § 811 a BGB und § 485 ZPO erklärt und im Folgenden näher analysiert.

Was insbesondere den Zusammenhang des hier vorgeschlagenen § 811 a BGB mit den anderen Paragrafen dieses Titels anbelangt, ist außerdem Folgendes anzumerken. Es ist bemerkenswert, dass die Anwendung des vorgeschlagenen § 811 a BGB die Anwendung der geltenden §§ 809 und 810 BGB in keiner Weise verhindert. In Hinsicht auf seinen Inhalt bedeutet der Begriff „Sache" alle Gegenstände, nicht nur körperliche Gegenstände. In diesem Sinne würden von § 811 a BGB sowohl bewegliche als auch unbewegliche Gegenstände wie auch digitale Dateien erfasst. Die Einschränkung des Anspruchs auf nur körperliche Sachen hätte keinen Sinn und würde im Wesentlichen dem Zweck des Paragrafen widersprechen. Der Begriff „Dokument" bedeutet alle Schriftstücke; denn er wird nicht auf Urkunden eingeschränkt, sondern erfasst auch digitale Dokumente, die nicht unbedingt mit einer elektronischen Signatur versehen sind.

Die §§ 809 und 810 begründen Ansprüche gegenüber dem Besitzer von Sachen und Urkunden. Die vorgeschlagene Regel wendet sich auch gegen den Besitzer einer Sache. Wie im Rahmen der §§ 809 und 810 BGB[906] besteht im Fall der vorprozessualen Beweisvereitelung ein gewisser Interessenkonflikt zwischen den im prospektiven Rechtsstreit Beteiligten: Während die eine Seite ein Interesse an der Aufbewahrung von Sachen hat, die voraussichtlich als Beweismittel benutzt werden können, gilt für den Besitzer solcher Sachen mutmaßlich das Gegenteil mutmaßlich. Im Gegensatz aber zu den § 809 und 810 BGB gewährt § 811 a BGB dem Beteiligten keinen Vorlage- oder Einsichtsanspruch. Der Beteiligte kann vom Besitzer des Dokuments oder der Sache nur eine sachgemäße und vorübergehende Aufbewahrung verlangen.

Zunächst ist in Bezug auf den Begriff „Besitz" klarzustellen, dass dieser im Einklang mit demselben Begriff in den §§ 142, 144, 371 und 421 ZPO auszulegen ist. Von § 811 a BGB wird nämlich sowohl der unmittelbare als auch der mittelbare Besitz erfasst. Der Grund ist hierin zu finden: Es wäre unzumutbar, den Besitzer zur Aufbewahrung zu verpflichten, wenn er im Prozess nicht beauftragt werden könnte, den Gegenstand dem Gericht vorzulegen. Diese Auslegung des Besitzes würde außerdem mit der Auslegung des Begriffs im Rahmen der §§ 809, 810 BGB[907] übereinstimmen.

906 BeckOKBGB/*Gehrlein*, § 809 Rn. 1.
907 MüKOBGBG/*Habersack*, §§ 809 Rn. 8, 810 Rn. 12.

Mit der Einschränkung der Aufbewahrungspflicht auf die im Besitz des Beteiligten befindlichen Sachen wird also eine praktische Ausgleichung der konkurrierenden Interessen bezweckt. Außerhalb des Anwendungsbereichs des vorgeschlagenen Paragrafen befinden sich demzufolge Sachen, die jenseits des Verantwortungsbereichs des Beteiligten liegen. Eine Partei kann sicherlich Sachen als Beweismittel beibringen, die sich nicht unbedingt im Besitz ihres Gegners befinden. Es ist vorstellbar, dass eine dritte Person erhebliche Beweise besitzt oder dass Gegenstände keinen Besitzer haben. Zweck des vorgeschlagenen Paragrafen ist es aber nicht, die Chance eines mutmaßlichen Anspruchsinhabers gegen jede vorstellbare Verschlechterung seiner Beweislage zu schützen, sondern die im prospektiven Rechtsstreit beteiligte Gegenseite von derartigen Handlungen abzuhalten. In Bezug auf Sachen, die sich nicht in dessen Besitz befinden, hat der Beteiligte sein Interesse durch eigenes Tätigwerden oder im Wege der §§ 485 ff. ZPO schützen. Der Besitzer hat für die Schädigung der aufzubewahrenden Sachen Vorsatz und Fahrlässigkeit gemäß § 276 Abs. 1 BGB zu vertreten, während sein persönliches Tätigwerden nicht notwendig ist. Er kann für die Erfüllung seiner Verpflichtung einen Dritten einbeziehen. § 278 BGB findet in diesem Fall analoge Anwendung.

Was die relevanten Sachen und Dokumente anbelangt, muss wiederholt werden, dass § 811 a BGB seine praktische Bedeutung im Prozess entwickelt, nämlich, dass die Aufbewahrung von Objekten verlangt wird, die als Beweismittel in einem potenziellen Rechtsstreit beigebracht werden könnten. Dies wird außerdem im Text eindeutig klargestellt: „… voraussichtlich als Beweismittel … insbesondere dem Prozessgegner“. Das Interesse des Beteiligten besteht also darin, die Beweisbarkeit seiner Behauptungen bei einem mutmaßlichen Rechtsstreit so weit möglich zu sichern. Es handelt sich um das Projizieren seines Interesses auf einen Gewinn bei einem anstehenden Rechtsstreit. Was demnach die Tragweite der Aufbewahrungspflicht seines Gegners angeht, könnte diese aus diesem Grund nicht von vornherein konkretisiert werden. Der Versuch, jede vorstellbare Kategorie von mutmaßlichen Beweismitteln zu präzisieren, wäre vergeblich und könnte eventuell zum gegenteiligen Ergebnis führen, das heißt, den Anwendungsbereich der Vorschrift ungewollt und zweckwidrig einzuschränken. Die Regel wird daher abstrakt ausformuliert, damit sie jeden möglichen Fall umfasst.

Es folgt logischerweise die Frage, wozu eigentlich der Besitzer verpflichtet wird. Die Bestimmung des Inhalts seiner Pflicht ist im Zusammenhang mit dem jeweiligen Objekt vorzunehmen. Zweck des § 811 a BGB ist, dass die relevante Sache sich im späteren Rechtsstreit oder Prozess in demselben Zustand befindet, in dem sie sich befand im Zeitpunkt der ersten Aussicht dieses Rechtsstreits oder Prozesses, sodass die Beteiligten oder das Gericht genaue Schlüsse in Bezug auf ihren früheren Zustand ziehen können. Es ist zunächst davon auszugehen, dass jede Sache im oberen Sinne verändert werden kann, das heißt, dass gewisse Faktoren ihren Zustand, Inhalt oder ihre Eigenschaften ändern können. Dazu können sicherlich die Natur und das menschliche Verhalten gezählt werden. Kann das Verhalten des Besitzers oder eines Dritten in dessen Auftrag eine derartige Veränderung des Zustandes der Sache bringen, wird dieses Verhalten gemäß § 811 a Abs. 1 BGB verboten. Aus diesem Grund wird auch der Text des Entwurfs diesbezüglich abstrakt ausformuliert: „... zu vernichten, zu beschädigen oder auf andere Weise zu beeinträchtigen". § 811 a Abs. 3 BGB erweitert die Pflicht des Besitzers nur in Bezug auf solche Objekte, deren Aufbewahrung positive und sachgemäße Maßnahmen seitens des Besitzers erfordert: Zum Beispiel muss ein Röntgenbild in einen lichtundurchlässigen Umschlag gelegt werden, damit es durch das Licht nicht verblasst. Lebensmittel müssen grundsätzlich gefroren werden, damit sie nicht verderben. Diese zusätzliche Belastung der Beteiligten wäre nach der hiesigen Ansicht aufgrund des zwischen ihnen bestehenden Rechtsverhältnisses wegen des § 811 a BGB wie auch vor dem Hintergrund der Wichtigkeit der späteren Wahrheitsfindung und der Möglichkeit der Erstattung von Aufwendungen gemäß § 811 Abs. 5 BGB verhältnismäßig, da die Beteiligten relativ unerheblich belastet werden, während die Objekte ausreichend geschützt sind.

Notwendig ist es weiterhin, den Inhalt der relevanten Pflicht „negativ" zu bestimmen, das heißt darzulegen, was die vorgeschlagene Aufbewahrungspflicht nicht erfordert. Der Zweck des Paragrafen ist, wie erwähnt, die Verhinderung der Verschlechterung einer bestehenden Beweislage. Auch wenn ein Prozess noch nicht in Bewegung gesetzt worden ist, hängt das Beweisergebnis und so das Ergebnis des Verfahrens erheblich von der bestehenden Beweislage ab. Das gilt sowohl für die beweisbelastete als auch für die nicht beweisbelastete Partei. Ein erster Punkt ist, dass der vorgeschlagene Paragraf unabhängig von der Beweislastverteilung im späteren Prozess auszulegen ist. Die allgemeinen Regeln der Beweislastverteilung bleiben demzufolge anwendbar und motivieren alle künftigen Parteien, Beweismittel zu sammeln. Das muss bei der Auslegung des Paragrafen berücksichtigt werden. Es wurde schon gezeigt, dass die Gerichte in gewissen Fällen Dokumentations- und Befundsicherungspflichten zu Recht anerkennen.[908] Deren Begründung geschieht grundsätzlich durch Vertrag oder Gesetz und ihr sie weisen das besondere Kennzeichen auf, dass eine Person ein Objekt – das wird grundsätzlich ein Verzeichnis sein – zu beschaffen hat, das

908 Vgl. den zweiten Teil, § 4 D. IV.

sodann in einem Prozess als Beweismittel vom Gericht gewürdigt wird. Der vorgeschlagene § 811 a BGB darf jedoch nicht dahingehend ausgelegt werden. Eine solche Auslegung würde die Grenze der möglichen Auslegung des Gesetzestextes übertreten und kein vorprozessuales Beweisvereitelungsverbot anerkennen, sondern eine unbeschränkte Beweisbeschaffungspflicht begründen. Die Erfüllung dieser Beweisbeschaffungspflicht wäre von den Umständen jedes Einzelfalles abhängig. Daher wäre eine so umfangreiche und schwerlich erfüllbare Beweisbeschaffungspflicht unzutreffend und unverhältnismäßig. Anzumerken und im Einklang dazu ist außerdem, dass die Gerichte grundsätzlich Fachpersonen mit Dokumentations- und Befundsicherungspflichten belasten, wie Ärzte, Produkthersteller und Auftragnehmer.[909] Der vorgeschlagene § 811 a BGB lässt aus den präsentierten Gründen die Beweislastverteilung unberührt und begründet keine Beweisbeschaffungspflicht.

4. *Der voraussehbare Rechtsstreit*

Der Rechtsstreit ist neben dem Besitz auf ein Objekt die zweite zentrale Voraussetzung des § 811 a Abs. 1 BGB. Ein Rechtsstreit ist von grundsätzlicher Bedeutung, damit Einheit über den Zeitpunkt der Entstehung der relevanten Pflicht geschaffen wird, und ist in Zusammenhang mit den in § 811 a Abs. 1 Satz 2 und Abs. 3 BGB festgesetzten interpretativen Regeln auszulegen.

§ 811 a Abs. 3 Satz 1 BGB bezieht sich auf den Begriff der „Streitigkeit". Dieser wird im deutschen Recht bereits verwendet. Ganz konkret geht es um einen in § 38 Abs. 3 Nr. 1 ZPO verankerten Begriff, der den Zeitpunkt bestimmt, ab welchem zwischen zwei Parteien eine Gerichtsstandsvereinbarung abzuschließen zulässig ist. Streitig ist nämlich, zu welchem Zeitpunkt die Streitigkeit entstanden ist. In der Lehre findet sich die Ansicht, dass sie dann entsteht, wenn die Parteien unterschiedliche Meinungen über ein „bestimmtes gesetzliches oder vertragliches Recht oder Rechtsverhältnis"[910] haben und diese der Gegenseite mitgeteilt haben.[911] Ab diesem Zeitpunkt entsteht ein außergerichtlicher Streit.[912] Zum

909 Vgl. den zweiten Teil, § 4 D. IV.

910 Stein/Jonas/*Bork*, 23. Aufl., § 38 Rn. 37.

911 Stein/Jonas/*Bork*, 23 Aufl., § 38 Rn. 37; Hk-ZPO/*Bendtsen*, § 38 Rn. 21; Zöller/*Schultzky*, § 38 Rn. 39; MüKoZPO/*Patzina*, § 38 Rn. 35, „wenn den Parteien bekannt ist, dass sie jeweils unterschiedliche Auffassungen [...] vertreten"; Prütting/Gheimer/*Bey*, § 38 Rn. 16, „Meinungsverschiedenheiten [...] aufgetreten sind".

912 Stein/Jonas/*Bork*, 23. Aufl., § 38 Rn. 37.

Kern dieser Regel gehört das Element der Uneinigkeit.[913] Anzeichen eines Prozesses, beabsichtigt oder angedroht, sind allerdings nicht erforderlich[914] – diese Meinung wurde grundsätzlich in der älteren Lehre vertreten.[915] Eine solche Eingrenzung würde den Anwendungsbereich sowohl des § 38 Abs. 3 Nr. 1 ZPO als auch des § 811 a BGB erheblich limitieren und die praktische Bedeutung dieser Paragrafen entsprechend vermindern. Als besonders wichtig erweist sich weiterhin das Bestehen einer bestimmten Streitigkeit.[916] In Anbetracht des Zwecks von § 38 Abs. 3 ZPO ergibt diese Voraussetzung Sinn, weil § 38 Abs. 1 ZPO ein Prorogationsverbot festsetzt, das unschwer umgegangen werden könnte, wenn die Parteien Vereinbarungen über künftige, unbestimmte Streitigkeiten vereinbaren würden.[917] Diese Limitierung ist auch im Fall des § 811 a BGB anzunehmen, und zwar in dem Sinne, dass sich die relevanten Gegenstände auf ein bestimmtes Ereignis beziehen müssen.

Wie erwähnt, entsteht eine Streitigkeit nach § 38 Abs. 3 Nr. 1 ZPO durch Mitteilung der Ansicht einer Partei an die andere. § 811 a Abs. 3 BGB wird allerdings nicht auf die gegenseitigen Erklärungen eingeschränkt. Dies wird tatsächlich als erste Alternative in § 811 a Abs. 3 BGB festgesetzt, denn eine „Meinungsverschiedenheit" wird typischerweise erst nach der Kommunikation der Beteiligten entdeckt . Das Wort „insbesondere" hat nämlich diese Bedeutung: den Äußerungen der Beteiligten die gebührende Gravität zuzuschreiben. Die Einschränkung der Vorschrift auf nur klare Fälle würde allerdings ihren Zweck infrage stellen. Aus der Rechtsprechung ergibt sich, dass die Beweisvereitelung

---

913 Das wird in der Lehre auf verschiedene Weise zum Ausdruck gebracht: vgl. Zöller/*Schultzky*, § 38 Rn. 39 und Baumbach/Lautenbach/Hartmann/Anders/Gehle/*Bünnigmann*, § 38 Rn. 34, „Uneinigkeit"; Thomas/Putzo/*Hüßtege*, § 38 Rn. 18, „unterschiedliche Ansicht"; Stein/Jonas/*Bork*, 23. Aufl., § 38 Rn. 37, „verschiedene Ansichten"; Hk-ZPO/*Bendtsen*, § 38 Rn. 21; MüKoZPO/*Patzina*, § 38 Rn. 35, „unterschiedliche Auffassungen"; Wieczorek/Schütze/*Smid*/*Hartmann*, § 38 Rn. 110, „Meinungsverschiedenheit"; Prütting/Gheimer/*Bey*, § 38 Rn. 16; Musielak/Voit/*Heinrich*, § 38 Rn. 22.

914 Wieczorek/Schütze/*Smid*/*Hartmann*, § 38 Rn. 110; MüKoZPO/*Patzina*, § 38 Rn. 35; Stein/Jonas/*Bork*, 23. Aufl., § 38 Rn. 37; Musielak/Voit/*Heinrich* § 38 Rn. 22; Hk-ZPO/*Bendtsen*, § 38 Rn. 21; Zöller/*Schultzky*, § 38 Rn. 39.

915 *Vollkommer*, Rpfleger 1974, 132; *Wolff*, ZZP 88, 344 (346).

916 Thomas/Putzo/*Hüßtege*, § 38 Rn. 18; Prütting/Gheimer/*Bey*, § 38 Rn. 16; Zöller/*Schultzky*, § 38 Rn. 39; Hk-ZPO/*Bendtsen*, § 38 Rn. 21; Musielak/Voit/*Heinrich* § 38 Rn. 22; Wieczorek/Schütze/*Smid*/*Hartmann*, § 38 Rn. 110.

917 Stein/Jonas/*Bork*, Aufl. 22, § 38 Rn. 37.

in verschiedenen Erscheinungsformen vorliegen kann und dass Fälle vorstellbar sind, in denen eine Person durch ein Ereignis zwar einen Schaden erlitten hat, jedoch aus irgendeinem Grund außerstande ist, ihren Willen gegenüber der anderen Seite auszudrücken und dadurch die Streitigkeit zu begründen. Man muss bei Persönlichkeits- oder Vermögensverletzungen eines anderen mit einem Rechtsstreit folglich auch dann rechnen, wenn ausreichende Anhaltspunkte dazu vorliegen, dass die verletzte Person Wiedergutmachung für den Schaden ihrer Rechtsgüter verlangen würde. Es ist ferner nicht unerheblich, diesbezüglich zu betonen, dass auch in der CPR die Practice Direction 31 B einen abstrakten Begriff („litigation is contemplated") benutzt. Ein Prozess ist aber nicht nur dann vorstellbar, wenn Mitteilungen an den künftigen Gegner explizit angegeben werden[918], sondern auch in anderen Fällen: Hierzu können zwei Beispiele erwähnt werden: ein Autounfall, aufgrund dessen sich der Autofahrer in einem Schockzustand befindet oder in Ohnmacht fällt, oder der Fall, in dem ein Techniker einen Computer repariert, wegen seiner ungeschickten Handhabung aber Dateien im Computer vernichtet, während der Eigentümer des Rechners abwesend ist. Der Techniker hätte die Möglichkeit, die Beweislage vor Mitteilung seines Fehlverhaltens zu vertuschen. Deswegen soll § 811 a Abs. 1 BGB auch solche Fälle umfassen, in denen klare Anhaltspunkte vorliegen, die die Annahme einer Streitigkeit sehr wahrscheinlich machen. Aus diesem Grund wird in § 811 a Abs. 3 vorgeschrieben, dass das Entstehen einer Streitigkeit immer „… unter Berücksichtigung aller Umstände, … " zu bestimmen ist, und zwar immer mit Rücksicht auf den „mutmaßlichen Willen" des Beteiligten. Anhaltspunkte einer Rechtsverletzung werden in der Regel ausreichen, um zu unterstellen, dass der Rechtsinhaber die Wiederherstellung des früheren Zustands durchsetzen möchte oder zumindest Schadensersatz verlangen wird. In solchen Fällen erkennt die Rechtsprechung an, dass ein Zivilprozess voraussehbar ist und so prospektive Beweismittel unversehrt bleiben müssen.[919] Die „Voraussehbarkeit" erhebt sich folglich zu einem erheblichen Prinzip des modernen Zivilprozesses, das den im künftigen Rechtsstreit Beteiligten eine gewisse Sicherheit für ihre Rechte verschaffen soll. Anzumerken ist diesbezüglich auch, dass es um ein nicht nur im Rahmen der Beweisvereitelung ausschlaggebendes

918 *Hollander*, Evidence, Rn. 11-10: „The submission is more powerful if it has been foreshadowed in pre-action correspondence." – *Hibbert*, Evidence, Rn. 11-004: „[…] proceedings are reasonably contemplated, *for example* when a letter of claim has been received." (Hervorhebung hinzugefügt, E.Z.)

919 Vgl. den Tupferfall, BGH VersR 1955, 344.

Prinzip geht, sondern auch um eines in der europäischen Gesetzgebung und in der Rechtsprechung des EuGHs;[920] es handelt sich nämlich um ein prozessuales Prinzip auf europäischen Ebene. Das würde § 811 a Abs. 1 BGB den Vorteil der Flexibilität verleihen und den Weg in Richtung einer progressiven Rechtsentwicklung ebnen, wie das im Fall der Arzthaftung bereits geschehen ist.

Wie bereits erwähnt, bezweckt § 811 a Abs. 3 BGB, den Zeitpunkt genau zu bestimmen, an dem ein Rechtsstreit entsteht. § 811 a Abs. 1 Satz 2 BGB verfolgt einen anderen Zweck, nämlich den Anwendungsbereich des § 811 a Abs. 1 Satz 1 BGB klarzustellen. Es muss in Hinsicht auf die Systematik des § 811 a BGB hervorgehoben werden, dass sein Anwendungsbereich jeden möglichen Fall erfasst, in dem eine Vereinbarung zwischen zwei Personen getroffen worden ist. Tatsächlich kann es beim Bestehen eines gültigen Vertrags vorkommen, dass der Vertrag als Rechtsgrundlage einer Nebenpflicht der Vertragsparteien wirkt, die denselben Inhalt wie § 811 a BGB hat. Diesen Aspekt haben die deutschen Gerichte zu Recht mehrfach betont. In diesem Fall würde die Aufbewahrungspflicht sowohl auf dem Vertrag als auch auf § 811 a BGB fußen, sodass dieselbe Pflicht im Wesentlichen auf zwei unterschiedlichen Grundlagen basieren würde. Die Partei, die sich im Prozess auf das beweisvereitelnde Verhalten ihres Gegners beruft, hätte dann die Tatbestandsvoraussetzungen entweder des gültigen Vertrags oder des vorgeschlagenen § 811 a BGB zu beweisen, während das Ergebnis dasselbe bliebe.

Der Anwendungsbereich des § 811 a BGB ist absichtlich weit gefasst und dies wird in § 811 a Abs. 1 Satz BGB eindeutig gezeigt. Durch § 811 a BGB werden nämlich auch Fälle erfasst, bei denen ein gültiger Vertrag fehlt. Genauer gesagt ist es vorstellbar, dass sich, obwohl ein Vertrag abgeschlossen wurde, am Ende des Prozesses als nichtig erweist. Dann würde ab initio die Grundlage der Aufbewahrungspflicht fehlen. Was § 811 a Abs. 1 BGB bietet, ist nicht nur eine solide und eigenständige Grundlage, sondern auch eine ganz konkrete Beschreibung der verbotenen Handlungen. In solchen Fällen würden von der vorgeschlagenen Regel alle relevanten Gegenstände erfasst. Es ist nämlich vorstellbar, dass Sachen oder Dokumente zur Erfüllung einer vertraglichen Hauptpflicht oder Nebenpflicht zustande gekommen sind oder zu diesem Zweck benutzt oder übergeben wurden oder auch den Vertragsgegenstand selbst darstellen. Die Rechtsprechung beider Länder ist in Bezug darauf reich an Beispielen: die elektronische Korrespondenz zwischen den Beteiligten, eine während der ärztlichen

920 Vgl. die Nr. 15 und 16 in der Präambel der EUGVVO, wie auch die EuGH, 04.10.2018, Rs. C-337/17 und Rs. EuGH, 09.07.2020, Rs. C-343/19.

Befunderhebung entstandene Röntgenaufnahme, ein während einer Operation benutzter Tupfer, ein zur Reparatur übergebener Motor oder ein Gebäude, dessen Errichtung den Vertragsgegenstand darstellt. Im Ergebnis übernehmen die Beteiligten eine Pflicht, solche Objekte in dem Zustand aufzubewahren, in dem das Objekt verbleiben würde, wenn ein gültiger Vertrag vorliegen würde, das heißt als wenn sie tatsächlich eine Nebenpflicht, das heißt ihre sachgemäße Aufbewahrung, zu erfüllen hätten.

§ 811 a Abs. 1 Satz 2 BGB erweitert den Anwendungsbereich des vorgeschlagenen § 811 a Abs. 1 Satz 1 auf Fälle, bei denen das Vorliegen eines Vertrags sicher fehlt. Damit werden also grundsätzlich Unfälle erfasst, in denen kein Rechtsverhältnis zwischen den Beteiligten bis zum Zeitpunkt der mutmaßlichen Rechtsverletzung besteht. Gemäß § 811 a Abs. 1 Satz 2 ist aber auch danach, nämlich nach dem relevanten Ereignis, kein Rechtsverhältnis – typischerweise besteht nach § 823 Abs. 1 BGB ein Schadensersatzanspruch – vorausgesetzt. Der Grund ist evident: Zweck des § 811 a Abs. 1 ist es, dass der mutmaßliche Anspruchsinhaber die Voraussetzungen seines Anspruchs beweisen kann. Wie oben erwähnt, ist eine Erklärung des Geschädigten nicht vorausgesetzt. Liegen lediglich Anhaltspunkte einer Verletzung der Rechte einer Person vor, wird der Beteiligte zur Aufbewahrung von einschlägigen Gegenständen verpflichtet. Hier ist weiterhin anzumerken, dass das Vorliegen von Anhaltspunkten nicht einmal dann erforderlich sein würde, wenn ein Beteiligter sich einem anderen ausdrücklich erklärt und dadurch gemäß § 811 a Abs. 3 BGB eine Streitigkeit eröffnet.

Ist für den Besitzer ein Rechtsstreit voraussehbar, hat er die Aufnahme der Aufbewahrung dem anderen Beteiligten gemäß § 811 a Abs. 2 Satz 1 sobald wie möglich mitzuteilen. Hat Letzterer seine Meinung über eine potenzielle Streitigkeit gegenüber dem Besitzer bereits geäußert, muss der Besitzer nicht nur nach § 811 a Abs. 1 Satz 1 BGB mit einem Rechtsstreit rechnen, sondern auch den anderen Beteiligten über die Aufbewahrung von relevanten Sachen informieren. Die Beteiligten werden dann die Möglichkeit haben, die Objekte zu bestimmen, die aufzubewahren sind. Eine Vereinbarung der Beteiligten über die Identität der aufzubewahrenden Gegenstände stellt allerdings für die Verpflichtung des Besitzers gemäß § 811 a Abs. 1 Satz 1 BGB keine Voraussetzung dar. Es reicht aus, dass aus der Kommunikation der Beteiligten hervorgeht, dass eine gewisse Sache in Hinsicht auf die bestehende Streitigkeit voraussichtlich als Beweismittel von Bedeutung ist. Hat jedoch der Beteiligte keine Erklärung abgegeben, zum Beispiel wegen Abwesenheit oder aus Unkenntnis über ein Geschehen, und gibt es Anhaltspunkte für eine Rechtsverletzung, wird die Ankündigung des Besitzers nicht nur für die Bestimmung der aufzubewahrenden Objekte erheblich sein, sondern auch für die unmittelbare Klarstellung der Frage, ob zwischen den Beteiligten eine Meinungsverschiedenheit besteht.

Durch die abstrakte Ausformulierung des § 811 a Abs. 1 und die Bestimmung der § 811 a Abs. 1 Satz 2 und Abs. 3 BGB wird also ein doppelter Zweck erreicht: Einerseits wird für § 811 a BGB ein umfangreicher Anwendungsbereich eingeführt, während andererseits die Grenze dieses Bereichs so weit wie möglich klar festgelegt wird.

5. *Entfallen der Aufbewahrungspflicht*

§ 811 a Abs. 4 BGB bezieht sich auf die zeitliche Grenze der Aufbewahrungspflicht. Da § 811 a BGB zwischen zwei Personen ein Rechtsverhältnis begründet, das verlangt, dass sie gewisse Handlungen vermeiden, wäre es unzumutbar, sie für unbestimmte Zeit verpflichtet zu halten. Deswegen werden grundsätzlich zwei Alternativen vorgeschlagen. Die erste Alternative hat § 809 BGB als Vorbild. In der Rechtsprechung wird erklärt, dass „das Informationsbedürfnis, und damit das schutzwürdige Interesse an der Besichtigung" einer Person mit der Verjährung ihres Hauptanspruchs entfällt.[921] Dementsprechend bezieht sich die vorgeschlagene Vorschrift auf die Verjährungsfrist des streitigen Anspruchs und legt den theoretisch entferntesten Punkt fest, bis zu dem eine Person gemäß § 811 a BGB verpflichtet bleiben kann. Die Bestimmung dieses Zeitpunkts in Zusammenhang mit der Verjährung des Hauptanspruchs dient sowohl der Rechtssicherheit für die verpflichtete als auch dem Interesse der anderen Seite, die theoretisch ausreichend Zeit haben wird, Maßnahmen zu treffen.

Praktisch wichtiger erweist allerdings sich die zweite Alternative, nämlich die Möglichkeit des Interessenten, den Gegenstand abzusichern. Diese weist einen doppelten Vorteil auf: Das Recht, eine formelle Beweissicherung zu beantragen, verkürzt den Zeitraum, auf den § 811 a Abs. 1 BGB Anwendung findet, da jede Person in der Regel dazu imstande ist, binnen eines angemessenen Zeitraums Beweissicherungsmaßnahmen im Wege des einstweiligen Rechtsschutzes nach den §§ 485 ff. ZPO zu treffen. Dies steht im Einklang mit der deutschen Rechtsprechung in Bezug auf die Beweisvereitelung. Die Gerichte berücksichtigen immer die reale Möglichkeit der Parteien, die ihnen günstigen Beweismittel sicherzustellen, nämlich dass sie selbst das nun fehlende Beweismittel entweder durch das selbstständige Beweisverfahren[922] oder, wenn das Objekt

---

921 Vgl. OLG Karlsruhe, Beschluss vom 27. April 2001 – 14 U 187/00 –, juris, Rn. 13 und auch NJW-RR 2002, 951, erwähnt in Jauernig/*Stadler*, § 809 Rn. 1.

922 Vgl. den dritten Teil, § 7 C. III.

sich in ihrem Besitz befand, durch eigenes Tätigwerden sicherstellen könnten. Diese Unterlassung des Beteiligten begründet ihr Mitverschulden und deshalb scheidet ihre Beweiserleichterung im Prozess aus. Das Entfallen der Pflicht des Besitzers bedeutet nicht nur dessen Befreiung davon, sondern auch, dass die vorprozessuale Verschlechterung des Objektes keine Beweisvereitelung darstellen würde und deshalb dem Besitzer nicht entgegengehalten werden könnte. Der vorgeschlagene § 811 a bezweckt zwar die vorprozessuale Sicherung von Beweismitteln, nicht aber die bedingungslose Privilegierung des Beteiligten, in dem Sinne, dass seine vorprozessuale Passivität negative Auswirkungen auf seine Beweismöglichkeiten im späteren Prozess hat. Der zweite Vorteil ergibt sich aus dem ersten. Wenn jemand ein Interesse an der Sicherung von gewissen Objekten hat, ist er im Einklang mit der allgemeinen Beweislastverteilung damit belastet, aktiv zu werden. Das verkürzt die mögliche Aufbewahrungszeit des Gegenstandes gegenüber der ersten Alternative signifikant.

Neben dem von der Rechtsprechung anerkannten Mitverschulden wird auch ein dritter Grund für das Entfallen der Ausbewahrungspflicht des Besitzers genannt. Wie oben dargestellt, hat er nach § 811 a Abs. 2 Satz 1 BGB im Fall eines Rechtsstreits die Aufbewahrung dem anderen Beteiligten anzukündigen. Diese Pflicht wird gemäß § 811 a Abs. 2 Satz 2 BGB mit dem Recht ergänzt, den anderen Beteiligten aufzufordern, innerhalb einer bestimmten Frist die Verwahrung der Sache zu übernehmen. Der Grund dafür ist im Interesse des Besitzers zu finden, seine Pflicht zeitlich zu begrenzen. Es kann im Geschäftsleben vorkommen, dass die Aufbewahrung eines Objekts für unbestimmte oder lange Zeit aus ökonomischen Gründen unvorstellbar ist. Dies lässt sich besonders in Wirtschaftsbereichen veranschaulichen, wo die Aufbewahrung einer Sache immense Kosten für das Unternehmen bedeuten kann. Die Bauwirtschaft und der Transportbereich sind hier als typische Fälle zu erwähnen. Ist beispielsweise der Lkw einer Lieferungsfirma an einem Unfall beteiligt, ist das Unternehmen gezwungen, das Auto baldmöglichst reparieren zu lassen und zu benutzen. In solchen Fällen würde das Recht aus § 811 a Abs. 2 Satz 2 BGB dem Besitzer der Sache insofern einen Ausweg verschaffen, indem der Besitzer die Aufbewahrungslast auf den anderen Beteiligten verschiebt. Reagiert der Beteiligte auf diese Aufforderung nicht fristgemäß, entfällt gemäß § 811 a Abs. 4 die Aufbewahrungspflicht des Besitzers. Diese Lösung trägt jedenfalls nicht nur den täglichen Bedürfnissen, sondern auch der Beweislastverteilung Rechnung. Wie in den gerade erwähnten Fällen muss auch hier der Beteiligte sein Interesse durch das eigene Tätigwerden schützen. In Hinsicht auf das System der Beweisvereitelung würde die Passivität des Beteiligten in diesem Fall ebenso als Mitverschulden angesehen werden und es würde ihm deswegen in einem späteren Prozess keine Beweiserleichterung gewährt werden.

6. *Ersatz von Aufwendungen*

§ 811 a BGB wird durch eine Vorschrift über die Erstattung von Aufwendungen ergänzt. Wie soeben gezeigt, kann die Aufbewahrung von Gegenständen, vor allem in Fällen, in denen sie langzeitig zu erfolgen hat oder positive Maßnahmen zum Schutz des Objektes erforderlich sind, besonders aufwendig sein. Dem Besitzer wird deswegen explizit das Recht eingeräumt, alle notwendigen Aufwendungen vom anderen Beteiligten zu verlangen. Das entspricht dem Interessenausgleich zwischen den Beteiligten. Mit anderen Worten muss der Besitzer keinesfalls zusätzlich zur Aufbewahrung der prozessualen Waffen seines prospektiven Gegners, die Kosten dieser Pflichterfüllung tragen. Gleichzeitig wird auch der Umfang des Ersatzanspruchs festgelegt: Nur „notwendige" Aufwendungen werden von § 811 a Abs. 5 Satz 1 umfasst. Dieser abstrakte Begriff ist immer in Hinsicht auf die Umstände im Einzelfall objektiv zu konkretisieren.

Auf andere Weise wird der Ersatz von Aufwendungen bei Durchführung eines gerichtlichen Verfahrens reglementiert. § 811 a Abs. 5 Satz 2 ordnet die notwendigen Aufwendungen den Prozesskosten unter. Die geltenden §§ 91 ff. ZPO sind dann direkt anwendbar. Im Falle seines Sieges wird der Anspruch des Besitzers nach § 811 a Abs. 5 Satz 1 getilgt. Im gegenteiligen Fall entfällt der Anspruch und so kann der Besitzer keinen Ersatz für die notwendigen Aufwendungen mehr verlangen. Hat sein Gegner ihn für die Aufwendungen bereits bezahlt, ist ihm dies als notwendige Kosten nach § 91 Abs. 1 ZPO zurückzuerstatten.

7. *Beweislastverteilung*

Die allgemeinen Regeln für die Beweislastvereitelung sind im Rahmen des vorgeschlagenen § 811 a BGB anwendbar, das heißt, dass jede Partei die Beweislast für Tatsachen tragen muss, die zur Begründung der ihr günstigen Norm notwendig sind.[923] Nämlich beinhaltet der Paragraf keine spezielle Norm für die Beweislastverteilung in Fällen der Beweisvereitelung. Wie für die allgemeine Beweisvereitelung[924] müssen auch im Rahmen des § 811a BGB die allgemeine Regel der Beweislastverteilung gelten.

Zweck des vorgeschlagenen § 811 a BGB ist es, die Beteiligten in einem Rechtsstreit gegen die Verschlechterung ihrer Prozessstelle aufgrund der Vernichtung

923 Vgl. die Fn. 20.
924 Vgl. *Krapoth*, S. 36.

von Beweismitteln zu schützen und deshalb wird der Paragraf in das System der Beweisvereitelung eingeordnet. Wer aus der Anwendung der Regeln der Beweisvereitelung im Prozess profitiert, muss das Bestehen einer entsprechender Aufbewahrungspflicht des Gegners beweisen. § 811 a BGB wird in Fällen von vorprozessualer Beweisvereitelung in Betracht kommen, nämlich wegen Vernichtung oder Schädigung eines Objektes. Fraglich wäre dann, ob der Besitzer zur Aufbewahrung verpflichtet war und ob er seine Pflicht verletzt hat. Wenn Letzteres der Fall ist, wird sein Gegner von der Gewährung von Beweiserleichterungen durch die Anwendung der allgemeinen Regeln der Beweisvereitelung im Prozess profitieren. Die Regel der Beweisvereitelung wird also für ihn eine günstige Regel darstellen. Aus diesem Grund muss die wegen Beweisvereitelung im Prozess verhinderte Partei die objektive und die subjektive Beweislast für das Bestehen der vorprozessualen Aufbewahrungspflicht nach § 811 a Abs. 1 BGB tragen und sich so auf konkrete Tatsachen berufen, wie eigene Erklärungen gemäß § 811 a Abs. 3 BGB, und diese beweisen.

§ 811 a Abs. 4 BGB enthält demgegenüber rechtsvernichtende[925] Regeln, nämlich Vorschriften, deren Anwendung das einschlägige Recht des Prozessgegners endgültig zunichte machen. Genauer gesagt entfällt bei Vorliegen der Tatbestandsvoraussetzungen des § 811 a Abs. 4 BGB die Pflicht des Besitzers, die relevanten Beweismittel aufzubewahren, und dementsprechend auch die Gewährung von prozessualen Beweiserleichterungen für seinen Gegner im Prozess ausscheiden. Der Besitzer hat zu behaupten und beweisen, dass er seinem Gegner die Aufbewahrung tunlich angezeigt und eine Frist zur Übernahme der Verwahrung der Sache gesetzt hat wie auch das der Gegner gemäß § 811 a Abs. 4 BGB passiv blieb

Wie oben dargestellt, begründet § 811 a Abs. 5 Satz 1 BGB einen Ersatzanspruch des Besitzers gegen den anderen Beteiligten für den Fall, dass kein Prozess zwischen ihnen eröffnet wird und der Besitzer für die Aufbewahrung des einschlägigen Gegenstandes Aufwendungen gemacht hatte. In Anwendung der Regeln der allgemeinen Beweislastverteilung muss der Besitzer in diesem Fall die Beweislast für die Erfüllung der relevanten Tatbestandsvoraussetzungen tragen. Der Besitzer hätte also konkrete Tatsachen zu beweisen, aus denen ein Rechtsstreit voraussehbar war, wie auch, dass er selbst zum Zweck der Pflichterfüllung Aufwendungen hatte oder dass ein Dritter in seinem Auftrag zu diesem Zweck einbezogen und bezahlt wurde.

925 In Bezug auf die Einordnung der Beweislastnormen vgl. *Musielak*, S. 311 ff.

Dritter Teil: Tatbestandsvoraussetzungen der Beweisvereitelung

Abstract: This chapter examines and compares the prerequisites for the application of the rules referring to the spoliation of evidence in German and English law. Spoliation can in principle occur before and after the commencement of formal proceedings, by both parties, that means independent of the distribution of the burden of proof, and in a plethora of forms. The prerequisites of accountability, causality and the harmful in procedural terms result of the act of spoliation are analyzed in depth. With regard to the particularities of the English law, special attention is drawn to the differences between the prerequisites for the application of different rules, namely rules stemming from the common law and rules of the Rules of Civil Procedure.

Keywords: Beweisvereitelungshandlung; Erscheinungsform; Verantwortlichkeit; Kausalität; Mitverschulden; Sachverhaltsaufklärung; Fair process.

§ 7: Deutsches Recht

A. Rationae materiae & temporis

I. Erscheinungsformen der Vereitelungshandlung

Das Gesetz bestimmt nicht die Erscheinungsformen der Beweisvereitelung. Jede Handlung kann eine Unaufklärbarkeit des Sachverhalts nach sich ziehen, ohne zwischen Tun und Unterlassen zu unterscheiden.[926] Neben der Vernichtung oder der Vorenthaltung bestehender Beweismittel, auf die das Gesetz unmittelbar in den §§ 427 und 444 ZPO hinweist, treten die folgenden Sachverhalte auf: Verhinderung der Besichtigung eines Gegenstandes,[927] Verhinderung der Vernehmung von Zeugen durch Verweigerung einer Preisgabe ihrer Namen und Anschrift,[928] Verweigerung der Entbindung von Zeugen von ihrer

926 *Krapoth*, S. 28 f. ; *Adloff*, S. 293.

927 LG Berlin, Urteil vom 3. August 2012 – 63 S 359/10, juris, Rn. 20; LG Dortmund, Urteil vom 18.5.2011 – 20 O 16/08, juris, Rn. 36; AG Velbert BeckRS 2021, 928, Rn. 8;OLG München NJW 1984, 807 (808); OLG Koblenz NJW-RR 2013, 796 (797); OLG Koblenz NJW 1968, 897.

928 BGH GuT 2012, 384 (385); NJW 2008, 982 (985); BGH NJW 1960, 821.

Schweigepflicht,[929] Zeugenbeeinflussung,[930] Veräußerung bzw. Entsorgung von Objekten[931] oder Versäumen ihrer Beschaffung.[932]

II. Zeitpunkt der Vereitelungshandlung

Obwohl sich das Beweisvereitelungsverhalten immer auf den Prozess auswirkt, und die Beweisnot der Partei nur bei der Beweisaufnahme auftritt, kann eine Vereitelungshandlung sowohl vorprozessual als auch nach Prozessbeginn unternommen werden. Dem wird vollkommen zugestimmt.[933]

Typische Erscheinungsformen während des Prozesses sind die Vorenthaltung eines Objektes, obwohl dessen Vorlage angeordnet wird, die Verhinderung des Zugangs zu einem Grundstück, die Verweigerung der Namhaftmachung von Zeugen, der Preisgabe ihrer Anschriften oder der Entbindung von ihrer Schweigepflicht. Typische Erscheinungsformen vor dem Prozess sind die Unterlassung der Erstellung von Dokumenten und die Veräußerung oder Vernichtung von Dokumenten oder anderen Objekten.

B. Ratione personae

Heikel ist die Frage, ob jede Partei Beweisvereitelung begehen kann. Die Antwort auf diese Frage steht im Zusammenhang mit der Frage der Rechtsfolge der Beweisvereitelung: Wenn sie zur Beweislastumkehr führt, dann ist der Anwendungsbereich unvermeidlich auf die nicht beweisbelastete Partei beschränkt, weil es unmöglich ist, dass sich diese Rechtsfolge auf ihren beweisbelasteten Gegner auswirkt.[934]. Wenn aber andere Rechtsfolgen greifen, wird entsprechend auch der Anwendungsbereich der Regel erweitert. Die Frage wird im vierten Teil vorliegender Untersuchung näher erörtert.

---

929 OLG München NJW-RR 1987, 1021 (1022); BGH MDR 1984, 48; BGH VersR 1981, 42; OLG Düsseldorf MDR 1976, 762; BGH NJW 1972, 1131 (1132); BGH NJW 1967, 2012; OLG Celle VersR 1966, 870; RG WarnErg 1912, 149.

930 OLG Dresden OLG-NL 2001, 97 (101); vgl. auch Hanseatisches OLG Hamburg, Beschluss vom 24. Februar 2020 – 2 W 60/19 -, juris, mit Anm. bei Kurth Steffen.

931 OLG Düsseldorf MDR 2003, 215.

932 BGH NJW 2009, 360 (362); BGH NJW 1978, 2337 (2339).

933 *Peters*, ZZP 82, S. 212; *Krapoth*, S. 27; *Matthies*, JZ 1986, S. 961; *Prütting*, S. 186 f. ; *Musielak*/Stadler, Grundfragen, Rn. 183; *Beckhaus*, S. 156; *Lutz*, S. 64.

934 *Musielak/Stadler*, Grundfragen, Rn. 187; *Beckhaus*, S. 158.

C. Verantwortlichkeit

I. Grad des Verschuldens

Lehre[935] und Rechtsprechung[936] unterwerfen alle Erscheinungsformen der Beweisvereitelung dem Verschuldensgrundsatz. Damit wird der persönliche Vorwurf gegen die beweisvereitelnde Partei als subjektive Voraussetzung eingesetzt. Der Vorwurf ist gegen jemanden zu erheben, der eine pflichtwidrige Handlung begeht, obwohl er sich bei der nötigen Aufmerksamkeit bzw. Sorgfalt oder bei „gutem Willen" anders verhalten könnte.[937]

Die Verantwortlichkeit der Partei ist als Tatbestandsvoraussetzung in den §§ 427 und 441 Abs. 3 ZPO verankert, die die Partei verpflichtet, nach Urkunden „sorgfältig" nachzuforschen.[938] Zunächst unterwarf das Reichsgericht die Beweisvereitelung dem Verschuldensgrundsatz.[939] Es verlangte, dass die beweisvereitelnde Partei schuldig sein muss, unabhängig vom Grad ihres Verschuldens, das heißt, ohne zwischen Vorsatz und Fahrlässigkeit zu unterscheiden. Der BGH schloss sich der Auffassung des RG an.[940] Es reicht folglich Fahrlässigkeit aus. Die Rechtsprechung bezieht sich fest auf diese Voraussetzung und führt oft aus, dass Fahrlässigkeit für das Eintreten der Rechtsfolgen ausreicht.[941]

Die Partei haftet nicht ausschließlich für ihr eigenes Verhalten, sondern auch für das Verhalten von Dritten, wenn sie in den Worten des RG „auf Anordnung oder im Einverständnis der Partei tätig" ist.[942] Die Beweisvereitelung ist dann

---

935 Wieczorek/Schütze/*Ahrens*, Vor § 284 Rn. 31; *Peters*, ZZP 82, S. 211; *Krapoth*, S. 33; *Matthies*, JZ 1986, S. 961; *Taupitz*, ZZP 100, S. 302; *Prütting*, S. 186; *Prölss*, S. 92; *Beckhaus*, S. 156; *Adloff*, S. 293; *Lutz*, S. 68.

936 BGH GRUR 2016, 88 (92); BGH NJW 2009, 360 (361 f.); BGH NJW 2008, 982 (985); BGH NJW 2006, 434 (436); BGH NJW 2004, 222; BGH NJW 1998, 79 (81); BGH NJW 1994, 1594 (1595); BGH NJW 1986, 59 (60); BGH NJW 1967, 2012; BGH NJW 1963, 389 (390); BGHZ 3, 162 (176).

937 *Larenz*, SchuldR. I, § 20 S. 255 ff.

938 *Peters*, ZZP 82, S. 211.

939 RGZ 11, 293 (294); RGZ 20, 5 (6); RGZ 101, 197 (198); RGZ 105, 255 (259); RGZ 128, 121 (125).

940 BGH NJW 2009, 360 (362); BGH NJW 2006, 434 (436); BGH NJW 2004, 222; BGH NJW 1994, 1594 (1595); OLG München VersR 1992, 320; BGH NJW 1986, 59 (60); BGH NJW 1967, 2012; BGH NJW 1963, 389 (390); BGH VersR 1955, 344 (345); BGH NJW 1951, 643; OLG Naumburg OLG-NL 1999, 23; OLG Köln VersR 1988, 43 (44).

941 BGH NJW 2009, 360 (362); BGH NJW 2006, 434 (436); BGH NJW 2004, 222; BGH NJW 1998, 79 (81).

942 RGZ 101, 197 (198).

dem Gegner zuzurechnen, obwohl die Vernichtung bzw. die Beeinträchtigung des Objektes nicht von ihm selbst begangen wurde.[943] Grundlage dieser Zurechnung sind die §§ 278 und 831 BGB.[944]

II. Doppelter Schuldvorwurf

Die Rechtsprechung stellt eine zusätzliche Voraussetzung für die Verantwortlichkeit der Parteien vor, nämlich einen doppelten Schuldvorwurf gegen die beweisvereitelnde Partei. Eine Partei muss nicht nur für das beweisvereitelnde Verhalten schuldig sein, sondern auch für die Entziehung der Nützlichkeit des Objektes als Beweismittel im künftigen Prozess.[945] Dies wird als „Beseitigung der Beweisfunktion" bezeichnet.[946] Daher muss für die Partei von vornherein voraussehbar sein, dass das Objekt in einem künftigen Rechtstreit durch ihr Verhalten an Nützlichkeit verlieren wird.[947] Begeht sie die Beweisvereitelungshandlung dennoch, ist sie für die Unaufklärbarkeit schuldig. Ist demgegenüber zum Zeitpunkt der einschlägigen Handlung die Voraussehbarkeit der späteren Nutzung des Beweismittels ausgeschlossen, dann ist die Partei in Bezug auf ihre Handlung und demzufolge die Unaufklärbarkeit unschuldig.[948]

Die Erheblichkeit dieser Voraussetzung ist offensichtlich. Denn sie bezieht sich nicht auf das Objekt selbst, sondern auf den möglichen Gegenstand eines späteren Prozesses, und zwar vor dem Hintergrund eines gewissen Ereignisses. Sofern zumindest Anhaltspunkte eines Rechtsstreits oder einer Unstimmigkeit fehlen, ist die mutmaßliche Partei keinesfalls dazu angehalten, Gegenstände aufzubewahren. Ganz treffend wird folglich angemerkt, dass die Beweisfunktion des Objektes schwerlich erkennbar sein kann.[949] Denn es kommt nicht nur darauf an, ob das Objekt sich auf die Aufklärung eines Sachverhalts im Prozess bezieht und zu diesem Zweck geeignet ist, sondern auch darauf, ob der mutmaßliche Gegner Kenntnis von dessen Existenz hat. Dann kann er sich auf dieses Beweismittel beziehen und dessen Vorlage nach den § 142 und 144 ZPO beantragen.

943 *Adloff*, S. 293; *Krapoth*, S. 35.

944 *Krapoth*, S. 35; *Gerhardt*, AcP 169, 313.

945 BHG GRUR 2016, 88 (91); BGH NJW 2004, 222; BGH NJW 1994, 1594 (1595).

946 BGH GRUG 2016, 88 (91); BGH NJW 2004, 222; *Krapoth*, S. 34; *Beckhaus*, S. 156; *Adloff*, S. 293.

947 BGH NJW 2006, 434 (436); BGH NJW 2004, 222; BGH VersR 1955, 344 (345).

948 LG Münster, Urteil vom 28. September 2015 – 2 O 374/14, juris, Rn. 35; OLG Brandenburg OLG-NL 2003, 273 (275).

949 *Adloff*, S. 293 m. w. N.

Aus diesem Grund wird es vor dem Hintergrund des englischen Systems in der Regel einfacher sein, die Beweisfunktion von existierenden Dokumenten im prospektiven Prozess voranzusehen, da im englischen Verfahren die Parteien Dokumente nicht nur zur Einsicht bereitstellen, sondern auch deren Existenz preisgeben müssen.

III. Mitverschulden

In der Rechtsprechung wird die Beweisvereitelung oftmals aufgrund des Gedankens abgelehnt, dass die Partei die Beweismittel, die ihr im Prozess fehlen, selbst sichern und damit für ihren Beweis brauchbar machen könnte. Rechtsgrundlage dieser Voraussetzung ist die analoge Anwendung des § 254 Abs. 1 BGB.[950]

Rechtsprechung[951] und Lehre[952] anerkennen die Last einer mutmaßlichen Partei, tätig zu werden und ihre Beweislage allein zu sichern. Dies wird als „Beweissicherung“ bezeichnet. Bei Vorliegen eines möglichen Rechtsstreits und noch viel mehr bei Vorliegen eines Prozesses sind Beweismittel von ausschlaggebender Bedeutung. Ein jeder hat in solchen Fällen ein Interesse an der Erhaltung von Objekten zu Beweiszwecken. Wird dies versäumt, ist die Beweisfälligkeit nicht nur auf das Verhalten des Gegners einer Partei zurückzuführen, sondern die Partei hat in dem Fall ihre Beweisnot mit dem Gegner gemeinsam verursacht. Mit anderen Worten ist die Unterlassung einer Beweissicherung vonseiten der späterer beweisverhinderten Partei neben der Handlung ihres Gegners auch als Ursache des Fehlens des Beweismittels zu erachten.[953] Dann ist die beweisverhinderte Partei für ihre eigene Beweisnot selbst verantwortlich und aus diesem Grund ist ihr Gegner für ihre Beweiserschwerung nicht schuldig.[954] Der Beweis des Mitverschuldens der beweisverhinderten Partei bedeutet in der Beweisvereitelung den Ausschluss des Verschuldens ihres Gegners.

Die Fälle des Mitverschuldens lassen sich grundsätzlich in zwei Kategorien einteilen. Zu Kategorie eins sind Fälle wie folgt zu zählen: Das Beweismittel

---

950 *Blomeyer*, AcP 158, S. 103.

951 BGH GRUR 2016, 88 (92); BGH BB 1979, 1527; OLG Düsseldorf BeckRS 2016, 15795 Rn. 8; OLG Düsseldorf MDR 2003, 215 (216); OLG Hamm, Beschluss vom 19. April 2016 – I-9 U 205/15, juris, Rn. 9.

952 *Oberheim*, JuS 1997, S. 63; *Lutz*, S. 78.

953 Vgl. auch den Begriff „kumulative Kausalität“ in *Larenz*, SchuldR. I, § 27 III, S. 405

954 *Adloff*, S. 293; *Oberheim*, JuS 1997, S. 63; BGH BB 1979, 1527; OLG Saarbrücken, Urteil vom 18. Dezember 2015 – 5 U 4/15, juris, Rn. 30; OLG Brandenburg NJ 2016, 30 (31).

befand sich vorübergehend im Besitz der beweisbelasteten Partei; in dem Fall ist diese Partei imstande, den Zustand des Beweismittels aufzuzeichnen und diese Aufzeichnung im späteren Prozess heranzuziehen.[955] Zur zweiten Gruppe gehören Fälle, in denen die Beweissicherung durch das selbstständige Beweisverfahren gemäß §§ 485 ff. ZPO möglich ist.[956] Die Rechtsprechung trennt nicht, ob das Objekt im Besitz des Gegners ist[957] oder ob es beiden Parteien zugänglich ist,[958] wenn ihnen der Antrag auf Beweissicherung zur Verfügung steht. Die Gerichte machen nur selten Ausnahmen von dieser Last.[959] Vereinzelt hat der BGH außerdem angemerkt, dass die Beweissicherung durch die Kommunikation mit dem Gegner erfolge.[960] Nach hiesiger Ansicht ist das jedoch ungenau. Die Nachricht an den Gegner bedeutet nicht an sich die Pflicht des Besitzers zur Aufbewahrung des Objekts, wenn eine Rechtsgrundlage für diese Pflicht fehlt. In solchen Fällen, nämlich bei einfacher Benachrichtigung des Gegners, wird es allerdings schwer für ihn sein, vor Gericht zu erklären, warum er das Objekt beschädigt hat. Dies reicht aber nicht für die Erfüllung der Tatbestandsvoraussetzungen der Regel aus.

In der Rechtsprechung wird der Verdacht auf einen kommenden Prozess in der Begründung der Last zur Beweissicherung teilweise berücksichtigt.[961] Die Rechtsprechung limitiert damit den Anwendungsbereich des Mitverschuldens im Rahmen der Beweisvereitelung auf solche Fälle, in denen Anhaltspunkte für einen späteren Prozess die künftige Partei anregen würden, prospektive Beweismittel zu sammeln. Das ist sicher eine zutreffende Einschränkung ihrer Beweissicherungslast, da sich aus der Vielgestaltigkeit der vorprozessualen

---

955 OLG Saarbrücken NJW-RR 2012, 285 (286); vgl. OLG Brandenburg NJ 2016, 30 (31).

956 BGH GRUR 2016, 88 (92); OLG Brandenburg, BeckRS 2021, 2150, Rn. 22;OLG Hamm, Beschluss vom 19. April 2016 - I-9 U 205/15, juris, Rn. 9; OLG Düsseldorf BeckRS 2016, 15795, Rn. 8.

957 BGH BB 1979, 1527; OLG Düsseldorf MDR 2003, 215 (216); OLG Hamm, Beschluss vom 19. April 2016 - I-9 U 205/15, juris.

958 BGH NJW 1976, 1315 (1316).

959 OLG Braunschweig BeckRS 2015, 121143, Rn. 27, bei Verletzung eines Garantievertrags sei die Erwartung des Garantiegebers, dass das Streitobjekt im Prozess vorhanden sein werde, berechtigt, außer wenn ihm die Veräußerungsabsicht seines Vertragspartners mitgeteilt werde; BGH BeckRS 1993, 31060779 Rn. 13, der Gesundheitszustand der zur Beweissicherung belasteten Partei sei eventuell mit einzurechnen.

960 BGH BB 1979, 1527 (1528).

961 OLG Düsseldorf BeckRS 2016, 15795, Rn. 8; OLG Braunschweig Beck 2015, 121143, Rn. 27.

Beweisvereitelung ergibt, dass Fälle auftreten können, in denen die prospektive Partei noch keine Kenntnis von einem schadensstiftenden Ereignis bekommen hat oder sie über das Bestehen erheblicher Beweismittel im Unklaren ist. Trotz des Versäumens einer Beweissicherung ist in solchen Fällen die Beweisnot der Partei nicht ihr selbst zuzurechnen. Im Gegensatz zum Schaden im Rahmen des § 254 Abs. 1 BGB ist allerdings die Anwendung der §§ 371 Abs. 3, 427, 441 Abs. 3, 444 ZPO sowie des *Armory v Delamirie*-Prinzips und der CPR r. 3. 4. (2) unteilbar; Das heißt, die Rechtsfolgen werden entweder eintreten oder nicht. Also wegen der Rigidität der Rechtsfolge wie auch der Vielfalt der Erscheinungsformen der Beweisvereitelung ist nach der hier vertretenen Ansicht der Verschuldensgrad des einen gegen den Verschuldensgrad des anderen im jeden Einzelfall abzuwägen[962]. Bei vorsätzlicher Beweisvereitelung soll aber das Mitverschulden der beweisverhinderten Partei nicht berücksichtigt[963] werden.

D. Kausalität

I. Kausalzusammenhang zwischen der Handlung und ihrem Beweisergebnis

Das Verhalten muss für die Beweiserschwerung des Gegners ursächlich sein.[964] Nicht jede Handlung ist als Ursache der Beweisvereitelung anzusehen, selbst wenn Objekte zerstört oder beschädigt werden.[965] Entscheidend ist diesbezüglich die „Geeignetheit" des Objektes für die Sachverhaltsaufklärung.[966] Mit Recht erklärt *Lutz* anhand des folgenden Beispiels, dass diese objektiv sein muss: Die Verweigerung der Mitteilung von Namen und Anschrift eines Zeugen, der außerstande ist, den aufzuklärenden Sachverhalt wahrzunehmen, über den er aber im Prozess aussagen müsse, stelle keine Beweisvereitelung dar, weil seine Aussage keine Aussicht hat, den Sachverhalt zu erleuchten.[967] Damit wird der Fall präsentiert, in dem das Beweismittel für den Beweiszweck objektiv untauglich ist, sodass es im Wesentlichen keinen Beweiswert hat.

---

962 *Lutz*, S. 79, „… im Einzelfall berücksichtigt werden, wessen Verschulden schwerwiegender ist."; vgl. auch MüKOBGB/*Oetker*, 8. Aufl., § 254 Rn. 11.

963 So MüKOBGB/*Oetker*, 8. Aufl., § 254 Rn. 11 im Rahmen des materiellen Rechts.

964 *Krapoth*, S. 32; *Taupitz*, ZZP 100, S. 303; *Matthies*, JZ 1986, S. 962; BGH NJW 1952, 867; BGH NJW 1997, 3311 (3312); OLG Koblenz NJW-RR 1991, 25 (26); OLG Frankfurt NJW-Spezial 2010, 553 (554).

965 OLG Jena BeckRS 2016, 113107, Rn. 18.

966 *Krapoth*, S. 36; *Lutz*, S. 65, „objektive Eignung".

967 *Lutz*, S. 65.

II. Ausschlussgründe des Kausalzusammenhangs

1. Zufällige Ereignisse

Eine Tatsache ist als die Ursache eines Ergebnisses zu verstehen, wenn eine Veränderung den Vorgang unvermeidlich und demzufolge das daran anschließende Ergebnis ändern würde. [968]

Die Voraussetzung des Kausalzusammenhanges bei der Beweisvereitelung ist komplex. Ihr Ergebnis ist die Verminderung der Aussichten auf eine Sachverhaltsaufklärung. Fraglich ist daher, was diesen Mangel an Aussichten verursacht hat. Vorstellbar ist der Fall, in dem trotz der Beweisvereitelungshandlung des Prozessgegners ein Ereignis die Sachverhaltsaufklärung unvermeidlich ebenso verhindert hätte. Als Ursache ist dann nicht seine Handlung, sondern das spätere Ereignis zu erachten.[969] Zur Veranschaulichung dieses Phänomens soll hier der Fall erwähnt werden, in dem ein Kaufmann eine Urkunde vernichtet und am nächsten Tag das Archiv in seiner Firma aufgrund eines Brandes zerstört wird. Wenn der Brand die fehlende Urkunde mit Sicherheit vernichtet hätte, wäre die Beweiserschwerung nicht auf die Vernichtung der Urkunde vonseiten des Kaufmanns, sondern auf den Brand zurückzuführen. Dieses Beispiel erwähnt *Hollander.*[970] Damit rechtfertigt er die Meinung, dass die fahrlässige Beweisvereitelung durch das „strike out" von Angriffs- und Verteidigungsmitteln im Rahmen des englischen Prozesses nicht geahndet werden dürfe. Doch auch wenn die fahrlässige Beweisvereitelung auf diese Weise zu sanktionieren wäre, würde nach der hier vertretenen Ansicht der Kausalzusammenhang zwischen dem Verhalten und der Unaufklärbarkeit fehlen. Die Beweisvereitelungshandlung ist in solchen Fällen nur dann zu berücksichtigen, wenn diese Handlungen vorsätzlich unternommen werden und auch dann nur im Rahmen der freien Beweiswürdigung.

Zum Begriff der zufälligen Ereignisse gehören sicher Naturphänomene, wie Brände, Erdbeben oder Seestürme. Das soll das menschliche Verhalten nicht ausschließen: Im vorher erwähnten Beispiel ist es vorstellbar, dass den Brand in der Firma ein Dritter absichtlich gelegt hat. Nach der hier vertretenen Ansicht kann die beweisvereitelnde Partei allerdings nicht aus dem Bruch im Kausalzusammenhang wegen eines zufälligen Ereignisses profitieren, wenn sie die Pflicht hat, Maßnahmen gegen solche zufällige Ereignisse zu treffen. In Anwendung des Prinzips venire contra factum proprium muss in solchen Fällen das zufällige

---

968 *Larenz*, SchuldR. I, § 27 III, S. 405.

969 OLG Frankfurt MDR 2010, 1317 (1318).

970 *Hollander*, Evidence, 13. Aufl. Rn. 11-19.

Ereignis nicht berücksichtigt werden. Die bereits vorgenommene Vernichtung des Objektes ist dann noch für Ursache der späteren Beweiserschwerung zu halten.

2. Beweismittel mit gleichem Beweiswert

Die Rechtsprechung hat noch den Faktor des Kausalitätszusammenhangs hervorgehoben. In zwei Fällen hatte die Behandlung der Ärzte Schäden an der Gesundheit ihrer Patienten verursacht. Diese erhoben gegen die Ärzte Schadensersatzklage.[971] Wegen der Voraussehbarkeit der Prozesse mussten die Ärzte Objekte aufbewahren, die sie während der Operation aus dem Körper der Kläger entfernt hatten. Aus beiden Urteilen ergibt sich, dass die Aufbewahrung des Objektes lediglich ein Mittel zur Aufklärung des Sachverhalts darstellt. Das wurde in zweifacher Weise ausgeführt: Einerseits hielt das OLG zusätzlich zur Aufbewahrung des Beweismittels die Erstellung einer Dokumentation über seinen Zustand für geboten.[972] Andererseits schloss der BGH eine Beweisvereitelung aus, sofern andere Beweismittel verfügbar wären, aus deren Würdigung der konkrete Zustand des fehlenden Objektes, nämlich seine Art, Größe und Beschaffenheit, bewiesen werden könnte, folglich Eigenschaften, die für den Beweis des Verschuldens einer Partei im Prozess erheblich waren.[973] Beide Urteile wiesen darauf hin, dass nicht das ursprüngliche Beweismittel selbst, sondern die sich aus seiner Würdigung ergebenden Schlüsse von Bedeutung sind. Das bedeutet, dass die beweisbelastete Partei keine Beweisnachteile wegen Beweisvereitelung erleidet, sofern andere Beweismittel die richterliche Überzeugung noch stützen können.[974] Ein non liquet ist tatsächlich noch möglich, hat jedoch nicht die Vernichtung des originalen Beweismittels als Ursache, weil diese keine Beweisnachteile hervorgerufen hat.[975]

3. Gerichtliches Ermessen

Wie bereits erwähnt,[976] ist ein Faktor des Kausalzusammenhangs zwischen der Handlung und der Folge der Beweisvereitelung der Ermessensspielraum des Gerichts, gemäß §§ 142 Abs. 1 und 144 Abs. 1 ZPO die Vorlage von Urkunden

---

971 BGH VersR 1955, 344; OLG Köln VersR 1988, 43.

972 OLG Düsseldorf VersR 1988, 43 (44).

973 BGH VersR 1955, 344 (345).

974 *Matthies*, JZ 1986, S. 962; *Taupitz*, ZZP 100, S. 304; *Lutz*, S. 67.

975 Vgl. *Matthies*, JZ 1986, S. 962.

976 Vgl. den zweiten Teil, § 4 B. I. b. bb.

und Objekten anzuordnen. Da das Gericht die Befugnis hat, nach einer Interessenabwägung den entsprechenden Beschluss zu erteilen, hat die beweisbehinderte Partei zu beweisen, dass das Gericht die Vorlage des Beweismittels erlassen hätte, wenn dieses vorhanden wäre. Wie aber zutreffend argumentiert wird, muss das Gericht dazu verpflichtet sein, die Vorlage anzuordnen, außer wenn Weigerungsrechte des Prozessgegners dies ausschließen.[977] Ansonsten wäre der Beweis des Kausalzusammenhangs in Fällen, in denen die Voraussetzungen der §§ 422 und 423 ZPO fehlen, praktisch erheblich erschwert.

E. Unaufklärbarkeit des Sachverhaltes

I. Begriffsbestimmung

Die Beweiserschwerung bzw. Vereitelung der Beweisführung der beweisbelasteten Partei ist das Ergebnis des Verhaltens ihres Gegners[978] und sie beschreibt den prozessualen Zustand, bei dem die Sachverhaltsaufklärung wegen Beweisnot verhindert wird.[979] Diese Voraussetzung hat die Rechtsprechung nicht eindeutig konkretisiert. Beide Gesichtspunkte dürfen als Nuancen der nachteiligen prozessualen Position der beweisbelasteten Partei verstanden werden. In beiden Fällen sind die Aussichten auf eine Sachverhaltsaufklärung beträchtlich vermindert, im zweiten Fall sind sie offensichtlich ausgeschlossen. Was die Erfüllung der entsprechenden Tatbestandsvoraussetzung anbelangt, trennt die Rechtsprechung allerdings nicht zwischen den Graden der Erschwerung.[980] Einer Auffassung nach ergibt der Unterschied zwischen den zwei Begriffen wenig Sinn, da im Ergebnis in beiden Fällen die Wahrheitsfindung ausgeschlossen bleibt.[981] Dagegen wird andererseits die Meinung vertreten, dass eine Unterscheidung je nach Erschwerungsgrad der Sachverhaltsaufklärung für die Bestimmung der Rechtsfolge eine Rolle spielen kann.[982] Beide Auffassungen sind grundsätzlich zu begrüßen, in dem Sinne, dass beide Aspekte der Regel beleuchten. Für die Erfüllung der Tatbestandsvoraussetzungen der Regel reicht es nämlich aus, dass die vollständige Überzeugung des Gerichts ausgeschlossen wird, mit anderen

---

977 Vgl. die Argumentation von *Stadler* und *Scherpe* im zweiten Teil, § 4 B. I. b. bb.

978 BGH GRUR 2016, 88 (92); BGH NJW 2009, 360 (361); BGH NJW 2008, 982 (985); BGH NJW 2006, 434 (436); BGH NJW 2004, 222; BGH NJW 1998, 79 (81); OLG Dresden OLG-NL 2001, 97 (101).

979 *Krapoth*, S. 26; *Beckhaus*, S. 156; *Lutz*, S. 65 f.

980 Vgl. BGH NJW 2006, 434 (436).

981 *Musielak*, S. 133; *Lutz*, S. 66 f.

982 *Krapoth*, S. 103; *Matthies*, JZ 1986, S. 960; Vgl. *Nolte*, S. 266.

Worten, dass das Gericht Zweifel an der Wahrheit hegt. Der Erschwerungsgrad ist dann einer der möglichen Faktoren, die es berücksichtigen kann, um der beweisverhinderten Prozesspartei die passende Beweiserleichterung zu gewähren. Dies gilt allerdings nur in den Fällen, in denen die nicht beweisbelastete Partei die Beweisführung ihres beweisbelasteten Gegners erschwert hat. Es ist demgegenüber möglich, dass auch das Gegenteil der Fall ist.[983] Die Beweisvereitelung hat dann als Ergebnis nicht das non liquet, sondern die Überzeugung des Gerichts. Wegen der Handlung der beweisbelasteten Partei kann sich die nicht belastete Partei nicht effektiv wehren und die Behauptungen des beweisbelasteten Gegners in Zweifel ziehen. Der Gegenbeweis ist dann vollständig vereitelt.

II. Plausibilitätskontrolle in Arbeitsangelegenheiten

Vereinzelt wird außerdem eine weitere Voraussetzung zur Beweisvereitelung hinzugesetzt. Der Beweis hat Erfolg, wenn der Sachverhalt, wie der Arbeitnehmer ihn schildert, „plausibel" ist.[984] Diese Voraussetzung tritt in der allgemeinen Rechtsprechung der Beweisvereitelung nicht auf und schränkt ihren Anwendungsbereich auf die Erschwerung des Beweises ein.

Durch die zusätzliche Voraussetzung der Plausibilität des Sachverhalts wird der Arbeitgeber von unwahren, spekulativen Behauptungen des Arbeitnehmers geschützt.[985] Ansonsten würde nach der Unterlassung der Dokumentierung der Arbeitsbedingungen nach § 2 Abs. 1 NachwG. durch einen fiktiven Beweis jedem unrealistischen Anspruch des Arbeitnehmers stattgegeben. Mit der Plausibilität wird demgegenüber bezweckt, dass das Risiko eines Missbrauchs vonseiten des Arbeitnehmers auf ein Mindestmaß reduziert wird.

Die Plausibilitätskontrolle ist auf der Ebene der Behauptungsbeibringung zu überprüfen.[986] Die Rechtsprechung stellt aber die Plausibilitätskontrolle aufgrund von Indizien[987] auf die Ebene der Beweisführung. Mit dem Begriff „Plausibilität" ist hier nicht eine plausible Behauptung gemeint, sondern ein gewisser Grad an Wahrscheinlichkeit, den das Gericht bei der Beweisaufnahme durch einen Indizienbeweis erreichen sollte. Damit wird demnach nicht die Plausibilität, sondern die Wahrscheinlichkeit des Sachverhaltes zur Voraussetzung der

---

983 *Musielak*, FG BGH, 220; *Lutz*, S. 66 m. w. N.

984 *Zwanziger*, DB 1996, S. 2030; *Hold*, ZTR 2000, S. 544.

985 *Zwanziger*, DB 1996, S. 2030.

986 *Zwanziger*, DB 1996, S. 2030; *Hold*, ZTR 2000, S. 544.

987 LAG Rheinland-Pfalz Urteil vom 10. Mai 2007 – 11 Sa 25/07, juris, Rn. 37; LAG Nürnberg BeckRS 2002, 30795402; LAG Köln NZA 1999, 545.

Regel der Beweisvereitelung gemacht. Das Vorhandensein von Anhaltspunkten als Voraussetzung der Beweisvereitelung ist allerdings abzulehnen, weil der Kläger ungeschützt bleiben würde, wenn er über kein Beweismittel verfügte, um einen Indizienbeweis zu führen.

§ 8: Englisches Recht

Die „spoliation of evidence" im englischen Recht wird aufgrund von zwei Regeln sanktioniert: einerseits aufgrund des *Armory v Delamirie*-Prinzips und andererseits aufgrund der CPR r. 3. 4. Sie weisen unterschiedliche Voraussetzungen auf und werden deshalb im Folgenden separat erläutert.

A. Rationae materiae & temporis

I. Erscheinungsformen der Vereitelungshandlung

Die Erscheinungsformen der „spoliation of evidence" im englischen Recht sind sehr vielfältig. Die häufigsten Erscheinungsformen sind die Vernichtung[988] und die Unterdrückung[989] von Dokumenten. In der Rechtsprechung treten zudem auf: die Unterlassung einer Beschaffung von Beweismitteln vor dem Prozess[990] bzw. ihrer Aufbewahrung nach Prozessbeginn,[991] die Verweigerung der Besichtigung eines Objektes[992] und die Verfälschung von Beweisen[993]. Das Versäumen einer Zeugenladung stellt eine besondere Kategorie dar,[994] im Gegensatz zum deutschen Recht wird die Verweigerung der Entbindung des Zeugen von seiner Schweigepflicht nicht als eine Form der „spoliation of evidence" gesehen.

---

988 Körperliche Dokumente, *The Ophelia*, [1916] 2 AC 206 (PC); Urkunde, *Scamell v Farmer*, [2008] EWHC 1100 (Ch); Elektronische Dokumente *Bilta (UK) Ltd (In Liquidation) v Nazir*, [2010] EWHC 3227 (Ch).

989 Vgl. *Zabihi v Janzemini*, [2009] EWCA Civ 851; *Axa Sun Life Services Plc v Cannon*, [2007] EWHC 2466.

990 *Keefe v The Isle of Man Steam Packet Company Ltd*, [2010] EWCA Civ 683; *Joseph Travers & Sons, Limited v Cooper*, [1915] 1 KB 73.

991 *Douglas & Ors v Hello* Ltd (No. 3), [2003] EWHC 55 (Ch); *Infabrics Ltd v Jaytex Ltd (No.2)*, [1985] FSR 75 (Ch).

992 *Ahmed v Lalik*, [2015] EWHC 651 (QB).

993 *Arrow Nominees Inc v Blackledge*, [2000] CPRep 59; *Masood v Zahoor*, [2009] EWCA Civ 650.

994 *Wisniewski v Central Manchester Health Authority*, [1998] PIQR P324; *Jaffray & Ors v Society of Lloyd's*, [2002] EWCA Civ 1101.

II. Zeitpunkt der Vereitelungshandlung

Wie im deutschen Recht findet die Beweisvereitelung vor oder während des Prozesses statt. Die zwei Rechte stimmen diesbezüglich grundsätzlich überein. Es gibt Fälle, die grundsätzlich während des Prozesses vorkommen: das Versäumen einer Partei, zum „trial" einen Zeugen zu laden, dessen Aussage von großem Gewicht für die Sachverhaltsaufklärung wäre,[995] und das „failure to comply with a rule, practice direction or court order".[996]

Typische vorprozessuale Erscheinungsformen sind Fälle, in denen der Beklagte wegen seiner gesetzes- bzw. vertragswidrigen Handlung Beweisschwierigkeiten dem beweisbelasteten Kläger verursacht, wenn er Beweise zu beschaffen versäumt.[997] Streitig ist, wie erwähnt, die Frage der vorprozessualen Beweisvereitelung in Fällen, in denen die künftige Partei aus keinem Vertrag oder Gesetz zur Aufbewahrung verpflichtet ist. Nach der jüngeren Rechtsprechung wird eine allgemeine vorprozessuale Aufbewahrungspflicht abgelehnt.[998] Nur vereinzelt wird sie angenommen.[999] Das Gericht kann kein Verhalten durch ein Strike-out-Urteil gemäß CPR r. 3. 4. sanktionieren, das vorprozessual getätigt wird. Diese Einschränkung hat ihren Ursprung im Urteil *Douglas v Hello! Ltd (No.3).*[1000]

So gesehen stehen die zwei Rechte im Einklang miteinander. Vorprozessual werden solche Handlungen berücksichtigt und geahndet, die aufgrund von Gesetz oder Vertrag verboten sind, während der Anwendungsbereich der §§ 371 Abs. 3, 427, 441 Abs. 3, 444, 446, 453 Abs. 2 und 454 Abs. 1 ZPO und dementsprechend der CPR r. 3. 4. auf Beweisvereitelungshandlungen begrenzt ist, die nach Prozessbeginn getätigt werden.

---

995 Vgl. den zweiten Teil, § 5 B. III. 3.

996 Vgl. CPR r. 3. 4. (2). (c). „Search orders" können allerdings auch vorprozessual erteilt werden, vlg. den zweiten Teil, § 5 B. II. 3. Für das Bestehen einer vorprozessualen Aufbewahrungsobliegenheit gemäß Practice Direction 31 B plädiert *Hollander*, Evidence, Rn. 11-27.

997 Vgl. den zweiten Teil, § 5 A. II. 2.

998 *Scamell v Farmer*, [2008] EWHC 1100 (Ch), Rn. 57; *Douglas v Hello Ltd (No. 3)*, [2003] EWHC 55 (Ch), Rn. 86 f. ; *Earles v Barclays Bank Plc*, [2010] BusLR 566 (574); *Bilta (UK) Ltd v Nazir*, [2010] EWHC 3227 (Ch), Rn. 20.

999 *The Ophelia*, [1916] 2 AC 206 (PC); *Paine v Catlins*, [2004] EWHC 3054 (TCC) (judicial dictum), Rn. 79 f.

1000 *Douglas v Hello Ltd (No. 3)*, [2003] EWHC 55 (Ch), Rn. 86 f. ; *Earles v Barclays Bank Plc*, [2010] BusLR 566 (574); *Bilta (UK) Ltd v Nazir*, [2010] EWHC 3227 (Ch), Rn. 20.

III. Beweiserhebliche Tatsachen

Der Anwendungsbereich der englischen „spoliation of evidence" erstreckt sich grundsätzlich auf die Schadensbemessung, nicht nur in Bezug auf einen bereits erlittenen Schaden, sondern auch auf den Gewinnverlust. Sie umfasst darüber hinaus hypothetische Tatsachen, die zwar nicht stattgefunden haben, aber stattfinden würden, wenn ein anderes Geschehen, zum Beispiel die Vertragsverletzung vom Beklagten, nicht passiert wäre. Im englischen Recht werden für jeden Anwendungsbereich unterschiedliche Beweiserleichterungen gewährt.

1. Schadensbemessung

Die Schadensbemessung ist der zentrale Anwendungsbereich des Prinzips und stammt direkt aus dem Fall *Armory v Delamirie.*[1001] In diesem Fall hatte der Kläger gegen den Beklagten einen Schadensersatzanspruch wegen Aneignung eines Objekts. Die Höhe des Schadens entsprach dem Wert dieses Objekts zum Zeitpunkt der Aneignung. Daher setzte die Bemessung des Schadens den Beweis seines Wertes voraus. Die jüngere Rechtsprechung hat das Prinzip aber auch auf Fälle ausgedehnt, in denen der Schaden wegen der Natur des beschädigten Rechtsguts außergewöhnlich problematisch zu bemessen ist.[1002] Das Prinzip *Armory v Delamirie* ist sowohl bei Vertragsverletzungen[1003] als auch bei Delikten anwendbar.[1004] Besondere Kategorien stellen der Gewinnverlust und

---

1001 Der Supreme Court in *One Step (Support) Ltd v Morris-Garner and another,* [2018] UKSC 20 (1367), hat als judicial dictum den Fall *Armory v Delamirie* im Rahmen der Schadensbemessung berücksichtigt; vgl. auch *Zabihi v Janzemini,* [2009] EWCA Civ 851 (High Court), [2008] EWHC 2910 (Ch) (Court of Appeal); *Wallersteiner v Moir (No 2),* [1975] QB 373; *Indian Oil Corporation Ltd. V Greenstone Shipping S.A. (Panama),* [1988] QB 345.

1002 *H West & Son Ltd v Shephard,* [1964] AC 326 (363), das Gericht sprach der Klägerin Schadensersatz aus Körperschaden zu. Die Höhe des persönlichen Verlusts war äußerst schwer einzuschätzen, weil die Klägerin ihre Kommunikationsfähigkeit wegen einer schweren Körperverletzung aus dem Unfall verloren hatte; vgl. *Marathon Asset Management LLP v Seddon,* [2017] EWHC 300 (Comm), Rn. 163 ff. (judicial dictum), Verlust aus rechtwidriger Benutzung von vertraulichen Informationen; *Seager v Copydex,* [1969] 1 WLR 809 (815); *Edelman,* McGregor, Rn. 10-007, wenn aus der Natur des Schadens die absolute Sicherheit ausgeschlossen werde.

1003 *Grubb/Furmston,* Contract, Rn. 8.6; *Fearns v Anglo-Dutch Paint & Chemical Co Ltd,* [2010] EWHC 1708 (Ch), Rn. 70.

1004 *Edelman,* McGregor, Rn. 10-006; *Seager v Copydex,* [1969] 1 WLR 809 (815); die Anwendung des Prinzips war in älterer Rechtsprechung in Fällen von „quasi-delicts" bestritten, *Lewis v Clan Line,* 1925 SLT 316 (321).

der Chancenverlust dar.[1005] Die Anwendung des *Armory v Delamirie*-Prinzips außerhalb des Anwendungsbereichs der Schadensbemessung ist in Lehre und Rechtsprechung teilweise umstritten.[1006]

2. Verschulden und Kausalzusammenhang

Das Verschulden und der Kausalzusammenhang werden im Fall der „spoliation of evidence" durch die Unterstellung des Inhalts des fehlenden Beweismittels bewiesen, zum Beispiel die Aufzeichnungen im Logbuch des Schiffes *Ophelia*[1007] oder der Inhalt der vernichteten E-Mails in *Infabrics Ltd v Jaytex Ltd (No.2).*[1008] In *The Ophelia* wurden die Spionagehandlungen des Kapitäns bestritten. In Bezug darauf war für die Wahrheitsfindung das fehlende Beweismittel, das heißt der Inhalt des Logbuchs, von ausschlaggebender Bedeutung. In Anwendung des *Armorie v Delamirie*-Prinzips wurde dem fehlenden Beweismittel, nämlich dem Logbuch, ein fiktiver Inhalt gegeben, sodass es gegen den Kapitän aussagen würde. Mit anderen Worten wurde der schlechtestmögliche Inhalt des vernichteten Logbuchs gegen den Kapitän rekonstruiert oder unterstellt. Dadurch konnte das Gericht aus der Würdigung dieses fiktiven Inhalts Schlüsse in Bezug auf die Aktivität des Schiffs ziehen. Was damit dennoch im Ergebnis bewiesen wurde, ist das Verschulden des Kapitäns. Das Prinzip aus *Armory v Delamirie* kann der Partei dabei helfen, den Kausalzusammenhang zwischen der Vertragsverletzung und dem Schaden zu beweisen.[1009]

Wie im Fall des Anwendungsbereichs bestehen zwischen dem deutschen und dem englischen Recht keine wesentlichen Unterschiede, denn die vorgesehenen Rechtsfolgen erleichtern den Beweis jeder Art der Tatbestandsvoraussetzungen; relevante Einschränkungen fehlen.

1005 Vgl. den vierten Teil, § 11 D. IV. 3. c.

1006 *Edelman*, McGregor, Rn. 10-006; erwägend *Hollander*, Evidence, Rn. 11-26; *British Sky Broadcasting Group Plc v Sky Home Services Ltd*, [2007] FSR 14 (376 f.); *General Tire & Rubber Co Ltd v Firestone Tyre & Rubber Co Ltd*, [1974] FSR 122 (162).

1007 *The Ophelia*, [1916] 2 AC 206 (PC); vgl. *Scamell v Farmer*, [2008] EWHC 1100 (Ch), Rn. 57.

1008 *Infabrics Ltd v Jaytex Ltd (No.2)*, [1985] FSR 75 (Ch); *Gulati v MGN Ltd*, [2015] EWHC 1482 (Ch); *Malhotra v Dhawan*, [1997] EWCA Civ 1096.

1009 *JAH v Burne*, [2018] EWHC 3461 (QB); *Shawe-Lincoln v Neelakandan*, [2012] EWHC 1150 (QB), Rn. 83.

B. Ratione personae

I. Gemäß dem Armory v Delamirie-Prinzip

Wie im deutschen Recht ist die Frage, ob ausschließlich die nicht beweisbelastete Partei oder beide Prozessparteien Beweisvereitelung begehen können, im Hinblick auf die Rechtsfolgen des Prinzips zu beantworten. Die englische Rechtsprechung hat die Anwendung des Prinzips nicht expressis verbis auf die beweisbelastete Partei beschränkt. Vor dem Hintergrund, dass die Beweislastverteilung sowohl im deutschen Recht als auch im englischen Recht denselben Prinzipien folgt, ist jedoch klar, dass – wie im deutschen Prozess – eine Umkehr der objektiven Beweislast im englischen Prozess der nicht beweisbelasteten Partei nicht zum Gegenbeweis helfen kann. Demgegenüber kann argumentiert werden, dass die Unterstellung des Inhalts des vernichteten Beweismittels dem nicht beweisbelasteten Beklagten tatsächlich dazu verhelfen kann. Für die Erleichterung der beweisbelasteten Partei spricht allerdings, dass das „fair wind principle" bei Unaufklärbarkeit eines Sachverhalts zum Sieg der beweisbelasteten Partei führt, zumal nur sie die Beweislast der Schadenshöhe trägt.

II. Gemäß der CPR r. 3. 4 (2)

Dem englischen Gericht gemäß CPR r. 3. 4 (2) (c) wird die Befugnis eingeräumt, Angriffs- und Verteidigungsmittel der Parteien zurückzuweisen. Die CPR unterscheiden diesbezüglich nicht zwischen der beweisbelasteten Partei und der nicht beweisbelasteten Partei sowie nicht zwischen Kläger und Beklagtem. Daraus folgt demnach, dass das Zurückweisen von Angriffs- und Verteidigungsmitteln unabhängig von der Beweislastverteilung zwischen den Prozessparteien angeordnet wird. Das wird auch in der Rechtsprechung bestätigt.[1010] Eine Unterscheidung zwischen den Parteien wird nur ausnahmsweise in den Fällen angenommen, in denen beide Parteien Beweismittel verfälscht haben. In diesen Fällen weist das Gericht ausschließlich die Klage und nicht die Verteidigungsmittel zurück.[1011]

1010 Zurückweisen von Angriffsmitteln: *Logicrose Ltd v Southend United Football Club Ltd*, (1988) 132 SJ 1591; *Landauer Ltd v Comins & Co (A Firm)*, 1991 WL 838018; *Arrow Nominees Inc v Blackledge*, [2000] CPRep 59. – Zurückweisen von Verteidigungsmitteln: *Coleman v Dunlop Ltd (No 2)*, [1999] 10 WLUK 608; *Douglas & Ors v Hello Ltd (No. 3)*, [2003] EWHC 55 (Ch); *Bailey v Wood*, [2009] EWHC 363 (Ch) (judicial dictum).

1011 *Masood v Zahoor*, [2009] EWCA Civ 650, ausführlich präsentiert im dritten Teil, § 8 C. II. 2.

C. Verantwortlichkeit

I. Grad des Verschuldens

1. Gemäß dem Armory v Delamirie-Prinzip

Das *Armory v Delamirie*-Prinzip hat seinen Ursprung im „Case Law" und daher gibt es keinen allgemeinen Text, der die Tatbestandsvoraussetzungen klar vorgibt. Die Richter interpretieren das Prinzip aus Präzedenzfällen und versuchen dessen Inhalt mit ihren eigenen Analysen wiederzugeben, immer unter Berücksichtigung des Sachverhalts des zu beurteilenden Falls. Deshalb wird die Frage der Verantwortlichkeit im englischen „Case Law" uneinheitlich beantwortet.

a. Vorprozessuale Beweisvereitelung

Was die vorprozessuale Beweisvereitelung angeht, haben die Gerichte wenig Gewicht auf die Frage des Verschuldensgrads gelegt. In der englischen Rechtsprechung wird die Meinung vertreten, dass die fahrlässige Vernichtung von Beweismitteln und die Verletzung einer vertraglichen Nebenpflicht für die Ahndung einer Partei ausreichen, wenn diese künftig zu Beweisschwierigkeiten führen: hier sind die Fälle *The Ophelia*[1012] und *Keefe v The Isle of Man Steam Packet Company Ltd*[1013] beispielhaft anzuführen. Im ersteren Fall besagte das Gericht, dass die beweisvereitelnde Partei benachteiligt werden muss, selbst wenn die Vernichtung fahrlässig vorgenommen wurde; im zweiten Fall trennte das Gericht nicht zwischen der fahrlässigen und der vorsätzlichen Verletzung der Nebenpflicht.

Im Gegensatz zur deutschen Rechtsprechung schenkt das englische Case Law der Frage, ob das Verschulden der beweisvereitelnden Partei sich nicht nur auf die Vernichtung des Objektes an sich, sondern auch auf die spätere Hinderung der Beweisführung beziehen muss, wenige Beachtung. Die theoretische Trennung zwischen dem Beweisvereitelungsbewusstsein und dem Verhalten fehlt im englischen Recht. Während die Voraussehbarkeit des späteren Rechtsstreits im deutschen Recht im Rahmen des Verschuldens berücksichtigt wird, ist dies für die prozessuale Ahndung des vorprozessualen Verhaltens im „trial" gleichgültig, sofern aus der Verletzung einer materiellen Pflicht sich die Partei in einer schlechteren Prozessposition befindet. Dies steht im Einklang mit dem sehr abstrakten

1012 *The Ophelia*, [1916] 2 AC 206 (229 f.); vgl. *Paine v Catlins*, [2004] EWHC 3054 (TCC) (judicial dictum), Rn. 79 f.

1013 *Keefe v The Isle of Man Steam Packet Company Ltd*, [2010] EWCA Civ 683.

„fair wind principle", gemäß dem Beweiserleichterungen gewährt werden können, unabhängig von einer früheren stricto sensu Beweisvereitelungshandlung.

Vereinzelt wird allerdings auch die Ansicht vertreten, dass die Ahndung der vorprozessualen Beweisvereitelung unabhängig von der Haftung der beweisvereitelnden Partei sein sollte, denn in Hinsicht auf die Möglichkeit der Durchführung eines fairen Prozesses sei eine Trennung zwischen vorprozessualen und prozessualen Beweisvereitelungshandlungen sinnlos.[1014] Dieses Argument ergibt Sinn im Hinblick auf die Auswirkungen der vorprozessualen Handlung auf eine spätere Beweisführung, würde aber im Widerspruch zum Verschuldensgrundsatz stehen, von dem sowohl im deutschen als auch im englischen Recht ausgegangen wird. Im Wesentlichen steht das Fairness-Prinzip im Einklang mit dem Prinzip von Treu und Glauben, dessen Verletzung auch objektiv sein kann. Es ist allerdings nicht ersichtlich, warum in Anwendung der Auffassung von *Tronson* jemand Nachteile im Prozess erleiden sollte, genauer gesagt „adverse inferences", wenn ihm nicht einmal klar war, dass ein Verfahren bevorsteht, insbesondere in Fällen, in denen kein Vertrauensverhältnis zwischen den späteren Parteien besteht.

In der jüngsten Rechtsprechung tritt allerdings die Tendenz auf, die vorprozessuale „spoliation of evidence" mit dem Rechtsbeugungsversuch („attempt to pervert the course of justice") einer Partei zu verbinden.[1015] Ihre Ahndung setze voraus, dass sich die Partei einer Tatsache bewusst ist, die einen Prozess in der Zukunft mutmaßlich herbeiführen könnte, und dass sie tatsächlich beabsichtig, die Durchführung dieses konkreten Prozesses zu verhindern.[1016] Bewusstsein der Beweisvereitelung wird also in diesem Fall vorausgesetzt.[1017]

Die Einschränkung der Beweisvereitelung auf Vorsatz ist unzureichend sowohl im Vorfeld als auch im Prozess selbst. Die prozessuale Gleichbehandlung von fahrlässigen und vorsätzlichen Handlungen ist einerseits in Hinsicht auf ihre Auswirkung auf den Beweis geboten. Es macht keinen Unterschied, ob diese Handlungen aus fahrlässiger Missachtung oder mit Absicht unternommen wurden, da es praktisch zum selben Ergebnis führt: Die Wahrheitsfindung wird in beiden Fällen gleichermaßen erschwert. Andererseits wäre die Einschränkung des Anwendungsbereichs der Regel nur auf vorsätzliche Handlungen, insbesondere in Hinsicht auf das Beweissystem des englischen Rechts, zu wenig Erfolg

1014 *Tronson*, CJQ 2006, S. 454.

1015 *Douglas & Ors v Hello Ltd (No. 3)*, [2003] EWHC 55 (Ch), Rn. 86 f.

1016 *Hibbert*, ComLJ 30, S. 8.

1017 *Hibbert*, Evidence, Rn. 8-005.

versprechend: Die vollständige Überzeugung des Gerichts von der Wahrheit ist für eine Entscheidung nicht notwendig, weil die englischen Gerichte diese aufgrund Wahrscheinlichkeitsabwägung erlassen.[1018] Die Limitierung der Regel der Beweisvereitelung auf Vorsatz erweist sich folglich im Rahmen eines solchen Systems als sinnlos. Erfahrungsgemäß ist Vorsatz der ausschlaggebende Faktor für die Überzeugung des Gerichts von der Wahrheit.[1019] Gleichzeitig würde die Beweisnot einer Partei außer Acht gelassen werden, wenn ihr Gegner seine Pflicht fahrlässig missachtet hätte, nämlich wenn der Erfahrungssatz der vorsätzlichen Beweiserschwerung nicht ins Spiel käme.

Im Ergebnis ist diese Auslegung des englischen Rechts als unbefriedigend anzusehen und kann selbstredend auf keinen Fall ins deutsche Recht übernommen werden. Diese Extrempositionen von *Tronson* und *Hibbert* sind abzulehnen, da sie entweder den Anwendungsbereich der Regel erheblich einschränken oder unverhältnismäßig erweitern.

b. Beweisvereitelung während des Prozesses

In Bezug auf die Verletzung der Aufbewahrungspflicht der Parteien nach Prozessbeginn sind Lehre und Rechtsprechung gespalten. Einer Ansicht nach reicht für die Ahndung der Partei die fahrlässige Pflichtverletzung aus.[1020] Diese Meinung wird in der Rechtsprechung zum Ausdruck gebracht. Im Urteil *Infabrics Ltd v Jaytex Ltd (No.2)* wurde festgestellt, dass der Beklagte sicherzustellen hatte, dass die Beweismittel aufbewahrt werden.[1021] Ein klares Bild über die Verantwortung der beweisvereitelnden Partei gibt zudem *Malhotra v Dhawan*.[1022] In diesem Fall hatte der Kläger eine Zahlung vom Beklagten gefordert, die die Parteien vereinbart hatten, als der Kläger als Buchhalter im Unternehmen des Beklagten tätig war. Nachdem der Beklagte seine Verteidigungsmittel eingereicht hatte, verlegte er den Sitz des Unternehmens und zerstörte beim Umzug Kundenakten, die dadurch unbrauchbar geworden waren. Im Hinblick auf das *Armory v Delamirie*-Prinzip führte das Gericht aus:

1018 *Munday*, Cross & Tapper, S. 158 f. ; *Hibbert*, Evidence, Rn. 1-005; *Keane/McKeown*, Evidence, S. 110; *Paralel Routs Ltd v Sergey Fedotov*, [2019] EWHC 2656 (Ch).

1019 *Hollander*, Evidence, Rn. 11-19.

1020 *Hollander*, Evidence, Rn. 11-27.

1021 *Infabrics Ltd v Jaytex Ltd (No.2)*, [1985] FSR 75 (79) (Ch).

1022 *Malhotra v Dhawan*, [1997] EWCA Civ 1096; vgl. *British Sky Broadcasting Group Plc v Sky Home Services Ltd*, [2007] FSR 14 (376 f.); *IS Innovative Software Ltd v Howes*, [2004] EWCA Civ 275 (judicial dictum).

> „First, if it is found that the destruction of the evidence was carried out deliberately so to as hinder the proof of the plaintiff's claim, then such finding will obviously reflect on the credibility of the destroyer. In such circumstances it would enable the Court to disregard the evidence of the destroyer in the application of the principle. But that is not this case. Second, if the Court has difficulty in deciding which party's evidence to accept, then it would be legitimate to resolve that doubt by the application of the presumption."[1023]

Sofern also die Partei die Beweisführung ihres Gegners zu behindern beabsichtigt, verliert sie an Glaubwürdigkeit. Ihre Handlung hat dementsprechend negative Auswirkungen im Rahmen der Beweiswürdigung. Wenn jedoch die Absicht fehlt, das heißt wenn die Beweisvereitelung fahrlässig begangen wurde, tritt die Vermutung gegen die beweisvereitelnde Prozesspartei im Zweifelsfall noch ein.

2. *Gemäß der CPR r. 3. 4 (2)*

Die CPR r. 3. 4 (2) enthält keine Vorschrift über das Verschulden an sich oder den notwendigen Verschuldensgrad der beweisvereitelnden Prozesspartei als Voraussetzung des Erlasses eines Prozessurteils auf „strike out" vom Gericht. In der Rechtsprechung greifen die Gerichte auf die Präzedenzfälle zurück, um den vorausgesetzten Verschuldensgrad zu konkretisieren.

Es wurde in der Rechtsprechung vor und nach der Einführung der CPR hervorgehoben, dass der Zweck der Offenlegung von Dokumenten keinesfalls die Sanktionierung der Partei ist.[1024] Sowohl die Offenlegung von Dokumenten als auch die Vorlage von Objekten fördert das Ziel der Durchführung eines fairen Prozesses.[1025] Was im Urteil *Logicrose Ltd v Southend United Football Club Ltd* die Verweigerung der Sanktionierung impliziert, wurde in *Landauer Ltd v Comins & Co (A Firm)* klargestellt.[1026] Der Kläger erhob in diesem Fall gegen

---

1023 *Malhotra v Dhawan*, [1997] EWCA Civ 1096.

1024 *Logicrose Ltd v Southend United Football Club Ltd*, (1988) 132 SJ 1591, das Urteil bezieht sich auf die Rules of the Supreme Court Order 24 Para. 16. Die Befugnis, Angriffs- und Verteidigungsmittel zurückzuweisen, war in der RSC auch enthalten. Diese enthielten ferner Vorschriften über die Offenlegung von Dokumenten [RSC Order 24 para. 3 (2)] und die Vorlage von Gegenständen [RSC Order 24 para. 11 (1)]. Gemäß SCR Order 24 para. 16 (1) hatte das Gericht die Befugnis, Angriffsmittel abzulehnen und Verteidigungsmittel auszuschließen, sofern die Parteien den Anordnungen des Gerichts nicht nachgekommen wären; vgl. *Coleman v Dunlop Ltd (No 2)*, [1999] 10 WLUK 608; *Arrow Nominees Inc v Blackledge*, [2000] CPRep 59; *Bilta (UK) Ltd v Nazir*, [2010] EWHC 3227 (Ch), Rn. 18; *Douglas v Hello (No 3)*, [2003] EWHC 55 (Ch), Rn. 90.

1025 *Logicrose Ltd v Southend United Football Club Ltd*, (1988) 132 SJ 1591.

1026 *Landauer Ltd v Comins & Co (A Firm)*, 1991 WL 838018.

den Beklagten Klage wegen Vertragsverletzung.[1027] Nach der Klageerhebung präsentierte der Kläger eine unvollständige Liste von Dokumenten und zudem vernichtete er schrittweise einige wichtige Dokumente. Das Gericht der ersten Instanz wies die Klage durch Strike-out-Urteil ab. Das Berufungsgericht nahm das Urteil des erstinstanzlichen Gerichts an und bestätigte damit die Auffassung von *Millet L. J.* in *Logicrose Ltd v Southend United Football Club Ltd*, dass das Ziel der RSC Order 24 para. 16 ausschließlich die Durchführung eines fairen Prozesses ist. Der Fall *Landauer Ltd v Comins & Co (A Firm)* weist allerdings die Besonderheit auf, dass der Kläger die Beweismittel fahrlässig vernichtet hatte. *Lloyd L. J.* erklärte, dass für die Ahndung der Beweisvereitelung Fahrlässigkeit ausreiche:

> „I find some difficulty an [sic, E.Z.] seeing how, if the sole question is whether a fair trial can still be held, the conduct of the plaintiffs in destroying the documents, whether it was merely inadvertent or whether it was in knowing disregard of their obligation as to discovery and therefore more blameworthy, can be fitted into the equation."[1028]

Im Einklang mit diesen Urteilen verbindet das Gericht in *Douglas v Hello! (No 3)* das Strike-out-Urteil mit der Verletzung der Aufbewahrungspflicht aus *Rockwell Machine Tool v E.P. Barrus (Concessionaires) Ltd.* Demgemäß sind Anwälte verpflichtet, die Parteien über die Wichtigkeit der Aufbewahrung von Beweismitteln zu benachrichtigen. Wenn diese ihre Pflicht verletzen und deswegen ein fairer Prozess unmöglich gemacht wird, ist es unerheblich, ob die Prozessparteien schuldhaft für diese Unmöglichkeit sind oder nicht.[1029] Was bedeutsam ist, ist, dass die Fairness des Prozesses nicht in Gefahr gebracht wird. So hat die Rechtsprechung die fahrlässige „spoliation" für ein Strike-out-Urteil auch für ausreichend gehalten.

In der Lehre ist dies umstritten. Gegen die Ansicht der Rechtsprechung wendet *Hollander* ein, dass im Hinblick auf den scharfen Charakter dieser Sanktion das Verhältnismäßigkeitsprinzip zwischen Sanktion und Schuld anzuwenden sei und so fahrlässige Handlungen auszuschließen seien.[1030] Für die Gegenansicht plädiert *Hibbert*. Er hebt hervor, dass beim „strike out" wegen der Unmöglichkeit eines fairen Prozesses keine Sanktion vorliege.[1031] Demgegenüber würde der

---

1027 *Landauer Ltd v Comins & Co (A Firm)*, 1991 WL 838018; *Coleman v Dunlop Ltd (No 2)*, [1999] 10 WLUK 608.

1028 *Landauer Ltd v Comins & Co (A Firm)*, 1991 WL 838018; auch *Post Office Counters Limited v Tarla Mahida*, [2003] EWCA Civ 1583, Rn. 21.

1029 *Douglas v Hello (No 3)*, [2003] EWHC 55 (Ch), Rn. 93.

1030 *Hollander*, Evidence, Rn. 11-19.

1031 *Hibbert*, Civil Evidence, Rn. 6-018.

Ausschluss der Fahrlässigkeit das Element der Sanktionierung des Verhaltens einführen, was die Rechtsprechung aber ablehnt.

Der „Prozessmissbrauch“ in der CPR r. 3. 4. ist im Einklang mit den Urteilen *Landauer Ltd v Comins & Co (A Firm)* und *Logicrose Ltd v Southend United Football Club Ltd* auszulegen. Die Gerichte gehen von einer extensiven Auslegung des Begriffs aus, sodass er jeden Fall von Beweisvereitelung umfasst. In solchen Fällen ist nach der hier vertretenen Meinung nicht nur der Verschuldensgrad von großer Bedeutung, sondern auch die gegenseitigen Interessen sind dies. Das Gericht darf nämlich seine Befugnisse nicht unelastisch ausüben, sondern in Hinsicht auf den Verschuldensgrad der beweisvereitelnden Partei und die Beweisnot ihres Gegners Letzterem Beweiserleichterungen gewähren. Sofern aber die Beweisvereitelung unverschuldet ist, wäre ein „strike out“ von Angriffs- oder Verteidigungsmitteln schwerlich gerechtfertigt.

II. Mitverschulden

Wie für das Verschulden fehlt im englischen Recht auch jede Vorschrift für das Mitverschulden in Fällen der Beweisvereitelung. Die Frage, wie das Verschulden der beweisverhinderten Partei die Anwendung der relevanten Regel, nämlich sowohl des *Armory v Delamirie*-Prinzips wie auch des CPR r. 3. 4. (2) beeinflusst, ist in der Rechtsprechung nur vereinzelt betroffen. Im Folgenden wird das Mitverschulden anhand der einschlägigen Urteile behandelt.

1. Gemäß dem Armory v Delamirie-Prinzip

Der einzige Fall in der englischen Rechtsprechung, in dem beide Parteien die Verdunkelung des Sachverhalts mitverursacht haben und daher beide schuldig sind, ist *Zabihi v Janzemini.*[1032] In diesem Fall hatte der Kläger dem Beklagten einige Brillanten übergegeben, damit der Beklagte sie verkaufte. Der Kläger verlangte nach einem gewissen Zeitraum Schadensersatz vom Beklagten wegen Aneignung. Der Beklagte widersprach dieser Behauptung des Klägers und präsentierte ihm einige der Brillanten. Der Kläger behauptete, dass die ihm vorgelegten Brillanten nicht die ursprünglichen wären. Im Prozess war der Wert der angeeigneten Brillanten bestritten worden. Die Parteien erbrachten Beweismittel,

---

1032 *Zabihi v Janzemini*, [2008] EWHC 2910 (Ch), High Court of Justice, [2009] EWCA Civ 851, Court of Appeal. Vgl. *AMP Advisory and Management Partners A.G. v Force India Formula One Team Ltd (In Liquidation)*, [2019] EWHC 2426, Rn. 187, das Gericht stellt allerdings als judicial dictum fest, dass es dem Kläger nicht möglich ist, den Beklagten zu beschuldigen, wenn er selbst den Zeugen vorladen kann.

die ihre Behauptungen unterstützten. Genauer gesagt brachte der Kläger einen gefälschten Brief bei, während der Beklagte unzuverlässige Zeugen vorlud. Das Gericht bestimmte den Wert der Brillanten auf £ 125.000.[1033] Das High Court berief sich auf das *Armory v Delamirie*-Prinzip.

Es war dem Berufungsgericht nicht klar, ob der High Court das Prinzip tatsächlich angewendet hatte. Bezüglich der Anwendbarkeit des Prinzips in diesem Fall waren sich die Richter des Berufungsgerichts uneinig: Nach Ansicht des Chancellors hindert die beiderseitige Verhinderung der Wahrheitsfindung die Anwendung des *Armory v Delamirie*-Prinzips nicht unbedingt: Die Vermutung würde sich gleichzeitig für und gegen beide Parteien auswirken und hätte folglich keinen Einfluss auf das Beweisergebnis.[1034] Anderer Ansicht war *Moore-Bick L. J.* Seiner Meinung nach war es der Kläger, der durch sein Verhalten die Wahrheitsfindung unmöglich gemacht habe,[1035] weil es ihm noch möglich gewesen wäre, die Gegenstände genau zu beschreiben. Das aber habe er versäumt und deswegen wäre es ungerecht, den Fall durch Anwendung des Prinzips gegen den Beklagten zu entscheiden, da er für die Verdunkelung des Sachverhalts nicht allein schuld wäre. Unter Berücksichtigung der einschlägigen Lehren im deutschen Recht scheint es, dass die Ansicht von *Moore-Bick L. J.* eher eine Kohärenz mit dem System des Kausalzusammenhangs aufweist, das verlangt, dass eine Partei ihr Bestes für die Wahrheitsfindung zu geben hat. Der Kläger darf nämlich nicht vom Fehlen von Beweismitteln profitieren, wenn er selbst aktiv die Wahrheitsfindung erschwert hat.

2. Gemäß der CPR r. 3. 4 (2)

In der Rechtsprechung sind Fälle selten, in denen beide Parteien ihre Offenlegungspflichten verletzt und demzufolge die Vereitelung des fairen Prozesses mitverursacht haben.[1036] Im Fall *Masood v Zahoor*[1037] wendete das Berufungsgericht die Regel an, dass die Verhinderung eines fairen Prozesses wegen

1033 *Zabihi v Janzemini*, [2008] EWHC 2910 (Ch), Rn. 282.

1034 *Zabihi v Janzemini*, [2009] EWCA Civ 851, Rn. 32.

1035 *Zabihi v Janzemini*, [2009] EWCA Civ 851, Rn. 52.

1036 *Masood v Zahoor*, [2009] EWCA Civ 650 und *Bilta (UK) Ltd v Nazir*, [2010] EWHC 3227 (Ch). In *Bilta (UK) Ltd v Nazir* beschloss das Gericht, dass ein „strike out" von Schriftsätzen nicht stattfinden dürfe, weil die vernichteten Beweise unerheblich waren. Nebenbei stellte es allerdings fest, dass die Beweislosigkeit nicht ausschließlich auf das Verhalten des Beklagten zurückzuführen war, da die Klägerin ihre Beweisnot mitverursacht hatte.

1037 *Masood v Zahoor*, [2009] EWCA Civ 650.

Beweisvereitelung, im konkreten Fall durch Fälschung von Beweisen, zu einem Strike-out-Urteil führen kann.[1038] Der Beklagte stellte in diesem Fall einen relevanten Antrag. Die Tatsache, dass beide Parteien Beweismittel gefälscht hatten, führte beim High Court zu dem Schluss, dass angesichts des Fehlens von anderen Beweismitteln und weil beide Parteien für die Erschwerung der Beweisführung verantwortlich waren, der Erlass einer Beweislastentscheidung unzutreffend wäre.[1039] Denn dies würde den Kläger belasten, während der schuldige Beklagte nicht geahndet würde.[1040] Das Berufungsgericht entschied wie folgt: Der Richter kann die Schuld einer Partei nicht gegen die Schuld der anderen abwiegen.[1041] Was ein Richter berücksichtigen muss, ist, ob das Verhalten des Klägers die Fairness eines Prozesses in Gefahr gebracht hat.[1042] Wenn dies der Fall ist, verliert er sein Recht auf einen Prozess, unabhängig vom Verhalten seines Gegners.[1043] Diese Auffassung stimmt mit der Meinung von *Moore-Bick L. J.* in *Zabihi v Janzemini* im Wesentlichen überein, und zwar in dem Sinne, dass die sich in beiden Fällen auf die Beweisvereitelung ihres Gegners berufende Partei die Last trägt, ihr Bestes für die Wahrheitsfindung zu tut. Ansonsten ist ihr der vorgeschriebene Schutz, entweder in Form einer Vermutung oder in Form eines Strike-out-Urteils, zu versagen.

Das Mitverschulden bei der Beweiserschwerung stellt folglich auch im Rahmen der englischen Beweisvereitelung einen erheblichen Faktor dar, der das Verschulden der beweisvereitelnden Partei aufhebt und deswegen sowohl die Anwendung des Prinzips aus *Armorie v Delamirie* als auch den Erlass eines Strike-out-Urteils ausschließt. Wichtig ist weiterhin, dass die zwei Rechte ein gemeinsames Prinzip anerkennen: dass niemand aus seinem eigenen Unrecht im Prozess profitieren soll, wenn er nicht sein Besten getan hat, um die Sachverhaltsaufklärung zu fördern. Die deutsche Rechtsprechung legt mehr Gewicht auf das vorprozessuale Verhalten der Partei, die englische dagegen auf ihr prozessuales Verhalten. Im Wesentlichen gibt es allerdings keine Diskrepanz zwischen dem englischen und dem deutschen Recht in Bezug auf das Mitverschulden.

1038 *Masood v Zahoor,* [2009] EWCA Civ 650, Rn. 73.
1039 *Masood v Zahoor,* [2009] EWCA Civ 650, Rn. 63.
1040 *Masood v Zahoor,* [2009] EWCA Civ 650, Rn. 63.
1041 *Masood v Zahoor,* [2009] EWCA Civ 650, Rn. 75.
1042 *Masood v Zahoor,* [2009] EWCA Civ 650, Rn. 75.
1043 *Masood v Zahoor,* [2009] EWCA Civ 650, Rn. 75.

D. Kausalität

Die Beeinträchtigung von Beweismitteln muss für eine Partei Beweisnachteile verursachen. Die Beweiserschwerung hat mit anderen Worten ein Ergebnis des beweisvereitelnden Verhaltens zu sein, in dem Sinne, dass zwischen Beweiserschwerung und beweisvereitelndem Verhalten ein Kausalzusammenhang vorliegen muss. Diese Voraussetzung wird in der englischen Rechtsprechung entweder durch die Hervorhebung der Wichtigkeit des fehlenden Beweismittels für die Wahrheitsfindung zum Ausdruck gebracht[1044] oder durch die Bemerkung, dass das Verhalten des Beklagten die Beweisschwierigkeit des Klägers verursacht hat.[1045] Der Kausalzusammenhang unterliegt im englischen Recht denselben Einschränkungen wie im deutschen Recht, hat er aber in der englischen Lehre und Rechtsprechung nur wenig Beachtung gefunden. Es ist ersichtlich, dass zufällige Ereignisse den Kausalzusammenhang durchbrechen sowie dass die Würdigung von gleichwertigen Beweimitteln dieselben Beweisergebnisse wie die fehlenden Beweismittel hervorrufen können.

Das Fehlen einer ausführlichen Rechtsprechung über den Kausalzusammenhang im englischen Recht kann auf zwei Faktoren zurückgeführt werden: Erstens haben die Parteien im englischen Prozess leichteren und extensiven Zugang zu bestehenden Beweismitteln, insbesondere durch die Dokumentenoffenlegung. Zweitens ist es wegen des niedrigen Beweismaßes im englischen Prozess schwieriger, die Beweisführung der beweisbelasteten Partei zu erschweren.

Das niedrige Beweismaß kann sich jedoch in Hinsicht auf die Tatbestandsvoraussetzungen der Beweisvereitelung auch gegen die beweisbelastete Prozesspartei richten. Wegen der erwähnten Vorzüge der beweisbelasteten Partei, d. h. niedriges Beweismaß und Mitwirkungspflichten, wird es für sie schwerer zu beweisen sein, dass das Verhalten ihres Gegners, ein Beweismittel zu verändern oder zu vernichten, eben gerade ihre Beweisfälligkeit herbeigeführt hat. Während also für die beweisbelastete Partei im deutschen Prozess relativ leicht zu beweisen ist, dass die Beweisvereitelung vonseiten ihres Prozessgegners ihre Aussichten auf eine erfolgreiche Beweisführung erheblich geschädigt hat, ist das

---

1044 *The Ophelia*, [1916] 2 AC 206 (229 f.); *Infabrics Ltd v Jaytex Ltd (No.1)*, [1985] FSR 75 (81).

1045 *Fearns v Anglo-Dutch Paint & Chemical Co Ltd*, [2010] EWHC 1708 (Ch), Rn. 70; *Marathon Asset Management LLP v Seddon*, [2017] EWHC 300 (Comm), Rn. 165; *Keefe v The Isle of Man Steam Packet Company Ltd*, [2010] EWCA Civ 683, Rn. 19; *Raggett (Deceased) v Kings College Hospital NHS Foundation Trust*, [2016] EWHC 1604 (QB), Rn. 131.

im englischen Prozess für die beweisbelastete Partei schwieriger. Während sie einerseits von der extensiven Mitwirkungspflicht und vom niedrigen Beweismaß profitiert, wird für sie der Maßstab für den Beweis des Kausalzusammenhangs im Ergebnis höher als im deutschen Recht gesetzt. So gesehen schaffen beide Prozesse ein Gleichgewicht von prozessualen Vorteilen und Nachteilen für die beweisbelasteten Parteien: Im deutschen Prozess wird es relativ schwierig für die beweisbelastete Partei sein, die Tatbestandsvoraussetzungen des von ihr geltend gemachten Anspruchs zu beweisen. Der Beweis des Kausalzusammenhangs im Rahmen der Beweisvereitelung ist aber leichter zu erzielen. Das Gegenteil gilt im englischen Prozess.

Nach der hier vertretenen Ansicht hat der Maßstab für den Beweis des Kausalzusammenhangs eine Auswirkung auf die Beweismittel, dessen Vernichtung die Beweisführung erschwert: Es reicht im Rahmen des deutschen Rechts für die Erfüllung der Tatbestandsvoraussetzungen der Regel grundsätzlich aus, wenn der Gegner Objekte von zweitrangigem Wert vernichtet. Dagegen zeigt sich in der englischen Rechtsprechung die Tendenz, einen höheren Maßstab für die Gewährung einer Beweiserleichterung anzusetzen.[1046] Hat es nie ein zentrales Beweismittel gegeben, kann das englische Gericht in Anwendung des *Armorie v Delamirie*-Prinzips den Inhalt keines Beweismittels unterstellen. In diesen Fällen bleibt die Prozesspartei allerdings nicht ungeschützt, da es für sie im Prinzip leichter ist, die Voraussetzungen des von ihr geltend gemachten Anspruchs zu beweisen. Dies ist durch ein Beispiel zu veranschaulichen: Wenn der nicht beweisbelastete Gegner eine E-Mail von mittlerem Beweiswert auf seinem Rechner löscht, kann dies im deutschen Prozess wegen des hohen Beweismaßes leichter zu non liquet führen, während im englischen Prozess dessen Vernichtung nicht unbedingt das *Armory v Delamirie*-Prinzip in Anwendung nach sich zieht. In solchen Fällen ist das „benevolent treatment" der Beweismittel der beweisbehinderten Partei im Prinzip nicht ausgeschlossen,[1047] hat aber nicht notwendigerweise einen ausschlaggebenden Einfluss auf das Beweisergebnis.

1046 *Infabrics Ltd v Jaytex Ltd (No.1)*, [1985] FSR 75 (81); *The Ophelia*, [1916] 2 AC 206 (229 f.).

1047 Vgl. die Fn. 1242.

E. Ergebnis des Beweisvereitelungsverhaltens

I. *Erschwerung der Sachverhaltsaufklärung*

Wichtige Unterschiede zwischen dem deutschen und dem englischen Recht treten im Bereich der Wirkung der Beweisvereitelung im Prozess auf. Diese Unterschiede sind sowohl auf die Regeln der Beweisvereitelung als auch auf die Beweislastverteilung zurückzuführen.

Im deutschen Recht wird theoretisch zwischen der Beweiserschwerung und der schlüssigen Vereitelung der Wahrheitsfindung getrennt. Wie bereits erwähnt, ergibt diese Unterscheidung in Hinsicht auf ihre Auswirkung auf die Wahrheitsfindung wenig Sinn, weil ihre Vereitelung auf jeden Fall zur prozessualen Niederlage der beweisbelasteten Partei führt.[1048] Das gilt jedoch nicht für das englische Recht. Darin wird keine Trennung zwischen der Erschwerung und der vollständigen Unmöglichkeit der Wahrheitsfindung gemacht. Erstere ist zwar theoretisch möglich, hat aber auf die Beweisführung der beweisbelasteten Partei praktisch keinen Einfluss, da wegen des niedrigen Beweismaßes ihre Behauptungen noch wahrscheinlich sind und diese deswegen angenommen werden. Die Trennung ist demzufolge im Rahmen des deutschen Rechts, und zwar in Hinsicht auf mögliche Rechtsfolgen, von Wert, nicht aber im englischen Recht.

Es gibt dennoch zwei Einschränkungen in der Anwendung des *Armory v Delamirie*-Prinzips. Wie ausgeführt,[1049] trägt die beweisbelastete Partei im englischen Prozess Beweislast, bei den „hearings" Beweismittel beizubringen, damit sie ihren „evidential burden" erfüllt. Nach der Erfüllung des „evidential burden" geht die beweisbelastete Partei in den nächsten Abschnitt des Prozesses, nämlich den „trial" vor dem „tribunal of fact", über. Die Erfüllung dieser Last setzt einen Prima-facie-Beweis voraus, während die Wahrscheinlichkeit der Behauptungen der Partei ausschließlich im „trial" geprüft wird. Dieser „evidential burden" setzt aber die Regel der Beweisvereitelung in enge Grenzen. Sind alle Beweismittel vom Prozessgegner vernichtet worden, hat die beweisbelastete Partei keine Aussicht auf Gewinn. Der Grund liegt darin, dass sich die Rechtsfolgen der Beweisvereitelung nach dem *Armory v Delamirie*-Prinzip im „trial" entwickeln. Es ist aus diesem Grund *Grubb* zuzustimmen, der anmerkt, dass das *Armory v Delamirie*-Prinzip dem Kläger nicht hilft, wenn er seinem „evidential burden"

1048 Vgl. den dritten Teil, § 7 E. I. insbesondere die Fn. 981

1049 Vgl. den ersten Teil, § 2 C. I.

bei den „hearings“ nicht nachkommt[1050]; denn bei Nichterfüllung seines „evidential burden“ wird seine Klage durch Prozessurteil unmittelbar abgewiesen.

Diese Schwäche ist zwar denkbar, bedeutet aber praktisch kein unüberwindbares Hindernis für die beweisbelastete Partei, weil sie lediglich einen Prima-facie-Fall zu präsentieren hat. Denn es reicht aus, dass sie ein Beweismittel in Bezug auf nur eine Tatbestandsvoraussetzung der anzuwendenden Regel beibringt. Das bedeutet zum Beispiel, dass die Partei Beweismittel in Bezug auf die Schuld des Gegners zu erbringen hat, ohne gleichzeitig die Schadensgröße prima facie darzustellen, deren Beweis durch die Beweisvereitelung erschwert worden ist. Außerdem sollte die allgemeine Offenlegungspflicht im englischen Recht nicht unterschätzt werden. Diese gewährt jeder Partei exzessiven Zugang zu den Beweismitteln des Gegners, sodass es für die beweisbelastete Partei in der Regel leicht ist, einen Prima-facie-Beweis zu erbringen.

Die zweite Schwäche der englischen Regel tritt bei der Schadensbemessung auf. Diese ist zwar unabhängig von der Beweislast, hat aber dieselbe Auswirkung auf ihren Anwendungsbereich. Ist ein Schaden herbeigeführt worden und ist die Schadenshöhe wegen einer Handlung der nicht beweisbelasteten Partei unbestimmbar, so hat das Gericht die größtmögliche Schadenshöhe zu unterstellen, soweit Anhaltspunkte dafür vorliegen. Nach der hier vertretenen Meinung ist der Grundgedanke hinter dieser Rechtsfolge, dass dadurch willkürliche Ansprüche der beweisbelasteten Partei verhindert werden, wie die Plausibilitätskontrolle in Arbeitsfällen im deutschen Recht den Arbeitsgeber gegenüber spekulativen Ansprüchen des Arbeitnehmers schützt[1051]. Diese Rechtsfolge weist jedoch wegen der Voraussetzung der Anhaltspunkte denselben Schwachpunkt wie im Fall des „evidential burden“ auf: Kann die beweisbelastete Partei keine Beweismittel in Bezug auf den Schaden beibringen, gilt daher die Rechtsfolge der Unterstellung der größtmöglichen Schadenshöhe nicht. Die beweisbelastete Partei bleibt folglich ungeschützt, wenn ihr Gegner alle Beweise vernichtet. Aus diesem Grund erweist sich auch die deutsche Rechtsprechung in Arbeitsfällen als unbefriedigend. Die Voraussetzung der Plausibilität durch Indizienbeweis für die Anwendung der Regel der Beweisvereitelung führt zu derselben Auswirkung: Sie schränkt den Anwendungsbereich der Regel auf die Beweiserschwerung ein. Diese Einschränkung ist aber im deutschen Recht problematischer als im englischen Recht, weil im Ersteren ein höheres Beweismaß vorgeschrieben ist. Daraus lässt sich das Fazit ziehen, dass die englischen Regeln im Vergleich

1050 *Grubb/Furmston,* Contract, 4. Aufl., Rn. 8.6.

1051 Vgl. die Fn. 985.

zur deutschen Regel einen engeren Rechtsschutz gewähren, weil das deutsche Recht die Beweisnot einer Partei nicht nur bei Beweiserschwerung, sondern auch bei vollständiger Beweisvereitelung umfasst.

Gegen beide Schwachpunkte des englischen Rechts kann argumentiert werden, dass der Ausweg des „strike out" von Angriffs- und Verteidigungsmitteln immer besteht, in dem Sinne, dass die Behauptungen des Gegners ausgeschlossen werden können. Wie bereits analysiert, ist eine „strike out order" erst dann möglich, wenn die Durchführung eines fairen Prozesses wegen der Beweisvereitelung verhindert wird, das heißt, dass entweder das Prozessergebnis unsicher oder der Prozess zu zeitaufwendig und zu teuer geworden ist. Beide Fälle rechtfertigen eine einschlägige „order" vonseiten des Gerichts während der „hearings", und zwar unabhängig von einem Prima-facie-Beweis.

Nichtsdestoweniger ist diese Lösung aus zwei Gründen wenig Erfolg versprechend. Einerseits hat die Rechtsprechung die Anwendung der CPR r. 3. 4. auf die prozessuale Beweisvereitelung begrenzt, und zwar dahingehend, dass die vorprozessuale unberücksichtigt bleibt. Wie erwähnt, schränkt die moderne englische Rechtsprechung die Anwendung der CPR r. 3. 4. auf vorprozessuale Handlungen ein, die gleichzeitig Straftaten („attempt to pervert the course of justice") darstellen. Das heißt, dass die beweisbelastete Partei einen Antrag auf Ausschluss der Verteidigungsmittel des Beklagten ausschließlich dann stellen kann, wenn ihr Gegner entweder vorprozessual eine Straftat absichtlich begangen hat oder Beweismittel nach Prozessbeginn beschädigt.

Andererseits bietet eine „strike out order" für die Schadensbemessung keine Lösung. In diesem Fall werden Anhaltspunkte verlangt, sodass willkürliche Behauptungen nicht unterstellt werden können. Die Anhaltspunkte setzen die höchstmögliche Grenze des streitigen Anspruchs fest; auf diese Weise werden übertriebene Behauptungen automatisch außer Acht gelassen. Daraus folgt, dass durch den Ausschluss der Verteidigungsmittel des Beklagten willkürlichen Ansprüchen des Klägers stattgegeben wird. Im Ergebnis ist diese alternative Rechtfolge, das heißt der Ausschluss der Verteidigungsmittel des Gegners außerstande, die Schwachpunkte der Rechtsfolge des *Armory v Delamirie*-Prinzips zu korrigieren.

II. Vereitelung eines fairen Prozesses

1. Gerichtliche Ausschlussbefugnis in den Rules of the Supreme Court

Die Befugnis des Gerichts, Angriffs- und Verteidigungsmittel zurückzuweisen, war bereits in den RSC vorgesehen.[1052] Diese wurden von den CPR ersetzt und enthielten Vorschriften zur Dokumentenoffenlegung[1053] und zur Objektvorlage.[1054] Gemäß der SCR Order 24 para. 16 (1) hatte das Gericht die Befugnis, Angriffsmittel abzulehnen und Verteidigungsmittel auszuschließen, wenn eine Partei den entsprechenden Anordnungen nicht nachkommen würde.

2. Unzuverlässigkeit des Beweisergebnisses

In Bezug auf das Ergebnis der Beweisvereitelung ist *Logicrose Ltd v Southend United Football Club Ltd* wegweisend.[1055] Darin wurde das „strike out" von Angriffs- und Verteidigungsmitteln als Reaktion auf die Beweisvereitelung festgesetzt. In diesem Fall wurde ein Dokument vorübergehend und trotz einer gerichtlichen Anordnung unterschlagen. Dies nahm das Gericht zum Anlass, die RSC Order 24 para. 16 auszulegen. Demgemäß wäre die Exklusion einer Partei vom Prozess

> „an appropriate response to a failure to comply with the rules relating to discovery, even in the absence of a specific order of the Court, and so in the absence of any contempt, not because that conduct is deserving of punishment but because the failure has rendered it impossible to conduct a fair trial and would make any judgement in favour of the offender unsafe. In my view a litigant is not to be deprived of his right to proper trial as a penalty for his contempt or his defiance of the Court, but only if his conduct has amounted to an abuse of the process of the Court which would render any further proceedings unsatisfactory and prevent the Court from doing justice. Before the Court takes that serious step it needs to satisfied that there is a real risk of this happening. [...] The deliberate and successful suppression of a material document is a serious abuse of the process of the Court and may well merit the exclusion of the offender from all other participation in the trial. The reason is that it makes the fair trial of the action impossible to achieve and any judgment in favour of the offender unsafe. But if the threat of such exclusion produces the missing document, then the object of order 24 rule 16 is achieved." [1056]

1052 Rules of the Supreme Court 1965/1776.

1053 RSC Order 24 para. 3 (2)

1054 RSC Order 24 para. 11 (1)

1055 *Logicrose Ltd v Southend United Football Club Ltd,* (1988) 132 SJ 1591.

1056 Der Text des Urteils ist teilweise auf https://swarb.co.uk/logicrose-ltd-v-southend-united-football-club-ltd-ca-5-feb-1988/ abrufbar. Letztmals besucht am 11.07.2020.

In seiner Begründung hantiert das Gericht mit Begriffen, die im Text des RSC Order 24 para. 16 fehlen. Im Kern der Begründungen des Gerichts findet sich der Gedanke, dass die Exklusion einer Partei vom Prozess gerechtfertigt wäre, wenn ihr Verhalten als Prozessmissbrauch bewertet würde. Die Bewertung ihres Verhaltens als Prozessmissbrauch erfordert zwei Voraussetzungen: Die erste ist die Verhinderung der Beibringung von Beweisen, die nach den RSC offenlegbar wären. Die zweite bezieht sich auf den Zweck der Offenlegung. Ihr Zweck ist die Versicherung des fairen Charakters des Prozesses. Wenn das Verhalten einer Partei die Fairness des Prozesses gefährdet, ist dies als Prozessmissbrauch zu bezeichnen. Ein Prozess wäre nicht mehr gerecht, wenn wegen des Fehlens von Beweismittteln die zuverlässige Entscheidung des Rechtsstreits schlussendlich unmöglich gemacht würde. In *Logicrose Ltd v Southend United Football Club Ltd* wies das Gericht die Klage nicht ab, weil der Kläger seine Beweise später vorlegte und so die Fairness des Prozesses nicht gefährdet wurde. Folgerichtig erlässt das Gericht, sofern ein fairer Prozess angesichts der verfügbaren bzw. der erst später offengelegten Beweise stattfinden kann, kein Strike-out-Urteil.[1057]

Diese Auswirkungen des Prozessmissbrauchs wurden außerdem in späterer Rechtsprechung bestätigt. Einerseits kann das Fehlen von Beweismitteln die Beweisführung völlig vereiteln.[1058] Andererseits ist es vorstellbar, dass die Verfälschung eines Beweismittels andere Beweismittel unbrauchbar macht. Die Rechtsprechung hat dies als „Infektion" wiedergegeben. Es bedeutet einen negativen Einfluss des verfälschten Beweismittels auf „witness statements".[1059] Mit anderen Worten kann es vorkommen, dass sich Zeugen auf gefälschte Dokumente verlassen und daher ungewollt falsch in Bezug auf die beweiserheblichen Tatsachen aussagen. Beide Aspekte des Prozessmissbrauchs behindern demnach die Wahrheitsfindung und sind deswegen als Unterfälle der Beweisvereitelung zu erachten.

1057 *Douglas & Ors v Hello Ltd (No. 3)*, [2003] EWHC 55 (Ch), Rn. 101.

1058 *Coleman v Dunlop Ltd (No 2)*, [1999] 10 WLUK 608.

1059 *Arrow Nominees Inc v Blackledge*, [2000] CPRep 59, Rn. 43 ff. ; *Bailey v Wood*, [2009] EWHC 363 (Ch), Rn. 70; das Fehlen von erheblichen Beweismitteln könnte allerdings in derselben Weise die Zeugenaussage behindern, vgl. diesbezüglich die Begründung des Strike-out-Urteils des erstinstanzlichen Gerichts in *Landauer Ltd v Comins & Co (A Firm)*, 1991 WL 838018. Im Urteil *Masood v Zahoor*, [2009] EWCA Civ 650, Rn. 25, wird das Wort „uncontaminated" benutzt.

3. *Unverhältnismäßige Belastung des Prozesses*

Der zweite Aspekt des fairen Prozesses bezieht sich auf den kosten- und zeitsparenden Verlauf des Verfahrens. Die Vernichtung von Beweisen kann die Wahrheitsfindung zeitaufwendig und teuer machen. Dieses Element des fairen Prozesses wurde im Urteil *Arrow Nominees Inc v Blackledge* hervorgehoben.[1060] In diesem Fall hatten die Kläger eine Petition auf Liquidation einer Gesellschaft eingereicht. Während des „case management" wurde ein Antrag auf „strike out" der Petition mit der Begründung gestellt, dass ein Dritter, den die Klägerin kontrollierte, Dokumente gefälscht hatte. Dieser hatte in seinen Tagebüchern falsche Notizen eingefügt und Seiten daraus entfernt, gestand jedoch die Fälschung zu. Das Gericht wies den Antrag ab. Im „trial" wurde jedoch bei der Kreuzvernehmung dieser Person herausgefunden, dass die Fälschung der Dokumente umfangreicher als bis dahin bekannt war. Daher stellten die Beklagten einen neuen Antrag auf „strike out". Das Gericht weigerte sich erneut, die Petition abzulehnen. Das Berufungsgericht stand dieser Entscheidung kritisch gegenüber. *Chadwick L. J.* stellte fest, dass keine Prozesspartei die Ermittlung des Inhalts gefälschter Beweismittel zum Kernpunkt des Prozesses machen dürfe:

> „Further, in this context, a fair trial is a trial which is conducted without an undue expenditure of time and money; and with a proper regard to the demands of other litigants upon the finite resources of the court. The court does not do justice to the other parties to the proceedings in question if it allows its process to be abused so that the real point in issue becomes subordinated to an investigation into the effect which the admittedly fraudulent conduct of one party in connection with the process of litigation has had on the fairness of the trial itself."[1061]

Nach Auffassung von *Ward L. J.* steht ferner ein derartiger Zeitaufwand vonseiten des Gerichts im Gegensatz zum Grundzweck der CPR, wie er in CPR r. 1. 1 klargestellt wird. In diesem Paragrafen wird hervorgehoben, dass das Einsparen von Mitteln ein erheblicher Faktor zur Verwirklichung des Prozesszwecks ist.[1062] Ein Gericht darf seine Möglichkeiten derart einsetzen, dass ein für die

1060 *Arrow Nominees Inc v Blackledge,* [2000] CPRep 59.

1061 *Arrow Nominees Inc v Blackledge,* [2000] CPRep 59, Rn. 55; auch *Alpha Rocks Solicitors v Benjamin Oluwadare Alade,* [2015] EWCA Civ 685, Rn. 21; *Hughes Jarvis Ltd v Searle v Jarvis,* [2019] 1 WLR 2934 (2948 f.).

1062 CPR r. 1. 1.— The overriding objective" (1) und (2) (b), im Anhang. Die aktuelle Auffassung des CPR r. 1. 1 (1) bestätigt die Ausführung von *Ward L. J.* In den Paragrafen wurde hinzugesetzt, dass das Gericht die Fälle gerecht und nach verhältnismäßigem Aufwand behandeln muss, vgl. CPR r. 1. 1., im Anhang.

Rechtsadressaten fairer Prozess gewährleistet ist.[1063] Ein Prozess, der die Ressourcen des Gerichts monopolisiere, sei demgegenüber unsachgerecht geführt. Dieser Aspekt des fairen Prozesses findet zudem in der späteren englischen Rechtsprechung weitere Berücksichtigung.[1064]

Die Vereitelung der Fairness des Prozesses hat kein Pendant im deutschen Recht. In Hinsicht auf ihre Ergebnisse, nämlich dass jedes Beweisergebnis nach der Beweisvereitelung unsicher ist, ist die Vereitelung der Fairness des Prozesses als ein Unterfall der Beweiserschwerung einzuordnen, in dem Sinne, dass dann ein non liquet wegen der Schwere der Beweisvereitelung sicher ist. Vor diesem Hintergrund ist auch die Anwendung des *Armory v Delamirie*-Prinzips gerechtfertigt.

Auffällig ist der zweite Grund für die Zurückweisung von Angriffs- und Verteidigungsmitteln, nämlich das Vermeiden einer exzessiven Belastung des Gerichts. Denn in diesen Fällen ist die Wahrheitsfindung nicht ausgeschlossen, sondern erheblich erschwert. Hierzu gehört auch der Fall, in dem die Gerichte dem Verschulden der beweisvereitelnden Partei Rechnung tragen müssen. Dies wird im Urteil *Arrow Nominees Inc v Blackledge* klar zum Ausdruck gebracht.[1065] Das Zurückweisen der Mittel des Gegners hat in diesen Fällen keinesfalls die Ausgleichung der gegenseitigen Interessen zum Zweck, wie durch die Anwendung des *Armory v Delamirie*-Prinzips, sondern die Sanktionierung des Gegners. Deshalb ist das Prinzip aus *Arrow Nominees Inc v Blackledge* nur auf Fälle zu limitieren, in denen die beweisvereitelnde Prozesspartei ihre Handlung und ihre Absicht zugestanden hat. Sonst scheint eher die Gewährung von Beweiserleichterungen gemäß dem *Armory v Delamirie*-Prinzip angemessen, zumal dieses Prinzip der Partei mindestens die Chance gewährt, sich im Prozess zu wehren.

§ 9: Zwischenergebnis

Die Regel der Beweisvereitelung im deutschen Recht und der „spoliation of evidence" im englischen Recht weisen grundsätzlich dieselbe Struktur auf. Sie umfassen eine große Vielfalt von Erscheinungsformen der Beweisvereitelung,

1063 *Arrow Nominees Inc v Blackledge,* [2000] CPRep 59, Rn. 70.

1064 *Masood v Zahoor,* [2009] EWCA Civ 650, Rn. 73; *CBR (Wakefield) Ltd v Puccino's Ltd (No 1),* [2006] EWHC 2993 (QB), Rn. 88 beim Punkt 6, „[...] loss of the trial date".

1065 *Arrow Nominees Inc v Blackledge,* [2000] CPRep 59, Rn. 55, „... admittedly fraudulent conduct ...".

sowohl vor wie auch während des Prozesses. Ein Verschulden der beweisvereitelnden Partei und ein Kausalzusammenhang zwischen der Handlung und dem Beweisergebnis werden sowohl im deutschen als auch im englischen Recht vorausgesetzt. Eine Ausnahme stellt allerdings das Mitverschulden der beweisverhinderten Partei dar. Als Ergebnis der Vereitelungshandlung wird die Erschwerung der Beweisführung einer Partei verstanden. Besonderheiten weist nur die Anwendung der CPR r. 3. 4. auf. Denn deren Anwendung setzt kein Verschulden voraus, sondern es reicht aus, dass die Beweisvereitelungshandlung die „Fairness“ des Prozesses gefährdet hat.

Vierter Teil: Rechtsfolgen der Beweisvereitelung

Abstract: This chapter examines and compares the legal consequences of rules against the spoliation of evidence in German and English law. With regard to the German law, the analysis focuses on the reversal of the burden of proof as the primary procedural consequence against acts of spoliation, in all its possible forms, with special consideration of the modern, flexible set of consequences in German law as set out in German jurisprudence and reviewed in legal literature. With regard to the English law, all possible consequences of common law rules and procedural rules against spoliation are exhaustively analyzed. The chapter concludes with a comparison between the consequences in German law and English law and a proposal towards a more comprehensive approach in regard to the consequences of the relevant rules in German law.

Keywords: Beweislastumkehr; Beweiswürdigung; Beweismaßminderung; Parteivernehmung; Flexible Formel; Strike-out; Fair wind principle; Prozesskosten.

§ 10: Deutsches Recht

Die Frage der Rechtsfolgen der Beweisvereitelung ist seit langer Zeit in Rechtsprechung und Lehre umstritten. Unstimmigkeit herrscht nicht nur in der Frage, ob die Beweislastumkehr eine passende Rechtsfolge für die Beweisvereitelung ist, sondern auch, wie das Rechtsfolgensystem flexibler werden kann.

A. Überblick über die Rechtsprechung des Bundesgerichtshofes

Die Beweislastumkehr trat als Rechtsfolge der Beweisvereitelung in der Rechtsprechung des RG auf[1066] und hat die Rechtsprechung des BGH stark geprägt. Das RG entschied für die Beweislastumkehr in der Mehrheit seiner Urteilen.[1067] Selten entschloss es sich für die freie Würdigung des beweisvereitelnden Verhaltens.[1068] Doch obwohl es die Beweislastumkehr als eine allgemeine Rechtsfolge

1066 RGZ 20, 5 (6).

1067 RGZ 105, 255 (259); RGZ 101, 197 (198); RGZ 87, 434 (440); RG Recht 1913, Nr. 3235; RG Recht 1912 Nr. 45; RGZ 76, 295 (297); RGZ 60, 147 (152); RGZ 20, 5 (6); RGZ 5, 28 (29).

1068 RGZ 128, 121 (125).

der Regel auffasste, erstreckte sich diese Rechtsfolge nicht auf den Zeugenbeweis, denn nach Auffassung des RG macht eine Partei, die die Entbindung von Zeugen verweigert, Gebrauch von ihrer gesetzlich gewährten Befugnis.[1069] Die Rechtsprechung des RG nahm auch der Oberste Gerichtshof für die britische Zone in seinem einzigen Urteil zu diesem Betreff an.[1070]

Der BGH schloss sich in seinen Urteilen den vorausgehenden Gerichten an.[1071] In Anknüpfung an die vorausgehende Rechtsprechung entschied der BGH in seinem ersten Urteil diesbezüglich, dass die Behauptungen der ursprünglich beweisbelasteten Partei als wahr zu unterstellen sind, bis ihr Gegner nachweist, dass die betreffenden Behauptungen unrichtig sind.[1072] Die Beweislastumkehr wirkte sich demnach so aus, als ob die beweisbelastete Partei tatsächlich die Tatbestandsvoraussetzungen einer Vermutung bewiesen und ihr Gegner die objektive Beweislast ihrer Widerlegung aufgenommen hätte. Der Gegner darf dann den Beweis des Gegenteils führen und das Gericht von der Unwahrheit der Behauptungen der ursprünglich beweisbelasteten Partei überzeugen.

Trotz des gefestigten Berufens des BGH auf die Beweislastumkehr als allgemeine Rechtsfolge zeigen sich in seiner Rechtsprechung gewisse Abweichungen von dieser Rechtsprechung. Die Beweisvereitelung wurde im Zeitraum von 1951 bis 1972 im Rahmen der Beweiswürdigung nur ausnahmsweise behandelt.[1073] Die freie Beweiswürdigung beschränkte sich grundsätzlich auf die negative Würdigung der Weigerung der Entbindung von Zeugen von ihrer Schweigepflicht und der Preisgabe ihrer Anschriften.[1074]

Im Jahr 1972 trat in der Rechtsprechung als Rechtsfolge der Beweisvereitelung die Gewährung von Beweiserleichterungen auf, die auf eine Beweislastumkehr hinauslaufen kann. Diese Rechtsfolge trat zuerst im Arztrecht auf. Das Urteil NJW 1972, 1520 des BGH ebnete den Weg für die neue Rechtsprechung. In diesem Fall versäumte es der beklagte Arzt, Eintragungen über den Zustand des Klägers in das Krankenblatt vorzunehmen, aus denen sich die Notwendigkeit einer gefährlichen Heilmethode ergeben hätte. Das Gericht urteilte, dass gefährliche ärztliche Behandlungen eine gewissenhafte Diagnose voraussetzen, die

---

1069 RG WarnErg 1912, 149; RG JW 1915, 1361.

1070 OGH f. d. brit. Zone NJW 1949, 146.

1071 BGH NJW 1951, 643.

1072 BGH NJW 1951, 643; BGH NJW 1972, 1131 (1132); BGH NJW 1962, 1510 (1511).

1073 BGH NJW 1963, 389 (390).

1074 BGH NJW 1967, 2012, Schweigepflicht; BGH NJW 1960, 821, Mitteilung der Anschrift.

aufzuschreiben ist. Ihre Dokumentation muss taugliche Angaben für die Wiedergabe der Diagnose beinhalten. Wenn rechtfertigende Gründe für ihr Fehlen nicht ersichtlich sind, können Beweiserleichterungen bis hin zu einer Beweislastumkehr in Betracht kommen.[1075] Der BGH machte den prozessualen Nachteil von der Erheblichkeit der unterlassenen Eintragungen abhängig.[1076]

Der BGH hat die flexible Rechtsfolge in der Rechtsprechung der Beweisvereitelung außerhalb des Bereichs des Arztrechts im Jahr 1986 angewendet. Es handelte sich um die Verletzung der Dokumentationspflicht.[1077] Die Anwendung der flexiblen Rechtsfolge wurde später, im Jahr 1993, verallgemeinert[1078] und die Rechtsprechung hält noch heute an ihr fest.[1079] Die flexible Rechtsfolge erleichtert den Beweis jeder Art der Tatbestandsvoraussetzungen, nicht nur den Beweis des Kausalzusammenhangs. In der modernen deutschen Rechtsprechung unterliegt die Gewährung von Beweiserleichterungen dem tatrichterlichen Ermessen.[1080] Das Gericht zieht nämlich in Erwägung, inwieweit es unbillig ist, dass die beweisfällige Partei die Beweislast ihrer Behauptungen zu tragen hat, und dies angesichts der vom Gegner in schuldhafter Weise herbeigeführten Unaufklärbarkeit.

Das flexible System umfasst nicht alle Erscheinungsformen der Beweisvereitelung. Es belegt zwar einen zentralen Platz darin, doch treten auch Ausnahmen auf. §§ 446, 455 ZPO schreiben die freie Beweiswürdigung des Verhaltens vor, wenn eine Parteivernehmung verweigert wird. Neben dieser Ausnahme hat der BGH ein parteiisches Verhalten der freien Beweiswürdigung unterworfen: die Verweigerung der Parteien, Zeugen von ihrer Schweigepflicht zu entbinden oder sie zu benennen.[1081]

1075 BGH NJW 1972, 1520.

1076 BGH NJW 1972, 1520; BGH NJW 1993, 2375 (2376).

1077 BGH NJW 1986, 59 (61); BGH NJW 1996, 315 (317); BGH NJW 1998, 79 (81); BGH NJW 2009, 360 (362).

1078 BGH BeckRS 1993, 31060779, Rn. 11.

1079 BGH BeckRS 2001, 777; BGH NJW 2002, 825 (827); BGH NJW 2004, 222; BGH NJW 2006, 434 (436); BGH GRUR 2016, 88 (91).

1080 BGH NJW 2009, 360 (362); BGH BeckRS 2001, 777; BGH NJW 1986, 59 (61).

1081 Dies war tatsächlich für lange Zeit im Zeugenbeweis die Regel, aktuelle Urteile unterwerfen allerdings die Mitwirkungsverweigerung der flexiblen Formel: BAG NJW 2015, 365 (367); BGH NJW 2008, 982 (985).

B. Freie Beweiswürdigung

Einer in der deutschen Lehre verbreiteten Auffassung nach stellen die §§ 427 und 444 ZPO besonders reglementierte Erscheinungsformen der freien Beweiswürdigung dar.[1082] Der Beweisvereitelung kommt in diesem Fall nicht die Qualität einer selbstständigen Regel zu, sondern es geht um ein Verhalten, die dem Gericht erlaubt, ungünstige Schlussfolgerungen gegen die beweisvereitelnde Partei zu ziehen.

Nach *Rosenberg* kann das Gericht den Beweis als erfolgreich ansehen, wenn eine Partei, von der Beweislastverteilung abgesehen, die Beweisführung ihres Gegners verhindert:[1083] Den Schluss, dass die Behauptung des Gegners wahr sei, begründet der Autor damit, dass die beweisvereitelnde Partei das mögliche Ergebnis der Beweisaufnahme befürchte und deswegen die Wahrheit zu vertuschen versuche. Wenn sie jedoch die Sachverhaltsaufklärung wünschen würde, wäre zu erwarten, dass sie auch die Beweisaufnahme unterstützt.

Für eine Variante dieses Erfahrungssatzes plädiert *Musielak*:[1084] Alle Parteien zeigten Sorgfalt für die Aufbewahrung von Objekten, soweit sie erwarten, daraus einen prozessualen Vorteil zu ziehen. Aus diesem Erfahrungssatz folge der Schluss, dass Objekte vernichtet werden, wenn sie sich für die sie vernichtende Person als nachteilig im Prozess erwiesen. Sei das nicht der Fall, dürfe die beweisvereitelnde Partei Tatsachen beweisen, die diesem Erfahrungssatz widersprechen. Dieses Argument zieht im Wesentlichen auch *Lepa* heran, wenn er sagt, dass Beweismittel aufbewahrt würden, wenn ihr Besitzer damit die ordnungsgemäße Erfüllung seiner Pflichten belegen könne.[1085] Wenn er aber stattdessen die Beweismittel vernichte, könne das Gericht daraus das Fazit ziehen, dass er dadurch versuche, die Wahrheit zu verdecken, weil er seiner Pflicht nicht nachgekommen sei. Das Beweisvereitelungsverhalten wirkt sich also als ein Indiz für die beweiserhebliche Tatsache aus.[1086]

Die Annahme eines Erfahrungssatzes als Rechtsfolge der Beweisvereitelung bietet zwar eine dogmatisch reine, aber praktisch schwerlich befriedigende Lösung. Ihr Vorteil ist, dass sie die Grenze zwischen der Beweislast und der Beweiswürdigung klar bewahrt. Insbesondere *Rosenberg* trennt zwischen diesen

---

1082 *Peters*, ZZP 82, S. 215; *Gerhardt*, AcP 169, S. 307; *Schlosser*, JZ 2003, S. 428, in Bezug auf § 142 ZPO.

1083 *Rosenberg*, Beweislast, S. 190 ff. ; zust. *Ordemann*, NJW 1962, S. 1903.

1084 *Musielak*, S. 140; *ders.* FS Prütting, S. 451 f.

1085 *Lepa*, DriZ 1966, S. 113.

1086 *Katzenmeier*, JZ 2002, 535 Fn. 40.

zwei Regeln eindeutig.[1087] Die Befürworter dieser Lehre ziehen das Argument der Flexibilität[1088] wie auch ihren Einklang[1089] mit dem Gesetzestext heran. Dieser Ansicht nach steht es dem Gericht gemäß seiner freien Beurteilung zu, unter Berücksichtigung der Besonderheiten des Einzelfalles zu entscheiden, welche Behauptungen angesichts der Vereitelungshandlung überzeugend seien.[1090]

Doch hat die Beweiswürdigung den Vorteil, dass der Richter frei ist, sehr genaue Schlüsse über die Wahrheit der Behauptungen aus dem Beweisergebnis zu ziehen. Weiterhin setzt die negative Würdigung von Handlungen der Parteien keine besondere Pflichtverletzung voraus, denn sie ist nicht von der Erfüllung besonderer Tatbestandsvoraussetzungen abhängig. Die negative Würdigung der Beweisvereitelungshandlung im Rahmen der freien Beweiswürdigung ist keine Rechtsfolge, in dem Sinne, dass die Berücksichtigung von Erfahrungssätzen oder Indizien im Prozess die Erfüllung besonderer Tatbestandsvoraussetzungen nicht voraussetzt. Der Richter unterliegt aber immer den Regeln des Beweismaßes und der Beweislastverteilung. Daher kann er für die beweisbelastete Partei eine positive Entscheidung nur dann erteilen, wenn er trotz der Beweisschwierigkeit wegen des Fehlens des Beweismittels von der Wahrheit ihrer Behauptungen überzeugt ist. Dies bedeutet, dass das Gericht nach dem Beweisverfahren bereits alle vernünftigen Erfahrungssätze und Indizien auf der Grundlage der vorhandenen Beweise geprüft hat und nicht zu einem sicheren Ergebnis darüber gelangt ist, was tatsächlich in dem entsprechenden Fall geschehen ist.[1091] Die beweisführende Partei benötigt jedoch genau dann, nämlich bei non liquet, die Gewährung von Beweiserleichterungen. Dies zeigt, dass die freie Beweiswürdigung allein der beweisbelasteten Partei in ihrer Beweisführung keine wirkliche Unterstützung bietet. In diesem Zusammenhang ist das Beispiel der Fahrlässigkeit zu nennen: Bei fahrlässiger Beweisvereitelung wäre die negative Würdigung des fahrlässigen Verhaltens vonseiten des Gerichts nicht gerechtfertigt.[1092] Der Grund liegt darin, dass in solchen Fällen nicht unbedingt Beweis für das Gericht vorhanden sind, um annehmen zu können, dass die Partei, die

---

1087 *Rosenberg*, Beweislast, S. 189; vgl. auch *Beckhaus*, S. 159.

1088 *Gerhardt*, AcP 169, S. 307; *Musielak/Stadler*, Grundfragen, Rn. 189; *Musielak*, S. 139; *Katzenmeier*, JZ 2002, 535; *Lepa*, DriZ 1966, S. 113.

1089 *Rosenberg*, Beweislast, S. 189.

1090 *Rosenberg*, Beweislast, S. 190 ff. ; *Musielak*, S. 139; *Musielak/Stadler*, Grundfragen, Rn. 188.

1091 Baumgärtel/Laumen/*Prütting*, HdB-Grundlagen, Kap. 11 Rn. 1.

1092 *Peters*, ZZP 82, S. 218; *Schellhammer*, Zivilprozess, Rn. 532; *Stürner*, S. 236; *Gomille*, S. 88; *Thole*, JR 2011, S. 331, unbewusste Fahrlässigkeit.

die Beweismittel vernichtet hat, die Absicht hatte, das Gericht daran zu hindern, die Wahrheit zu finden, weil sie Angst vor dem Ergebnis der Beweisaufnahme hatte – so die Lehre *Rosenbergs.* Es gibt jedoch Fälle, in denen die Partei Gegenstände veräußern oder vernichten muss, selbst wenn diese Objekte für sie von Vorteil in einem Prozess sein könnten – so die Lehre *Musielaks.* Beispielsweise ist es logisch, davon auszugehen, dass eine Partei sich dafür entscheidet, ein Objekt zu veräußern oder zu reparieren, wenn dessen Aufbewahrung für die Partei einen hohen Aufwand bedeuten würde. In dieser Hinsicht ist darüber hinaus das Urteil *Micklewright v Surrey*[1093] *CC* beispielhaft: Die Behörde zersägte und beseitigte den Ast vom Unfallort. Der Ast wäre ein zentrales Beweismittel für den künftigen Schadensersatzprozess gewesen und daher würde seine Beseitigung die Wahrheitsfindung erschweren. Es ist jedoch davon auszugehen, dass die Behörde den Ast vom Unfallort aus Sicherheitsgründen beseitigen wird. Ein Rechtsstreit war allerdings wegen der tödlichen Verletzung des Beteiligten sicherlich voraussehbar. Und dennoch ist die Beseitigung dieses Beweismittels, obwohl diese bewusst vorgenommen wurde, weder verdächtig noch unvernünftig. Dies zeigt, dass das Gericht nicht immer sichere Schlussfolgerungen aus der Beweisvereitelungshandlung ziehen kann.

Zweitens wird das Gericht, wie bereits erwähnt, aufgefordert, der beweisbehinderten Partei zu helfen, nachdem alle Beweismittel gründlich gewürdigt wurden.[1094] In diesem Sinne ist die freie Beweiswürdigung bereits im System jeder anderen Beweiserleichterung integriert, ebenso wie die Minderung des Beweismaßes in das englische Beweissystem integriert ist. Im Ergebnis kann diese Lösung jedoch trotz ihrer Flexibilität in den Fällen der Beweisvereitelung nicht den Ausschlag geben.

C. Umkehr der Beweislast

I. Umkehr der objektiven Beweislast

1. Die Lehre von Blomeyer

Blomeyer sieht die Beweisvereitelung als Unterfall der Beweislastverteilung. Hierzu hantiert er grundsätzlich mit zwei Argumenten. Dem ersten Argument liegt die Untauglichkeit der Beweiswürdigung, die Vernichtung von Beweismitteln zu ahnden, zugrunde.[1095] Obwohl Erfahrungssätze im Fall der absichtlichen

1093 Vgl. den zweiten Teil, § 5 A. II. 2. c.

1094 Vgl. *Thole*, JR 2011, S. 333, bezeichnet dies als „Stufenverhältnis".

1095 *Blomeyer*, AcP 158, S. 98 f.

Benachteiligung der beweisbelasteten Prozesspartei ersichtlich seien, würden diese die fahrlässige Beweisvereitelung nicht umfassen. Dies führe zu einer Niederlage der beweisbelasteten Partei wegen Beweislosigkeit. Dieses unerwünschte Ergebnis entkräfte jedoch die Beweislastumkehr. *Blomeyer* bringt jedoch noch ein zweites Argument vor. Hierfür entnimmt der Autor das Zumutbarkeitsprinzip dem System der Verteilung der Beweislast.[1096] Demgemäß werde die objektive Beweislast in Anbetracht der abstrakten Möglichkeiten jener Parteien, den Beweis zu erbringen, verteilt, genauer gesagt sei es aus der Position einer jeden beweisbelasteten Partei typischerweise möglich, den Beweis zu führen. Weil die Beweisführung für eine Partei leichter sei als für ihren Gegner, sei es auch zumutbar, diese mit der objektiven Beweislast zu belasten. Die Beweisvereitelung beraube sie jedoch dieser Möglichkeit. Aus diesem Grund sei die Abwägung der gegenseitigen Interessen geboten. Nach der Lehre *Blomeyers* stellt der Ausgangspunkt der Beweislastverteilung in diesem Fall die Aufhebung des ursprünglichen Zustandes dar, nämlich der typischen Möglichkeit der beweisbelasteten Partei, den Beweisstoff zu sammeln. Die Änderung dieser Grundlage der Beweislastverteilung bringe die Änderung der Beweislastverteilung mit sich, soweit die Beweislosigkeit aus schuldhafter Pflichtverletzung des Gegners erfolge. *Blomeyer* lehnt folglich die Beweiswürdigung sowohl aus praktischen als auch aus theoretischen Gründen ab.

Es wurde gezeigt, dass die Rechtsprechung dazu neigt, die Beweisvereitelung durch die Beweislastumkehr zu sanktionieren. Mit der Beweislastumkehr stimmt zwar ein Teil der Lehre überein.[1097] Aber es wird auch Kritik daran geübt. Es wird eingewendet, dass die Umkehr der Beweislast übermäßig streng gegenüber dem Gegner sein kann,[1098] der dann oftmals einen schweren Beweis des Gegenteils zu beschaffen hat. Des Weiteren wird diese Lösung wegen ihrer Abhängigkeit von der Beweislastverteilung kritisiert, das heißt, dass die Umkehr der objektiven Beweislast sich ausschließlich gegen die nicht beweisbelastete Partei richtet.[1099] Ferner wird diese Rechtsfolge als zu starr kritisiert, weil sie die Besonderheiten des Einzelfalles unberücksichtigt lässt.[1100] Außerdem wird eingewendet, dass die

---

1096 *Blomeyer*, AcP 158, S. 103.

1097 *Prölss*, S. 93 ff. ; *Dubischar*, JuS 1971, S. 392; *Hopmann*, JW 42, S. 71.

1098 *Peters*, ZZP 82, S. 216; *Bender*, FS Baur, S. 267; *Stürner*, S. 237; *Koch*, S. 317; *Adloff*, S. 300; *Gomille*, S. 85.

1099 *Musielak/Stadler*, Grundfragen, Rn. 187; *Laumen*, NJW 2002, S. 3745; *Beckhaus*, S. 158; *Gomille*, S. 86.

1100 *Beckhaus*, S. 159.

Beweislastumkehr während des Prozesses, zum Beispiel wegen Urkundenvernichtung, die erst nach Prozessbeginn stattfindet, Unsicherheit hervorrufe.[1101] Diese Argumente gegen die Beweislastumkehr sind zutreffend, in dem Sinne, dass die Umkehr der objektiven Beweislast starr ist und in der Regel zur Prozessniederlage der primär nicht beweisbelasteten Partei führt. Dem ist aber entgegenzuhalten, dass diese Schwäche der Beweislastumkehr im Rahmen des flexiblen Rechtsfolgensystems erheblich relativiert wird, zumal das Gericht entsprechend verhältnismäßigere Beweiserleichterungen gewähren kann.

2. *Beweislastumkehr aufgrund Geständnisses*

Insbesondere gegen die Sanktionierung der Beweisvereitelung aufgrund eines Geständnisses im Rahmen des griechischen Rechts ist in Bezug auf die Umkehr der objektiven Beweislast einzuwenden, dass sie uneinheitliche Ergebnisse erzeugt. Es ist nämlich *Gomille* zuzustimmen, dass alle Erscheinungsformen der Beweisvereitelung gleich zu behandeln sind.[1102] Dies geschieht aber nicht durch die griechische Lehre. Während die Fälle des Zeugenbeweises, der Verweigerung der Parteien, Urkunden und Gegenstände vorzustellen und den Zutritt auf ein Grundstück zum Augenschein zu dulden, zur Umkehr der objektiven Beweislast führen würden, wären alle vorprozessualen Erscheinungsformen frei zu würdigen, auch wenn die Handlungen der beweisvereitelnden Partei vorsätzlich vorgenommen würden.

II. *Umkehr der konkreten Beweisführungslast*

1. *Umkehr der Beweisführungslast im früheren Recht*

Die Annahme eines fiktiven Beweises als prozessuale Erleichterung ist früh in der Geschichte der ZPO aufgetreten. Die Fiktion präsentierte *Planck* im Jahr 1891 als eine Form von Ersatzbeweis, den die beweisbelastete Prozesspartei im Rahmen des Beweises durch Urkunden aufführte.[1103] Laut *Planck* hatte die Fiktion keine allgemeine Anwendung, weil sie sich auf die Editionspflicht und die Zerstörung von Urkunden bezog. Sie sei aus der gerichtlichen Praxis des gemeinen Rechtes gekommen. Nach *Planck* hatte der Inhalt der Fiktion variiert. Sofern eine Partei die Herausgabe einer Urkunde beantragt und ihr Gegner sie verweigert hätte, hätten entweder der Inhalt und die Beschaffenheit der Urkunde

---

1101 *Peters*, ZZP 82, S. 215; *Laumen*, NJW 2002, S. 3745 und MDR 2009, S. 179.

1102 *Gomille*, S. 286; vgl. *Musielak*, FS Prütting, S. 451, in Bezug auf die Parteivernehmung.

1103 *Planck*, Civilprozess, § 118 S. 243 ff.

oder die Richtigkeit einer vorgelegten Abschrift als bewiesen angesehen werden können. Das Gleiche hätte für den Fall ihrer Beschädigung oder Beseitigung gegolten. Ihre Beschaffenheit und Inhalt wären nämlich als bewiesen erachtet worden. Im Fall einer Anordnung zur Vorlage einer Vergleichsschrift wäre die Echtheit der Urschrift als belegt angesehen worden. Das Eintreten der betreffenden Rechtsfolge wäre aber nicht verbindlich gewesen. Dem Autor zufolge stand es im Ermessen des Gerichts zu beurteilen, die Fiktion unter Berücksichtigung gewisser Faktoren (die Glaubwürdigkeit der Behauptungen, die Eidesleistung, die eventuelle Vollziehung seiner Anordnung) anzuwenden.

Die Einordnung der Fiktion als Ersatzbeweis beantwortet die Frage, welche Wirkung diese Rechtsfolge hatte. Nach *Planck* wurde die freie Beweiswürdigung durch gewisse Garantien gesichert, deren Anwendung für das Gericht verpflichtend gewesen war und die einen Komplex von Geboten zur sachgemäßen Beweiswürdigung geschaffen hatten.[1104] Der Autor führt aus, dass das Gericht seine Schlussfolgerungen auf den „bestmöglichen Beweisgrund" zu legen hatte, das heißt die Sachverhaltsaufklärung auf die bestmöglichen Beweismittel zu stützen hatte. Denn sofern Beweisgründe höheren Wertes vorhanden wären, würden minderwertige Beweisgründe außer Acht gelassen werden. Nach *Planck* stellte der Ersatzbeweis eine Beweisform dar, die zwar minderwertig war, aber einen Beweisgrund bildete, der gegebenenfalls zur Überzeugung des Gerichts hätte führen können. Daraus folgt nach der hier vertretenen Meinung, dass die Fiktion des Urkundenbeweises zu einem fiktiven Vollbeweis der Eigenschaften der fehlenden Urkunden führte; denn diese Fiktion wirkte sich so aus, als ob das Gericht durch Beweismittel tatsächlich überzeugt worden wäre. Im modernen System der Beweislastverteilung entspricht dies der gesetzlichen Verschiebung der konkreten Beweisführungslast auf den Gegner.[1105] Der fiktive Vollbeweis des Gerichts beruhte weder auf vorhandenen Beweisen noch auf Erfahrungssätzen, sondern war eine Sanktion des parteiischen Verhaltens[1106].

1104 *Planck*, Civilprozess, § 106 S. 166 f.

1105 Vgl. die Fn. 1120, dies stellt *Thole* in Bezug auf die von *Stürner* vorgeschlagene Fiktion fest, es gilt allerdings für den fiktiven Beweis hierzu im früheren Recht, wie dieser von *Planck* präsentiert wird, weil die zwei Fiktionen in Hinsicht auf die Beweislastverteilung essenzielle Ähnlichkeiten aufweisen.

1106 *Planck*, Civilprozess, § 118 S. 243.

2. *Umkehr der Beweisführungslast im geltenden Recht*

Peters begründet seine Lösung auf einer ähnlichen Grundlage. Er plädiert für eine allgemeine Mitwirkungspflicht, die sowohl während des Verfahrens als auch vorprozessual wirkt und die die nicht beweisbelastete Partei zu jeder Mitwirkungsform verpflichtet.[1107] Kernpunkt seiner Auffassung ist die Pflichtverletzung. Nach der Ansicht *Peters* erlaubt die Pflichtverletzung dem Gericht, die fahrlässige Handlung einer Prozesspartei als Grund für die Richtigkeit der gegnerischen Behauptung anzunehmen.[1108] Die fiktive Überzeugung des Gerichts stelle eine Sanktion gegen die Beweisvereitelung dar, ohne jedoch uneingeschränkt zu gelten.[1109] Die Anwendung dieser Regel hänge vom Ermessen des Gerichts ab. Damit schafft *Peters* einen Kompromiss zwischen der Effektivität einer strikten Lösung und der Flexibilität der freien Beweiswürdigung. Genauer gesagt müsse das Gericht die Beweisvereitelung nur in Betracht ziehen, wenn die Ergebnisse der Beweisaufnahme kein klares Bild bieten. Die Umstände der Pflichtverletzung wären, *Peters* zufolge, klarer in jedem Einzelfall zu vermitteln:[1110] die Voraussehbarkeit des Prozesses und die Beweissicherungsmöglichkeit der beweisbehinderten Partei. Das Gericht müsse die Beweisvereitelung annehmen, wenn der Grad der Verletzung, das heißt ihre Gewichtigkeit, die Sanktionierung berechtigt. Wann das der Fall sei, hänge vom Einzelfall ab.[1111]

Nach der hier vertretenen Ansicht entspricht in Anbetracht der Systematik der Beweislast die fiktive Überzeugung des Gerichts der fiktiven Verschiebung der konkreten Beweisführungslast auf die andere Seite, wie *Thole* in Bezug auf die widerlegbare Fiktion *Stürners* herausfindet.[1112] Die Lehre *Peters* unterscheidet sich im Ergebnis nicht von der von *Planck*: Beide Lehren setzen das abschließende non liquet voraus. Demnach wird das non liquet durch die Unterstellung eines fiktiven Beweisergebnisses überwunden.

Stürner bestreitet, dass die Beweisvereitelung der Beweiswürdigung unterzuordnen sei, schlägt aber eine ähnliche Lösung vor.[1113] Ausgangspunkt des Autors

---

1107 Vgl. seine Lehre im zweiten Teil, § 4 E. I.

1108 *Peters*, ZZP 82, S. 218; *Lepa*, NZV 1992, 135.

1109 *Peters*, ZZP 82, S. 218 ff.

1110 *Peters*, ZZP 82, S. 219; vgl. auch *Laumen*, MDR 2009, S. 180.

1111 *Peters*, ZZP 82, S. 219; vgl. auch *Adloff*, S. 293.

1112 Vgl. die Fn. 1120.

1113 Dem Vorschlag *Stürners* schließen sich an: *Gottwald*, Jura 1980, S. 304; *Prütting*, S. 188; *Matthies*, JZ 1986, S. 960; *Thole*, JR 2011, S. 333; *Laumen*, NJW 2002, S. 3746; *Koch*, S. 318; *Papanikolaou*, S. 74 f.

ist, dass eine strikte Rechtsfolge, das heißt eine unwiderlegbare Sanktion, in allen Fällen nicht tauglich sei, in denen das Gericht von der Unwahrheit der Behauptungen überzeugt wird, während die Beweiswürdigung untauglich sei, wenn das Gericht vom Sachverhalt nicht überzeugt werden könne.[1114] Für die Grauzone, in der die Anwendung der von ihm vorgeschlagenen Fiktion in Betracht kommt, führt *Stürner* zwei Fälle an: Erstens sei die Fiktion nicht anwendbar, wenn die Berufung einer Partei auf die Pflichtverletzung des Prozessgegners nach überwiegender Wahrscheinlichkeit missbräuchlich erscheine;[1115] zweitens sei sie ebenfalls nicht anwendbar, wenn die Verletzung der nicht risikobelasteten Partei nicht schwerwiegend sei oder wenn das Gegenteil der beweiserheblichen Behauptung überwiegend wahrscheinlich sei.[1116] Daraus ergebe sich der essenzielle Unterschied zur Lehre der freien Beweiswürdigung. Das Gericht müsse, so *Stürner*, nicht nur die Umstände der Beweisvereitelung berücksichtigen, sondern diese auch rechtlich bewerten.[1117]

Der Autor geht noch einen Schritt weiter und überprüft die Rechtsfolge im Licht der Verteilung der Beweislast.[1118] Die Vermischung der Fiktion mit der Beweislastumkehr sei irreführend: Der Autor bemerkt zu Recht, dass der Anwendungsbereich der zwei Regeln unterschiedlich ist. Seiner Lehre nach erstreckt sich nämlich die ungünstige Fiktion auch auf das prozessuale Informationsangebot und bezieht sich auf das prozessuale Verhalten der Partei.[1119] Im Einklang mit diesen Ausführungen bemerkt *Thole* richtigerweise, dass es sich um eine Umkehr der konkreten Beweisführungslast handelt.[1120]

Der Versuch einer Korrektur der Lösung der Beweislastumkehr verfehlt das Ziel grundsätzlich aus zwei praktischen Gründen. Zu Recht wird eingewendet, dass in Hinsicht auf die realen Folgen der fiktive Beweis sich als eine Umkehr der objektiven Beweislast auswirkt.[1121] *Stürner* vermengt diese Regeln nicht, erkennt aber an, dass sich im Ergebnis die Sanktionierung der Beweisvereitelung als Umkehr der Feststellungslast auswirkt, auch wenn die Fiktion und die Beweislastverteilung theoretisch und normativ unterschiedlich sind.[1122] Dagegen kann

---

1114 *Stürner*, S. 243 f.
1115 *Stürner*, S. 246 f.
1116 *Stürner*, S. 247.
1117 *Stürner*, S. 251.
1118 *Stürner*, S. 249 f.
1119 *Stürner*, S. 250 f.
1120 *Thole*, JR 2011, S. 333.
1121 *Arens*, ZZP 96, S. 16; *Prütting*, S. 137.
1122 *Stürner*, S. 249 f.

jedoch eingewendet werden, dass die Anwendung von Beweisregeln vorhersehbar und klar sein muss, wie dies auch für die Beweislastnormen gilt. Ganz treffend wird angemerkt, dass Beweisregeln die Beweislastverteilung umgehen können.[1123] Aus diesem Grund ist die Kritik[1124] gegen die einzelfallbezogene Beweislastverteilung im Fall gegen diese widerlegbare Fiktion zutreffend: Billigkeitsgründe müssen das Ergebnis des Prozesses nicht bestimmen, und zwar unabhängig von der Qualifizierung der relevanten Vorschriften als Beweislastnormen oder Beweisregeln. Es ist notwendig, dass die Rechtsfolgen der Beweisvereitelung an die Besonderheiten des Einzelfalles zu richten sind, und zwar in dem Sinne, dass damit verhältnismäßige Erleichterungen gewährt werden. Das muss allerdings durch feste Kriterien geschehen, nicht aufgrund des unklaren Begriffes der Billigkeit.

Der fiktive Beweis kann einen praktischen Unterschied zur Beweislastumkehr auch im Fall der Streitgenossenschaft aufweisen. Nach Ansicht von *Ahrens* ist es ungerechtfertigt, eine Partei für das Verhalten ihres Streitgenossen durch Beweislastumkehr zu ahnden.[1125] Das ist korrekt. Wenn jemand eine Klage gegen zwei Personen erheben würde und nur einer der Beklagten ein Beweismittel vernichtet hätte, würde der fiktive Vollbeweis des Sachverhalts sich nicht nur auf die beweisvereitelnde Prozesspartei auswirken, sondern auch auf ihren für diese Vernichtung unschuldigen Streitgenossen. Das wäre ein unerwünschtes Ergebnis, weil dieser die Nachteile der Beweisvereitelung zu erleiden hätte, obwohl er damit nichts zu tun hat. Nach der hier vertretenen Ansicht ist die Beweislastumkehr in diesem Fall praktischer und vorzugswürdiger, denn aufgrund dieser könnte das Gericht die zwei Streitgenossen separat- und nicht zusammen, vom fiktiven Beweis des Sachverhalts abhängig, behandeln.

3. Beweissubstitution

Von der Beweislastverteilung unabhängig ist die Lehre *Webers*.[1126] Die Wahrunterstellung der vorgebrachten Behauptungen selbst sieht er als eine

---

1123 Vgl. *Musielak/Stadler*, Grundfragen, Rn. 188.

1124 *Gomille*, S. 87.

1125 Wieczorek/Schütze/*Ahrens*, § 444 Rn. 16, mit Hinweis auf Stein/Jonas/*Leipold*, 22. Aufl., § 444 Rn. 4; vgl. Stein/Jonas/*Berger*, § 444 Rn. 4, im Fall der notwendigen Streitgenossenschaft sei das Verhalten im Rahmen der freien Beweiswürdigung zu berücksichtigen.

1126 *Weber*, S. 216 ff. ; *Laumen*, MDR 2009, S. 180; *Zöller/Greger*, § 286 Rn. 14a.; *Beckhaus*, S. 160 f.

Überkompensation an, weil der Partei dann etwas mehr gewährt werde als das, was sie verliert,[1127] nämlich eine Chance, den Beweis durch die fehlenden Beweise anzutreten. Nach der Ansicht *Webers* kompensiert die Wahrunterstellung der Behauptungen die Partei übermäßig, und zwar in dem Sinne, dass ihr zugleich eine günstige Bewertung des nicht vorgelegten Beweismittels zugesprochen werde. Der Autor benennt das Element des Beweismittels, das für die Gegebenheit der Behauptung spreche, als „Pro-Beweis", während Elemente, die diesem Element folgen, nämlich die gerichtliche, subjektive Würdigung des „Pro-Beweises" als „Wirk-Beweis" bezeichnet werden. Durch eine fiktive Überzeugung in Bezug auf die Wahrheit des beweiserheblichen Sachverhalts werde sowohl der „Pro-Beweis" als auch der „Wirk-Beweis" als wahr unterstellt. Aus diesem Grund plädiert *Weber* für die folgende Lösung: die Einschränkung der günstigen Wahrunterstellung auf den „Pro-Beweis" und Erstreckung der fiktiv wiederhergestellten Beweiskraft des fehlenden Beweismittels auf ihre äußerste Grenze.[1128] Die dann unterstellten Tatsachen würden die Lücke der Beweisführung komplett ausfüllen, als ob die Partei die bestmögliche Beweisführung aufgrund des fehlenden Beweismittels geleitet hätte. Der Autor hebt das Bedürfnis hervor, dass die unterstellten Tatsachen, auch wenn fiktiv, konkret bleiben.[1129] Nach der Ansicht *Webers* gilt der Beweis durch diese Beweiserleichterung unmittelbar als erbracht durch die Unterstellung des bestmöglichen Inhalts des fehlenden Beweismittels. [1130] Die Anwendung der Lehre *Webers* wiederspiegelt in Hinsicht auf das Beweislastverteilungssystem die Überzeugung des Gerichts, oder mit anderen Worten die Umkehr der konkreten Beweisführungslast, und zwar nicht aus dem Gesetz, sondern aus diesem fiktiven Beweisergebnis.

Es wird dagegen beanstandet, dass diese Lösung unter der Schwäche leide, die sie entkräften möchte. Es wird mit Recht argumentiert, dass die Unterstellung des unbekannten Inhalts des Beweismittels nicht unbedingt dem realen Inhalt des Beweismittels entspreche.[1131] Deswegen ist der Ausgangspunkt *Webers*, dass das bestmögliche Ergebnis vorzugswürdiger gegen die Unterstellung der beweiserheblichen Behauptungen sei, eben ungerechtfertigt. Die Ansicht von *Lutz* ist zu begrüßen, in dem Sinne, dass die Unterstellung des Inhalts fehlender Beweismittel nicht immer gerechtfertigt sei, denn diese sei manchmal

1127 *Weber*, S. 214 ff; zust. *Laumen*, NJW 2002, S. 3745.
1128 *Weber*, S. 216.
1129 *Weber*, S. 216 f.
1130 *Weber*, S. 217.
1131 *Lutz*, S. 109 f.

unverhältnismäßig, nämlich in Fällen, in denen die fehlenden Beweismittel die Wahrheit nicht direkt beweisen, sondern der Wahrheitsfindung möglicherweise nur im Zusammenhang mit anderen Beweismitteln dienen könnten, das heißt als bloße Indizien[1132]. Die Unterstellung ihres bestmöglichen Inhalts des Beweismittels stellt dann eine Überkompensation zugunsten der beweisbehinderten Partei dar, wenn sich erfahrungsgemäß keine sicheren Ergebnisse aus der Würdigung des fehlenden Beweismittel ergeben können.

III. Die flexible Formel in Rechtsprechung und Lehre

1. Die flexible Formel in der Rechtsprechung

Mit Recht wird die Gewährung von „Beweiserleichterungen bis hin zur Beweislastumkehr" als ein schillerndes Konzept betrachtet. Die Formel tauchte zum ersten Mal in NJW 1972, 1520 auf und festigte sich als allgemeine Rechtsfolge der Beweisvereitelung. Es herrscht allerdings weder Einigkeit über den Inhalt der gewährten prozessualen Beweiserleichterungen, noch hat es die Rechtsprechung geschafft, alle Skepsis gegen das richterliche Ermessen über die passende Rechtsfolge zu zerstreuen.

Die in der Vergangenheit ausgeübte Kritik gegen eine Beweislastumkehr als eine allgemeine Rechtsfolge der Beweisvereitelung schlägt sich in der aktuellen Rechtsprechung und Lehre als Kritik gegen die flexible Formel nieder. In der Lehre ist nämlich noch nicht klargestellt worden, was die Rechtsprechung mit den Worten „bis hin zur Beweislastumkehr" meint. Die Gerichte hatten bis zum Jahr 2002 die Verletzung der Dokumentationspflicht im Arztrecht auf verschiedene Weise negativ behandelt, und zwar sowohl im Rahmen der Beweiswürdigung als auch durch Beweislastumkehr.[1133] In der aktuellen Rechtsprechung fehlt es nicht an solchen Unterschieden der Auslegung.[1134] Die Gerichte unterscheiden oft

---

1132 Vgl. auch *Gomille*, S. 282, der zwischen „Tatbestandsbeweismitteln" und „Zeugnisbeweismitteln" trennt.

1133 Vgl. *Laumen*, NJW 2002, S. 3744.

1134 Urteile, die sich an die flexible Formel anschließen: BAG NJW 2015, 365 (367); BGH GRUR 2016, 88 (92 f.); BGH NJW 2011, 778 (780); BGH NJW 2010, 1351 (1353); BGH NJW 2009, 360 (362); BGH NJW 2008, 982 (985); BGH NJW 2006, 434 (436); BGH NJW-RR 2005, 1051 (1052); BGH NJW 2004, 222; OLG Brauschweig BeckRS 2015, 121143 Rn. 25; OLG Hamm, Urteil vom 26. Januar 2015 – I-2 U 86/14, juris, Rn. 26; OLG Nürnberg NJW 2014, 2963 (2965); OLG Schleswig BeckRS 2011, 23325; OLG Bremen MDR 2008, 1061 (1062); OLG Brandenburg OLG-NL 2003, 273 (274); OLG München DAR 2015, 651 (652); OLG Stuttgart MDR 2017, 1322 (1323); OLG Naumburg OLG-NL 1999, 23 (24).

nicht eindeutig zwischen der Umkehr der objektiven Beweislast und der Beweisführungslast. Die Rechtsprechung scheint zur Umkehr der objektiven Beweislast zu neigen.[1135] Der BGH erklärt dazu:

> „Kann einer Partei der Vorwurf gemacht werden, sie habe in zu missbilligender Weise den vom Prozessgegner zu führenden Beweis vereitelt, führt dies nicht dazu, dass eine Beweiserhebung gänzlich unterbleiben kann und der Vortrag der beweisbelasteten Partei als bewiesen anzusehen ist. Vielmehr sind zunächst die von der beweispflichtigen Partei angebotenen Beweise zu erheben. Stehen solche Beweise nicht zur Verfügung oder bleibt die beweisbelastete Partei nach dem Ergebnis der Beweisaufnahme beweisfällig, ist eine Beweislastumkehr in Betracht zu ziehen und den Beweisangeboten des Prozessgegners nachzugehen."[1136]

Aus der expliziten Ablehnung eines fiktiven Beweisergebnisses und auch aus der Nutzung des Wortes „beweisfällig" nach dem Schluss der Beweisaufnahme erscheint es logisch zu folgern, dass die Rede von einer Umkehr der Feststellungslast ist. Das steht außerdem im Einklang mit der letzten Wendung des Gerichts, gemäß welcher das Gericht nach der Beweislastumkehr die Beweismittel der Gegenpartei würdigen muss. Es ist nämlich der Zweck zu prüfen, ob das Gericht von der Unrichtigkeit der Behauptungen der ursprünglich beweisbelasteten Partei überzeugt werden kann. Reichen die vom Prozessgegner erbrachten Beweismittel dazu nicht aus, bleibt er beweisfällig und verliert den Prozess.

Im Gegensatz dazu geht das OLG Stuttgart von einem anderen Verständnis der Rechtsfolge aus, wonach Behauptungen als bewiesen angenommen oder angesehen werden können.[1137] Damit stimmt auch das OLG Frankfurt überein, das diesbezüglich eindeutig feststellt:

> „Die dort [das heißt in §§ 371 Abs. 3, 427, 441 Abs. 3, 444 und 446 ZPO, E.Z.] gesetzlich geregelten Fälle der Beweisvereitelung zeigen deutlich, dass das be-weisvereitelnde Verhalten einer Partei die Verteilung der objektiven Beweislast unberührt lassen soll. Eine generelle Umkehr der objektiven Beweislast stellt eine durch nichts gerechtfertigte Überkompensation des beweisvereitelnden Verhaltens einer Partei dar. Ausreichend

---

1135 BGH GRUR 2016, 88 (93); BGH NJW 2009, 360 (362), „eine vollständige Umkehr der Beweislast"; BAG NJW 2015, 365 (367); OLG Stuttgart, Urteil vom 27. September 2006 – 4 U 74/06 – juris, Rn. 239; OLG Braunschweig BeckRS 2015, 121143 Rn. 25, „vollständige" Beweislastumkehr; BGH NJW 1996, 315 (317); OLG Schleswig BeckRS 2011, 23325; OLG Bremen MDR 2008, 1061 (1062); OLG Brandenburg OLG-NL 2003, 273 (274); OLG Dresden OLG-NL 2001, 97 (102); BGH NJW 2010, 1351 (1353).

1136 BGH GRUR 2016, 88 (93).

1137 OLG Stuttgart MDR 2017, 1322 (1323).

sanktioniert wird das beweisvereitelnde Verhalten bereits dadurch, dass zugunsten der beweis-führungsbelastenden Partei unterstellt wird, dass das vereitelte Beweismittel das von ihr behauptete Ergebnis gehabt hätte. Dieses Ergebnis unterliegt dann aber noch der vollen richterlichen Beweiswürdigung gem. § 286 Abs. 1 ZPO. Nur eine derart flexible Lösung wird den vielfältigen Erscheinungsformen der Beweisvereitelung gerecht (Laumen, a.a.O., S. 180).“[1138]

Obwohl die flexible Formel bezweckt, dem Gericht eine gerechte Beurteilung des Einzelfalles zu erlauben, hat die Rechtsprechung die Kriterien zur Bestimmung der passenden Rechtsfolge nicht in ein System gebracht. Im Rahmen der flexiblen Lösung wird oft darauf hingewiesen, dass dem Tatrichter aufgrund der Beweisvereitelung ein Spielraum anheimgestellt wird, um die im Einzelfall passende Rechtsfolge zu bestimmen und anzuwenden.[1139] Eine wegweisende Entscheidung diesbezüglich fehlt. Ferner variiert die benutzte Terminologie: „tatrichterlichem Ermessen“[1140], „Wertung“[1141], „Abwägung“[1142], während in anderen Entscheidungen eine Titulierung der einschlägigen richterlichen Befugnis fehlt.[1143]

Alle Urteile teilen zwei gemeinsame Bezugspunkte: Erstens unterliegen die Beurteilungen des Tatrichters nicht der Überprüfung des BGH.[1144] Der zweite Bezugspunkt ist die Forderung, dass das Gericht zur Ausübung seines Ermessens alle Besonderheiten des Falles berücksichtigt. Damit wird die Verbindung eines jeden Einzelfalles zu der in concreto passenden Rechtsfolge geschaffen.[1145] Von besonderer Bedeutung sind demnach die Kriterien, die die Gerichte aufstellen

---

1138 OLG Frankfurt MDR 2010, 1317 (1318) (Hinweis auf *Laumen*, MDR 2009, 180, im Originaltext, E.Z.)

1139 BGH NJW 2009, 360 (362); BGH NJW 2008, 982 (985); BGH NJW 2006, 434 (436); BGH NJW-RR 2005, 1051 (1052); BGH NJW 2004, 222 (223); BGH BeckRS 2001, 777; BGH BeckRS 1993, 31060779, Rn. 11; OLG Stuttgart MDR 2017, 1322 (1323); OLG Braunschweig BeckRS 2015, 121143 Rn. 25; OLG Hamm, Urteil vom 06. März 2013 - I-11 U 114/11, juris, Rn. 23; OLG Frankfurt MDR 2010, 1317 (1318); OLG Dresden OLG-NL 2001, 97 (102).

1140 BGH NJW-RR 2005, 1051 (1052); BGH BeckRS 1993, 31060779, Rn. 11; OLG Stuttgart MDR 2017, 1322 (1323); OLG Hamm, Urteil vom 06. März 2013 - I-11 U 114/11, juris, Rn. 23; OLG Dresden OLG-NL 2001, 97 (102).

1141 BGH NJW 2009, 360 (362); OLG Braunschweig BeckRS 2015, 121143 Rn. 25.

1142 BGH NJW 2008, 982 (985).

1143 BGH NJW 2006, 434 (436); BGH NJW 2004, 222 (223).

1144 BGH NJW 1978, 2337 (2339); BGH BeckRS 2001, 777.

1145 BGH NJW 2009, 360 (362); BGH NJW 2008, 982 (985); BGH BeckRS 2001, 777; OLG Dresden OLG-NL 2001, 97 (102).

und nach deren Anwendung eine gewisse Beweiserleichterung als vorteilhaft erscheint. Die Rechtsprechung gewährt keine eindeutigen Kriterien. Teilweise hantiert sie mit abstrakten Begriffen, wie „Zumutbarkeit" und „Billigkeit";[1146] soweit es nämlich unzumutbar bzw. unbillig erscheint, dass die Partei die „volle" Beweislast trägt, muss das Gericht ihre Umkehr in Erwägung ziehen. In seiner Entscheidung vom 17.01.2008 führt der BGH aus, dass das Instanzgericht zur Begründung der Rechtsfolge den Verschuldensgrad und die Mitwirkung des Gegners beimessen muss.[1147]

2. *Die flexible Formel in der Lehre*

Die Beweiswürdigung wird zum Teil in der modernen deutschen Lehre als Vorstufe entweder der Beweislastumkehr[1148] oder der Umkehr der Beweisführungslast[1149] verstanden. Dennoch ist ihre Verbindung nicht Erfolg versprechend. Der Grund dafür ist hierin zu finden, dass das Gericht am Ende des Beweisverfahrens jede Möglichkeit zur Überwindung des non liquet erschöpft hat.[1150] Die Beweiswürdigung stellt demnach keine Beweiserleichterung dar, denn sie bietet gegenüber der Beweislastumkehr keine verhältnismäßigere Alternative. Wenn ein genaues Ergebnis im Prozess trotz des Fehlens des zerstörten Beweismittels aufgrund der vorliegenden Beweismittel möglich ist, ist die Beweisführung nicht wirklich erschwert und so treten die Rechtsfolgen der Beweislastvereitelung nicht ein.[1151] Eine Verbindung der Beweiswürdigung mit einer anderen Beweiserleichterung bietet somit für die Rechtsfolgen der Beweisvereitelung in der Tat keine Flexibilität.

Alternativ wird in der Lehre auch die Verbindung der Beweislastumkehr mit der Senkung des Beweismaßes erläutert.[1152] Nach der Ansicht *Walters* ist

---

1146 BGH NJW 1986, 59 (61); BGH NJW 1996, 315 (317); BAG NJW 2015, 365 (367); OLG Frankfurt MDR 2010, 1317 (1318); OLG Hamm, Urteil vom 06. März 2013 – I-11 U 114/11, juris, Rn. 23; OLG Hamm, Urteil vom 26. Januar 2015 – I-2 U 86/14, juris, Rn. 26; OLG München NJW-RR 1989, 1371; OLG Dresden OLG-NL 2001, 97 (102).

1147 BGH NJW 2008, 982 (985); vgl. OLG Stuttgart MDR 2017, 1322 (1323).

1148 *Ordemann*, NJW 1962, S. 1903; *Nolte*, S. 262; *Arens*, ZZP 96, S. 24; *Krapoth*, 116 ff.

1149 *Thole*, JR 2011, S. 333; *Koch*, S. 322; *Lutz*, S. 114, „Wahrunterstellung einer Behauptung"; vgl. *Musielak*, FS Prütting, S. 448.

1150 Baumgärtel/Laumen/*Prütting*, HdB-Grundlagen, Kap. 11 Rn. 1.

1151 Vgl. den dritten Teil, § 7. D. II. 2.

1152 *Walter*, Beweiswürdigung, S. 244 und JZ 1978, S. 808; vgl. auch *Huber*, Beweismaß, S. 141 und JuS 2020, S. 209; *Bender*, FS Baur, S. 267; *Kegel*, FG Kronstein, S. 341 f. ; *Schellhammer*, Zivilprozess, Rn. 532; *Oberheim*, JuS 1997, S. 63; *Koch*, S. 317.

als Beweiserleichterung die Minderung des Beweismaßes anzunehmen.[1153] Das Gericht müsse die Behauptungen der beweisbelasteten Partei als wahr annehmen, wenn diese nach überwiegender Wahrscheinlichkeit wahr erscheinen. Sei ihre Beweislage aber wegen der Beweisvereitelung erheblich erschwert, dann trete anstatt der Minderung des Beweismaßes die Beweislastumkehr ein. Für diese Ansicht plädiert auch *Baumgärtel*.[1154] Im Gegensatz zur Lehre *Walters* nimmt *Baumgärtel* als Kriterium nicht den Grad der Beweiserschwerung wegen der Beweisvereitelung, sondern den Verschuldensgrad an und limitiert dementsprechend die Beweislastumkehr auf Vorsatzfälle. Der Autor unterscheidet weiter zwischen der groben und der leichten Fahrlässigkeit: Bei leicht fahrlässiger Beweisvereitelung sei die überwiegende Wahrscheinlichkeit gerecht, während bei grob fahrlässigen Handlungen eine geringe Wahrscheinlichkeit ausreichen müsse. Überwiegende Wahrscheinlichkeit bedeute mehr als 50 Prozent Wahrscheinlichkeit, während geringere Wahrscheinlichkeit mehr als 25 Prozent seien.[1155]

Die Beweismaßminderung wurde nicht überall begrüßt. Gegen sie wird eingewendet, dass sie essenziell ergebnisorientiert ist, und zwar in dem Sinne, dass ein klares Kriterium für die Einordnung der Wahrscheinlichkeit als „überwiegend" und „gering" fehlt.[1156] Es ist deswegen schwer, den Maßstab einzuhalten. Selbst wenn der Maßstab genau bestimmt wäre, ist die Senkung des Beweismaßes nutzlos, wenn das einzig verfügbare Beweismittel vernichtet wird.[1157] Es wird ferner zutreffend angemerkt, dass das Beweismaß in jedem Fall abstrakt reglementiert wird, damit Rechtssicherheit geschaffen wird.[1158] Dieser Ansicht nach steht die allgemeine Senkung des Beweismaßes folglich nicht im Einklang mit dem Text des § 286 ZPO.[1159] § 286 Abs. 1 ZPO sieht zwar nicht vor, dass das Beweismaß bei Beweisvereitelung reduziert wird. Jeder Paragraf ist allerdings im Zusammenhang mit den anderen Paragrafen auszulegen. § 286 Abs. 1 ZPO ist daher in die Problematik der Beweisvereitelung einzuordnen und in Verbindung

---

1153 *Walter*, Beweiswürdigung, S. 244 und JZ 1978, S. 808.

1154 *Baumgärtel*, JZ 1986, S. 230; *Baumgärtel*, FS Kralik, S. 65; Musielak/Voit/*Foerste*, § 286 Rn. 63; vgl. auch *Musielak*, FS Prütting, S. 4448, 451, plädiert für die Senkung des Beweismaßes, spricht aber gegen eine Umkehr der Feststellungslast.

1155 *Baumgärtel*, FS Köln, S. 179.

1156 *Matthies*, JZ 1986, S. 960, bezeichnet die Argumentation der Befürworter einer Beweismaßsenkung als „unverhohlen ergebnisbezogen".

1157 *Thole*, JR 2011, S. 332; *Koch*, S. 317 f; *Lutz*, S. 106.

1158 *Baumgärtel*, FS Köln, S. 177; *Lutz*, S. 106.

1159 *Baumgärtel*, FS Köln, S. 177; *Prütting*, S. 79.

mit §§ 427, 441 Abs. 3, 444, 371 Abs. 3, 446, 453 Abs. 2, 454 Abs. 1 ZPO auszulegen. Zu Recht merkt *Walter* an, dass auch ein bestimmter Grundsatz Ausnahmen aufweisen kann.[1160] Seiner Ansicht nach bedarf es entgegen des Wortsinns von § 286 ZPO einer Einschränkung, die im Gesetzestext zwar nicht vorliegt, aber die von der im Gesetz immanenten Teleologie geboten wird.[1161] Entscheidend ist demzufolge nicht der Gesetzestext, sondern der Zweck der relevanten Paragrafen.

Die Argumentation *Walters* ist grundsätzlich überzeugend. Die Minderung des Beweismaßes würde eine verhältnismäßige Beweiserleichterung darstellen, die problemlos in das System der flexiblen Formel der Rechtsprechung eingepasst werden kann. Ein Schwachpunkt dieser Lehre ist jedoch, dass nicht nur dann, wenn das einzige Beweismittel vernichtet wird, sondern auch in Fällen, in denen nur Beweise von minderem Beweiswert vorhanden sind, die Minderung des Beweismaßes nicht imstande ist, für die Beweisführung der beweisverhinderten Prozesspartei den Ausschlag zu geben.

§ 11: Englisches Recht

A. Einführung

Die Rechtsfolgen der Beweisvereitelung haben sich in der englischen Rechtsprechung des 20. und 21. Jahrhunderts in verschiedenen Formen verfestigt. Wie gezeigt, ahnden das „Case Law" nach dem *Armory v Delamirie*-Prinzip und die CPR sowohl die Vernichtung von Gegenständen als auch die Mitwirkungsverweigerung vor und während des Prozesses. Es wird im Folgenden gezeigt, dass nicht nur die Verletzung des *Armory v Delamirie*-Prinzips sondern auch die Zurückweisung von Angriffs- oder Verteidigungsmitteln Einfluss auf die Beweislastverteilung ausüben kann und dass die englische Rechtsprechung flexible Lösungen gegen die „spoliation of evidence" ausgearbeitet hat.

B. Gerichtliche Sanktionen

Detaillierte Regeln über die Verletzung von gerichtlichen Beschlüssen fehlen. Im Prinzip kann die Verletzung eines gerichtlichen Beschlusses sowohl im Zivilprozess als auch strafrechtlich sanktioniert werden. Strafrechtlich kann die Verletzung eines gerichtlichen Beschlusses die Straftat des „contempt of court"

1160 *Walter*, Beweiswürdigung, S. 158.
1161 *Walter*, Beweiswürdigung, S. 158.

darstellen.[1162] Im Folgenden werden die Rechtsfolgen einer solchen Verletzung vorgestellt, allerdings nur im Rahmen des Zivilprozesses.

I. Zurückweisung von Angriffs- und Verteidigungsmitteln

Nur der 31. Teil der CPR enthält Vorschriften über die Verletzung von „disclosure orders". Gemäß CPR r. 31. 21 – „Consequence of failure to disclose documents or permit inspection" heißt es:

> „A party may not rely on any document which he fails to disclose or in respect of which he fails to permit inspection unless the court gives permission."

Vorschriften in Bezug auf die Verletzung eines der Beschlüsse im 25. Teil der CPR fehlen. Gemäß CPR r. 35. 13 – „Consequence of failure to disclose expert's report" gilt:

> „A party who fails to disclose an expert's report may not use the report at the trial or call the expert to give evidence orally unless the court gives permission."

Aus dem Gesetzestext ergibt sich, dass eine Partei, die es unterlässt, die ihre Dokumente oder Expertenberichte zugänglich zu machen, sich nicht auf diese Dokumente berufen kann. Dies hat aber keinen Einfluss auf die Beweislastverteilung, sondern ausschließlich auf die Berücksichtigung der parteiischen Beweismittel vonseiten des Gerichts.

Hollander merkt entsprechend an, dass die Verletzung eines Beschlusses nicht unbedingt zur Beweisvereitelung führt, weil die Partei eine „specific disclosure" beantragen kann.[1163] Dem ist zuzustimmen. Auch wenn ein Beschluss zur spezifischen Offenlegung gemäß CPR r. 31. 12 – „Specific disclosure or inspection" erteilt wird, fehlen dennoch besondere Vorschriften zu seiner Verletzung.

Die möglichen Rechtsfolgen der Verletzung eines Beschlusses beschränken sich nicht auf die präsentierten Vorschriften. Das englische Gericht hat gemäß CPR r. 3. 4. (2) (c) die Befugnis, Angriffs- und Verteidigungsmittel der Parteien zurückzuweisen. Diese Vorschrift geht einen Schritt weiter als die erwähnten besonderen Vorschriften, weil sie das Zurückweisen von schriftlichen Angriffs- und Verteidigungsmitteln erlaubt,[1164] und zwar im Ganzen oder

---

1162 *Laws*, CCS 2019, S. 706; Verletzung von Offenlegungsanordnungen: *LTE Scientific Ltd v Thomas*, [2005] EWHC 7 (QB); *JSC BTA Bank v Solodchenko (No.2)*, [2012] 1 WLR 350 (361 f.); Verletzung von „search order": *Universal Business Team PTY Ltd v Moffitt*, [2017] EWHC 3251 (Ch).

1163 *Hollander*, Evidence, Rn. 11-01.

1164 Vgl. 00. Teil der CPR – „GLOSSARY" beim Stichwort „Strike out", im Anhang.

teilweise.[1165] Das Ergebnis eines Strike-out-Urteils bedeutet, dass der Prozess so weiterläuft, als ob sich die Partei nicht auf die zurückgewiesenen Angriffs- und Verteidigungsmittel berufen hätte, sie also keine Behauptungen vorgestellt hätte. Das wird nicht nur angeordnet, wenn ein fairer Prozess wegen „spoliation of evidence“ vereitelt wird, sondern auch in Fällen, in denen eine Partei sich fortwährend weigert, ihrer Offenlegungspflicht nachzukommen.[1166]

Nach der Meinung von *Hollander* kann das Gericht die Angriffs- bzw. Verteidigungsmittel einer Partei zurückweisen, wenn eine "unless order" die Partei von vornherein vor den Konsequenzen ihrer Missachtung warnt, die Partei aber dennoch die Anordnung verletzt.[1167] Einer anderen Ansicht nach kann der Gegner der verweigernden Partei einen Antrag bei Gericht stellen, dass es deren Angriffs- bzw. Verteidigungsmittel zurückweisen oder dass es eine andere Sanktion gegen sie verhängen solle.[1168] Solche Einschränkungen ergeben sich aus dem Gesetzestext allerdings nicht. Richtig ist, dass das Verhältnismäßigkeitsprinzip vor dem Erlass eines Strike-out-Urteils einzuhalten ist.[1169] Das Gericht muss folglich die Parteien vor der Zurückweisung durch „strike out“ über die möglichen Konsequenzen ihrer Handlungen zumindest unterrichten. Die Weise, in der die Offenlegungspflicht verletzt wird, ist nicht relevant.[1170] Diese Ansicht ist richtig und auf die Verletzung eines Prozessurteils nach dem 25. Teil der CPR anwendbar.

Die Schwäche dieser Rechtsfolge zeigt sich in zwei Hinsichten: einerseits in ihrer Rigidität, andererseits in ihrem zeitlichen Anwendungsbereich. In Bezug auf Ersteres ist anzumerken, dass das Zurückweisen von Angriffs- und Verteidigungsmitteln entweder insgesamt oder nur zum Teil zu äußerst harten und unverhältnismäßigen Ergebnissen führen kann. Der Grund dafür ist, dass die beweisvereitelnde Partei durch die Präklusion ihrer Angriffs- und Verteidigungsmittel die Chance verliert, ihren Fall durch andere Beweise vor dem „tribunal of fact“ darzulegen. Es handelt sich folglich um eine unflexible Lösung, deren Rigidität nicht von der Tatsache relativiert wird, dass das Gericht nur einen Teil der Angriffs- und Verteidigungsmittel ausschließen kann. Dies kann zwar legitim

1165 *Douglas v Hello! Ltd (No. 3),* [2003] EWHC 55 (Ch), Rn. 99.

1166 *Laws*, CCS 2019, S. 798.

1167 *Hollander*, Evidence, Rn. 11-02; *Morgans (a firm) v Needham*, 1999 WL 852678, nur wenn der entsprechende Beschluss präzise ist, ist das „strike out“ berechtigt.

1168 *Thomson/Mambro*, BCCP, Issue No. 131 S. D-9; auch *O'Hare/Browne*, Litigation, Rn. 30-035.

1169 *Moore-Birk*, CCP, S. 892; auch *O'Hare/Browne*, Litigation, Rn. 30-035.

1170 *Hollander*, Evidence, Rn. 11-13.

und noch beweisbar sein, aber dennoch verliert die beweisvereitelnde Prozesspartei jede Möglichkeit, ihre Behauptungen beizubringen und sich dadurch zu verteidigen.

Diese Rechtsfolge soll im Folgenden auch in Hinsicht auf das deutsche Grundgesetz bewertet werden. In Art. 103 Abs. 1 GG heißt es:

> „(1) Vor Gericht hat jedermann Anspruch auf rechtliches Gehör."

Art. 103 Abs. 1 GG begründet das Grundrecht auf rechtliches Gehör für alle Personen, die an einem gerichtlichen Verfahren beteiligt sind,[1171] und bezweckt, diskursive, richtige und gerechte Entscheidungen zu ermöglichen.[1172] Zu diesem Zweck gewährleistet Art. 103 Abs. 1 GG den Beteiligten das Recht, vor Gericht Anträge zu stellen und Ausführungen darzulegen, während das Gericht verpflichtet ist, diese Anträge und Ausführungen bei seiner Entscheidung zu berücksichtigen.[1173] Präklusionen werden im Zivilprozess nicht im Allgemeinen ausgeschlossen. Diesbezüglich hat das BVerfG festgestellt:

> „Die nähere Ausgestaltung des rechtlichen Gehörs ist jedoch den einzelnen Verfahrensordnungen überlassen. Art. 103 Abs. 1 GG gewährt deshalb keinen Schutz dagegen, daß das Gericht das Vorbringen eines Beteiligten aus Gründen des materiellen oder formellen Rechts unberücksichtigt läßt [...]. Der Gesetzgeber kann das rechtliche Gehör auch im Interesse der Verfahrensbeschleunigung durch Präklusionsvorschriften begrenzen [...]. Allerdings müssen solche Vorschriften wegen der einschneidenden Folgen, die sie für die säumige Prozeßpartei nach sich ziehen, strengen Ausnahmecharakter haben [...]. Dieser ist nach der Rechtsprechung des Bundesverfassungsgerichts jedenfalls dann gewahrt, wenn die betroffene Partei ausreichend Gelegenheit hatte, sich in den ihr wichtigen Punkten zur Sache zu äußern, dies aber aus von ihr zu vertretenden Gründen versäumt hat [...]".[1174]

Nach hiesiger Ansicht ist das Zurückweisen von Angriffs- und Verteidigungsmitteln in Form der „strike out order" gemäß CPR r. 3. 4. (2) in Anbetracht der vom BVerfG festgesetzten Anforderungen unvereinbar mit Art. 103 Abs. 1 GG. Das Präkludieren von Behauptungen bezweckt die Beschleunigung des Prozesses. Durch das „strike out" wird der Prozess jedoch nicht beschleunigt,

---

1171 Dreier/*Schulze-Fielitz*, Art. 103 I Rn. 21.

1172 Dreier/*Schulze-Fielitz*, Art. 103 I Rn. 12.

1173 BVerfGE 54, 86 (91); 96, 205 (216); vgl. auch BVerfG, Stattgebender Kammerbeschluss vom 09. März 2015 – 1 BvR 2819/14 –, juris, Rn. 15.

1174 BVerfGE 69, 145 (148 f.); vgl. BVerfG, Nichtannahmebeschluss vom 07. Oktober 2016 – 2 BvR 1313/16 –, juris, Rn. 9; BVerfG, Stattgebender Kammerbeschluss vom 02. Februar 2006 – 2 BvR 1453/03 –, juris, Rn. 16.

sondern schlussendlich aufgehalten, auch wenn die beweisvereitelnde Partei ihre Angriffs- und Verteidigungsmittel rechtzeitig und sachgemäß beigebracht hat. Ihr bleibt also das Recht, Ausführungen vor Gericht darzulegen, versagt. Dieser Schluss wird unter Berücksichtigung des verfassungsrechtlichen Verhältnismäßigkeitsprinzips verstärkt. Genauer gesagt steht das „strike out" gemäß CPR r. 3. 4. im Widerspruch zur zweiten Stufe des Verhältnismäßigkeitsprinzips, nämlich dem Gebot der Erforderlichkeit. Dies verlangt, dass zur Realisierung eines staatlichen Ziels die jeweils milderen verfügbaren Mittel zu verwenden sind.[1175] Tatsächlich sind auch im englischen Recht andere Wege verfügbar, damit der wegen Beweisvereitelung beweisverhindernden Partei Hilfe bei ihrer Beweisführung gewährt wird, nämlich die Anwendung der Beweislast- und der Beweisregel, die ihr einen angemessenen Vorteil verleihen können und die aufgrund des *Armorie v Delamirie*-Prinzips im englischen Recht bereits angewendet werden. Allerdings bedeutet das „strike out" der Behauptungen einer Partei im Ergebnis ihren ganzen oder teilweisen Prozessverlust. So gesehen wird auch die dritte Stufe der Verhältnismäßigkeit verletzt, der Grundsatz der Proportionalität,[1176] zumal durch ein Strike-out-Urteil die beweisvereitelnde Partei wesentliche Aussichten auf Gewinn verliert, automatisch bedeutet, dass der Gegner gewinnt. Das „strike out" gemäß CPR r. 3. 4. (2) ist aus diesen Gründen unvereinbar mit dem deutschen Grundgesetz. Es ergibt allerdings im Rahmen des englischen Rechts ausschließlich dann Sinn, wenn entweder ein „summary judgement" berechtigt ist[1177] oder das Gericht durch eine Anordnung („unless order") die Prozesspartei von vornherein, eindeutig und bestimmt über die Konsequenzen der „spoliation of evidence" ausdrücklich unterrichtet hat.[1178]

In Bezug auf den zeitlichen Anwendungsbereich des „strike out" ist Folgendes festzuhalten. Im Urteil *Masood v Zahoor* wird die ratio der Befugnis des Gerichts aus der CPR r. 3. 4 erörtert. Im Einklang mit den Äußerungen von *Chadwick L. J.* im Urteil *Arrow Nominees Inc v Blackledge* erklärt das Berufungsgericht in *Masood v Zahoor*, dass diese Befugnis dem Gericht die Möglichkeit einräumt, einen Prozess zu einem frühen Zeitpunkt zu terminieren, damit das Justizsystem Mittel, das heißt Zeit und Geld, sparen kann.[1179] CPR r. 3. 4. räumt folglich dem Gericht damit die Möglichkeit ein, einerseits den Prozess sachgerecht

1175 Dreier/*Schultze-Fielitz*, Art. 20 (Rechtsstaat) Rn. 183.
1176 Dreier/*Schultze-Fielitz*, Art. 20 (Rechtsstaat) Rn. 184.
1177 Vgl. den ersten Teil, § 2 C. I.
1178 Vgl. *Hollander*, Evidence, Rn. 11-02 im vierten Teil, § 11 B. I.
1179 *Masood v Zahoor*, [2009] EWCA Civ 650, Rn. 73.

zu steuern und andererseits die beweisvereitelnde Partei zu sanktionieren. Das ergibt jedoch nur dann Sinn, wenn die Befugnis in einem frühen Abschnitt des Prozesses ausgeübt wird, damit Kosten und Zeit tatsächlich gespart werden können. In Bezug auf die Eignung der CPR r. 3. 4. für die Ahndung der Beweisvereitelung in diesem früheren Abschnitt des Prozesses wurde bereits die Ansicht zum Ausdruck gebracht, dass sie unverhältnismäßig und somit unzutreffend ist. Nichtsdestoweniger erkennt das Berufungsgericht in demselben Urteil an, dass in äußerst komplexen Fällen ein „trial" unvermeidbar sei.[1180] Das hindert das Gericht nicht daran, seine Befugnis am Ende des „trial" auszuüben sowie sodann Angriffs- und Verteidigungsmittel zurückzuweisen.[1181] Das hat in Hinsicht auf das Beweissystem erhebliche Auswirkungen. Der Grund dafür ist Folgendes: das „strike out" von Behauptungen nach dem Beweisverfahren stellt kein Prozesssteuerungsmittel mehr dar, zumal das Verfahren im Wesentlichen bereits durchgeführt wurde. Es wäre demnach passender, den Prozess dann durch verhältnismäßigere Beweiserleichterungen zu entscheiden. Die Anwendung der gerichtlichen Befugnis aus der CPR r. 3. 4. wird folglich auf die „hearings" des englischen Prozesses limitiert und hat daher entsprechend eingeschränkte Effektivität.

Dazu kommt die Wirkung der Zurückweisung von Angriffs- und Verteidigungsmitteln auf die Beweislastverteilung. Wie erwähnt, kann das Gericht am Ende des „trial" die Partei durch die Zurückweisung ihrer Mittel sanktionieren. Zu diesem Zeitpunkt des Prozesses sind nur zwei Alternativen vorstellbar: Entweder wird das Gericht die Behauptungen der beweisbelasteten Partei bzw. ihres Gegners für wahrscheinlicher als jede andere Behauptung halten oder nicht. Im letzteren Fall hat es nach der allgemeinen Beweislastverteilung den Rechtsstreit zulasten der beweisbelasteten Prozesspartei zu entscheiden. Die Zurückweisung der Angriffs- und Verteidigungsmittel des Gegners nach der Beweisaufnahme im „trial" bedeutet allerdings notwendigerweise, dass das Gericht trotz der allgemeinen Beweislastverteilung die objektive Beweislast dem ursprünglich nicht beweisbelasteten Gegner im Ergebnis auferlegen muss. Aus diesem Grund stellt in diesem Abschnitt des Prozesses die Zurückweisung von Angriffs- und Verteidigungsmitteln eine verdeckte Beweislastnorm zuungunsten der beweisvereitelnden Partei.

1180 *Masood v Zahoor,* [2009] EWCA Civ 650, Rn. 74.

1181 *Masood v Zahoor,* [2009] EWCA Civ 650; So auch *Summers v Fairclough Homes Ltd,* [2012] 1 WLR 2004 (2025); a. A. im Urteil *Ul-Haq v Shah,* [2009] EWCA Civ 542.

Es kann folglich festgehalten werden, dass die präsentierte Rechtsfolge kleine Vorzüge aufweist. In der Tat ist das Gericht in der Lage, den Prozess durch die Zurückweisung von Angriffs- und Verteidigungsmitteln in einem frühen Abschnitt des Prozesses zu beschleunigen; dadurch wird dennoch der beweisvereitelnden Partei die Chance genommen, dem „tribunal of fact" zu zeigen, dass sie tatsächlich Recht hat. Im Gegensatz dazu gewährt die flexible Formel des deutschen Rechts beiden Seiten diese Möglichkeit und führt, sofern die Beweisvereitelung die Wahrheitsfindung erschwert hat, am Ende des Prozesses zu demselben Ergebnis, nämlich dem Prozessverlust der beweisvereitelnden Partei. Solche Rechtsfolgen werden allerdings im englischen Prozess im Prinzip nicht ausgeschlossen. Aus diesen Gründen stellt die „strike out"-Befugnis nach der hier vertretenen Ansicht kein Vorbild für das deutsche Recht dar.

II. Prozesskostenverteilung

Jenseits des Ausschlusses kann die Mitwirkungsverweigerung noch eine prozessuale Sanktion nach sich ziehen, die weder auf die Beweislastverteilung noch auf die Beweisführung einen Einfluss hat. Dabei handelt es sich um die Prozesskostenverteilung zwischen den Parteien.

Gemäß CPR. r. 44. 2 sind die Prozesskosten der unterlegenen Partei aufzuerlegen, außer wenn das Gericht anderes beschließt. So berücksichtigt es laut CPR rr. 44. 2 (4) (a) und 44. 4 (3) (a) das Verhalten der Parteien, was nach CPR r. 44. 2 (5) (c) die Art und Weise umfasst, mit der sie ihre Behauptungen im Prozess gestützt haben. Das Gericht kann bei fahrlässiger und mangelhafter Offenlegung im Gegensatz zur Regel der CPR r. 44. 2 (4) (a) der unterlegenen Partei einen Teil der Kosten zusprechen.[1182] Bei vorsätzlicher Verletzung von Beschlüssen kann es ferner der unterlegenen Partei zusätzliche Prozesskosten auferlegen.[1183]

Gemäß CPR r. 44. 3 (1) werden die Kosten entweder aufgrund „standard" oder „indemnity basis" eingeschätzt. Der Unterschied zwischen den zwei Kategorien ist hierin zu finden: Gemäß CPR r. 44. 3. sind unzumutbare („unreasonable") Prozesskosten nicht auferlegbar. Das Gericht kann aber Zweifel darüber hegen, ob manche Prozesskosten tatsächlich zumutbar sind oder nicht. Dieser Zweifel belastet im ersteren Fall, nämlich bei der „standard"-Einschätzung, diejenige Partei, die die Prozesskosten einlöst, bei der „indemnity"-Einschätzung

1182 *Earles v Barclays Bank Plc*, [2010] BusLR 566 (583); *West African Gas Pipeline Co Ltd v Willbros Global Holdings Inc*, [2012] EWHC 396 (TCC), Rn. 93 f.

1183 *Intercity Telecom Ltd and Another v Solanki*, [2015] EWHC B3 (Mercantile), Rn. 51.

dagegen die Prozesspartei, die die Prozesskosten zahlt.[1184] Vernichtet[1185] oder unterschlägt[1186] eine Partei Beweismittel, die ihren Gegner begünstigen würden, und erschwert die Partei dadurch die Beweisführung des Gegners, werden gegen diese Partei die Kosten auf der „indemnity basis" bemessen, sofern sie diese Handlungen mit Vorsatz betrieben hat. *Hibberts* bemerkt zu Recht, dass der Zweck dieser Kostenverteilung die Ahndung der beweisvereitelnden Partei sei.[1187] Es ist allerding zu beachten, dass dadurch die beweisbehinderte Partei imstande ist, einen Teil ihres Aufwands an ihrer weitgehenden Beweisführung einzulösen.

Die Prozesskostenverteilung ist sicher keine zuverlässige Lösung. Sie kann aus zwei Gründen kritisiert werden. Ihre größte Schwäche liegt darin, dass sie den Missbrauch vonseiten einer Partei nicht korrigiert. Die Gefahr eines exzessiven Aufwands am Ende des Prozesses hat nur präventive Wirkung für die Zukunft, da dadurch nur dahingehend Druck auf die Partei ausgeübt wird, die Beweisvereitelungshandlung in Zukunft zu unterlassen. Diese Wirkung ist aber für das Ergebnis des Prozesses praktisch ineffektiv.[1188] Sie gewährt der verhinderten Partei keine bessere Aussicht auf Prozessgewinn, sondern erlaubt ihrem Gegner, eine gewisse Abwägung zwischen den Kosten und dem Prozessgegenstand vorzunehmen. Wenn die Partei die Zahlung höherer Prozesskosten als vorzugswürdiger findet, kann sie die Vernichtung von Beweismitteln in Erwägung ziehen. Diese Vorschrift räumt zwar keinerlei Wahlrecht zwischen den zwei Alternativen (nämlich die Beweisvereitelung unter Auflage von Prozesskosten und die Aufbewahrung von Beweismitteln) ein, in dem Sinne, dass das Beweisvereitelungsverbot immer gilt. Dieses Verbot reicht aber für die reale Verhinderung der Beweisvereitelung praktisch nicht aus. Weil jedoch diese Lösung die Aussichten der verhinderten Prozesspartei keinesfalls verbessert, ist sie im Ergebnis abzulehnen.

1184 CPR rr. 44. 3 (2) (b) i. V. m. 44. 3 (3); *Excelerate Technology Ltd v Cumberbatch*, [2015] EWHC 204 (QB), Rn. 30.

1185 *Intercity Telecom Ltd and Another v Solanki*, [2015] EWHC B3 (Mercantile), Rn. 17.

1186 *Excelerate Technology Ltd v Cumberbatch*, [2015] EWHC 204 (QB), Rn. 28.

1187 *Hibbert*, Evidence, Rn. 11-023.

1188 So auch *Tronson*, CJQ 2006, S. 455.

C. Freie Beweiswürdigung

I. Das *Armory v Delamirie*-Prinzip als Erfahrungssatz

Das Zurückweisen aufgrund der CPR r. 3. 4 (2) und die Kostenverteilung sind nicht die einzigen Folge, die die Verletzung eines Beschlusses mit sich bringen können. In der Rechtsprechung gibt es Urteile, in denen das Gericht gegen eine Partei negative Schlüsse zieht, wenn diese die Verdunkelung eines Sachverhalts absichtlich betreibt.[1189] Wenn die Partei allerdings nicht die Absicht hat, einen beweisrechtlichen Vorteil im Prozess zu erlangen, kommt eine negative Würdigung ihrer Handlungen nicht infrage. Festzuhalten ist, dass sowohl Strike-out-Urteile als auch die Prozesskostenverteilung und die negative Würdigung der Verletzung eines Beschlusses von der Beweislastverteilung unabhängig sind und folglich für das Ahnden des Verhaltens beider Parteien herangezogen werden können. Des Weiteren hat die freie Beweiswürdigung keine besondere Rechtsgrundlage als Voraussetzung.

In Lehre und Rechtsprechung wird darüber hinaus die Ansicht vertreten, dass in Anwendung des *Armory v Delamirie*-Prinzips die Beweisvereitelungshandlung ein Indiz zuungunsten der beweisvereitelnden Partei ist, ohne dass sie Einfluss auf die Beweislastverteilung ausübt. Das Verhalten ist dann frei zu würdigen und der Entscheidung zugrunde zu legen. In der aktuellen Rechtsprechung sind Entscheidungen, in denen die Gerichte „adverse inferences“ heranziehen, selten,[1190] während in der Lehre diese Ansicht hauptsächlich in Bezug auf die Versäumung einer Zeugenvorladung vertreten wird.[1191]

Dieser Meinung liegt der Gedanke zugrunde, dass die Lücken in der Beweisführung mit Schlussfolgerungen aus der Beweiswürdigung zu füllen sind. Diese Ansicht sieht das *Armory v Delamirie*-Prinzip als Konkretisierung eines allgemeinen Erfahrungssatzes. In diesem Sinne hält das Gericht in *Gulati v MGN Ltd* fest:

1189 *Earles v Barclays Bank Plc*, [2010] BusLR 566 (574); *Darrell Healey, GSE Investments Limited v Shoosmiths (a firm)*, [2016] EWHC 1723 (QB), Rn. 132.

1190 *Gulati v MGN Ltd*, [2015] EWHC 1482 (Ch) (High Court) und [2017] QB 149 (Court of Appeal); *Glenbrook Capital LP v Hamilton*, [2014] EWHC 2297 (Comm); *Scammell v Farmer*, [2008] EWHC 1100 (Ch); *Earles v Barclays Bank Plc*, [2010] BusLR 566; *Darrell Healey, GSE Investments Limited v Shoosmiths (a firm)*, [2016] EWHC 1723 (QB).

1191 Vgl. die Fn. 1197.

> „This would be a sensible inference anyway, but it is strengthened by the Armory v Delamirie principle."[1192]

Die negative Würdigung der Zurückhaltung einer Partei, Beweise vorzulegen oder auf andere Weise zur Sachverhaltsaufklärung beizutragen, beschränkt sich damit nicht nur auf die beschriebenen Beweisvereitelungshandlungen, sondern ist allgemein anwendbar und kann im Zusammenhang mit anderen Beweismitteln Schlüsse ergeben. Das hat *Lord Lowry* im Fall *TC Coombs & Co v Inland Revenue Commissioners* zum Ausdruck gebracht:

> „In our legal system generally, the silence of one party in face of the other party's evidence may convert that evidence into proof in relation to matters which are, or are likely to be, within the knowledge of the silent party and about which that party could be expected to give evidence. Thus, depending on the circumstances, a *prima facie* case may become a strong or even an overwhelming case. But, if the silent party's failure to give evidence (or to give the necessary evidence) can be credibly explained, even if not entirely justified, the effect of his silence in favour of the other party, may be either reduced or nullified."[1193] (Hervorhebung im Original, E.Z.)

Die Beweiswürdigung bringt, wie im deutschen Recht, keine Beweislastumkehr zuungunsten der nicht beweisbelasteten Partei mit sich. Dadurch könnte höchstens eine Umkehr des „tactical burden" geschaffen werden, nämlich dass das Gericht gegen die beweisvereitelnde Partei lediglich präjudiziert wird; das würde dann den Gegner weiter anregen, neue Beweise zur Zerstörung der Präjudizierung zu erbringen. Wie schon im Rahmen des deutschen Rechts gesehen, gewährt diese Lösung allein jedoch kaum zuverlässige Ergebnisse.

II. Das *Armory v Delamirie*-Prinzip im Zeugenbeweis

Wie bereits erwähnt, hat das Gericht im Urteil *Wisniewski v Central Manchester Health Authority* die Grundsätze zur Entscheidung einer Partei, bestimmte Zeugen nicht vorzuladen, festgelegt.[1194] Nach Ansicht *Hollanders* ist zwischen der Zeugenladung und anderem Beweisvereitelungsverhalten, nämlich der Verletzung der Aufbewahrungspflicht und der Schadensbemessung, nicht streng zu trennen.[1195] Das bedeutet, dass der zweite

1192 *Gulati v MGN Ltd*, [2015] EWHC 1482 (Ch), Rn. 99; vgl. *Edelman*, McGregor, Rn. 10-006.

1193 *TC Coombs & Co v Inland Revenue Commissioners*, [1991] 2 AC 283 (300).

1194 Vgl. den Sachverhalt des Falls im zweiten Teil, § 5 B. III. 3.

1195 *Hollander*, Evidence, Rn. 11-26.

Punkt[1196] in der Entscheidung *Wisniewski v Central Manchester Health Authority* die Anwendung des *Armory v Delamirie*-Prinzips ins Spiel bringt. Dennoch neigt die in der Lehre herrschende Meinung dazu, die Verweigerung der Partei, Zeugen zu einem Prozess vorzuladen, im Rahmen der freien Beweiswürdigung zu berücksichtigen.[1197]

Das Berufen auf die Rechtsprechung im Zeugenbeweis im Urteil *Keefe v The Isle of Man Steam Packet Company Ltd* unterstützt die Meinung *Hollanders.*[1198] Zur Beantwortung der Frage, ob das Gericht im Urteil *Wisniewski v Central Manchester Health Authority* für die Anwendung des *Armory v Delamirie*-Prinzips plädiert, soll der dritte Grundsatz des Urteils besonders berücksichtigt werden.[1199] Demgemäß ist der Zweck der Beweismittelvorlage die Erfüllung des „evidential burden" der beweisbelasteten Partei. Das ergibt sich aus der Betonung der Notwendigkeit, dass „a case to answer to" vorliegen muss. Dieser Punkt wird in der späteren Rechtsprechung ebenfalls hervorgehoben.[1200] In Betracht kommt also nicht eine Rechtsfolge des Prinzips *Armory v Delamirie*, sondern die normale Beweislastverteilung. Gegen die Anwendung des *Armory v Delamirie*-Prinzips spricht außerdem, dass das Gericht nach dem Versäumen der Zeugenvorladung die Beweismittel der Partei noch frei zu würdigen hat. Wenn das Prinzip aus *Armory v Delamirie* im Einklang mit dem zweiten Punkt im Urteil *Wisniewski v Central Manchester Health Authority* anwendbar wäre, wäre das Gericht dazu verpflichtet, die Beweise des Klägers günstiger zu würdigen. In

1196 *Wisniewski v Central Manchester Health Authority*, [1998] PIQR P324 (340): „(2) If a court is willing to draw such inferences, they may go to strengthen the evidence adduced on that issue by the other party or to weaken the evidence, if any, adduced by the party who might reasonably have been expected to call the witness."

1197 *Iller*, Evidence, Rn. 4-20; Phipson/*Auburn/Day*, Rn. 11-15; *Munday*, Cross & Tapper, S. 41 f., hält die freie Beweiswürdigung für jeden Fall der Verweigerung einer Partei, Beweismittel vorzulegen, für anwendbar; *Choo*, Evidence, S. 6; *Roy*, PILJ 2010, S. 7, die „adverse inferences" in *Keefe v The Isle of Man Steam Packet Company Ltd* seien unterschiedlich und umfangreicher als diese in *British Railsways Board v Herrington,* [1972] UKHL 1.

1198 *Keefe v The Isle of Man Steam Packet Company Ltd* [2010] EWCA Civ 683, Rn. 19.

1199 *Wisniewski v Central Manchester Health Authority*, [1998] PIQR P324 (340): „(3) There must, however, have been some evidence, however weak, adduced by the former on the matter in question before the court is entitled to draw the desired inference: in other words, there must be a case to answer on that issue."

1200 *Benham Ltd v Kythira Investments Ltd,* [2003] EWCA Civ 1794, Rn. 27.

diese Richtung hat auch *Sales L. J.* in *Manzi v King's College Hospital NHS Foundation Trust* argumentiert:

> „First, *Wisniewski* is not authority for the proposition that there is an obligation to draw an adverse inference where the four principles are engaged. As the first principle adequately makes plain, there is a discretion i.e. ‚the court is *entitled* [emphasis added] to draw adverse inferences'. An appellate court will be hesitant to interfere with the exercise of such a discretion given that it is being exercised in the knowledge of all the nuances of evidence that are in the knowledge of the judge who receives that evidence."[1201] (Hervorhebung im Original, E.Z.)

Ferner hat das Gericht am Schluss der Beweisführung noch zu überlegen, und zwar auch dann, wenn der Gegner keine Beweismittel vorlegt, ob der *„prima facie* case" des Klägers zur wahrscheinlichsten Alternative geworden ist.[1202] Darauf weist außerdem die Nutzung von Phrasen wie „it was open to the judge to find"[1203] und „into account in deciding whether [...] have proved their case" hin.[1204] Das Versäumen der Zeugenvorladung fällt folglich nicht in den Anwendungsbereich des Prinzips *Armory v Delamirie*, auch wenn diese Auslegung im Urteil *Wisniewski v Central Manchester Health Authority* eine Grundlage zu finden scheint.

D. Verletzung des *Armory v Delamirie*-Prinzips

Die wohl herrschende Meinung in Lehre und Rechtsprechung vertritt die Ansicht, dass die Verletzung des *Armory v Delamirie*-Prinzips auf die Beweislastverteilung einwirkt. Das erfolgt in dreierlei Weise: durch die Unterstellung des Inhalts eines fehlenden Beweismittels, durch eine Beweislastumkehr, grundsätzlich der subjektiven Beweislast, oder durch die Erfüllung von unaufgeklärten Lücken im Beweisergebnis zugunsten der beweisbelasteten Prozesspartei. Im Folgenden werden diese Rechtsfolgen detailliert dargestellt und kritisiert.

1201 *Manzi v King's College Hospital NHS Foundation Trust,* [2018] EWCA Civ 1882, Rn. 30.

1202 *Benham Ltd v Kythira Investments Ltd,* [2003] EWCA Civ 1794, Rn. 30; *British Airways Plc v Airways Pension Scheme Trustee Ltd,* [2017] EWHC 1191, Rn. 141 ff. , die „adverse inferences" werden als Erfahrungssätze behandelt; *McQueen v Great Western Railway Company,* (1875) LR 10 QB 569 (574), die Nichtvorlage von Beweisen bzw. die Versäumung der Zeugenladung seien Indizien für das „tribunal of fact".

1203 *Ahmed v Lalik,* [2015] EWHC 651 (QB), Rn. 30.

1204 *Thames Valley Housing Association Ltd & Anr v Elegant (Guernsey) Ltd & Ors, Willmett solicitor and Howard Macpherson,* [2011] EWHC 1288 (Ch), Rn. 20.

I. Unterstellung des Inhalts des fehlenden Beweismittels

1. Behandlung der Rechtsfolge in der Lehre

Die herrschende Meinung nimmt als Rechtsfolge der Beweisvereitelung eine Vermutung gegen den „spoliator“ an.[1205] Diese Meinung hat ihre Wurzeln im 19. Jahrhundert.[1206] Zu Beginn des 20. Jahrhunderts wurde das Prinzip „omnia praesumuntur contra spoliatorem“ von *Best* und *Phipson* im Rahmen des englischen Beweisrechts als eine „legal presumption“ erachtet.[1207] Die wichtigste Regel im Beweisrecht war damals die „best evidence rule“.[1208] Demgemäß hatte jede Partei die besten Beweise nach der Natur des Falls vorzulegen.[1209] Vermutungen stellten eine Abweichung von dieser Regel dar, waren jedoch zulässig.[1210] Die Auswirkung einer „legal presumption“ auf die Beweislastverteilung war wie noch heute die Belastung der ursprünglich nicht beweisbelasteten Partei mit dem Beweis des Gegenteils der unterstellten Tatsache.[1211] Das Prinzip „omnia praesumuntur contra spoliatorem“ wurde als Grundlage einer rechtlichen Vermutung gesehen, und zwar aufgrund des Grundsatzes, dass niemand von seinem eigenen Unrecht profitieren solle.[1212] Im Gegensatz zu einer vollen Beweislastumkehr, in dem Sinne einer Umkehr der objektiven Beweislast, wurde bei Beeinträchtigung eines Beweismittels vermutet, dass der Inhalt des beschädigten Beweismittels eindeutig gegen die beweisvereitelnde Partei sprechen würde.[1213] Keine beweiserhebliche Tatsache der anzuwendenden Regel wurde folglich direkt unterstellt, sondern nur der Inhalt des fehlenden Beweismittels, das dem Gericht erlaubte, Schlüsse über die im Sachverhalt beweiserheblichen Tatsachen zu ziehen. Der vermutete, schlimmstmögliche Inhalt wirkte sich direkt und schwerwiegend gegen die beweisvereitelnde Partei aus, ohne aber zu einer Beweislastumkehr zu führen. Eine eventuelle Unklarheit im Sachverhalt wäre nur aufgrund des fiktiv eindeutigen Inhalts des Beweismittels zerstört, ohne dem Gericht eine

---

1205 *Tettenborn*, Damages, Rn. 15.11; *Grubb/Furmston*, Contract, Rn. 8.6.; *Hollander*, Evidence, Rn. 11-27; *Edelman*, McGregor, Rn. 10-006 f. ; *Edelman*, McGregor, Rn. 10-006; *Hibbert*, Evidence, Rn. 11-036 ff.

1206 *Dixon*, Deeds, S. 264; *Troubat/Lewis/M'Candless*, Law and Equity, S. 219.

1207 *Best/Phipson*, Evidence, Rn. 411 ff.

1208 *Best/Phipson*, Evidence, Rn. 292

1209 *Best/Phipson*, Evidence, Rn. 87.

1210 *Best/Phipson*, Evidence, Rn. 295.

1211 *Best/Phipson*, Evidence, Rn. 314.

1212 *Best/Phipson*, Evidence, Rn. 412.

1213 *Best/Phipson*, Evidence, Rn. 412.

besondere Würdigung des Inhalts zu diktieren, auch wenn der rekonstruierte Inhalt für das Beweisergebnis von ausschlaggebender Bedeutung im Ergebnis war. Diese Rechtsfolge des Prinzips wird in der aktuellen Lehre grundsätzlich angenommen.[1214]

2. Anwendung der Rechtsfolge in der Rechtsprechung

a. Vorprozessuale Vernichtung von Beweismitteln

Wie erwähnt, ist die Anwendung des *Armory v Delamirie*-Prinzips im Vorfeld des Prozesses streitig. Die Vermutung füllt in diesen Fällen die Lücken im Beweisergebnis, wenn das Gericht aus den fehlenden Beweismitteln klare Schlüsse über die beweiserheblichen Tatsachen nicht zweifelsfrei heranziehen kann.[1215]

Das wichtigste Beispiel ist diesbezüglich das Urteil *The Ophelia*.[1216] Fraglich war die Haftung des Kapitäns des Schiffs *Ophelia* für Spionage. In Bezug auf die Beweisvereitelung merkte das Gericht an, dass das Prinzip aus *Armory v Delamirie* allgemeine Anwendung findet.[1217] Der Privy Counsil gab eine klare Antwort auf die Frage, ob es ein Erfahrungssatz oder ein Rechtssatz ist. Er erklärte, dass die vorsätzliche Vernichtung von Beweisen diese Rechtsfolge nach sich zieht: Es wird der schlimmstmögliche Inhalt des fehlenden Beweismittels immer zuungunsten des „spoliator" vermutet, wenn das fehlende Beweismittel klar zugunsten bzw. zuungunsten der beweisvereitelnden Partei ausfallen würde.[1218] Von Bedeutung ist demnach der Beweiswert des fehlenden Beweismittels. Was ebenfalls wichtig ist und jeden Zweifel an der Rechtsnatur der „adverse inferences" zerstreut, ist, dass das Prinzip *Armory v Delamirie* sowohl Vorsatz als auch Fahrlässigkeit umfasst.[1219] Das bedeutet, dass es sich um eine Regel handelt, die ein bestimmtes Verhalten prozessual sanktioniert, und zwar unabhängig vom Grad der Pflichtverletzung.

1214 *Hollander*, Evidence, Rn. 11-26; *Carter*, Evidence, S. 552; *Tronson*, CJQ 2006, S. 456.

1215 *The Ophelia*, [1916] 2 AC 206 (229); vgl. *Paine v Catlins*, [2004] EWHC 3054 (TCC).

1216 Vgl. den Sachverhalt des Falls im zweiten Teil, § 5 A. II. 1. a.

1217 *The Ophelia*, [1916] 2 AC 206 (229), in dem Sinne, dass es nicht nur Schiffsangelegenheiten erfasst.

1218 *The Ophelia*, [1916] 2 AC 206 (230).

1219 *The Ophelia*, [1916] 2 AC 206 (229 f.) „If any one by a deliberate act destroys a document which, according to what its contents may have been, would have told strongly either for him or against him, the strongest possible presumption arises that if it had been produced it would have told against him, and even if the document is destroyed by his own act, but under circumstances in which the intention to destroy evidence may fairly be considered rebutted, still he has to suffer [...]".

b. Verletzung der prozessualen Aufbewahrungspflicht

Die relevante Rechtsprechung beschränkt sich grundsätzlich nur auf wenige Fälle.[1220] Im Fall *Infabrics Ltd v Jaytex Ltd (No.2)*[1221] war der Zeitpunkt fraglich, zu dem der Beklagte einige der streitigen Sendungen bekommen hatte, weil seine Haftung erst ab einem bestimmten Datum bestand. Trotz seiner Aufbewahrungspflicht wurden Beweise fahrlässig vernichtet, aus denen sich das Datum zweifellos ergeben hätte. Dem entsprechend hat das Gericht das Urteil gefällt, dass:

> „whilst I respectfully agree with Graham J. that this maxim must be applied only with caution, in the circumstances of this case, whilst bearing in mind always that the onus rests on the plaintiffs to prove that they have suffered damage I would say two things: first, that I am not prepared to give the defendants the benefit of any doubt or to draw an inference in their favour where a document, if not destroyed, would have established the matter beyond doubt;
> and, secondly, that I am prepared to presume that sales were made on or after the relevant date where the fate of garments is wholly unaccounted for.“[1222]

Das Gericht ist also der Ansicht, dass es geboten war, den Zweifel über das Ergebnis der vereitelnden Würdigung des Inhalts der vernichteten Aufzeichnungen der beweisvereitelnden Partei aufzuerlegen, da der Inhalt der Aufzeichnungen wegen ihrer Vernichtung unaufklärbar war. Genauso wurde außerdem das Prinzip im Urteil *British Sky Broadcasting Group Plc v Sky Home Services Ltd* ausgelegt.[1223]

Festzuhalten ist diesbezüglich, dass das Gericht in *Infabrics Ltd v Jaytex Ltd (No.1)*, auch wenn es anscheinend die Formel aus dem Urteil *The Ophelia* wiederholt, einen Schritt weitergeht und eine Trennung zwischen der Beweislastumkehr, im Sinne der objektiven Beweislast,[1224] und der Unterstellung über den

---

1220 *Infabrics Ltd v Jaytex Ltd (No.2)*, [1985] FSR 75 (Ch); *British Sky Broadcasting Group Plc v Sky Home Services Ltd*, [2007] FSR 14; *Malhotra v Dhawan*, [1997] EWCA Civ 1096 (judicial dictum); *IS Innovative Software Ltd v Howes*, [2004] EWCA Civ 275 (judicial dictum); *Axa Sun Life Services Plc v Cannon*, [2007] EWHC 2466.

1221 Vgl. den Sachverhalt des Falls im zweiten Teil, § 5 A. II. 3.

1222 *Infabrics Ltd v Jaytex Ltd (No.1)*, [1985] FSR 75 (81).

1223 *British Sky Broadcasting Group Plc v Sky Home Services Ltd*, [2007] FSR 14 (376). „i) On an assessment of damages after liability has been established, there may arise a presumption, based on the maxim *omnia praesummuntur contra spoliatorem* that improperly destroyed documents would have supported the claimant's case […].“ (Hervorhebung im Original, E.Z.).

1224 Dies ist das erwähnte „benefit of any doupt“.

möglichen Inhalt des vernichteten Beweismittels vornimmt. Die Trennung hat keine Beachtung in der englischen Rechtsprechung gefunden. In Hinsicht auf die Verbindung der zwei unterschiedlichen Formen der Umkehr der Beweislast allerdings scheint in diesem Urteil das Gericht eine Rechtsfolge der „spoliation of evidence" anzunehmen, die sich der flexiblen Formel des BGH annähert.

II. Umkehr der Beweislast

1. Umkehr der objektiven Beweislast

In älteren Verwahrungsfällen ergab sich die Frage, welche prozessuale Rechtsfolge eintritt, wenn die nicht beweisbelastete Partei ihre Nebenpflichten verletzt.[1225] Wenn die Verletzung des Verwahrers den Kläger in Beweisschwierigkeiten führte, bedeutete die Pflichtverletzung die Beweislastumkehr des Kausalzusammenhangs zwischen dem vertragswidrigen Verhalten und dem Schaden des Klägers zuungunsten des ursprünglich nicht beweisbelasteten Beklagten. Das bedeutet, dass der Beklagte nunmehr zu beweisen hatte, dass im hypothetischen Fall der vertragskonformen Handlung das Ergebnis dasselbe wäre. Die Beweislastumkehr ist dennoch mittlerweile ungebräuchlich geworden. In der modernen Rechtsprechung und Lehre findet sie keine Unterstützung mehr. Wie erwähnt, wird im englischen Recht die Umkehr der objektiven Beweislast nur aufgrund von „legal presumptions" für möglich gehalten.[1226]

2. Umkehr der subjektiven Beweislast

Von der Umkehr der objektiven Beweislast ist theoretisch und praktisch die Umkehr der Beweisführungslast aufgrund von „evidential presumptions" zu trennen.[1227] Wie auch die Fälle der Umkehr der objektiven Beweislast tritt die Anwendung von „evidential presumptions" als Beweiserleichterung gegen Beweisvereitelungshandlungen in der Rechtsprechung nur selten auf. Sie werden nur in einem besonderen Bereich des englischen „Case Law" als Rechtsfolge gegen eine gewisse Erscheinungsform der „spoliation of evidence" erwähnt, genauer gesagt in den Fällen des sogenannten „Chancenverlusts". Der Begriff stammt aus dem Bereich der Anwaltshaftung, in dem das *Armory v Delamirie*-Prinzip besondere Anwendung gefunden hat: Es bedarf keiner Vernichtung von

---

1225 *Joseph Travers & Sons, Limited v Cooper*, [1915] 1 KB 73; *Morison v Walton*, Unreported; *Coldman v Hill*, [1919] 1 KB 443 (457 f.).

1226 Vgl. den ersten Teil, § 2 B.

1227 Vgl. den ersten Teil, § 2 C. I.

Beweisen vonseiten des Rechtsanwalts, sondern nur der nachlässigen Vertretung des Klienten seinerseits in einem vorherigen Prozess.

Wegweisend für die Anwaltshaftung ist das Urteil *Kitchen v Royal Air Force Association and Others.*[1228] Demgemäß hat der Klient die Nachlässigkeit des Anwalts zu beweisen und dass diese zu seinem Prozessverlust führte. Wenn die Partei beweisen kann, eine realistische Aussicht auf den Prozesssieg verloren zu haben,[1229] unternimmt das Gericht den nächsten Schritt und schätzt den Wert der verlorenen Chance ein, ohne den ursprünglichen Prozess zu entscheiden.[1230] Die Beweislast dieser Tatbestandsvoraussetzungen trägt normalerweise der Kläger, das heißt der frühere Klient des jetzt beklagten Anwalts.[1231] Nach Ansicht von *Edelman* stellt die verlorene Chance einen Verlust dar,[1232] und zwar dahingehend, dass die Chance einen selbstständigen Wert habe, den das Gericht einzuschätzen hat. Das steht außerdem in Einklang mit den Ausführungen *Diplocks L. J.*, der feststellt, dass der Rechtsstreit mit einem Vergleich hätte beendet werden können.[1233] Der Kläger würde dann nicht unbedingt einen Schadensersatz in voller Höhe bekommen, sondern etwas weniger, was aber dennoch von Wert wäre.

In dem Fall *Allen v Sir Alfred MacAlpine & Sons Ltd* wurde eine frühere Klage des deswegen abgewiesen, weil der Prozess sich allzu sehr in die Länge gezogen hatte („for want of prosecution").[1234] Das Gericht beschloss, dass ein fairer

---

1228 *Kitchen v Royal Air Force Association and Others*, [1958] 1 WLR 563, [1958] 2 All ER 241.

1229 *Kitchen v Royal Air Force Association and Others*, [1958] 1 WLR 563, *Lord Evershed M.R.* spricht nicht von der Aussicht der Partei, sondern von einer „chose in action" im Sinne eines begründeten Anspruchs; *Allen v Sir Alfred MacAlpine & Sons Ltd*, [1968] 2 QB 229, *Diplock L. J.* (254), „reasonable prospect of success".

1230 *Sharif v Garrett & Co*, [2001] EWCA Civ 1269, Rn. 21; *Dixon v Clement Jones*, [2005] PNLR 6 (102).

1231 *Kitchen v Royal Air Force Association and Others*, [1958] 1 WLR 563 (567); *Mount v Barker Austin (a firm)*, [1998] PNLR 493 (510 ff.) (CA); *Sharif v Garrett & Co*, [2001] EWCA Civ 1269, Rn. 21.

1232 *Edelman*, McGregor, Rn. 10-006; auch *Start/Bird*, NLJ 2006, S. 359; *Farg/Danziger*, PILJ 2012, S. 6, die Chance sei ein hypothetisches Geschehen, das widerspiegelt, was passiert wäre, wenn die Partei nicht gesetz oder vertragswidrig gehandelt hätte. So erachtet ist meiner Meinung nach die Chance kein selbstständiger Gegenstand, sondern ist als eine Frage nach der Kausalität aufzufassen.

1233 *Allen v Sir Alfred MacAlpine & Sons Ltd*, [1968] 2 QB 229 (257 f.) (CA); *Grubb/Furmston*, Contract, Rn. 8.7, spricht auch über Vergleichswert („settlement value").

1234 *Allen v Sir Alfred MacAlpine & Sons Ltd*, [1968] 2 QB 229.

Prozess verunmöglicht wurde, weil verfügbare Beweismittel wegen des Zeitverlaufs nicht mehr vorhanden waren.[1235] Die Vertragsverletzung des Rechtsanwalts hat demzufolge dem Klienten Beweisschwierigkeiten bereitet.

Die moderne Rechtsprechung hat von der strengen Beweislastverteilung aus dem Fall *Kitchen v Royal Air Force Association and Others* Abstand genommen und gewährt dem Kläger signifikante Beweiserleichterungen. Die Prinzipien in Bezug auf die Beweislast des Bestehens der Chance wurden von *Simon-Brown L. J.* im Fall *Mount v Barker Austin (A Firm)*[1236] zum Ausdruck gebracht und werden von der aktuellen Rechtsprechung noch immer befolgt.[1237] Der Grundsatz, dass der Kläger den „legal burden" zu tragen hat, bleibt unberührt. Sein Gegner hat aber in Bezug auf die bestrittene Chance einem „evidential burden" nachzukommen, das heißt dem Gericht Beweise zur Unterstützung der Behauptung zu erbringen, dass der ursprüngliche Streit von Anfang an aussichtslos war. Diese Belastung des Anwalts ist sicher gerechtfertigt, wenn er sich nachlässig in seiner professionellen Tätigkeit verhielt.[1238] Es wäre darüber hinaus widersprüchlich, wenn angesichts der Unfairness des ursprünglichen Prozesses wegen Beweismangels der Klient Beweismittel auch im späteren Prozess zu erbringen hätte. Der Feststellung des Bestehens einer verlorenen Chance folgt die Einschätzung ihres Wertes. Auch in diesem Schritt findet das *Armorie v Delamirie*-Prinzip Anwendung und schreibt vor, dass das Gericht zu einer für den Kläger günstigen

---

1235 *Allen v Sir Alfred MacAlpine & Sons Ltd*, [1968] 2 QB 229, *Denning L. J.* (248); vgl. *Browning v Brachers (a firm)*, [2005] EWCA 753, Verletzung einer Gerichtsanordnung und verspätete Einreichung von „pleadings"; *Feakins v Burstow*, [2005] EWHC 1931 (QB), verspäteter Vortrag von Verteidigungsmitteln; *Dixon v Clement Jones*, [2005] PNLR 6, verspätete Zustellung von „statement of claim"; *McFaddens v Platford*, [2008] EWHC 20 (QB), Verlust eines günstigen Vergleichs; *Hirtenstein v Hill Dickinson LLP*, [2014] EWHC 2711 (Comm), „professional negligence" bei einem Kaufvertrag; *Channon v Lindley Johnstone (A Firm)*, [2002] EWCA Civ 353, fahrlässige Erstellung von Verteidigungsmitteln.

1236 *Mount v Barker Austin (a firm)*, [1998] PNLR 493 (510 ff.) (CA).

1237 *Sharif v Garrett & Co*, [2001] EWCA Civ 1269; *Channon v Lindley Johnstone (A Firm)*, [2002] EWCA Civ 353; *Browning v Brachers (a firm)*, [2005] EWCA 753; *Dixon v Clement Jones*, [2005] PNLR 6; *Harrison v Bloom Camillin (No. 2)*, [2001] PNLR 7; *Feakins v Burstow*, [2005] EWHC 1931 (QB); *Mathieson v Clintons*, [2013] EWHC 3056 (Ch) (judicial dictum); *Hirtenstein v Hill Dickinson LLP*, [2014] EWHC 2711 (Comm).

1238 *Simon-Brown L. J. in Sharif v Garrett & Co*, [2001] EWCA Civ 1269, Rn. 39; *Start/Bird*, NLJ 2006, S. 359.

Einschätzung des Chancenwerts neigen muss,[1239] jedenfalls ohne Beweismittel zu missachten, die dem ursprünglichen Richter zur Verfügung gestanden hatten.[1240]

Nach der Meinung *Tuckeys L. J.* ist die Belastung des Beklagten mit einem „evidential burden" nur theoretisch vom „legal burden" zu unterscheiden, zumal am Schluss des Prozesses dasselbe Ergebnis herauskomme.[1241] Das ist teilweise ungenau, weil die zwei Beweislasten erhebliche rechtliche Unterschiede aufweisen. Nur in Anbetracht der praktischen Schwierigkeit des Beklagten, neue Beweismittel zu erbringen, ist diese Position gerechtfertigt, genauer gesagt nur dann, wenn der beklagte Anwalt seinen „evidential burden" nicht erfüllen kann. In diesem Fall werden die Tatsachen in derartiger Weise unterstellt, als ob gegen den Beklagten eine „presumption of law" eingetreten wäre, das heißt als ob sich der „legal burden" von Anfang an umgekehrt hätte. Tatsächlich war in den vorerwähnten Fällen kein anderes Beweismittel mehr vorhanden. Die Anmerkung von *Tuckey L. J.* ist jedoch grundsätzlich korrekt. Es kommt nämlich im Ergebnis nicht darauf an, ob die ursprünglich nicht beweisbelastete Partei aufgrund eines „legal presumption" oder einer „evidential presumption" am Ende der Beweisaufnahme die objektive Beweislast aufnimmt, sondern nur auf das Ergebnis des Prozesses.

Ein Argument für die praktische Trennung der zwei Kategorien von Vermutungen ist, dass für die Erfüllung von einem der „evidential presumptions" die Voraussetzungen eher niedriger anzusetzen sind, da die Partei in solchen Fällen die Last auf sich nimmt, dem Gericht die ihr zur Verfügung stehenden Beweismittel dem Gericht bereitzustellen. Sofern sie dies tut, entlastet sie sich. Es könnte jedoch dagegen argumentiert werden, dass in Anbetracht der umfangreichen Mitwirkungspflichten im englischen Recht diese Kategorie von Vermutungen im Wesentlichen wertlos ist; denn sowohl das Gericht von Amts wegen

---

1239 *Mount v Barker Austin (a firm)*, [1998] PNLR 493 (511) (CA).

1240 *Sharif v Garrett & Co*, [2001] EWCA Civ 1269, Rn. 22; vgl. *Harrison v Bloom Camillin (No. 2)*, [2001] PNLR 7 (231), in manchen Fällen könne der Richter eine „broad brush"-Einschätzung des Verlusts vornehmen, in anderen jedoch sei eine detaillierte Bemessung geboten. Das hänge von verschiedenen Faktoren ab, zu denen unter anderen die Verfügbarkeit von Beweismitteln gehöre.

1241 *Sharif v Garrett & Co*, [2001] EWCA Civ 1269, Rn. 21; sehr naheliegend dazu sind auch die Meinungen von *Simon-Brown L. J.* in derselben Entscheidung (Rn. 39) und von *Jonathan Parker L. J.* in *Browning v Brachers (a firm)*, [2005] EWCA 753, Rn. 210; vgl. *Allen v Sir Alfred MacAlpine & Sons Ltd*, [1968] 2 QB 229 (256 f.) (CA), in dem das Gericht für eine Umkehr des „legal burden" zu plädieren scheint.

als auch der beweisbelastete Gegner können die Vorlage von Beweismitteln verlangen, die im Besitz der beweisvereitelnden Partei sind. Zwischen diesen beiden Möglichkeiten gibt es einen praktischen und wichtigen Unterschied: Während das Gericht und die Partei gemäß den CPR rr. 31. 12 bzw. 23. 6 das relevante Dokument oder Objekt bestimmen müssen, ist dies für die Anwendung des „evidential presumptions" keine Voraussetzung. Anders ausgedrückt bedeutet die Umkehr der subjektiven Beweislast aufgrund der Vermutung keine Beweislast der primär beweisbelasteten Partei, genaue Beweismittel zu bestimmen, die ihr Gegner dann vorlegen muss. Letztere hat solche Beweismittel jedenfalls vorzulegen, die für einen Prima-facie-Beweis ausreichen. Im Prinzip ist dies eine echte Erleichterung für die ursprünglich beweisbelastete Partei.

Doch diese Alternative führt nicht unbedingt zu befriedigenden Ergebnissen, auch wenn sie verhältnismäßiger als die Umkehr der objektiven Beweislast ist. Wie schon die Umkehr der objektiven Beweislast gewähren auch die „evidential presumptions" keine Alternative in den Fällen, in denen alle Beweismittel vernichtet worden sind. Denn dann ist der Prozessverlust der nicht beweisbelasteten Partei gegeben. Des Weiteren lässt diese Lösung Faktoren außer Acht, die gegen die Gewährung einer so harten Beweiserleichterung sprechen könnten, wie die vorhandenen Beweismittel oder den Verschuldensgrad des Prozessgegners. Schwachpunkt der „evidential presumptions" ist folglich, wie auch der weiteren Beweislastumkehr, die Rigidität ihrer Anwendung.

IV. „Benevolent treatment of evidence"

1. Behandlung der Rechtsfolge in der Lehre

Die „benevolent treatment of evidence" ist die alternative Rechtsfolge des *Armory v Delamirie*-Prinzips. Das Gericht behandelt die Beweismittel des „spoliator", im Gegensatz zu den Beweismitteln des Gegners, die günstiger zu würdigen sind, auf Verdacht.[1242] Der theoretische Unterschied in dieser zweiten Anwendungsform des Prinzips ist, dass in diesem Fall das Gericht keine Vermutung über den Inhalt eines vernichteten Beweismittels anstellt, sondern Unklarheiten im Sachverhalt zugunsten des Gegners der beweisvereitelnden Partei löst. Trotz der Auswirkung dieser Regel auf das Ende des Prozesses in Fällen, in denen das Gericht mangels ausreichender Beweise in Unsicherheit über den Sachverhalt

---

1242 *Best/Phipson*, Evidence, Rn. 413; *Carter*, Evidence, S. 552; *Grubb/Furmston*, Contract, Rn. 8.6; *Edelman*, McGregor, Rn. 10-006; *Tettenborn*, Damages, Rn. 15.10.

gerät, ergibt sich aus der Ermittlung des „Case Law“, dass diese Rechtsfolge nicht als Beweislastregel, sondern als Beweisregel verstanden wird.

Die „benevolent treatment of evidence“ unterscheidet sich von der Unterstellung des Inhalts des fehlenden Beweismittels in doppelter Hinsicht. Einerseits theoretisch: Das Gericht bleibt bei der Unterstellung des Inhalts des Beweismittels frei in seiner Beweiswürdigung, während es wegen der „benevolent treatment“ der Beweismittel des Klägers nicht mehr unparteiisch ist. Eine eindeutige Zuordnung dieser Rechtsfolge zum Beweissystem ist allerdings schwierig. Während die „benevolent treatment of evidence“ keine Beweislastumkehr bzw. Unterstellung mit sich bringt, besteht ihr Zweck darin, die Umkehr der konkreten Beweisführungslast zugunsten der beweisbelasteten Partei zu erleichtern. Im Wesentlichen sieht die „benevolent treatment of evidence“ vor, dass das Gericht gegen die beweisvereitelnde Partei präjudiziert sein muss. Allerdings ist diese Rechtsfolge in praktischer Hinsicht im Wesentlichen nutzlos, wenn andere Beweismittel fehlen, aus denen die beweisbelastete Partei profitieren könnte. Auf jeden Fall bedarf das Eintreten dieser Rechtsfolge konkreter Anhaltspunkte, die sich aus den verfügbaren Beweisen ergeben. Die „benevolent treatment of evidence“ wird hauptsächlich in der Schadensbemessung und nebenbei bei Verletzung vorprozessualer Mitwirkungspflichten angewendet.[1243]

2. *Anhaltspunkte als Voraussetzung der Rechtsfolge*

Der Bedarf an Anhaltspunkten ist in der Rechtsprechung mannigfaltig zum Ausdruck gebracht worden. Dem liegt der Gedanke zugrunde, dass die Rechtsfolge dem beweisbelasteten Kläger in seiner Beweisführung zwar einen „fair wind“, aber keine „free ride“ gewähren soll.[1244] Dies wird nur vereinzelt bestritten.[1245]

Das Gericht hat die relevante Rechtsfolge an die vorliegenden Beweismittel anzupassen.[1246] Es kann dem Kläger wegen seiner Beweisschwierigkeiten keine

---

1243 *Keefe v The Isle of Man Steam Packet Company Ltd,* [2010] EWCA Civ 683; *Mr Brian MacKenzie v Alcoa Manufacturing (GB) Limited,* [2019] EWHC 149 (QB); *Raggett (Deceased) v Kings College Hospital NHS Foundation Trust,* [2016] EWHC 1604 (QB); *Micklewright v Surrey CC,* [2011] EWCA Civ 922; *Robinson v North Bristol NHS Trust,* [2013] 6 WLUK 23.

1244 *Marathon Asset Management LLP v Seddon,* [2017] EWHC 300 (Comm), Rn. 165.

1245 Vgl. *Williamson v Phillips, Son & Neale,* Unreported in *Tettenborn*, Damages, Rn. 15.11.

1246 *Colbeck v Diamanta (UK) Ltd & Anr,* [2002] EWHC 616 (QB), Rn. 25 f. ; *Micklewright v Surrey CC,* [2011] EWCA Civ 922 (17); *IS Innovative Software Ltd v Howes,* [2004] EWCA Civ 275, Rn. 101.

übermäßigen Prozessvorteile gewähren. Das heißt, zur Anwendung des Prinzips müssen solche Anhaltspunkte vorliegen, die zum gewährten Vorteil berechtigen. Anders ausgedrückt, muss die Gewichtigkeit der Anhaltspunkte dem Ausmaß des Vorteils entsprechen. Das wird besonders in Schadensbemessungsfällen evident. Die angenommene Konkretisierung des Verlusts muss immer im Einklang mit den verfügbaren Beweisen stehen. Wenn Beweismittel tatsächlich verfügbar sind, kann das Gericht deshalb kein ungerechtfertigtes Fazit in Bezug auf die Verlusthöhe ziehen.[1247] Wenn jedoch Anhaltspunkte fehlen, während Indizien gegen die Behauptungen der beweisbelasteten Partei vorliegen, kann es keine „benevolent treatment of evidence" geben.[1248] Eine großzügige Schadensbemessung bedarf der „solid evidence".[1249] Das Bedürfnis nach Anhaltspunkten wird ferner im Rahmen der Anwaltshaftung berücksichtigt. Das Gericht muss in diesem Fall zur Beurteilung der Chance des Klienten die vorherige Beratung der Anwälte einbeziehen, das heißt, es muss überprüfen, ob der Rechtsanwalt den Klienten gegen die Durchführung des Prozesses beraten hatte. Wenn das der Fall ist, können dem Klienten keine Prozessvorteile gestattet werden.[1250]

Das Vorliegen von Anhaltspunkten ist vom „evidential burden" der beweisbelasteten Partei zu unterscheiden.[1251] Die Vorlage von Beweismitteln bei den „hearings" erlaubt es der Partei, einen Prima-facie-Beweis zu schaffen, während die Anhaltspunkte im „trial", nämlich bei der Verhandlung vor dem „tribunal of fact", im Rahmen der Beweiswürdigung zu berücksichtigen sind und dem Gericht die Anwendung des Prinzips erlauben. Sie legen die bestmögliche Höhe des Schadensersatzes fest und das Gericht ist verpflichtet, einer günstigen

---

1247 *Marathon Asset Management LLP v Seddon*, [2017] EWHC 300 (Comm), Rn. 165; *Double G Communications Ltd v News Group International Ltd*, [2011] EWHC 961 (QB), Rn. 99; *Porton Capital Technology Funds v 3M UK Holdings Ltd*, [2011] EWHC 2895 (Comm); *Gulati v MGN Ltd*, [2017] QB 149 (159), die Einschätzungen des Gerichts müssen realistisch sein; *Ayari v Jetha*, (1992) 24 HLR 639 (642).

1248 *Micklewright v Surrey CC*, [2011] EWCA Civ 922, Rn. 17; *Rosserlane Consultants Ltd v Credit Suisse International*, [2015] EWHC 384 (Ch), Rn. 233.

1249 *Double G Communications Ltd v News Group International Ltd*, [2011] EWHC 961 (QB), Rn. 8; vgl. auch *Zabihi v Janzemini*, [2009] EWCA Civ 851, Rn. 32, in der das Gericht für „logisch" hielt, die Dinge auf einen mittleren Wert einzuschätzen; auch *Edelman*, McGregor, Rn. 38-049.

1250 *Mount v Barker Austin (a firm)*, [1998] PNLR 493 (510) (CA); *Allen v Sir Alfred MacAlpine & Sons Ltd*, [1968] 2 QB 229 (256 f.) (CA), die Partei habe den verfügbaren Stoff vorzulegen.

1251 *Grubb/Furmston*, Contract, Rn. 8.6.

Bemessung für den Kläger zuzuneigen, sofern entgegenstehende Indizien fehlen. Wenn solche Indizien aus vorhandenen Beweismitteln jedoch vorliegen, hat das Gericht den Schadensersatz entsprechend anzupassen.

Es ist anzumerken, dass Gerichte das Bedürfnis, andere Beweismittel zu berücksichtigen, auch außerhalb der „benevolent treatment of evidence" erwähnen, wie im Fall *Malhotra v Dhawan*:

> „As the judge pointed out, the presumption is applied by drawing inferences or making assumptions contrary to the interest of the party responsible for the destruction of the relevant documents. But as he also pointed out, such inference or assumption must be consistent with the other evidence and with other facts proved or admitted. In this instance, the inference the Court is asked to draw would be inconsistent with the other evidence."[1252]

In diesem Fall wurde um den Inhalt fehlender Dokumente gestritten. Das Gericht verlangte zur Anwendung des *Armorie v Delamirie*-Prinzips keine Anhaltspunkte, sondern merkte an, dass auf die verfügbaren Beweismittel immer Rücksicht zu nehmen sei, zumal diese entscheidend gegen den vermuteten Inhalt der vernichteten Dokumente sprechen könnten. Sofern nämlich die vorliegenden Beweismittel gegen die einschlägige Vermutung eindeutig aussagen, sei das Eintreten der relevanten Vermutung nicht gesetzmäßig. Im Ergebnis wird das Bedürfnis von Anhaltspunkten nur auf die „benevolent treatment of evidence" eingeschränkt.

3. *Das „fair wind principle"*

a. *Begriffsbestimmung des „fair wind principle"*

Die Schadensbemessung stellt den zentralen Anwendungsbereich des Prinzips dar und ergibt sich direkt aus dem Urteil *Armory v Delamirie*.[1253] Im englischen

---

1252 *Malhotra v Dhawan*, [1997] EWCA Civ 1096; vgl. *ZZZ v Yeovil District Hospital NHS Foundation Trust*, [2019] EWHC, Rn. 142; *JAH v Burne*, [2018] EWHC 3461 (QB); *Shawe-Lincoln v Neelakandan*, [2012] EWHC 1150 (QB), Rn. 83.

1253 *Hollander*, Evidence, Rn. 11-26; *Kiralfy*, Burden, S. 85; *Intercity Telecom Ltd and Another v Solanki*, [2015] EWHC B3 (Mercantile), Rn. 33 ff. ; *Zabihi v Janzemini*, [2009] EWCA Civ 851; *British Sky Broadcasting Group Plc v Sky Home Services Ltd*, [2007] FSR 14; *Ayari v Jetha*, (1992) 24 HLR 639; *General Tire & Rubber Co Ltd v Firestone Tyre & Rubber Co Ltd*, [1974] FSR 122; *Seager v Copydex*, [1969] 1 WLR 809; *H West & Son Ltd v Shephard*, [1964] AC 326 (363); *Rosserlane Consultants Ltd v Credit Suisse International*, [2015] EWHC 384 (Ch); *Fearns v Anglo-Dutch Paint & Chemical Co Ltd*, [2010] EWHC 1708 (Ch); *Double G Communications Ltd v News Group International Ltd*, [2011] EWHC 961 (QB). – In der Anwaltshaftung: *Mount v*

Schadensersatzrecht trägt der Anspruchsinhaber die Beweislast, das Ausmaß seines Schadens bzw. seines Gewinnverlusts („loss") zu beweisen.[1254] Es ist vorstellbar, dass der Kläger die Haftung des Beklagten und seinen Schaden beweist, ohne jedoch das Ausmaß des Verlusts genau beweisen zu können. In diesem Fall würde er keinen Schadensersatz bekommen, da bei der Einschätzung des Schadens eine Ungenauigkeit bleibt. Dennoch darf der Beklagte keine prozessualen Vorteile aus der Beweisschwierigkeit des Klägers ziehen.[1255] Dem Gericht kommt daher in solchen Fällen die Aufgabe zu, trotz des Fehlens von Beweismitteln den Schaden mit bestmöglicher Genauigkeit einzuschätzen.[1256] Das kann dennoch eine schwere Aufgabe sein.

Das Prinzip „omnia praesumuntur contra spoliatorem" bietet dem Gericht einen Ausweg aus dieser Schwierigkeit. Im Prinzip setzt seine Anwendung ein bestimmtes Verhalten voraus, in dem Sinne, dass eine der Parteien ein Beweismittel beschädigt hat, aus dem sich die Höhe des Schadens ergeben hätte. Zentrales Element des Prinzips *Armory v Delamirie* ist grundsätzlich die Einwirkung auf einen bestehenden Gegenstand, wie dies vom Supreme Court im Fall *One Step (Support) Ltd v Morris-Garner and another* bestätigt wird.[1257]

Neben diesem grundsätzlichen und normalen Aspekt des Prinzips gibt es noch einen weiteren, der als „fair wind principle" bezeichnet wird. Dies entsteht aus der Verallgemeinerung der ratio des *Armory v Delamirie*-Prinzips und ist hauptsächlich in Vertragsverletzungen[1258] anwendbar. Wenn eine Vertragsverletzung dem Kläger Beweisschwierigkeiten in Bezug auf die Höhe des Schadens

---

Barker Austin (a firm), [1998] PNLR 493 (CA); *Sharif v Garrett & Co*, [2001] EWCA Civ 1269; *Channon v Lindley Johnstone (A Firm)*, [2002] EWCA Civ 353; *Browning v Brachers (a firm)*, [2005] EWCA 753; *Dixon v Clement Jones*, [2005] PNLR 6; *Harrison v Bloom Camillin (No. 2)*, [2001] PNLR 7; *Feakins v Burstow*, [2005] EWHC 1931 (QB);*Mathieson v Clintons*, [2013] EWHC 3056 (Ch) (judicial dictum); *Hirtenstein v Hill Dickinson LLP*, [2014] EWHC 2711 (Comm).

1254 *Yam Seng Pte Ltd v International Trade Corp Ltd*, [2013] EWHC 111 (QB), Rn. 189.

1255 *Chaplin v Hicks*, [1911] 2 KB 786 (792); *Zabihi v Janzemini*, [2009] EWCA Civ 851, Rn. 280.

1256 *Biggin & Co Ltd v Permanite Ltd*, [1951] 1 KB 422 (438).

1257 *One Step (Support) Ltd v Morris-Garner and another*, [2018] UKSC 20 (1367).

1258 *Grubb/Furmston*, Contract, Rn. 8.6; *Redbourn Group Limited v Fairgate Developments Limited*, [2018] EWHC 658 (TCC), Rn. 59 (judicial dictum); *Fearns v Anglo-Dutch Paint & Chemical Co Ltd*, [2010] EWHC 1708 (Ch), Rn. 70. Die Anwendung des „fair wind principle" wird tendenziell auch bei Delikten zugesprochen: *Edelman*, McGregor, Rn. 10-006; *Seager v Copydex*, [1969] 1 WLR 809 (815); *Lewis v Clan Line*, 1925 SLT 316 (321), ablehnend für „quasi-delicts".

bereitet, ist das Gericht dazu verpflichtet, jede Unklarheit diesbezüglich zugunsten des Klägers zu entscheiden.[1259] Das „fair wind principle" wird teilweise als unabhängig vom *Armory v Delamirie*-Prinzip erfasst, das heißt als ein eigenständiges Prinzip, aufgrund dessen die beschädigte Seite bei der Schadenseinschätzung begünstigt wird.[1260]

Das „fair wind principle" hat seinen Ursprung in der Anwaltshaftung,[1261] wird aber auch in anderen Vertragsverletzungen berücksichtigt.[1262] Des Weiteren umfasst es die Fälle der „loss of chance" und des Gewinnverlusts. Kernpunkt dieses Aspektes ist, dass seine Anwendung keine Beschädigung von konkreten Beweismitteln voraussetzt. Es handelt sich um ein abstraktes Schadensbemessungsprinzip: Wenn bei der Beweisführung der beweisbelasteten Prozesspartei Schwierigkeiten bzw. Unsicherheiten um die Höhe des Schadens bestehen, ist das Gericht zu einer großzügigen Bemessung angehalten.[1263]

1259 *Fearns v Anglo-Dutch Paint & Chemical Co Ltd*, [2010] EWHC 1708 (Ch), Rn. 70: „It seems to me that, as in cases where the Court has to form a view of what would have happened in hypothetical circumstances in order to evaluate a lost chance, the principle in ***Armory v Delamirie*** (1722) 1 Stra 505, [1722] EWHC KB J94 applies. In essence, this requires the Court to resolve uncertainties by making assumptions generous to the claimant where it is the defendant's wrongdoing which has created those uncertainties: see […]." (Hervorhebung im Original, E.Z.). Vgl. *Double G Communications Ltd v News Group International Ltd*, [2011] EWHC 961 (QB), Rn. 5.

1260 *Yam Seng Pte Ltd v International Trade Corp Ltd*, [2013] EWHC 111 (QB), Rn. 189: „The court is aided in this task by what may be called the principle of reasonable assumptions – namely, that it is fair to resolve uncertainties about what would have happened but for the defendant's wrongdoing by making reasonable assumptions which err if anything on the side of generosity to the claimant where it is the defendant's wrongdoing which has created those uncertainties." – Auch *Gul Bottlers (PVT) Limited v Nichols plc*, [2014] EWHC 2173 (Comm), Rn. 86.

1261 *Mount v Barker*, [1998] EWCA Civ 277, *Simon-Brown L. J.*: „Generally speaking one would expect the court to tend towards a generous assessment given that it was the defendants' negligence which lost the plaintiff the opportunity of succeeding in full or fuller measure. To my mind it is rather at this stage than the earlier stage that the principle established in Armory v Delamirie (1722) 1 Stra. 505 comes into play."

1262 Vgl. *Powell/Steward*, Liability, Rn. 16-162, zur Anwendung des Prinzips bei Versicherungsmaklerfällen.

1263 Das wird in Rechtsprechung und Lehre auf verschiedene Weise ausgedrückt: vgl. *Zabihi v Janzemini*, [2008] EWHC 2910 (Ch), Rn. 285, Vermutung zuungunsten des Beklagten; *Double G Communications Ltd v News Group International Ltd*, [2011] EWHC 961 (QB), Rn. 5, „evidential presumption" für den Kläger im Zweifelsfall; *Browning v Brachers (a firm)*, [2005] EWCA 753, großzügige Einschätzung der

b. Gewinnverlust

Der Gewinnverlust („loss of profit") wird in der Rechtsprechung als ein besonderer Unterfall des Chancenverlusts verstanden, in dem Sinne, dass die Partei die Chance verliert, Gewinne zu erwerben. Außerhalb des Bereichs der Anwaltshaftung[1264] macht die Rechtsprechung keine strenge Trennung zwischen dem „Chancenverlust" selbst und den Gewinnen, die sich aus der Erzielung der Chance ergeben hätten. Bei einem zukünftigen Verlust habe der Kläger seinen Schaden ausnahmsweise „with reasonable certainty" zu beweisen.[1265]

Die Überlegungen zum Chancenverlust in der Anwaltshaftung wurden im Fall *Rosserlane Consultants Ltd v Credit Suisse International*[1266] berücksichtigt, ohne allerdings zwischen den zwei Begriffen, Chancenverlust und Gewinnverlust, eindeutig zu unterscheiden. In diesem Fall hatten die Parteien einen Vertrag abgeschlossen, aufgrund dessen die Beklagte das Recht hatte, Anlagen der Klägerin zu veräußern. Nach den Behauptungen der Klägerin hätte die Beklagte ihre Nebenpflicht verletzt, die beste Chance im Hinblick auf ihr Interesse zu finden und zu realisieren, und zwar in der Hinsicht, dass sie eine äußerst gute Chance vergeben hätte, mit einem möglichen Käufer eine Vereinbarung zu treffen. Schließlich nahm das Gericht an, dass eine solche Nebenpflicht für die Beklagte nicht bestand. In Bezug auf den Chancenverlust aber, genauer gesagt in Bezug auf die Frage, ob eine Vereinbarung mit einem bestimmten Käufer zustande gekommen wäre, wenn die Beklagte ihre Nebenpflicht nicht verletzt hätte, zog das Gericht aus dem „Case Law" in Bezug auf das Prinzip aus *Armory v Delamirie* die folgenden Schlüsse:

> „1) Even in the loss of chance cases the legal ***burden*** of proving a loss is on the Claimant.
> 2) As it involves the loss of a chance and it is argued that the Defendant caused that loss a Claimant can in appropriate circumstances be given ***"a fair wind"***in how the Court is satisfied as to that loss. Any doubts should be resolved in favour of the Claimant to the best advantage.
> 3) The Judge must do the best he can with the evidence before him." (Hervorhebung im Original, E.Z.)

Im konkreten Fall gab es keinen Raum zur Anwendung des *Armory v Delamirie*-Prinzips und deswegen war die vorgestellte Analyse des Prinzips lediglich ein

Aussichten des Klägers; *Munday*, Cross & Tapper, S. 58, negative Schlüsse gegen den Gegner.

1264 Vgl. den vierten Teil, § 11 D. II. 2.

1265 *Grubb/Furmston*, Contract, Rn. 8.6 m. w. N.

1266 *Rosserlane Consultants Ltd v Credit Suisse International*, [2015] EWHC 384 (Ch).

judicial dictum. Es wird aber eindeutig angenommen, dass das Prinzip durch Analogie auch auf andere Chancenverlustfälle anwendbar sei. Besonders zu erwähnen ist ferner, dass im Einklang mit der Rechtsprechung zur Anwaltshaftung keine Beweisvereitelung zur Erleichterung der Beweisführung des Klägers vonnöten ist, und zwar in dem Sinne, dass das vertragswidrige Verhalten selbst die Beweisschwierigkeit verursacht.[1267] Hier wird die Gewährung von Beweiserleichterungen wegen Vertragsverletzung als unabhängig von einem Vereitelungsverhalten erfasst, wie bei Vernichtung oder Unterlassung einer Beweissicherung, soweit es um einen Gewinnverlust geht.

In dieser eher abstrakten Regel kommt es nach der hier vertretenen Ansicht allerdings nicht mehr darauf an, die Partei zu schützen, weil ihr Gegner die Beweisführung selbst erschwert hat, sondern die Beweislast zwischen der primär beweisbelasteten Partei und ihrem Gegner zu verteilen. Es geht nämlich nicht mehr um Beweislastumkehr aus prozessrechtlichen Gründen, sondern um regelmäßige Beweislastverteilung nach materiellem Recht. Diese Beweiserleichterung ist geboten aus der immanenten Schwierigkeit die Höhe des Schadens zu ermessen. Es entspricht in dieser Hinsicht dem deutschen § 287 Abs. 1 ZPO, gemäß dem das Gericht unter Würdigung aller Umstände nach freier Überzeugung entscheidet. Im Gegensatz zum englischen Recht sieht das deutsche Recht in solchen Fällen nicht eine Beweislastumkehr, sondern eine Minderung des Beweismaßes[1268] vor.

Die jüngere Rechtsprechung nimmt die im Urteil *Rosserlane Consultants Ltd v Credit Suisse International* zum Ausdruck gebrachten Prinzipien an.[1269] Diese wurden später im Fall *Double G Communications Ltd v News Group International Ltd* im Rahmen der Einschätzung eines entgangenen Gewinns des Klägers bestätigt.[1270] Der Unterschied zwischen den zwei Fällen liegt darin, dass das Gericht

---

1267 *Rosserlane Consultants Ltd v Credit Suisse International,* [2015] EWHC 384 (Ch), Rn. 225, m. w. N.

1268 Musielak/Voit/*Foerste,* § 287 Rn. 7, die Schädigung müsse wahrscheinlich gemacht werden.

1269 *Redbourn Group Limited v Fairgate Developments Limited,* [2018] EWHC 658 (TCC), Rn. 59; *Fearns v Anglo-Dutch Paint & Chemical Co Ltd,* [2010] EWHC 1708 (Ch); *Intercity Telecom Ltd and Another v Solanki,* [2015] EWHC B3 (Mercantile). Die Anwendung des Prinzips in Fällen von Gewinnverlust wurde im Urteil *Porton Capital Technology Funds v 3M UK Holdings Ltd,* [2011] EWHC 2895 (Comm), Rn. 244, abgelehnt.

1270 *Double G Communications Ltd v News Group International Ltd,* [2011] EWHC 961 (QB), Rn. 4 f.

im letzteren Fall davon überzeugt war, dass die Klägerin einen Gewinnverlust erlitten hätte, dessen Höhe das Gericht noch herauszufinden hatte. Das „fair wind principle" würde auch dann eine Bemessung des Verlusts zugunsten des beweisbelasteten Klägers gebieten.

§ 12 : Zwischenergebnis und eigene Stellungnahme

A. Die flexible Formel

Die Rechtsfolgen im deutschen Recht basieren auf den §§ 371 Abs. 3, 427, 444, 446 ZPO. Wie festgestellt, kann die Beweisvereitelung im Zivilprozess eine Vielfalt von Erscheinungsformen aufweisen, sodass das beurteilende Gericht jede Beweisvereitelungshandlung aufgrund dieser Vorschriften zu behandeln hat. Der Inhalt dieser Vorschriften ist in Lehre und Rechtsprechung viel erörtert worden. Die Rechtsfolgen im englischen Recht allerdings basieren auf einer gefestigten Rechtsprechung, die ihren Ursprung im Urteil *Armory v Delamirie* hat, und das seit dem Jahr 1722.[1271]

Wie gesehen sind in der deutschen Lehre verschiedene Ansichten in Bezug auf die Folgen der Beweisvereitelung anzutreffen, die grundsätzlich in zwei Gruppen untergeteilt werden können: einerseits die Gruppe der einheitlichen Lösungenansätze. Der gemeinsame Punkt dieser ersten Gruppe von Ansichten ist, dass jede Erscheinungsform der Beweisvereitelung gewisse Punkte aufweist, die eine Entscheidung des Rechtsstreits erlaubt. Außerdem werden diese Ansichten des Öfteren unter strikte Voraussetzungen gestellt, sodass das beurteilende Gericht ihre Anwendung in gewissen Fällen vermeiden kann. So werden in der Lehre die folgenden Rechtsfolgen vertreten: die Umkehr der objektiven Beweislast und die Umkehr der konkreten Beweisführungslast in Bezug entweder auf Tatsachenbehauptungen oder in Bezug auf den Inhalt des fehlenden Beweismittels.[1272] Zur zweiten Gruppe der in der Lehre vertretenen Ansichten gehören solche, die ein flexibles Rechtsfolgensystem für vorzugswürdiger halten und die die vorerwähnten Rechtsfolgen mit anderen zu kombinieren versuchen, zum Beispiel mit einer Senkung des Beweismaßes[1273] oder mit der Erleichterung der Parteivernehmung.[1274] Wie erwähnt, wäre eine Befugnis des Gerichts im deutschen

1271 *Armory v Delamirie*, [1722] 1 Str 505.
1272 Vgl. den vierten Teil, § 10 C. I. und II.
1273 Vgl. den vierten Teil, § 10 C. III.
1274 *Oberheim*, JuS 1997, S. 63.

Zivilprozess nach Vorbild der CPR r. 3. 4. unvereinbar mit den Artikeln 20 und 103 Abs. 1 GG, und deshalb wird diese Alternative abgelehnt.

Zunächst ist die moderne Neigung der deutschen Rechtsprechung nach einem flexiblen System von Rechtsfolgen zu begrüßen. Die gerichtliche Gewährung von Beweiserleichterungen, die bis hin zur Beweislastumkehr reichen können, kann das Problem der Rigidität von gewissen Lösungen, insbesondere der Umkehrung der objektiven Beweislast, hinreichend ausgleichen. Es stellt sich dennoch die Frage, welche zusätzlichen Beweiserleichterungen unter welchen Voraussetzungen eintreten sollen. Genau dies wird im Folgenden anhand der Ergebnisse aus der Ermittlung des englischen Rechts näher betrachtet sowie in Anbetracht des Systems des deutschen Prozesses an sich.

Im Gegensatz zu den soeben analysierten Lösungen, das heißt die Prozesskostenverteilung und das Zurückweisen von Angriffs- und Verteidigungsmitteln, ist aufgrund des „Case Law" ein Rechtsfolgenkomplex entstanden, der bei Unaufklärbarkeit des Sachverhalts passende Lösungen zu ergeben bezweckt. Nach der hier vertretenen Ansicht sollten unter "passende" nicht solche Lösungen verstanden werden, die der beweisbehinderten Partei die für einen bestimmten Prozesssieg notwendigen Mittel zur Verfügung stellen, sondern neue Mittel für die Partei und das Gericht, um die Wahrheit eingehend zu untersuchen und festzustellen zu können. Mit anderen Worten sollte – denn die Beweislastverteilung im englischen Recht ähnelt in ihren Grundzügen der Beweislastverteilung des deutschen Rechts – in beiden Prozessen derselbe Zweck verfolgt werden, nämlich die Erleichterung der beweisbehinderten Partei, besser gesagt die Vermeidung einer negativen Entscheidung aufgrund der allgemeinen Beweisregel zu ihren Ungunsten, soweit dies berechtigt ist. Wenn aber ein non liquet unvermeidbar ist, wird der Erlass einer so weit möglich gerechten Entscheidung angestrebt.

Was die Beweiserleichterungen anbelangt, hat die englische Rechtsprechung ein System von Erleichterungen entwickelt, das die beweisverhinderte Partei verhältnismäßig begünstigt, während ihr Gegner seine Aussicht auf Erfolg nicht verliert. Eine dieser Rechtsfolgen ist die Unterstellung des bestmöglichen Inhalts des fehlenden Beweismittels. Eine andere Rechtsfolge ist die gewissenmaßen Einschränkung der freien Beweiswürdigung, nämlich die positive Behandlung bzw. wohlwollende Würdigung von verfügbaren Beweisen der beweisbehinderten Partei („benevolent treatment of evidence"). Die erste Rechtsfolge ist ähnlich dem Vorschlag von *Weber*, wird aber gegenüber diesem erheblich limitiert. Sie wird nur in solchen Fällen benutzt, in denen das fehlende Beweismittel „strongly for him or against him" gewirkt hätte.[1275] Auch wenn diese Regel nur selten im englischen „Case Law" auftritt, bleibt sie trotzdem in Kraft.[1276] Der große Vorteil und gleichzeitig eine Eigenartigkeit des englischen Beweissystems in Bezug auf die Beweisvereitelung ist, dass die erwähnte Erleichterung mit dem niedrigen Beweismaß des Prozesses kombiniert wird, was im Wesentlichen eine systemimmanente Beweiserleichterung für die beweisbelastete Prozesspartei darstellt. Im Gegensatz zum deutschen Recht genießt die beweisverhinderte Partei folglich nicht nur eine, sondern gleichzeitig zwei parallele Erleichterungen: das niedrige Beweismaß erlaubt es ihr, ihre Behauptungen aufgrund der verfügbaren Beweise glaubhaft zu machen. Die Vermutung des Inhalts greift nur dann, wenn das fehlende Beweismittel eindeutig für oder gegen eine Prozesspartei gesprochen hätte. Diese Erleichterung kann dann den Ausschlag am Ende des Prozesses geben. Das Gericht darf andere Beweismittel in Bezug darauf allerdings nicht missachten, in dem Sinne, dass diese Vermutung im Einklang mit der Beweislage stehen muss. Es ist nämlich festzuhalten, dass das Gericht keinesfalls verhindert wird, den fiktiven Inhalt des fehlenden Beweismittels im Hintergrund zur bestehenden Beweislage zu würdigen. Dieses System weist den Vorteil auf, dass alle Besonderheiten des Einzelfalles frei gewürdigt werden, einschließlich des Vorsatzes oder der Fahrlässigkeit der Parteien, ohne das non liquet am Ende des Beweisverfahrens auszuschließen, während die weniger intensive Folge der Beweislastumkehr vermieden wird.

Diese intensivere Rechtsfolge kann dann unter striktere Voraussetzungen gestellt werden, damit gewährleistet wird, dass ihre Auswirkungen verhältnismäßig sind. Diese Kombination von Erleichterungen weist aber noch einen Vorteil auf. Weil sich nämlich das niedrige Beweismaß für und gegen beide Parteien auswirkt, wird es dem beweisvereitelnden Gegner praktisch nicht verunmöglicht, diese Vermutung durch andere Beweismittel zu widerlegen. Die Chancen der zwei Parteien werden folgerichtig verhältnismäßig ausgeglichen. Nach der hier vertretenen Ansicht ist es auf die treffende Kombinierung dieser zwei Erleichterungen zurückzuführen, dass in der englischen Rechtsprechung Beweislastentscheidungen wegen Beweisvereitelung selten sind. In der Regel wird diese Kombination von Erleichterungen für die erfolgreiche Beweisführung der beweisbelasteten Partei bzw. für den Gegenbeweis der nicht beweisbelasteten Partei ausreichen.

1275 *The Ophelia*, [1915] P 229 ff.

1276 Vgl. die Fn. 602.

Nach der hier vertretenen Ansicht können die oben dargestellten Beweiserleichterungen für die Auslegung der flexiblen Formel im deutschen Recht ein Erfolg versprechendes Vorbild sein, auch wenn eine gewisse Anpassung erforderlich ist. Im Rahmen der Beweisvereitelung werden im englischen Recht Prinzipien eingehalten, die auch im deutschen Recht berücksichtigt werden. Das erste Prinzip ist, wie gezeigt, das Verhältnismäßigkeitsgebot. Das zweite Prinzip tritt insbesondere in der modernen deutschen Rechtsprechung auf. Es handelt sich um das Prinzip der Flexibilität, das verlangt, dass verschiedene Beweiserleichterungen zur Bewältigung der Beweislosigkeit anwendbar sein müssen.[1277] Dies spielt insbesondere im deutschen Recht eine wichtige Rolle. Der Grund ist hierin zu finden: Während die Beweislastverteilung in den zwei Prozessen sehr ähnliche Konturen aufweist, ist im englischen Beweisrecht das niedrige Beweismaß die Regel; darüber hinaus besteht auch die spezielle Kategorie der „evidential presumptions". Die Unterstellung des bestmöglichen Inhalts des fehlenden Beweismittels im englischen Prozess spielt in Beweisvereitelungsfällen eine ergänzende Rolle, zumal das englische Beweisrecht an sich flexibler ist. Vom Standpunkt des deutschen Beweisrechts werden folglich die Erleichterungen wegen Beweisvereitelung im englischen Recht parallel, und nicht einfach stufenweise, angewendet: Die Beweismaßsenkung ist von Anfang an gewährleistet und zusätzlich wird im Fall der Vernichtung eines zentralen Beweismittels sein Inhalt unterstellt. Diese Kombination würde auch im Rahmen des deutschen Prozesses einen verhältnismäßigen und effektiven Ausweg der beweisbehinderten Partei gewähren. Die Beweismaßminderung würde ihr praktisch in der Mehrheit der Fälle aushelfen und daher sollte sie die grundsätzliche und die zuerst gewährte Beweiserleichterung sein.[1278] Die Wahrunterstellung des bestmöglichen Inhalts des fehlenden Beweismittels muss nach englischem Vorbild ausschließlich auf Fälle limitiert werden, in denen sich es eindeutig ergibt, dass dessen Vorhandensein den Sachverhalt jenseits jedes Zweifels klären würde. Dies lässt sich in Anbetracht der Besonderheiten des Einzelfalles beurteilen, denn es wäre, wie schon angemerkt,[1279] unverhältnismäßig allen fehlenden Beweismitteln den bestmöglichen Inhalt zu unterstellen. Es muss daher für diese zweite Beweiserleichterung eine gewisse Einschränkung gelten. Die gewährten Beweiserleichterungen in der flexiblen Formel des deutschen Rechts können im Ergebnis

1277 Vgl. die flexible Formel im vierten Teil, § 10 C. III.

1278 In dieser Hinsicht ist die Lehre *Walters* zu begrüßen, vgl. den vierten Teil, § 10 C. III.

1279 Vgl. die Kritik gegenüber der Lehre *Webers* im vierten Teil, § 10 C. II. 3.

sowohl die Beweismaßminderung wie auch die Unterstellung des Inhalts des fehlenden Beweismittels erfassen.

Die zweite Rechtsfolge des englischen Rechts hat sich im Laufe der Zeit zu einem allgemeinen Prinzip entwickelt, das heißt zum „fair wind principle". Dieses ist im Fall der Beweisvereitelung und insbesondere bei der Erschwerung der Schadensbemessung anwendbar. Demgemäß wird die freie Beweiswürdigung weitgehend ausgeschlossen und das Gericht hat die verfügbaren Beweise der beweisverhinderten Partei wohlwollend zu behandeln. Diese Lösung weist die Schwäche auf, dass für ihre Anwendung Anhaltspunkte notwendig sind, damit das Gericht einen Rahmen für die Würdigung der verfügbaren Beweismittel setzen kann. Außerdem erscheint der Ausschluss der freien Würdigung von vorhandenen Beweismitteln ungerechtfertigt. Wie erwähnt, besteht der Zweck der Erleichterung der beweisbehinderten Partei nicht darin, ihr den Sieg in die Hand zu geben, sondern die Wahrheitsfindung so weit wie möglich zu fördern. Denn sonst würde die begünstigte Partei in diesem Fall große Vorteile genießen, während ihr Gegner eine Reihe von unwiderlegbaren Indizien zu entkräften hätte, das heißt das Gericht trotz seiner Präjudizierung zu überzeugen, dass die Behauptungen der beweisbehinderten Partei zweifellos wahr sind. Das „benevolent treatment of evicence" begünstigt also übermäßig die beweisbelastete Partei gegenüber ihrem Gegner und ist daher unverhältnismäßig. Aus diesem Grund kann sie nicht reibungslos in das System der flexiblen Formel integriert werden und ist vollständig abzulehnen.

Die Möglichkeit der Beweislastumkehr wird in der flexiblen Formel eindeutig und gefestigt klargestellt. Deren Pendant im englischen Recht ist funktional die Zurückweisung von Angriffs- oder Verteidigungsmitteln nach CPR 3. 4. Doch dies wird lediglich als Ultima Ratio angeordnet, wenn wegen der Beweisvereitelung ein fairer Prozess schlussendlich verunmöglicht wird.[1280] Wegen ihrer unverhältnismäßigen Auswirkungen ist diese Befugnis grundsätzlich abzulehnen, auch wenn es selbstredend vernünftig ist, das härteste Mittel zur Erleichterung der beweisbehinderten Partei in Grenzfällen zu limitieren. In Rechtsprechung und Lehre wird folglich bestimmt, dass eine Beweislastumkehr die letzte Alternative, das heißt das ultimum refugium der Partei im Zivilprozess ist. Es ist deswegen auf Fälle einzuschränken, in denen kein Beweismittel mehr verfügbar ist, das heißt in denen wegen des Verhaltens des Gegners jede Aussicht auf Erfolg ausgeschlossen ist.[1281] In solchen Fällen muss allerdings anerkannt

---

1280 Vgl. *Hughes Jarvis Ltd v Searle v Jarvis,* [2019] 1 WLR 2934 (2953 f.).

1281 Vgl. die Fn. 982.

werden, dass der Primärzweck, nämlich die Erleichterung der Beweisführung der beweisbelasteten Partei oder die Abwehr des Gegners vollständig unmöglich gemacht wird. Denn die Beweislastentscheidung zulasten der beweisvereitelnden Partei bezweckt nicht die Erleichterung ihres Gegners, sondern geht es um ein Werturteil aufgrund des Prinzips der Zumutbarkeit[1282]. Das Gesetz hat in solchen Fällen zwischen der einen oder der anderen Partei zu wählen. Grundlage der beweisvereitelnden Partei ist die ihrerseits Pflichtverletzung.

Wie präsentiert,[1283] ist es streitig, ob die Beweislastumkehr als eine Umkehr der objektiven oder der subjektiven Beweislast ausgelegt werden muss. Zur Beantwortung der Frage wird sie im Hintergrund beider Rechtsordnungen theoretisch und praktisch erörtert. Wie dargelegt,[1284] wurde im englischen Recht ein Mittelweg gefunden: die „evidential presumptions", aufgrund deren sich die subjektive Beweislast umkehrt. Es geht hier nicht um die konkrete subjektive Beweislast, sondern um die abstrakte Beweislast. Die Partei trägt demgemäß die Last, neue Beweismittel vorzubringen, damit sie einen Prima-facie-Beweis schafft und eine Umkehr der objektiven Beweislast vermeidet. Eine solche Auslegung der Beweislastumkehr im Rahmen der flexiblen Formel ist allerdings abzulehnen. Sofern andere Beweismittel vorhanden sind, ist die Beweisführung der Prozesspartei noch möglich und deshalb können die vorerwähnten, verhältnismäßigeren Beweiserleichterungen in Betracht kommen. Allerdings haben sowohl die direkte Umkehr der objektiven Beweislast als auch die Umkehr der konkreten subjektiven Beweislast und die Nichterfüllung von „evidential presumptions" im Ergebnis dieselbe Wirkung, denn sie führen zu einer negativen Entscheidung zulasten der nicht beweisbelasteten Partei. Nach der hier vertretenen Ansicht ist aus den vorerwähnten Gründen die „Beweislastumkehr" im Rahmen der flexiblen Formel als Umkehr der objektiven Beweislast auszulegen.

B. Vorschlag für einen neuen § 448 Abs. 2 ZPO

Ein Problem des präsentierten Systems besteht darin, dass es dazu dient, nur die beweisbelastete Partei mit einer Erleichterung zu versehen. Denn die Beweislastumkehr kann ihren Gegner nicht begünstigen.[1285] Nichtsdestoweniger ist die Position der Parteien in Prozess beweisrechtlich unterschiedlich. Es ist also logisch, dass ihre prozessualen Waffen ebenfalls unterschiedlich sind. Aus der

1282 Vgl. die Lehre von *Blomeyer* im vierten Teil, § 10 C. I. 1.
1283 Vgl. den vierten Teil, § 10 C.
1284 Vgl. den ersten Teil, § 2 C. I. und den vierten Teil, § 11 D. II. 2.
1285 *Musielak/Stadler*, Grundfragen, Rn. 187; *Beckhaus*, S. 158.

vorgeschlagenen Auslegung der flexiblen Formel ergibt sich, dass sich nur die Unterstellung des bestmöglichen Inhalts eines Beweismittels auch auf die nicht beweisbelastete Partei auswirken kann. Eine zusätzliche Erleichterung kann für sie die erleichterte Parteivernehmung sein.[1286] Diese würde beide Parteien tatsächlich begünstigen. Diese Lösung hätte auch den Vorteil, dass das Gericht direkt Schlussfolgerungen aus dem Verhalten der Parteien ziehen könnte.

Eine Grundlage dazu könnte § 448 ZPO darstellen.[1287] Diese Möglichkeit schließt *Lutz* jedoch zu Recht aus. Der Grund dafür ist hierin zu finden, dass die Rechtsprechung den Paragrafen zu restriktiv ausgelegt hat, sodass er nur unter besonderen Umständen angewendet wird.[1288] Es wird grundsätzlich eine „erforderliche Anfangswahrscheinlichkeit" vorausgesetzt.[1289] Richtig wird folglich festgestellt, dass § 448 ZPO auf diese Weise ausgelegt unanwendbar bleibt, wenn die streitigen Behauptungen der Parteien sich beweislos gegenüberstehen.[1290] Das bedeutet, dass auch dann, wenn Fälle abgedeckt werden, in denen eine „Anfangswahrscheinlichkeit" besteht, dennoch die Fälle außer Acht gelassen werden, in denen keine der vorstellbaren Alternativen trotz Ausschöpfung aller Erkenntnisquellen wahrscheinlicher als die anderen erscheint. Dies ist aber bei Beweisvereitelung des Öfteren der Fall, weil die Wahrheitsfindung per definitionem erschwert worden ist. Die §§ 371 Abs. 3, 427, 444, 446 ZPO beziehen sich darüber hinaus nicht auf die Parteivernehmung bei schon begangener Beweisvereitelung. Es wird lediglich vorgeschrieben, dass „ … die Behauptungen des Gegners … als bewiesen angesehen werden [können]".[1291]

Die Vernehmung beider Parteien würde dem Gericht in solchen Fällen eine zusätzliche und unmittelbar verfügbare Informationsquelle gewähren. Frei von der Restriktion des Grades der Wahrscheinlichkeit hätte das Gericht die Möglichkeit, durch die Parteivernehmung entweder die vollständige Unaufklärbarkeit des Sachverhalts zu überwinden und dadurch die Alternative zu bestimmen, die wahrscheinlicher ist, oder sich von der Wahrheit der wahrscheinlichsten Alternative zu überzeugen. Es handelt sich um eine „de lege ferenda"-passende Lösung, die die Chance der nicht beweisbelasteten Partei bei Beweisvereitelung

---

1286 So *Oberheim*, JuS 1997, S. 63.

1287 *Oberheim*, JuS 1997, S. 63

1288 *Lutz*, S. 108.

1289 BGH NJW 1998, 814 (815).

1290 Musielak/Voit/*Huber*, § 448 Rn. 1; Stein/Jonas/*Berger*, § 448 Rn. 5; Prütting/Gehrlein/*Müller-Christmann*, § 448 Rn. 3.

1291 § 444 ZPO.

besonders stärken würde. Daher wird vorgeschlagen, dass Folgendes als zweiter Absatz in den § 448 der ZPO eingefügt wird:

> „(2) Vereitelt eine Partei die Beweisführung ihres Gegners, kann das Gericht die Vernehmung dieser oder beider Parteien über die Tatsache unabhängig von den Voraussetzungen des Abs. 1 anordnen."

Dieser Vorschlag wird dem Gericht die Freiheit einräumen, die Parteien direkt zu vernehmen, wenn es feststellt, dass Beweismittel vernichtet bzw. in anderer Weise beeinträchtigt wurden, und zwar ohne dass ein Anfangsbeweis stattzufinden hat. Der Zweck ist, wie dargelegt, die nicht beweisbelastete Partei mit dieser zusätzlichen prozessualen Waffe zu stärken und die Wahrheitsfindung zu erleichtern. Das würde die Waffengleichheit zwischen den Parteien und die Fairness des Prozesses wiederherstellen. Dies ist außerdem der Zweck des geltenden § 448 ZPO.[1292] Die besondere Reglementierung einer ausnahmsweisen Parteivernehmung würde auch der Rechtssicherheit erheblich dienen.

Das erste Wort des vorgeschlagenen § 448 Abs. 2 ZPO – „vereitelt" – bedeutet, dass das Gericht die Auswirkungen der Beweisvereitelung im Beweisverfahren bereits festgestellt haben muss. Der Paragraf stellt dem Gericht die Befugnis anheim, die Parteien zu vernehmen, damit das non liquet, wenn möglich, vermieden wird. Dies heißt allerdings nicht, dass eine andere der präsentierten Tatbestandsvoraussetzungen der Beweisvereitelung entfällt. In diesem Sinne ist folglich § 448 Abs. 2 ZPO dahingehend zu interpretieren, dass das Gericht die Parteien nur dann vernehmen kann, wenn es bereits festgestellt hat, dass eine gewisse Handlung der Parteien sich auf die Wahrheitsfindung kausal und beeinträchtigend ausgewirkt hat.

Im Text des vorgeschlagenen Paragrafen wird das Verb „kann" benutzt. Wie schon im Rahmen der flexiblen Formel weiter oben betont wurde, müssen auf jeden Fall die Umstände des Einzelfalls berücksichtigt werden. Deshalb ist dem Gericht lediglich das Ermessen anheimzustellen, je nach Umständen eine Anordnung zu erlassen. Dies würde typischerweise der Fall sein, wenn es der nicht beweisbelasteten Partei erschwert wird, einen Gegenbeweis zu erbringen. Andererseits kann es vorkommen, dass angesichts der Prozesslage die Vernehmung einer Partei nutzlos ist. Es gibt aber noch einen Grund für den Ermessensspielraum des Gerichts: Mit der Parteivernehmung von Amts wegen ist der

---

1292 Prütting/Gehrlein/*Müller-Christmann*, § 448 Rn. 8; Wieczorek/Schütze/*Völzmann-Stickelbrock*, § 448 Rn. 27.

Beibringungsgrundsatz durchbrochen.[1293] Deshalb ist der vorgeschlagene § 448 Abs. 2 ZPO im Einklang mit dem geltenden § 448 ZPO auszulegen. Wie schon in § 448 ZPO[1294] müsste das Gericht zuerst alle anderen Erkenntnisquellen ausschöpfen, um die Parteien nach § 448 Abs. 2 ZPO vernehmen zu können. Diese Befugnis soll nur subsidiär ausgeübt werden. Trotz der Beweisvereitelung hätte nämlich das Gericht grundsätzlich den Parteien die Initiative zu überlassen und dürfte nur dann eingreifen, wenn und soweit dies nach den Umständen im Prozess zumutbar wäre. Sind demzufolge noch Beweise vorhanden, muss die Vernehmung der Parteien nach § 448 Abs. 2 ZPO nicht angeordnet werden. Die Voraussetzung, dass das Gericht alle Erkenntnisquellen auszuschöpfen hat, erfasst selbstverständlich nicht die hier vorgeschlagene, von Amts wegen durchgeführte Parteivernehmung.

Noch ein weiteres Wort in dem vorgeschlagenen Text ist restriktiv auszulegen: das Wort „Tatsache". In der Regel erschwert die Beweisvereitelung den Beweis des Sachverhalts nicht im Ganzen. Es wird nämlich des Öfteren darauf ankommen, gewisse ausschlaggebende Details festzustellen, zum Beispiel das Datum auf einer E-Mail, selbst wenn auch kompliziertere Beweisthemen betroffen sein könnten, wie der Zustand eines Gegenstandes oder die genauen Schlussfolgerungen in einem Bericht. Jedenfalls besteht der Zweck des § 448 Abs. 2 ZPO nur darin, die Feststellung der Wahrheit der verdunkelten Tatsache zu erleichtern. Als „Tatsache" sind daher nicht andere beweiserhebliche Tatsachen im Rahmen der Beweisführung zu verstehen. Denn § 448 Abs. 2 ZPO soll der Partei keinen Umweg um die Voraussetzungen des geltenden § 448 ZPO bieten und sie unverhältnismäßig entlasten.

In Bezug auf die Befugnis des Gerichts, beide Parteien zu vernehmen, ist anzumerken, dass das Gericht die beweisvereitelnde Partei grundsätzlich vernehmen wird. Der Grund dafür liegt darin, dass diese das fehlende Objekt in ihrem Besitz hatte und sie sich daher in der Lage befindet, über dessen Zustand in allen Einzelheiten auszusagen. Die Vernehmung ihres Gegners hätte dann den Zweck, diese Vernehmung mutmaßlich zu ergänzen oder ihr zu widersprechen. Zu Recht wird in Bezug auf die Auswahl der zu vernehmenden Partei festgestellt, dass unter dem Gesichtspunkt der Waffengleichheit die Vernehmung beider

---

1293 Prütting/Gehrlein/*Müller-Christmann*, § 448 Rn. 1; Musielak/Voit/*Huber*, § 448 Rn. 1; Hk-ZPO/*Pukall*, § 448 Rn. 1; Stein/Jonas/*Berger*, § 448 Rn. 1; MüKoZPO/*Schreiber*, § 448 Rn. 1; Wieczorek/Schütze/*Völzmann-Stickelbrock*, § 448 Rn. 1.

1294 Wieczorek/Schütze/*Völzmann-Stickelbrock*, § 448 Rn. 5; MüKoZPO/*Schreiber*, § 448 Rn. 2.

Parteien zweckmäßig ist.[1295] Denn nur so hätte der Gegner der Partei, die bereits ausgesagt hat, die Chance, auf ihre Aussage zu antworten.

Im vorgeschlagenen Absatz werden nicht bestimmte Rechtsfolgen für den Fall vorgesehen, dass eine Partei ihre Vernehmung verweigert. Denn der Grund für dieses Schweigen ist das explizite Vorschreiben von entsprechenden Rechtsfolgen in den anderen Paragrafen der Parteivernehmung, genauer gesagt in den §§ 446, 453 Abs. 2 und 454 ZPO. Es wäre nicht zweckmäßig, den vorgeschlagenen Absatz mit einer abweichenden Rechtsfolge auszustatten. Jede Form der Beweisvereitelung im Rahmen der Verweigerung der Parteivernehmung ist vom Gericht gleich zu behandeln, sodass auch die Verweigerung trotz einer Anordnung aufgrund § 448 Abs. 2 ZPO gemäß den vorerwähnten Paragrafen zu ahnden wäre.

Auffällig ist, dass die Parteivernehmung eine Lösung darstellt, die im englischen Prozess vollständig missachtet wird. Im Rahmen der „spoliation of evidence" wird dieser prozessualen Möglichkeit keine Beachtung geschenkt, obwohl das Verhalten der Prozessparteien in der Vernehmung dem Gericht zu wertvollen Erkenntnissen verhelfen kann. Diese sind jedenfalls frei zu würdigen und werden normalerweise seiner Entscheidung zugrunde zu gelegt. Was die aktivere Rolle des Gerichts auch im englischen Prozess in diesem Fall rechtfertigen würde, ist nicht nur die ebenso im englischen Prozess bestehende Asymmetrie der möglichen Beweiserleichterungen zwischen der beweisbelasteten und der nicht beweisbelasteten Partei, sondern auch der Zustand, dass angesichts der Beweisnot die Wahrheitsfindung entsprechend erschwert wird. Denn auch wenn die Mitwirkungspflichten der Parteien sehr umfangreich sind und trotz der im englischen Prozess bestehenden Beweiserleichterungen, bleibt doch jedenfalls vorstellbar, dass das englische Gericht in vollständige Ungewissheit, nämlich non liquet, gerät. Dann kann die Vernehmung der Prozessparteien den Ausschlag geben.

C. Vorschlag für einen neuen § 444 a ZPO

Es wurde festgestellt, dass im deutschen Recht eine Gesetzeslücke in der vorprozessualen Beweisvereitelung besteht, die nach der hier vertretenen Ansicht durch einen neuen Paragrafen im BGB geschlossen werden kann. Dieser würde der vorprozessualen Beweisvereitelung eine materiell-rechtlich und daher feste Grundlage für die Aufbewahrung von Objekten gewähren. Dennoch beinhaltet

1295 MüKoZPO/*Schreiber*, § 448 Rn. 6.

der Entwurf keine Vorschriften in Bezug auf die Rechtsfolgen einer Verletzung der Aufbewahrungspflicht. Der Grund dieses Stillschweigens ist darin zu finden: Der Paragraf verfolgt den Zweck, die im geltenden Beweisvereitelungssystem bestehende Gesetzeslücke zu schließen, nicht aber, die Rechtsfolgen der Beweisvereitelung zu ändern. So verstanden hätte das Gericht, auch wenn eine Vorschrift in Bezug auf die Verletzung von Aufbewahrungspflichten fehlte, bei deren Verletzung die §§ 371 Abs. 3, 427, 444, 446 und 453 Abs. 2 ZPO anzuwenden und der beweisverhinderten Partei passende Beweiserleichterungen zu gewähren. Deswegen richtet sich der hier vorgeschlagene § 444 a ZPO nicht primär an das Festlegen der Rechtsfolgen der Beweisvereitelung, sondern ist darauf ausgerichtet, die Rechtssicherheit zugunsten der Beteiligten nach § 811 a BGB zu stärken. Für den § 444 a ZPO wird die folgende Ausformulierung vorgeschlagen:

> „Kommt der Aufbewahrungsverpflichtete seiner Pflicht nicht nach, so können die Behauptungen des anderen Beteiligten, zu deren Beweis das Dokument oder die Sache dienen sollte, als bewiesen angesehen werden."

Die Bezugnahme des § 422 a ZPO auf die Ausformulierung des § 811 a BGB bedient sich der kohärenten Auslegung der zwei vorgeschlagenen Paragrafen. So hat der Begriff „Beteiligte" dieselbe Bedeutung wie im gesamten § 811 a BGB, während der Aufbewahrungsverpflichtete der Besitzer der fehlenden Beweismittel ist. Im Einklang mit § 811 a Abs. 1 BGB umfasst § 444 a ZPO jeden Gegenstand, genauer gesagt sowohl Dokumente als auch Sachen. Keinen Unterschied macht auch die Weise aus, in der der Besitzer seine Pflicht verletzt. Dies spielt für die Gewährung von Beweiserleichterungen keine Rolle, da hierfür andere Kriterien berücksichtigt werden. Festzuhalten ist außerdem, dass die explizite Verbindung der Aufbewahrungspflicht mit § 444 a ZPO noch einen weiteren Vorteil hat: Es wird eindeutig hervorgehoben, dass ihre Verletzung nur prozessuale Rechtsfolgen im Rahmen des Zivilprozesses hat; besser gesagt begründet eine Verletzung des § 811 a BGB keinen Schadensersatzanspruch gegen den Besitzer der Sachen als Ersatz oder Ausgleichung für die erschwerte Beweisführung. Damit wird die hier vorgeschlagene vorprozessuale Aufbewahrungspflicht genuiner Teil der Beweisvereitelung.

Zusammengefasst kann festgehalten werden, dass das Hinzufügen der vorgestellten §§ 448 Abs. 2 und 444 a ZPO die geltende flexible Rechtsfolge passend und sachgemäß ergänzen würden; denn die Ermittlungsmöglichkeiten des Gerichts werden auf diese Weise signifikant erweitert, während die gegenseitigen Interessen verhältnismäßig austariert werden.

Zusammenfassung

Die vorgenommene Analyse der Beweisvereitelung im deutschen Recht im Vergleich zur entsprechenden Institution im englischen Recht hat Folgendes ergeben: Eine dogmatisch reine und konsequente Rechtsgrundlage für die Beweisvereitelung sowohl während des Prozesses als auch vorprozessual wurde nicht festgestellt. Die analoge Anwendung der in der ZPO festgelegten Vorschriften ist zu diesem Zweck nicht passend, da zwischen der vorprozessualen und der prozessualen Beweisvereitelung der erhebliche Unterschied besteht, dass während des Prozesses das Prozessrechtsverhältnis die Parteien miteinander verbindet und mit extensiven Mitwirkungspflichten belastet. Dies gilt aber nicht für den Zeitraum vor dem Prozess, sodass der prospektiven Partei, wenn eine materiell-rechtliche Pflicht fehlt, keinesfalls gesetzlich untersagt wird, Beweisstoff zu verändern und zu vernichten. Demzufolge besteht für das Vorfeld des Prozesses eine Gesetzeslücke, die einer speziellen Vorschrift bedarf. Ein Entwurf einer solchen Vorschrift im BGB wird in der vorliegenden Arbeit vorgestellt und dessen Inhalt wird analysiert. Damit wird bezweckt, die Gesetzeslücke zu schließen und dem Beweisvereitelungsverbot eine feste und klare Rechtsgrundlage zu gewähren. Gleichzeitig wird die relevante Lösung im englischen Recht berücksichtigt, wobei genau erklärt wird, warum das englische Recht, sowohl das „Case Law“ wie auch die CPR r. 3. 4., in Bezug auf die Rechtsgrundlage des Beweisvereitelungsverbots kein Vorbild für das deutsche Recht darstellen kann.

Darüber hinaus werden die Tatbestandsvoraussetzungen der Beweisvereitelung systematisiert, genauer gesagt der Anwendungsbereich der Regel, die Voraussetzungen des Verschuldens und des Kausalzusammenhangs wie auch die innerprozessualen Folgen eines beweisvereitelnden Verhaltens. Es wird gezeigt, dass die zwei Rechtsordnungen grundsätzlich gleiche Probleme behandeln, das heißt, dass die zwei Regeln, die deutsche Beweisvereitelung einerseits und die „spoliation of evidence“ andererseits, alle Erscheinungsformen zu umfassen versuchen, ohne allerdings die „Fairness“ des Prozesses zu opfern, nämlich ohne exzessiv streng gegen die beweisvereitelnde Partei zu sein. Die deutsche Rechtsprechung hat in Bezug auf die Tatbestandsvoraussetzungen der Beweisvereitelung tatsächlich ein komplettes und gerechtes System ausgestaltet.

Ein weiterer Teil der Untersuchung wird den Rechtsfolgen der Beweisvereitelung gewidmet. In Bezug darauf wird zunächst die aus der Rechtsprechung stammende flexible Lösung der „Beweiserleichterungen bis hin zur Beweislastumkehr“ untersucht. Die allgemeine Richtung der Rechtsprechung ist zu begrüßen. Die Beweislastumkehr stellt tatsächlich die härtere Rechtsfolge gegen das Beweisvereitelungsverhalten dar, kann aber auf Fälle limitiert werden, in denen kein Beweismittel mehr vorhanden ist. Des Weiteren ist der beweisvereitelnden Partei die Beweiserleichterung der Beweismaßsenkung zu gewähren, während in Ausnahmefällen, das heißt in Fällen, in denen das fehlende Beweismittel von außergewöhnlichem Beweiswert war, dessen bestmöglicher Inhalt für die beweisbehinderte Partei nach dem Vorbild des englischen Rechts zu unterstellen. Diese Kombination bietet der beweisbelasteten Partei eine befriedigende Erleichterung in ihrer Beweisführung, während sie ein faires Gleichgewicht zwischen den Parteien schafft.

Besonders berücksichtigt wird auch weiterhin die Möglichkeit der Parteivernehmung. Diesbezüglich wird vorgeschlagen, die ZPO in Richtung der Erweiterung der gerichtlichen Ermittlungsmöglichkeiten mit einem Absatz (§ 448 Abs. 2 ZPO) zu ergänzen, der der Wahrheitsfindung bei Beweisvereitelung erheblich dienen würde, weil davon nicht nur die beweisbelastete Partei, sondern auch die nicht beweisbelastete Partei profitieren würde. Der vorgeschlagene Entwurf eines Paragrafen für das BGB wird durch einen weiteren Vorschlag für einen neuen entsprechenden Absatz in die ZPO (§ 444 a ZPO) ergänzt. Das würde der Rechtssicherheit dienen, und zwar dahingehend, dass der neue Paragraf im BGB im Einklang mit den in der ZPO festgelegten Paragrafen auszulegen ist.

Anhang

Literaturverzeichnis

Deutsches Schrifttum und Kommentare

Adloff, Daniel: Vorlagepflichten und Beweisvereitelung im deutschen und französischen Zivilprozess; Diss. Freiburg im Breisgau, Tübingen, 2007. (Zitiert: *Adloff*)

Ahrens, Hans-Jürgen: Christian Gomille: Informationsproblem und Wahrheitspflicht. Ein Aufklärungsmodell für den Zivilprozess; ZZP, Bd. 131, S. 261-264. (Zitiert: *Ahrens*, ZZP 131)

Ahrens, Martin: Prozessreform und einheitlicher Zivilprozess – Einhundert Jahre legislative Reform des deutschen Zivilverfahrensrechts vom Ausgang des 18. Jahrhunderts bis zur Verabschiedung der Reichszivilprozessordnung; Habil., Tübingen, 2007. (Zitiert: *Ahrens*, Prozessreform)

Arens, Peter: Zur Beweislastproblematik im heutigen deutschen Produkthaftungsprozeß; ZZP, Bd. 104, 1991, s. 123-135. (Zitiert: *Arens*, ZZP 104)

Arens, Peter: Zur Aufklärungspflicht der nicht beweisbelasteten Partei im Zivilprozess; ZZP, Bd. 96, 1983, s. 1-23. (Zitiert: *Arens*, ZZP 96)

Bartlakowski, Katja: Die ärztliche Behandlungsdokumentation; Diss. Marburg, Frankfurt am Main, 2003. (Zitiert: *Bartlakowski*)

Baumbach, Adolf: Zivilprozessordnung; 17. Aufl., Berlin, 1933. (Zitiert: *Baumbach*, ZPO, § xy Rn. xy)

Baumbach, Adolf/Lauterbach, Wolfgang/Hartmann, Peter/v. Anders, Monika/ Burkhard, Gehle: Zivilprozessordnung; 78. Aufl., München, 2020. (Zitiert: Baumbach/Lautenbach/Hartmann/Anders/Gehle/*Bearbeiter*, § xy Rn. xy).

Baumgärtel, Gottfried: Die Auswirkungen von Parteivereinbarungen auf die Beweislast; Festschrift für Hans W. Fasching zum 65. Geburtstag, hrsg. v. Richard Holzhammer, Wien, 1988, S. 67-80. (Zitiert: *Baumgärtel*, FS Fasching)

Baumgärtel, Gottfried: Das Wechselspiel der Beweislastverteilung im Artzhaftungsprozeß; Gedächtnisschrift für Bruns Rudolf, hrsg. v. Johannes Baltzer, München, 1980. (Zitiert: *Baumgärtel*, GS Bruns)

Baumgärtel, Gottfried: Die Beweisvereitelung im Zivilprozess; Festschrift für Winfried Kralik zum 65. Geburtstag: Verfahrensrecht-Privatrecht, hrsg. v. Rechberger Walter H., Wien, 1986, S. 63-74. (Zitiert: *Baumgärtel*, FS Kralik)

Baumgärtel, Gottfried: Treu und Glauben, gute Sitten und Schikaneverbot im Erkenntnisverfahren; ZZP, Bd. 69, 1956, S. 89-131. (Zitiert: *Baumgärtel*, ZZP 69)

Baumgärtel, Gottfried: Die Befundsicherungspflicht – ein Weg zur Behebung der Beweisnot im Zivilprozess? ; Recht und Rechtsdurchsetzung: Festschrift für Hans Ulrich Walder zum 65. Geburtstag, hrsg. v. Isaak Meier, Hans Michael Riemer, Peter Weimar, Zürich, 1994, S. 143-152. (Zitiert: *Baumgärtel*, FS Walder)

Baumgärtel, Gottfried: Die Beweislastverteilung bei der Produzentenhaftung; JA, 1984, S. 660-669. (Zitiert: *Baumgärtel*, JA 1984)

Baumgärtel, Gottfried: Leipold, Dieter: Beweismaß und Beweislast im Zivilprozess; JZ, 1986, S. 229-230. (Zitiert: *Baumgärtel*, JZ 1986)

Baumgärtel, Gottfried: Beweisrechtliche Studien. Beweiswürdigung-Abgrenzung zur Beweislast-Beweismaß; Festschrift der Rechtswissenschaftlichen Fakultät zur 600-Jahr-Feier der Universität zu Köln, Köln-Berlin-Bonn-München, 1988, S. 165-182. (Zitiert: *Baumgärtel*, FS Köln)

Baumgärtel, Gottfried/Laumen, Hans-Willi/Prütting, Hanns: Handbuch der Beweislast; Grundlagen, 3. Aufl., Köln, 2016. (Zitiert: *Baumgärtel/Laumen/Prütting*, HdB-Grundlagen, Kap. xy Rn. xy)

Baumgärtel, Gottfried/Laumen, Hans-Willi/Prütting, Hanns: Handbuch der Beweislast; Bd. 2, §§ 1-811 BGB, 4. Aufl., Köln, 2019. (Zitiert: Baumgärtel/Laumen/Prütting/*Bearbeiter*, HdB, § xy Rn. xy)

Becker, Moritz: Die Pflicht zur Urkundenvorlage nach § 142 Abs. 1 ZPO und das Weigerungsrecht der Parteien; MDR, 2008, S. 1309-1315. (Zitiert: *Becker*, MDR 2008)

Beckhaus, Gerrit Marian: Die Bewältigung von Informationsdefiziten bei der Sachverhaltsaufklärung: die Enforcement-Richtlinie als Ausgangspunkt für die Einführung einer allgemeinen Informationsleistungspflicht in das deutsche Zivilrecht; Diss. Münster, Tübingen, 2010. (Zitiert: *Beckhaus*)

Bender, Albrecht: Der Umfang der ärztlichen Dokumentationspflicht; VersR, 1997, S. 918-928. (Zitiert: *Bender*, VersR 1997)

Bender, Rolf: Das Beweismaß; Festschrift für Fritz Baur, hrsg. v. Grunsky Wolfgang, Stürner Rolf, Walter Gerhard, Wolf Manfred, Tübingen, 1981, S. 247-272. (Zitiert: *Bender*, FS Baur)

Birkmann, Andreas: Kausalitätsnachweis und Beweislastumkehr – das „Limonadenflaschen-Urteil" des Bundesgerichtshofes, mit Blick auf die Haftung von Kfz-Herstellern und Kfz-Reparaturbetrieben; DAR, 1989, S. 281-284. (Zitiert: *Birkmann*, DAR 1989)

Blomeyer, Arwed: Die Umkehr der Beweislast; AcP, Bd. 158, 1959, S. 97-106. (Zitiert: *Blomeyer*, AcP 158)

Bötticher, Eduard: Gleichbehandlung und Waffengleichheit, Überlegungen zum Gleichheitssatz; Heidelberg-Hamburg-Karlsruhe, 1979. (Zitiert: *Bötticher*)

Brehm, Wolfgang: Bindung des Richters an den Parteivortrag und Grenzen freier Verhandlungswürdigung; Habil., Tübingen, 1982. (Zitiert: *Brehm*)

Brüggermeier, Gerd: Anmerkung zu BGH, Urteil von 7. Juni 1988 – VI ZR 91/87; VuR, 1988, S. 345-349. (Zitiert: *Brüggermeier*, VuR 1988)

Diakonis, Antonios: Grundfragen der Beweiserhebung von Amts wegen im Zivilprozess; Diss. Freiburg im Breisgau, Tübingen, 2015. (Zitiert: *Diakonis*)

Dombek, Bernhard: ZPO-Novelle; BRAK-Mitt., 2001, S. 122-125. (Zitiert: *Dombek,* BRAK-Mitt. 2001)

Dreier, Horst: Grundgesetz Kommentar; Band II, Artikel 20-82; 3. Aufl., Tübingen, 2015; Band III, Artikel 83-146, 3. Aufl., Tübingen, 2018. (Zitiert: Dreier/ *Bearbeiter*, GG-Komm., Art. xy § xy)

Dubischar, Roland: Grundsätze der Beweislastverteilung im Zivil- und Verwaltungsprozeß; JuS, 1971, S. 387-394. (Zitiert: *Dubischar,* JuS 1971)

Endemann, Wilhelm: Das deutsche Zivilprozessrecht; Neudruck der Ausgabe Heidelberg 1868, Aalen, 1969. (Zitiert: *Endemann*, Zivilprozessrecht, § xy s. xy)

Endemann, Wilhelm: Der deutsche Zivilprozess; Bd. 2, Civilprozessordnung §§ 230-567, Berlin, 1879. (Zitiert: *Endemann*, CPO, § xy Rn. xy)

Erman, Walter/Westermann, Peter/Maier-Raimer, Georg/Grunewald, Barbara: Erman Bürgerliches Gesetzbuch, Handkommentar; 15. Aufl., Köln, 2017. (Zitiert: Erman/*Bearbeiter*, § xy Rn. xy)

Foerste, Ulrich: Anmerkung zum BGH, Urteil vom 7.6.1988 – VI ZR 91/87; VersR, 1988, S. 958-961. (Zitiert: *Foerste*, VersR 1988)

Foerste, Ulrich: Anmerkung zum Urteil des BGH vom 9. Mai 1995 – VI ZR 158/ 94; JZ, 1995, S. 1063-1064. (Zitiert: *Foerste*, JZ 1995)

Gerhardt, Walter: Beweisvereitelung im Zivilprozessrecht; AcP, Bd. 169, 1969, S. 288-316. (Zitiert: *Gerhardt,* AcP 169)

Giesen, Dieter: Anmerkung zum BGH, Urteil vom 7.6.1988 – VI ZR 91/87; JZ, 1988, S. 966-971. (Zitiert: *Giesen*, JZ 1988)

Gomille, Christian: Informationsproblem und Wahrheitspflicht: ein Aufklärungsmodell für den Zivilprozess; Habil. München, Tübingen, 2016. (Zitiert: *Gomille*)

Gottwald Peter: Sonderregeln der Beweislastverteilung; Jura, 1980, S. 303-313. (Zitiert: *Gottwald*, Jura 1980)

Gottwald, Peter: Zur Wahrung von Geschäftsgeheimnissen im Zivilprozess; BB, 1979, S. 1780-1787. (Zitiert: *Gottwald,* BB 1979)

Gottwald, Peter: Grundprobleme der Beweislastverteilung; Jura, 1980, S. 225-236. (Zitiert: *Gottwald,* Jura 1980)

Greger, Reinhard: Veränderungen und Entwicklungen des Beweisrechts im deutschen Zivilprozess; BRAK-Mitt., 2005, S. 150-155. (Zitiert: *Greger*, BRAK-Mitt. 2005)

Habscheid, Walther J.: Das Recht auf Beweis; ZZP, Bd. 96, 1983, S. 307-335. (Zitiert: *Habscheid*, ZZP 96)

Hahn, Carl/Benno, Mugdan: Die gesamten Materialien zu den Reichs-Justizgesetzen – Auf Veranlassung d. Kaiserl. Reichs- Justizamts, 8. Band, Materialien zum Gesetz betr. Aenderungen der Civilprozessordnung, Gerichtsverfassungsgesetz und Straffprozessordnung; Berlin, 1898. (Zitiert: *Hahn*, Materialien 1898)

Hau, Wolfgang/Poseck, Roman: Beck'scher Online-Kommentar BGB; 57. Edition, 2021 (Zitiert als: BeckOKBGB/*Bearbeiter*, § xy Rn. xy)

Heffter, August Wilhelm: System des römischen und deutschen Civil-Processrechts; 2. Aufl., Bonn, 1843. (Zitiert: *Heffter*, System, § xy s. xy)

Helbron, Hanja: Entwicklungen und Fehlentwicklungen um Arzthaftungsrecht; Diss. Kiel, München, 2001. (Zitiert: *Helbron*)

Hellwig, Konrad: System des deutschen Zivilprozessrechts, Teil 1, Ordentliches Verfahren, ausschließlich besondere Prozessarten und Zwangsvollstreckung; Leipzig, 1912. (Zitiert: *Hellwig*, System 1)

Herberger, Maximilian/Martinek, Michael/Rüßmann, Helmut/Weth, Stephan: Juris Praxis Kommentar, Bürgerliches Gesetzbuch; Schuldrecht-Teil 3: §§ 632-853; 3. Aufl., Bd. 2.3, Saarbrücken, 2006. (Zitiert: jurisPK-BGB/*Bearbeiter*, § xy Rn. xy)

Hohloch, Gerhard: Ärztliche Dokumentation und Patientenvertrauen – Zum Streit um „Dokumentationspflicht" und „Einsichtsrecht"; NJW, 1982, S. 2577-2585. (Zitiert: *Hohloch*, NJW 1982)

Hold, Dieter: Nachweis der Arbeitsbedingungen nach dem Nachweisgesetz; ZTR, 2000, S. 540-545. (Zitiert: *Hold*, ZTR 2000)

Hopmann, Georg: Zur Beweislast bei Schadensersatzansprüchen; JW, Bd. 42, 1913, S. 70-72. (Zitiert: *Hopmann*, JW 1913)

Huber, Michael: Grundwissen – Zivilprozessrecht: Beweisvereitelung; JuS, 2020, S. 208-210. (Zitiert: *Huber*, JuS 2020)

Huber, Michael: Das Beweismaß im Zivilprozeß; Diss. Passau, Köln-Berlin-Bonn-München, 1983. (Zitiert: *Huber*, Beweismaß)

Jauernig, Othmar/Stürner, Rolf: Jauernig Bürgerliches Gesetzbuch mit Rom-I-, Rom-II-VO, EuUnthVO/HuntProt und EuErbVo; 17. Aufl., München, 2018. (Zitiert: Jauernig/*Bearbeiter*, § xy Rn. xy)

Katzenmeier, Christian: Der Behandlungsvertrag – Neuer Vertragstypus im BGB; NJW, 2013, S. 813-823. (Zitiert: *Katzenmeier*, NJW 2013)

Katzenmeier, Christian: Arzthaftung; Habil. Heidelberg, Tübingen, 2002. (Zitiert: *Katzenmeier*, Arzthaftung)

Kegel, Gerhard: Der Individualanscheinsbeweis und die Verteilung der Beweislast nach überwiegender Wahrscheinlichkeit; Das Unternehmen in der Rechtsordnung: Festgabe für Heinricht Kronstein aus Anlass seines 70. Geburtstages am 12. September 1967, hrsg. v. Biedenkopf Kurt H., Coing Helmut, Mestmäcker Ernst-Joachim; Karlsruhe, 1967, S. 312-344. (Zitiert: *Kegel*, FG Kronstein)

Kern, Eduard/Wolf, Manfred: Gerichtsverfassungsrecht aller Verfahrenszweige; 6. Aufl., München, 1987. (Zitiert: *Kern/Wolf*, § xy)

Kiel, Heinrich/Lunk, Stefan/Oetker, Hartmut: Münchener Handbuch zum Arbeitsrecht; Bd. 1, §§ 1-151, Individualarbeitsrecht, 4. Aufl., München, 2018. (Zitiert: MüArbR/*Bearbeiter*, § xy Rn. xy)

Koch, Raphael: Mitwirkungsverantwortung im Zivilprozess – ein Beitrag zum Verhältnis von Parteiherrschaft und Richtermacht, zur Wechselwirkung von materiellem Recht und Prozessrecht sowie zur Risikoverteilung und Effizienz im Zivilprozess; Habil. Münster, Tübingen, 2013. (Zitiert: *Koch*)

Konrad, Sabine: Der Schutz der Vertrauenssphäre zwischen Rechtsanwalt und Mandant im Zivilprozess; NJW, 2004, S. 710-713. (Zitiert: *Konrad*, NJW 2004)

Konzen, Horst: Rechtsverhältnisse zwischen Prozeßparteien: Studien zur Wechselwirkung von Zivil- und Prozeßrecht bei der Bewertung und den Rechtsfolgen prozeßerheblichen Parteiverhaltens; Habil. Main, Berlin, 1976. (Zitiert: *Konzen*)

Kraayavanger, Jan/Hilgard, Mark C.: Urkundenvorlegung im Zivilprozess – Annäherung an das amerikanische »discovery«-Verfahren? ; NJ, 2003, S. 572-575. (Zitiert: *Kraayavanger/Hilgard*, NJ 2003)

Krapfl, Claudia/Mann, Marius E.: Die Grenzen der Urkundenvorlage durch eine Partei: Eine Bestandsaufnahme zu §142 ZPO; Ars aequi et boni in mundo, Festschrift für Rolf A. Schütze zum 80. Geburtstag, hrsg. v. Reinhold Geimer, Athanassios G. Kaissis, Roderich C. Thümmel, München, 2004, S. 279-294. (Zitiert: *Krapfl/Mann*, FS Schütze)

Krapoth, Fabian: Die Rechtsfolgen der Beweisvereitelung im Zivilprozeß; Diss. Regendburg, München, 1996. (Zitiert: *Krapoth*)

Krüger, Wolfgang/Rauscher, Thomas: Münchener Kommentar zur Zivilprozessordnung; Bd. 1, §§ 1-354, 5. Aufl., 2016; Bd. 2, §§ 355-945b, 5. Aufl., München, 2016. (Zitiert: MüKoZPO/*Bearbeiter*, § xy Rn. xy)

Kullmann, Hans-Josef: Die Rechtsprechung des BGH zum Produkthaftpflichtrecht in den Jahren 1992-1994; NJW, 1994, S. 1698-1707. (Zitiert: *Kullmann*, NJW 1994)

Kullmann, Hans-Josef: BR Deutschland: Die neuere Rechtsprechung des BGH zur Produkthaftpflicht – Konsolidierung und Rechtsfortbildung; PHi, 1989, S. 110-124. (Zitiert: *Kullmann*, PHi 1989)

Kunz, Jürgen: Die Produktbeobachtungs- und die Befundsicherungspflicht als Verkehrssicherungspflichten des Warenherstellers; BB, 1994, S. 450-454. (Zitiert: *Kunz*, BB 1994)

Kwaschik, Annett: Die Parteivernehmung und der Grundsatz der Waffengleichheit im Zivilprozess; Diss. Tübingen, 2004. (Zitiert: *Kwaschik*)

Larenz, Karl: Methodenlehre der Rechtswissenschaft; 6. Aufl., Berlin-Heidelberg-New York-London-Paris-Tokyo-Hong-Kong-Barcelona-Budapest, 1991. (Zitiert: *Larenz*, Methodenlehre)

Larenz, Karl: Lehrbuch des Schuldrechts I. Band: Allgemeiner Teil; München, 1982 (Zitiert: *Larenz*, SchuldR. I, § xy)

Laumen, Hans-Willi: Voraussetzungen und Rechtsfolgen der Beweisvereitelung; MDR, 2009, S. 177-180. (Zitiert: *Laumen*, MDR 2009)

Laumen, Hans-Willi: Anmerkung zu BGH, Urteil vom 26. Juni 2007 – XI ZR 277/05; BGHReport, 2007, S. 984-985. (Zitiert: *Laumen*, BGHReport 2007)

Laumen, Hans-Willi: Die „Beweiserleichterung bis zur Beweislastumkehr" – Ein beweisrechtliches Phänomen; NJW, 2002, S. 3739-3746. (Zitiert: *Laumen*, NJW 2002)

Laumen, Hans-Willi: Rettungsdienstliche Tätigkeit beim Notfall- und Krankentransport in Rheinland-Pfalz ist als öffentliche Aufgabe organisiert (mit Anmerkung von *Dr. Hans-Willi Laumen*; VersR, 2018, S. 1326-1329. (Zitiert: *Laumen*, VersR 2018)

Leipold, Dieter: Beweislastregeln und gesetzliche Vermutungen, insbesondere bei Verweisungen zwischen verschiedenen Rechtsgebieten; Diss. München, Berlin, 1966. (Zitiert: *Leipold*)

Leipold, Dieter: Die gerichtliche Anordnung der Urkundenvorlage im reformierten deutschen Zivilprozess; Festschrift für Walter Gerhardt, hrsg. v. Eberhard Schilke, Gerhart Kreft, Gerhard Wagner, Diederich Eckardt, Köln, 2004 (Zitiert: *Leipold*, FS Gerhardt)

Lenckner, Theodor: Aussagepflicht, Schweigepflicht und Zeugnisverweigerungsrecht; NJW 1965, S. 321-327. (Zitiert: *Lenckner*, NJW 1965)

Lepa, Manfred: Beweiserleichterungen im Haftpflichtrecht; NZV, 1992, S. 129-136. (Zitiert: *Lepa*, NZV 1992)

Lepa, Manfred: Die Beweiswürdigung – ihr Verhältnis zur Beweislastverteilung und ihre Regel; DriZ, 1966, S. 112-114. (Zitiert: *Lepa*, DriZ 1966)

Lüpke, Tobias/Müller, Robert: „Pre-Trial Discovery of Documents" und § 142 ZPO – ein trojanisches Pferd im neuen Zivilprozessrecht? ; NZI, 2002, S. 588-589. (Zitiert: *Lüpke/Müller*, NZI 2002)

Lutz, Ina: Beweisvereitelung im Zivilprozess; Diss. Frankfurt am Main, 2017. (Zitiert: *Lutz*)

Maassen, Bernhard: Beweismaßprobleme im Schadensersatzprozeß: eine rechtsvergleichende Untersuchung zum Problem des Beweismaßes im deutschen und anglo-amerikanischen Prozeßrecht unter besonderer Berücksichtigung des Schadensersatzprozesses; Diss. Bonn, Köln-Berlin-Bonn-München, 1975. (Zitiert: *Maassen*)

Martin, Dietrich: Lehrbuch des Teutchen gemeinen dürgerlichen Processes; Göttingen, 1800. (Zitiert: *Martin*, Lehrbuch, § xy s. xy)

Matthies, Karl-Heinz: BGH, 18.3.1986 – VI ZR 215/84. Zu Inhalt und Umfang der ärztlichen Dokumentationspflicht; JZ, 1986, S. 958-962. (Zitiert: *Matthies*, JZ 1986)

Musielak, Hans-Joachim: Zur Sachverhaltsaufklärung im Zivilprozess – unter besonderer Berücksichtigung der in jünderer Zeit geschaffenen gesetzlichen Regelungen; Neue Wege Zum Recht – Festgabe für Max Vollkommer zum 75. Geburtstag, hrsg. v. Reinhard Greger, Irmgard Gleussner, Jörn Heinemann, Köln, 2006, S. 237-258. (Zitiert: *Musielak*, FG Vollkommer)

Musielak, Hans-Joachim: Hilfen bei Beweisschwierigkeiten im Zivilprozess; 50 Jahre Bundesgerichtshof – Festgabe aus der Wissenschaft, Bd. III, 2000, S. 193-225 (Zitiert: *Musielak*, FG BGH)

Musielak, Hans-Joachim: Die Beweislast; JuS, 1983, S. 198-203. (Zitiert: *Musielak*, JuS 1983)

Musielak, Hans-Joachim: Die Grundlagen der Beweislast im Zivilprozess; Habil. Köln, Berlin-New York, 1975. (Zitiert: *Musielak*)

Musielak, Hans-Joachim: Beweisvereitelung im Zivilprozess; Dogmatik im Dienst von Gerechtigkeit, Rechtssicherheit und Rechtsentwicklung – Festschrift für Hanns Prütting zum 70. Geburtstag, Köln, 2018, S. 443-454. (Zitiert als: *Musielak*, FS Prütting)

Musielak, Hans-Joachim/Stadler, Max: Grundfragen des Beweisrechts: Beweisaufnahme-Beweiswürdigung-Beweislast; München, 1984. (Zitiert: *Musielak/Stadler*, Grundfragen, Rn. xy)

Musielak, Hans-Joachim/Voit, Wolfgang: Zivilprozessordnung mit Gerichtsverfassungsgesetz; 17. Aufl., München, 2020. (Zitiert: Musielak/Voit/*Bearbeiter*, § xy Rn. xy)

Niehr, Patrick: Die zivilprozessuale Dokumentenvorlegung im deutschen-englischen Rechtshilfeverkehr nach der deutschen und der englischen Prozessrechtsreform; Diss. Köln, Frankfurt a. M.-Berlin-Bern-Bruxelles-New York-Oxford-Wien, 2004. (Zitiert: *Niehr*)

Nipperdey, Hans Carl: Rechtswidrigkeit, Sozialadäquanz, Fahrlässigkeit, Schuld im Zivilrecht; NJW 1957, S. 1777-1782. (Zitiert: *Nipperdey*, NJW 1957)

Nolte, Steffen: Betriebliche Dokumentation und Beweismittelvernichtung in amerikanisch-deutschen Wirtschaftsprozessen: Eine rechtsvergleichende und rechtstatsächliche Untersuchung betrieblicher Aktenvernichtungsprogramme im Lichte der pretrial discovery und der neuesten Entwicklung der Beweisvereitelung im Zivil- und Wirtschaftsprozess; Diss. Augsburg, Heidelberg, 1996. (Zitiert: *Nolte*)

Nüßgens, Karl: Zur ärztlichen Dokumentationspflicht un zum Recht auf Einsicht in die Krankenunterlagen; Verantwortung und Gestaltung: Festschrift für Karlheinz Boujong zum 65. Geburtstag, hrsg. v. Carsten Thomas Eberoth, Dieter Hesselberger, Manfred Eberhard Rinne, München, 1996, S. 831-845. (Zitiert: *Nüßgens*, FS Boujong)

Oberheim, Rainer: ZPO Reform – Update 1 – Grundzüge; JA, 2002, S. 408-415. (Zitiert: *Oberheim*, JA 2002)

Oberheim, Rainer: Beweiserleichterungen im Zivilprozess; JuS, 1997, S. 61-64. (*Oberheim*, JuS 1997)

Ordemann, Walter: Ist § 444 ZPO eine prozessuale Strafbestimmung? ; NJW, 1962, S. 1902-1093. (Zitiert: *Ordemann*, NJW 1962)

Osterloch, Ernst Robert: Lehrbuch des gemeinen, deutschen ordentlichen Civilprozesses; Bd. 1, Leipzig, 1856. (Zitiert: *Osterloch*, Lehrbuch, § xy s. xy)

Palandt, Otto: Bürgerliches Gesetzbuch; Bearbeitet v. Brudermüller Gerd, Ellenberger Jürgen, Götz Isabell, Grüneberg Christian, Herrler Sebastian, Sprau Hartwig, Thorn Karsten, Weidenkaff Walter, Weidlich Dietmar, Wicke Hartmut; 79. Aufl., München, 2020. (Zitiert: Palandt/*Bearbeiter*, § xy Rn. xy)

Papanikolaou, Dimitrios: Die sekundäre Erklärungspflicht im Zivilprozess; Diss. Berlin, 2018. (Zitiert: *Papanikolaou*)

Paulus Christoph Georg: Die Beweisvereitelung in der Struktur des deutschen Zivilprozesses – rechtsgeschichtliche und rechtsvergleichende Betrachtungen; AcP, Bd. 197, 1997, S. 136-160. (Zitiert: *Paulus*, AcP 197)

Peter, Jürgen: Die Beweissicherungspflicht des Arztes; NJW, 1988, S. 751-752. (Zitiert: *Peter*, NJW 1988)

Peters, Egbert: Beweisvereitelung und Mitwirkungspflicht des Beweisgegners; ZZP, Bd. 82, 1969, S. 200-224. (Zitiert: *Peters*, ZZP 82)

Peters, Egbert: Auf dem Wege zu einer allgemeinen Prozessförderungspflicht der Parteien? ; Festschrift für Karl Heinz Schwab zum 70. Geburtstag, hrsg. v. Peter Gottwald, Hans Prütting, München, 1990, S. 339-408. (Zitiert: *Peters,* FS Schwab)

Pfeiffer, Thomas: Anmerkung zum Urteil des BGH vom 8. Dezember 1992 – VI ZR 24/92; LM, 1993, Nr. 186 zu § 823 (Dc) BGB (5/1993) Bl. 845. (Zitiert: *Pfeiffer*, LM 1993)

Pfister, Bernhard: Kurzkommentar: BGH, Urt. v. 7.6.1988 – VI ZR 91/87; EWiR, 1988, S. 891-892. (Zitiert: *Pfister*, EWiR 1988)

Planck, Julius Wilhelm: Lehrbuch des Deutschen Civilprozessrechts; Bd. 2, Erste Abtheilung, München, 1891. (Zitiert: *Planck*, Civilprozess, § xy s. xy)

Preis, Ulrich: Das Nachweisgesetz – lästige Förmelei oder arbeitsrechtliche Zeitbombe? NZA, 1997, S. 10-17. (Zitiert: *Preis*, NZA 1997)

Prölss, Jürgen: Beweiserleichterungen im Schadensersatzprozess; Diss. München, Karlsruhe, 1966. (Zitiert: *Prölss*, Beweiserleichterungen)

Prütting, Hanns: Gegenwartsprobleme der Beweislast: eine Untersuchung moderner Beweislasttheorien und ihrer Anwendung insbesondere im Arbeitsrecht; Habil. Erlangen-Nürnberg, München, 1983. (Zitiert: *Prütting)*

Prütting, Hanns: Discovery im deutschen Zivilprozess; AnwBl., 2008, S. 153-159. (Zitiers als: *Prütting*, AnwBl. 2008)

Prütting, Hanns/Gehrlein, Markus: Zivilprozessordnung, Kommentar; 11. Aufl., Köln, 2019. (Zitiert: Prütting/Gehrlein/*Bearbeiter*, § xy Rn. xy)

Renaud, Achilles: Lehrbuch des Gemeinen deutschen Civilprozeßrechts mit Rücksicht auf die neuern Civilprozessgesetzgebungen; 2. Aufl., Leipzig, Heidelberg, 1873. (Zitiert: *Renaud*, Civilprozess, § xy s. xy)

Rieger, Hans-Jürgen: Lexikon des Arztrechts; Berlin-New York, 1984. (Zitiert: *Rieger*)

Riezler, Erwin: Berufung auf eigenes Unrecht; JhJb, 1941, S. 177-276. (Zitiert: *Riezler*, JhJb 1941)

Rosenberg Leo: Die Beweislast; 4. Aufl., München-Berlin, 1956. (Zitiert: *Rosenberg*, Beweislast)

Rosenberg, Leo/Schwab, Karl Heinz/Gottwald, Peter: Zivilprozessrecht; 18. Aufl., München, 2018. (Zitiert: *Rosenberg/Schwab/Gottwald*, § xy Rn. xy)

Rühl, Giesela: Die Begrenzung des § 142 ZPO durch das Anwaltsprivileg; ZZP, Bd. 125, 2012, S. 25-40. (Zitiert: *Rühl,* ZZP 125)

Sachs, Michael: Grundgesetz Kommentar; 8. Aufl., München, 2018. (Zitiert: Sachs/*Bearbeiter*, Art. xy. Rn. xy)

Säcker, Franz Jürgen/Rixecker, Roland/Oetker, Hartmut/Limperg, Bettina: Münchener Kommentar zum Bürgerlichen Gesetzbuch; Bd. 2, Schuldrecht-Allgemeiner Teil I, 8. Aufl., München, 2019; Bd. 5, Schuldrecht-Besonderer Teil II §§ 535-630h BetrKV, HeizkostenV, WärmeLV, EFZG, TzBfG, KSchG, MiLoG, 8. Aufl., München, 2020; Bd. 6, Schuldrecht-Besonderer Teil IV §§ 705-853 Partnerschaftsgesellschaftsgesetz, Produkthaftungsgesetz, 7. Aufl., München, 2017. (Zitiert: MüKoBGB/*Bearbeiter*, xy. Aufl., § xy Rn. xy).

Saenger, Ingo: Zivilprozessordnung; 8. Aufl., Baden-Baden, 2019. (ziriert als: Hk-ZPO/*Bearbeiter*, § xy Rn. xy)

Salger, Carsten: Kurzkommentar zu BGH, Urteil vom 26. Juni 2007 – XI ZR 277/05; EWiR, 2007, S. 671-672. (Zitiert: *Salger*, EWiR 2007)

Schack, Haimo: Waffengleichheit im Zivilprozess; ZZP, Bd. 129, 2016, S. 393-416. (Zitiert: *Schack*, ZZP 129)

Schatz, Stefan: Die Beweisvereitelung in der Zivilprozessordnung; Köln, 1992. (Zitiert: *Schatz*)

Schellhammer, Kurt: Schuldrecht nach Anspruchsgrundlagen; 8. Aufl., Heidelberg-München-Landberg-Frechen-Hamburg, 2011. (Zitiert: *Schellhammer*, Schuldrecht, Rn. xy)

Schellhammer, Kurt: Zivilprozess, Gesetz-Praxis-Fälle; 15. Aufl., Heidelberg-München-Landberg-Frechen-Hamburg, 2016. (Zitiert: *Schellhammer*, Zivilprozess, Rn. xy)

Scherpe, Julia Caroline: Recht auf Beweis und Beibringungsgrundsatz im Zivilprozess; ZZP, Bd. 129, 2016, S. 153-186. (Zitiert: *Scherpe*, ZZP 129)

Schlosser, Peter: Französische Anregungen zur Urkundenvorlagepflicht nach § 142 ZPO; Privatrecht in Europa: Vielfalt, Kollision, Kooperation; Festschrift für Hans Jürgen Sonnenberger zum 70. Geburtstag, hrsg. v. Michael Coester, Dieter Martiny, Karl August Prinz von Sachsen Gessaphe, München, 2004, S. 135-155. (Zitiert: *Schlosser*, FS Sonnenberger)

Schlosser, Peter: Anmerkung zu BGH, Urteil von 2. Februar 2002 – I ZR 45/01; JZ, 2003, S. 427-428. (Zitiert: *Schlosser*, JZ 2003)

Schlosser, Peter: Die lange deutsche Reise in die prozessuale Moderne; JZ, 1991, S. 599-608. (Zitiert: *Schlosser*, JZ 1991)

Schmid, Andreas Christian Johannes: Handbuch des gemeinen deutschen Civilprozesses; Zweiter Theil, Kiel, 1844. (Zitiert: *Schmid*, Civilprozess, § xy s. xy)

Schmid, Hugo: Verfahrensregel für Arzthaftungsprozesse; NJW, 1994, S. 767-773. (Zitiert: *Schmid*, NJW 1994)

Schmidt-Saher, Joachim: Das Mehrwegflaschen-Urteil des Bundesgerichtshofs und die allgemeine Produkt-Versicherungshaftung; PHi, 1988, S. 146-155. (Zitiert: *Schmidt-Saher*, PHi 1988)

Schneider, Egon: Die Beweisvereitelung; MDR, 1969, S. 4-10. (Zitiert: *Schneider*, MDR 1969)

Schubert, Werner: Entstehung und Quellen der Civilprozessordnung von 1877; Erster und zweiter Halbbände, Frankfurt am Main, 1987. (Zitiert: *Schubert*, Civilprozessordnung)

Schultze-Zeu, Ruth: Konsequenzen der unterlassenen Befunderhebung oder Befundsicherung für die Beweislastverteilung zwischen dem geschädigten Patienten und dem beklagten Arzt/Krankenhaus im Schadensersatzprozess; VersR, 2000, S. 565-567. (Zitiert: *Schultze-Zeu*, VersR 2000)

Schulze, Reiner: Bürgerliches Gesetzbuch Handkommentar; 10. Aufl., Baden-Baden, 2019. (Zitiert: Hk-BGB/*Bearbeiter*, § xy Rn. xy)

Soergel, Hans-Theodor: Soergel Bürgerliches Gesetzbuch mit Einführungsgesetz und Nebengesetzen, Schuldrecht 10; §§ 823-853, ProdHG, UmweltHG, 13. Aufl., Stuttgart, 2005. (Zitiert: Soergel/*Bearbeiter*, § xy Rn. xy)

Stackmann, Nickolaus: Richterliche Anordnungen versus Parteiherrschaft im Zivilprozess; NJW, 2007, S. 3521-3526. (Zitiert: *Stackmann*, NJW 2007)

Stadler, Astrid: Anmerkung zu BGH, Urteil vom 26. Juni 2007 – XI ZR 277/05; WuB VII A. § 142 1.07, 2007. S. 881-882. (Zitiert: *Stadler*, WuB 2007)

Stadler, Astrid: Geheimnisschutz im Zivilprozess aus deutscher Sicht; ZZP, Bd. 123, 2010, S. 261-282. (Zitiert: *Stadler*, ZZP 123)

Stadler, Astrid: Inquisitionsmaxime und Sachverhaltsaufklärung; erweiterte Urkundenvorlagepflichten von Parteien und Dritten nach der Zivilprozessreform; Festschrift für Kostas E. Beys dem Rechtsdenker in attischer Dialektik zum 70. Geburtstag am 25. November 2003, Athen, 2003. (Zitiert: *Stadler*, FS Beys)

Stathopoulos, Michael: Bemerkungen zum Verhältnis zwischen Fahrlässigkeit und Rechtswidrigkeit im Zivilrecht; Festschrift für Karl Larenz zum 80. Geburtstag am 23. April 1983, hrsg. v. Claus-Wilhelm Canaris, Uwe Diederichsen, München, 1983, S. 631-648. (Zitiert: *Stathopoulos*, FS Larenz)

Steffen, Erich: Beweislasten für den Arzt und den Produzenten aus ihren Aufgaben zur Befundsicherung; Festschrift für Hans Erich Brandner: zum 70. Geburtstag, hrsg. v. Gerd Pfeiffer, Joachim Kummer Silke Scheuch, Köln, 1996, S. 327-340. (Zitiert: *Steffen*, FS Brandner)

Stein, Friedrich/Jonas, Martin: Die Zivilprozessprozessordnung für das Deutsche Reich; Bd. 1, 13. Aufl., Tübingen, 1926. (Zitiert: *Stein/Jonas*, § xy Rn. xy)

Stein, Friedrich/Jonas, Martin: Kommentar zur Zivilprozessordnung; Bd. 2., §§ 78-147 ZPO, 23. Aufl., Tübingen, 2016; Bd. 3, §§ 148-270 ZPO, 23. Aufl., Tübingen, 2016; Bd. 4, §§ 271-327 ZPO, 23. Aufl., Tübingen, 2018; Bd. 5, §§ 328-510c ZPO, 23. Aufl., Tübingen, 2015. (Zitiert: Stein/Jonas/*Bearbeiter*,

23. Aufl., § xy Rn. xy) Kommentar zur Zivilprozessordnung; Bd. 3, §§ 128-252, 22. Aufl., Tübingen, 2005. (Zitiert: Stein/Jonas/*Bearbeiter*, 22. Aufl., § xy Rn. xy)

Strohmaier, Gerhard: Zweck und Ausmaß der Dokumentationspflicht des Arztes; VersR, 1998, S. 416-420. (Zitiert: *Strohmaier*, VersR 1998)

Struckmann, Johannes/Koch, Richard: Civilprozessordnung für das Deutsche Reich nebst den auf den Civilprozess bezüglichen Bestimmungen des Gerichtsverfassungsgesetzes und den Einführungsgesetzen; Bd. 1, 8. Aufl., Berlin, 1901. (Zitiert: *Struckmann/Koch*, § xy Rn. xy)

Stürner, Rolf: Die Aufklärungspflicht der Parteien des Zivilprozesses; Tübingen, 1976. (Zitiert: *Stürner*)

Stürner, Rolf: Parteipflichten bei der Sachverhaltsaufklärung im Zivilprozeß – Zugleich ein Beitrag zur Lehre von der Beweisvereitelung; ZZP, Bd. 98, 1985, S. 237-256. (Zitiert: *Stürner*, ZZP 98)

Taupitz, Jochen: Prozessuale Folgen der „vorzeitigen" Vernichtung von Krankenunterlagen; ZZP, Bd. 100, 1987, S. 287-345. (Zitiert: *Taupitz,* ZZP 100)

Thole, Christoph: Die Beweisvereitelung zwischen materiellem Recht und Prozessrecht; JR, 2011, S. 327-334. (Zitiert: *Thole,* JR 2011)

Thomas, Heinz/Putzo, Hans: Zivilprozessordnung; 40. Aufl., München, 2020. (Zitiert: Thomas/Putzo/*Bearbeiter,* § xy Rn. xy)

v. Linde, Justin Timotheus Balthasar: Lehrbuch des deutschen gemeinen Civilprozesses; 6. Aufl., Bonn, 1843. (Zitiert: *Linde*, Lehrbuch, § xy s. xy)

v. Mangoldt, Hermann,/Klein, Friedrich/Starck, Christian: Kommentar zum Grundgesetz; Bd. 2 – Artikel 20 bis 82, 6. Aufl., München, 2010. (Zitiert: v. Mangoldt/Klein/Starck/*Bearbeiter*, Art. xy. Rn. xy)

v. Staudiger, Julius/Hager, Johannes/Mansel, Heinz-Peter: Kommentar zum Bürgerlichen Gesetzbuch mit Einführungsgesetz und Nebengesetzen; § 823 A-D (Unerlaubte Handlungen 1 – Rechtsgüter und Rechte, Persönlichkeitsrecht, Gewerbebetrieb), 15. Aufl., Berlin, 2017. (Zitiert: Staudiger/*Bearbeiter,* § xy Rn. xy)

Vollkommer Max: Der Grundsatz der Waffengleichheit im Zivilprozeß – eine neue Prozeßmaxime? ; Festschrift für Karl Heinz Schwab zum 70. Geburtstag, hrsg. v. Peter Gottwald, München, 1990, S. 503-520. (Zitiert: *Vollkommer*, FS Schwab)

Wagner, Gerhard: Urkundenedition durch Prozeßparteien – Auskunftspflicht und Weigerungsrechte; JZ, 2007, S. 706-719. (Zitiert: *Wagner*, JZ 2007)

Walter, Gerhard: BGH, 27.6.1978 – VI ZR 183/76 – Zur Möglichkeit einer Beweislasterleichterung für einen stationär aufgenommenen Patienten; JZ, 1978, S. 806-808. (Zitiert: *Walter*, JZ 1978)

Walter, Gerhard: Freie Beweiswürdigung, eine Untersuchung zur Bedeutung, Bedingungen und Grenzen der freien richterlichen Überzeugung; Habil., Tübingen, 1979. (Zitiert: *Walter,* Beweiswürdigung)

Wasserburg, Klaus: Die ärztliche Dokumentationspflicht im Interesse des Patienten; NJW, 1980, S. 617-624. (Zitiert: *Wasserburg,* NJW 1980)

Weber, Helmut: Der Kausalitätsbeweis im Zivilprozeß, Kausalität – Beweiswürdigung und Beweismaß – Beweiserleichterungen vornehmlich im Blick auf den Schandensersatzprozeß wegen unerlaubter Handlungen; Habil., Tübingen, 1997. (Zitiert: *Weber*)

Weismann, Jakob: Lehrbuch des deutschen Zivilprozesses; Bd. 1, Stuttgart, 1903. (Zitiert: *Weismann,* Lehrbuch, § xy Rn. xy)

Wetzell, Georg Wilhelm: System des ordentlichen Civilprocesses; 3. Aufl., Leipzig, 1878. (Zitiert: *Wetzell,* System)

Wieczorek, Bernhard/Schütze, Rolf: Zivilprozessordnung und Nebengesetze – Großkommentar; Bd. 1/1, Einleitung, §§ 1-23a, 4. Aufl., Berlin-München-Boston, 2015; Bd. 4, §§ 253- 299a, 4. Aufl., Berlin-Boston, 2013; Bd. 6, §§ 355-510c, 4. Aufl., Berlin/Boston, 2014. (Zitiert: Wieczorek/Schütze/*Bearbeiter,* § xy Rn. xy)

Wildhagen, Georg: Der bürgerliche Rechtsstreit; Berlin, 1912. (Zitiert: *Wildhagen,* Rechtsstreit)

Winkelmann, Thomas: Die Befundsicherungspflicht des Herstellers – Ein erster Schritt zur Beweislastumkehr beim Kausalitätsnachweis im Produzentenhaftungsrecht? ; MDR, 1989, S. 16-19. (Zitiert: *Winkelmann,* MDR 1989)

Zekoll, Joachim/Haas, Georg Alexander: Ausweitung ohne Ausforschung – zur Urkundenvorlagepflicht; JZ, 2017, S. 1140-1146. (Zitiert: *Zekoll/Haas,* JZ 2017)

Zekoll, Joachim/Bolt, Ian: Die Pflicht zur Vorlage von Urkunden im Zivilprozess – Amerikanische Verhältnisse in Deutschland? ; NJW, 2002, S. 3129-3134. (Zitiert: *Zekoll/Bolt,* NJW 2002)

Zöller, Richard: Zivilprozessordrnung; 33. Aufl., Köln, 2020. (Zitiert: Zöller/*Bearbeiter,* § xy Rn. xy)

Zwanziger, Bertram: Ausgewählte Einzelprobleme des Nachweisgesetzes; DB, 1996, S. 2027-2030. (Zitiert: *Zwanziger,* DB 1996)

Griechisches Schrifttum und Kommentare

Beys, Kostas: Πολιτική δικονομία – Γενικές αρχές και ερμηνεία των άρθρων (Zivilprozess – Allgemeine Prinzipien und Auslegung der Paragrafen); Bd. 7,

§§ 335-465 des griechischen Zivilprozessbuchs, Athen, 1975. (Zitiert: *Beys*, Zivilprozess, § xy Rn. xy)

Beys, Kostas: Η εξέτασις των διαδίκων, ως νέον κατά τον ΚΠολΔ μέσον αποδείξεως και η σχέσις αυτού προς τα λοιπά αποδεικτικά μέσα, πρακτικά συζητήσεως (Die Parteivernehmung als neues Beweismittel gemäß dem Zivilprozessbuch und deren Beziehung zu den übrigen Beweismitteln, Verhandlungsprotokoll); Díke, Bd. 4, 1973, S. 491-544. (Zitiert: *Beys*, Díke 1973)

Beys, Kostas: Ανάκληση μη οριστικής απόφασης και επίδειξη εγγράφων (Widerruf eines Beschlusses und Urkundenvorlegung); Díke, Bd. 18, 1987, S. 91-100. (Zitiert: *Beys*, Díke 1987)

Fragistas, Charalambos/Gesiou-Faltsi, Pelayia: Δίκαιο αποδείξεως (Beweisrecht); 3. Aufl., Athen-Thessaloniki, 1986. (Zitiert: *Fragistas/Gesiou-Faltsi*, Beweisrecht, § xy Rn. xy)

Kerameus, Konstantinos/Kondylis, Dimitrios/Nikas, Nikolaos: Ερμηνεία του Κώδικα Πολιτικής Δικονομίας (Kommentar zum Zivilprozessbuch); 2. Aufl., Athen-Thessaloniki-Komotini, 2000. (Zitiert: Kerameus/Kondylis/Nikas/ *Bearbeiter*, ZPB, § xy Rn. xy)

Klamaris, Nikolaos/Koussoulis, Stelios/Pantazopoulos, Stefanos: Πολιτική Δικονομία (Οργανισμός δικαστηρίων - Γενική εισαγωγή και διαδικασία στα πρωτοβάθμια δικαστήρια - απόδειξη) [Zivilprozess (Gerichtsverfassungsrecht - Allgemeine Einführung und Verfahren vor den erstinstanzlichen Gerichten - Beweis); 2. Aufl., Athen-Thessaloniki, 2015. (Zitiert: *Klamaris/ Koussoulis/Pantazopoulos*, ZP)

Nikas, Nikolaos: Εγχειρίδιο Πολιτικής Δικονομίας (Handbuch des Zivilprozesses); Athen-Thessaloniki, 2012. (Zitiert: *Nikas*, HdB-Zivilprozess, § xy Rn. xy)

Nikolopoulos, Giorgos: Το Δίκαιο της Αποδείξεως (Das Beweisrecht); Athen-Komotini, 2005. (Zitiert: *Nikolopoulos*, Beweisrecht)

Orfanides, Georgios: Η ομολογία στην πολιτική δίκη (Das Geständnis im Zivilprozess); Athen-Komotini, 1987. (Zitiert: *Orfanides*, Geständnis)

Theodoropoulos, Panayiotis: Κώδικας πολιτικής δικονομίας (Zivilprozessordnung); 2. Aufl., Athen, 1986. (Zitiert: *Theodoropoulos*, ZPO, § xy Rn. xy)

Vathrakokoilis, Vasilis: Κώδικας πολιτικής δικονομίας - Ερμηνευτική-Νομολογιακή ανάλυση (κατ' άρθρο) [Zivilprozessbuch - Auslegungs-Rechtsprechungsanalyse (Paragrafweise)]; Bd. 2, §§ 221-477, Athen, 1994. (Zitiert: *Vathrakokoilis*, ZPB, § xy Rn. xy)

Englisches Schrifttum und Kommentare

Allbon, Emily/Kaur Dua, Sanmeet: English Legal System; 19. Aufl., Harlow, 2019. (Zitiert: *Allbon/Kaur Dua*, System)

Andrews, Neil: English Civil Procedure – Fundamentals of the New Civil Procedure System; New York, 2003. (Zitiert: *Andrews*, Procedure, Rn. xy)

Austin, Lisa M.: Property and the rule of law; LT, 2014 , S. 79-105. (Zitiert: *Austin*, LT 2014)

Bailey, Stanley Hartnoll/Ching, Jane P. L./Taylor, Nick W.: Smith, Bailey and Gunn on the modern English legal system; 5. Aufl., London, 2007. (Zitiert: *Bailey/Ching/Taylor*, System, Rn. xy)

Best, William Mawdesley: A treatise on presumptions of law and fact with the theory and the rules of presumptive or circumstantial proof in criminal cases; Philadelphia, 1845. (Zitiert: *Best*, Presumptions)

Best, William Mawdesley/Phipson, Sidney Lovell: The Principles of the Law of Evidence with Elementary Rules for Conducting the Examination and Cross-Examination of Witnesses; 12. Aufl., London, 1922. (Zitiert: *Best/Phipson*, Evidence, Rn. xy)

Bevan, Nicholas: Case Comment – *Micklewright v Surrey CC*: liability-fatal accidents-negligence; JPIL 2011, S. 189-193. (Zitiert: *Bevan*, JPIL 2011)

Bray, Judith: The law on treasure from a land lawyer's perspective; Conv, 2013, S. 265-279. (Zitiert: *Bray*, Conv 2013)

Bridge, Michael/Gullifer, Louise/Low, Kelvin F. K./McMeel, Gerard: The Law of Personal Property; 2. Aufl., London, 2018. (Zitiert: *Bridge/Gullifer/Low/McMeel*, Property, Rn. xy)

Bridge, Nigel: Presumptions and burdens; MLR, 1949, S. 273-289. (Zitiert: *Bridge*, MLR 1949)

Burke, John: Jowitt's Dictionary of English Law; 2. Aufl., Bd. 2, London, 1977. (Zitiert: *Burke*, Dictionary)

Burn, Richard/Chetwynd, George/Wharton-Marriott, George: The justice of the peace and parish officer; 25. Aufl., London, 1830. (Zitiert: *Burn/Chatwynd/Wharton-Marriott*, Justice)

Burrows, Andrew: Principles of the English Law of Obligations; Oxford, 2015. (Zitiert: *Burrows*, Obligations, Rn. xy)

Carter, Peter Basil: Cases and Statutes on Evidence; 2. Aufl., London, 1990. (Zitiert: *Carter*, Evidence)

Chitty, Edward: An index to all the reported cases, statutes, and general orders in or relating to principles, pleading, and practice of Equity and Bankruptcy in the several Courts of Equity in England and Ireland, the Privy Council, and the House of Lords, from the earliest period down to the year 1831; 1. Aufl., Bd. 1, Philadelphia, 1831. (Zitiert: *Chitty*, Index)

Choo, Andrews L.T.: Evidence; 5. Aufl., Oxford, 2018. (Zitiert: *Choo*, Evidence)

Cross, Rupert: Precedent in english law; Oxford, 1961. (Zitiert: *Cross*, Precedent)

Darbyshire, Penny: Darbyshire on the English Legal System; 12. Aufl., London, 2017. (Zitiert: *Darbyshire*, System, Rn. xy)

Denning, Alfred Thompson: Presumptions and burdens; LQR, 1945, S. 379-383. (Zitiert: *Denning*, LQR 1945)

Dennis, Ian H.: Law of Evidence; 6. Aufl., London, 2017. (Zitiert: *Dennis*, Evidence, Rn. xy)

Dixon, Robert: The Law relative to titles-deeds and other documents; Bd. 1, London, 1826. (Zitiert: *Dixon*, Deeds)

Dunford, Charles/Hyde, Edward: Reports of cases argued and determined in the Court of King's bench, from Michaelmas term, 26th George III [1785] to Trinity term, 40th George III [1800] both inclusive; 1. Aufl., Philadelphia, 1811. (Zitiert: *Dunford/Hyde*, Reports)

Durston, Gregory: Evidence – Text & Materials; 2. Aufl., Oxford, 2011. (Zitiert: *Durston*, Evidence)

Edelman, James: McGregor on Damages; 20. Aufl., London, 2018. (Zitiert: *Edelman*, McGregor, Rn. xy)

Emson, Raymond: Evidence; 5. Aufl., Hampshire, 2010. (Zitiert: *Emson*, Evidence)

Farg, Suzanne/Danziger, Verity: Loss of Chance; PILJ, Bd. 108, S. 6-10. (Zitiert: *Farg/Danziger*, PILJ 2012)

Fox, David: Relativity of title at law and in equity; CLJ 2006, S. 330-365. (Zitiert: *Fox*, CLJ 2006)

Freeman, Richard: Reports of Cases argued and determined in the High Court of Chancery principally between the years 1660 and 1706, but including some earlier decrees of that court, and a few cases decided on the equity side of the Court of Exchequer; London, 1823. (Zitiert: *Freeman*, Chancery)

Furmston, Michael: Law of Contract; 17. Aufl., Oxford, 2017. (Zitiert: *Furmston*, Contract)

Garbett, Kathryn/Preston-Jones, Robin: In the club; NLJ 2016, S. 11-12. (Zitiert: *Garbett/Preston-Jones*, NLJ 2016)

Gillespie, Alisdair/Weare, Siobhan: The english legal system; 6. Aufl., Oxford, 2017. (Zitiert: *Gillespie/Weare*, Legal System)

Glover, Richard: Murphy on Evidence; 15. Aufl., Oxford, 2017. (Zitiert: *Glover*, Evidence)

Goldstein, Laurence/Evans, Jim: Precedent in Law – Precedent in the nineteenth century; Oxford, 1987, S. 35-72. (Zitiert: Goldstein/*Evans*, Precedent)

Goldstein, Laurence/Postema, Gerald J.: Precedent in Law – Some roots of our notion of precedent; Oxford, 1987, S. 9-34. (Zitiert: Goldstein/*Postema*, Precedent)

Goldstein, Laurence/Wesley-Smith, Peter: Precedent in Law – Theories of adjudication and the status of stare decisis; Oxford, 1987, S. 73-88. (Zitiert: Goldstein/*Wesley-Smith*, Stare Decisis)

Greenleaf, Simon: A treatise on the law of evidence; 2. Aufl., Bd. 1, Boston-London, 1864. (Zitiert: *Greenleaf*, Evidence 1864)

Greenleaf, Simon: A treatise on the law of evidence; Boston, 1883. (Zitiert: *Greenleaf*, Evidence 1883)

Grubb, Andrew/Furmston, Michael: Butterworths Common Law Series – The Law of Contract; 4. Aufl., London, 2010. (*Grubb/Furmston*, Contract, Rn. xy)

Halsbury, Earl: The laws of england – a complete statement of the whole law of England; 3. Aufl., Bd. 22, London, 1958. (Zitiert: *Halsbury*, Laws of England, Rn. xy)

Hammond, Anthony: A summary treatise on the practise and proceedings in Parliament – The passing of public and private bills – And the law of elections; London, 1825. (Zitiert: *Hammond*, Parliament)

Hibbert, Peter: The electronic evidence and e-disclosure Handbook; London, 2016. (Zitiert: *Hibbert*, Evidence, Rn. xy)

Hibbert, Peter: Civil Evidence for Practitioners; 4. Aufl., Croydon, 2014. (Zitiert: *Hibbert*, Civil Evidence, Rn. xy)

Hibbert, Peter: Burning your Books; ComLJ, Bd. 29, 2010, S. 2-5. (Zitiert: *Hibbert*, ComLJ 29)

Hibbert, Peter: Deliberate Destruction; ComLJ, Bd. 30, 2010, S. 8-11. (Zitiert: *Hibbert*, ComLJ 30)

Hollander, Charles: Documentary Evidence; 13. Aufl., London, 2019. (*Hollander*, Evidence, Rn. xy)

Iller, Martin: Civil Evidence: The Essential Guide; London, 2006. (Zitiert: *Iller*, Evidence, Rn. xy)

Indermaur, John: Principles of the common law: an elementary work intended for the use of students and the profession; 2. Aufl., London, 1880. (Zitiert: *Indermaur*, Principles)

Jagoe, John: An index to the reported cases not over-ruled or obsolete, and to the statutes, rules, and orders relating to the principles, pleading, and practice of the courts of equity in England & Ireland and of the equitable jurisdiction of the House of Lords and privy council from the earliest time down to the year 1850; Bd. 1, London, 1851. (Zitiert: *Jagoe*, Index)

Keane, Adrian/McKeown, Paul: The Modern Law of Evidence; 12. Aufl., Oxford, 2018. (Zitiert: *Keane/McKeown*, Evidence)

Keane, Adrian/McKeown, Paul: The Modern Law of Evidence; 11. Aufl., Oxford, 2016. (Zitiert: *Keane/McKeown*, 11. Aufl., Evidence)

Kiralfy, Albert: The Burden of Proof; Oxon, 1987. (Zitiert: *Kiralfy*, Burden)

Kiralfy, Albert Roland: Potter's outlines of english legal history; 5. Aufl., London, 1958. (Zitiert: *Kiralfy*, Legal History)

Kiralfy, Albert Roland: Potter's historical introduction to english law and its institutions; 4. Aufl., London, 1962. (Zitiert: *Kiralfy*, Law and institutions)

Laws, John: Civil Court Service 2019; London, 2019. (Zitiert: *Laws*, CCS 2019)

Maddock, Henry: A treatise on the principles and practice of the High Court of Chancery, under the following heads: I. Common Law Jurisdiction. II. Equity Jurisdiction III Statutory Jurisdiction IV Specially Delegated Jurisdiction; 2. Aufl., Bd. 1, London, 1820. (Zitiert: *Maddock*, Treatise on Chancery)

Malek, Hodge M./Auburn, Jonathan/Bagshaw, Roderick: Phipson on Evidence; 19. Aufl., London, 2017. (Zitiert: Phipson/*Bearbeiter*, Rn. xy)

Milsom, Stroud: The future and the past of judge-made law; London-Ronceverte, 1985, S. 209-222. (Zitiert: *Milsom*, Judge-made law)

Moore-Bick, Martin: The Civil Court Practice 2019; Volume I, London, 2019. (Zitiert: *Moore-Birk*, CCP)

Munday, Roderick: Evidence; 9. Aufl., Oxford, 2017. (Zitiert: *Munday*, Evidence, 9. Aufl., Rn. xy)

Munday, Roderick: Cross & Tapper on Evidence; 13. Aufl., Oxford, 2018. (Zitiert: *Munday*, Cross & Tapper)

Murphy, Peter: Murphy on Evidence; 5. Aufl., London, 1995. (Zitiert: *Murphy*, Evidence)

O'Hare, John/Browne, Kevin: Civil Litigation; 18. Aufl., London, 2017. (Zitiert: *O'Hare/Browne*, Litigation)

O'Sullivan, Richard: Natural law and Common Law; TGS 1945, S. 117-138. (Zitiert: *O'Sullivan*, TGS 1945)

Oliphant, Herman: A return to stare decisis; ALSR, 1928, S. 215-230. (Zitiert: *Oliphant*, ALSR 1928)

Patten, Keith: Bearing the Burden; PIN, Bd. 9, 2010, S. 7-8. (Zitiert: *Patten*, PIN 2010)

Purcelli, Theobald: A summary of the criminal law of Ireland; Bd. 1, Dublin, 1845. (Zitiert: *Purcelli*, Ireland)

Rostill, Luke: Terminology and title to chattels: a case against "possessory title"; LQR 2018, S. 407-425. (Zitiert: *Rostill*, LQR 2018)

Roy, Andrew: Keefe v Isle of Man Steam Packet Co Ltd; PILJ, Bd. 87, 2010, S. 6-7. (Zitiert: *Roy*, PILJ 2010)

Sim, Disa: Burden of proof in undue influence: common law and codes on collision course; IJEP, 2003, S. 221-236. (Zitiert: *Sim*, IJEP 2003)

Simcoe Saunders, John: The law of pleading and evidence in civil Actions, Arranged alphabetically with practical forms and the pleading and evidence to support them; Bd. 1, Philadelphia, 1844. (Zitiert: *Simcoe-Saunder*, Evidence Bd. 1)

Simcoe Saunders, John: The law of pleading and evidence in civil Actions, Arranged alphabetically with practical forms and the pleading and evidence to support them; Bd. 2, Philadelphia, 1844. (Zitiert: *Simcoe-Saunder*, Evidence Bd. 2)

Sime, Stuart: A practical approach to Civil Procedure; 4. Aufl., London, 2000. (Zitiert: *Sime*, Procedure)

Sime, Stuart/French, Derek: Blackstone's Civil Practice 2019 – The Commentary; Oxford, 2019. (Zitiert: *Sime/French*, Blackstone, Rn. xy)

Start, Angharad/Bird, Ncik: Losing the way on lost chance; NLJ 2006, S. 358-359. (Zitiert: *Start/Bird*, NLJ 2006)

Story, Joseph: Commentaries on Equity jurisprudence: As administered in England and America; 13. Aufl., Bd. 1, Washington D.C., 1886. (Zitiert: *Story*, Equity)

Taylor, John Pitt: A treatise on the law of evidence as administered in England and Ireland: With illustrations from Scotch, Indian, American, and Other Legal Systems; 9. Aufl., London, 1897. (Zitiert: *Taylor*, Treatise)

Tettenborn, Andrew: The Law of Damages; 2. Aufl., London, 2010. (Zitiert: *Tettenborn*, Damages, Rn. xy)

Thompson, Peter K. J./Mambro di, Louise: Butterworths Civil Court Precedents; London, 2019. (Zitiert: *Thomson/Mambro*, BCCP, Issue No. xy s. xy)

Tronson, Brenda: Destruction of documents before commencement of proceedings; CJQ 2006, 25 (Oct), 451-457. (Zitiert: *Tronson*, CJQ 2006)

Troubat, Francis J./Lewis, Ellis/M'Candless, Wilson: The new library of Law and Equity; Bd. 1, Harrisburg, 1845. (Zitiert: *Troubat/Lewis/M'Candless*, Law and Equity)

Uglow, Steve: Evidence – Text and Materials; London, 2006. (Zitiert: *Uglow*, Evidence)

Vernon, Thomas: Cases argued and adjudicated in the High Court of Chancery; 3. Aufl., Bd. 2, London, 1828. (Zitiert: *Vernon*, Treatise on Chancery)

Walker, David: The Oxford Companion to Law; Oxford, 1980. (Zitiert: *Walker*, Companion)

Walker, Roland: The English Legal System; 5. Aufl., London, 1980. (Zitiert: *Walker*, Legal System)

Wambaugh, Eugene: The study of cases: a course of instruction in reading and stating reported cases, composing head-notes and briefs, criticising and comparing authorities, and compiling digests; Boston, 1894. (Zitiert: *Wambaugh*, Cases)

Wharton, Thomas: The law library; Bd. 27, Philadelphia, 1844. (Zitiert: *Wharton*, Law library)

Wheater, Michael/Raffin, Charles: Electronic Disclosure, Law and Practice; Oxford, 2017. (Zitiert: *Wheater/Raffin*, Disclosure, Rn. xy)

Wild, Charles/Weinstein, Stuart: Smith & Keenan's English Law – Text and Cases; 17. Aufl., Harlow, 2017. (Zitiert: *Wild/Weinstein*, English Law)

Zuckerman, Adrian: Zuckerman on Civil Procedure, Principles of Practice; 3. Aufl., London, 2013. (Zitiert: *Zuckerman*, CPR, Rn. xy)

Deutscher Reichsanzeiger und Preußischer Staatsanzeiger, Nr. 257 vom 02.11.1933. (zitiert als: Reichsanzeiger)

Entwurf einer Zivilprozessordnung; hrsg. v. dem Reichs- Justizministerium, Berlin, 1931. (zitiert als: Entwurf 1931)

Gesetz über den Nachweis der für ein Arbeitsverhältnis geltenden wesentlichen Bedingungen – Nachweisgesetz vom 20. Juli 1995 (BGBl. I S. 946).

Richtlinie 91/533/EWG des Rates vom 14. Oktober 1991 über die Pflicht des Arbeitgebers zur Unterrichtung des Arbeitnehmers über die für seinen Arbeitsvertrag oder sein Arbeitsverhältnis geltenden Bedingungen *(Amtsblatt Nr. L 288 vom 18/10/1991 S. 0032 – 0035).*

Im Text erwähnte Vorschriften

Paragrafen des englischen Rechts

(Die Paragrafen werden im Originaltext vorgelegt)

Copyright Act 1956, 4 & 5 *Eliz.* 2, Ch. 74, S. 17 (2) – In der Fassung vom 05.11.1956 bis 31.05.1991.

Where in an action for infringement of copyright it is proved or admitted:

(a) that an infringement was committed, but
(b) that at the time of the infringement the defendant was not aware, and had no reasonable grounds for suspecting, that copyright subsisted in the work or other subject-matter to which the action relates, the plaintiff shall not be entitled under this section to any damages against the defendant in respect of the infringement, but shall be entitled to an account of profits in respect of the infringement whether any other relief is granted under this section or not.

Civil Evidence Act 1968, c. 64, S. 14 (1) – In der Fassung vom 05.12.2005.

(1) The right of a person in any legal proceedings other than criminal proceedings to refuse to answer any question or produce any document or thing if to do so would tend to expose that person to proceedings for an offence or for the recovery of a penalty –
  (a) shall apply only as regards criminal offence under the law of any part of the United Kingdom and penalties provided for by such law; and
  (b) shall include a like right to refuse to answer any question or produce any document or thing if to do so would tend to expose the [spouse or civil partner] of that person to proceedings for any such criminal offence or for the recovery of any such penalty.

Civil Evidence Act 1995, c. 38, S. 13 – In der Fassung vom 31.10.1997.

In this Act –

"*civil proceedings*" has the meaning given by section 11 and "court" and "rules of court" shall be construed in accordance with that section;

"*document*" means anything in which information of any description in recorded, and "*copy*", in relation to a document, means anything onto which information recorded in the document has been copied, by whatever means and whether directly or indirectly;

"*hearsay*" shall be construed in accordance with section 1(2);

"*oral evidence*" includes evidence which, by reason of a defect of speech or hearing, a person called as a witness gives in writing or by signs;

"*the original statement*", in relation to hearsay evidence, means the underlying statement (if any) by—

(a) in the case of evidence of fact, a person having personal knowledge of that fact, or

(b) in the case of evidence of opinion, the person whose opinion it is; and

"*statement*" means any representation of fact or opinion, however made.

Civil Procedure Act 1997 c. 12 S. 7 – In der Fassung vom 15.12.2005.

(1) The court may make an order under this section for the purpose of securing, in the case of any existing or proposed proceedings in the court –
    (a) the preservation of evidence which is or may be relevant, or
    (b) the preservation of property which is or may be the subject-matter of the proceedings or as to which any question arises or may arise in the proceedings.

(2) A person who is, or appears to the court likely to be, a party to proceedings in the court may make an application for such an order.

(3) Such an order may direct any person to permit any person described in the order, or secure that any person so described is permitted –
    (a) to enter premises in England and Wales, and
    (b) while on the premises, to take in accordance with the terms of the order any of the following steps.

(4) Those steps are –
    (a) to carry out a search for or inspection of anything described in the order, and
    (b) to make or obtain a copy, photograph, sample or other record of anything so described.

(5) The order may also direct the person concerned –

(a) to provide any person described in the order, or secure that any person so described is provided, with any information or article described in the order, and
(b) to allow any person described in the order, or secure that any person so described is allowed, to retain for safe keeping anything described in the order, and

(6) An order under this section is to have effect subject to such conditions as are specified in the order.
(7) This section does not affect any right of a person to refuse to do anything on the ground that to do so might tend to expose him or his spouse [or civil partner] to proceedings for an offence or for the recovery of a penalty.
(8) In this section –
"*court*" means the High Court, and
"*premises*" includes any vehicle;
and an order under this section may describe anything generally, whether by reference to a class or otherwise.

CPR r. 00 "Strike out" – In der Fassung vom 01.04.2013

Striking out means the court ordering written material to be deleted so that it may no longer be relied upon.

CPR r. 1. 1. (1) und (2) (b) – In der Fassung vom 26.04.1999 bis 31.03.2013

(1) These Rules are a new procedural code with the overriding objective of enabling the court to deal with cases justly.
(2) Dealing with a case justly includes, so far as is practicable – […] ;
(b) saving expense; […]

CPR r. 1. 1. (1) – In der Fassung vom 01.04.2013

(1) These Rules are a new procedural code with the overriding objective of enabling the court to deal with cases justly and at proportionate cost.

CPR r. 3. 3. (1) – In der Fassung vom 01.04.2013

(1) Except where a rule or some other enactment provides otherwise, the court may exercise its powers on an application or of its own initiative.

CPR r. 23. 6. – In der Fassung vom 26.04.1999.

An application notice must state –

(a) what order the applicant is seeking; and
(b) briefly, why the applicant is seeking the order.

CPR r. 24. 1 – In der Fassung vom 02.05.2000

This Part sets out a procedure by which the court may decide a claim or a particular issue without a trial.
(Part 53 makes special provision about summary disposal of defamation claims in accordance with the Defamation Act 1996).

CPR r. 25. 1 – In der Fassung vom 01.10.2009.

(1) The court may grant the following interim remedies–
  (a) an interim injunction(GL);
  (b) an interim declaration;
  (c) an order–
    (i) for the detention, custody or preservation of relevant property;
    (ii) for the inspection of relevant property;
    (iii) for the taking of a sample of relevant property;
    (iv) for the carrying out of an experiment on or with relevant property;
  (d) an order authorizing a person to enter any land or building in the possession of a party to the proceedings for the purposes of carrying out an order under sub-paragraph (c);
  (e) an order under section 4 of the Torts (Interference with Goods) Act 1977 to deliver up goods;
  (f) an order (referred to as a "freezing injunction(GL)")–
    (i) restraining a party from removing from the jurisdiction assets located there; or
    (ii) restraining a party from dealing with any assets whether located within the jurisdiction or not;
  (g) an order directing a party to provide information about the location of relevant property or assets or to provide information about relevant property or assets which are or may be the subject of an application for a freezing injunction(GL);
  (h) an order (referred to as a "*search order*") under section 7 of the Civil Procedure Act 1997 (order requiring a party to admit another party to premises for the purpose of preserving evidence etc.)

(i) an order under [section 33 of the Senior Courts Act 1981] or section 52 of the County Courts Act 19845 (order for disclosure of documents or inspection of property before a claim has been made);
(j) an order under [section 34 of the Senior Courts Act 1981] or section 53 of the County Courts Act 1984 (order in certain proceedings for disclosure of documents or inspection of property against a non-party);
(k) an order (referred to as an order for interim payment) under rule 25.6 for payment by a defendant on account of any damages, debt or other sum (except costs) which the court may hold the defendant liable to pay;
(l) an order for a specified fund to be paid into court or otherwise secured, where there is a dispute over a party's right to the fund;
(m) an order permitting a party seeking to recover personal property to pay money into court pending the outcome of the proceedings and directing that, if he does so, the property shall be given up to him;
(n) an order directing a party to prepare and file accounts relating to the dispute;
(o) an order directing any account to be taken or inquiry to be made by the court; and
(p) an order under Article 9 of Council Directive (EC) 2004/48 on the enforcement of intellectual property rights (order in intellectual property proceedings making the continuation of an alleged infringement subject to the lodging of guarantees).
(Rule 34.2 provides for the court to issue a witness summons requiring a witness to produce documents to the court at the hearing or on such date as the court may direct)

(2) In paragraph (1)(c) and (g), "relevant property" means property (including land) which is the subject of a claim or as to which any question may arise on a claim.
(3) The fact that a particular kind of interim remedy is not listed in paragraph (1) does not affect any power that the court may have to grant that remedy.
(4) The court may grant an interim remedy whether or not there has been a claim for a final remedy of that kind.

CPR r. 31. 4 – In der Fassung vom 26.04.1999.

In this Part –

"*document*" means anything in which information of any description is recorded; and *"copy"*, in relation to a document, means anything onto which information recorded in the document has been copied, by whatever means and whether directly or indirectly.

CPR r. 31. 5 (1) und (2) – In der Fassung vom 01.10.2013.

(1) In all claims to which rule 31.5(2) does not apply –
  (a) an order to give disclosure is an order to give standard disclosure unless the court directs otherwise;
  (b) the court may dispense with or limit standard disclosure; and
  (c) the parties may agree in writing to dispense with or to limit standard disclosure.

(2) Unless the court otherwise orders, paragraphs (3) to (8) apply to all multi-track claims, other than those which include a claim for personal injuries.

CPR r. 31. 6 – In der Fassung vom 26.04.1999.

Standard disclosure requires a party to disclose only –

(a) the documents on which he relies; and
(b) the documents which –
  (i) adversely affect his own case;
  (ii) adversely affect another party's case; or
  (iii) support another party's case; and
(c) the documents which he is required to disclose by a relevant practice direction.

CPR r. 33. 4. – In der Fassung vom 26.04.1999.

(1) Where a party –
  (a) proposes to rely on hearsay evidence; and
  (b) does not propose to call the person who made the original statement to give oral evidence, the court may, on the application of any other party, permit that party to call the maker of the statement to be cross-examined on the contents of the statement.

Police and Criminal Evidence Act 1984 S. 10 (1) subsections (a) und (b) – In der Fassung vom 30.04.2017.

(1) Subject to subsection (2) below, in this Act "items subject to legal privilege" means—

(a) communications between a professional legal adviser and his client or any person representing his client made in connection with the giving of legal advice to the client;
(b) communications between a professional legal adviser and his client or any person representing his client or between such an adviser or his client or any such representative and any other person made in connection with or in contemplation of legal proceedings and for the purposes of such proceedings; [...].

Practice Direction 31 A para. 1. 4.

The obligations imposed by an order for standard disclosure may be dispensed with or limited either by the court or by written agreement between the parties. Any such written agreement should be lodged with the court.

Practice Direction 31 A para. 2.

The extent of the search which must be made will depend upon the circumstances of the case including, in particular, the factors referred to in rule 31.7(2). The parties should bear in mind the overriding principle of proportionality (see rule 1.1(2)(c)). It may, for example, be reasonable to decide not to search for documents coming into existence before some particular date, or to limit the search to documents in some particular place or places, or to documents falling into particular categories.

Practice Direction 31 A para. 4. 2.

The disclosure statement should:

(1) expressly state that the disclosing party believes the extent of the search to have been reasonable in all the circumstances, and
(2) in setting out the extent of the search (see rule 31.10(6)) draw attention to any particular limitations on the extent of the search which were adopted for proportionality reasons and give the reasons why the limitations were adopted, e.g. the difficulty or expense that a search not subject to those limitations would have entailed or the marginal relevance of categories of documents omitted from the search.

Practice Direction 31 B para. 7.

As soon as litigation is contemplated, the parties' legal representatives must notify their clients of the need to preserve disclosable documents. The documents to be preserved include Electronic Documents which would otherwise be deleted in accordance with a document retention policy or otherwise deleted in the ordinary course of business.

Paragrafen des griechischen Zivilprozessbuchs

(Die Übersetzung der Paragrafen aus dem Griechischen ins Deutsche wurde vom Verfasser vorgenommen)

§ 339 – In der Fassung vom 25.07.2011.

Beweismittel sind das Geständnis, der Augenschein, die Sachverständigenbegutachtung, die Urkunden, die Parteivernehmung, die Zeugen, die gerichtlichen Indizien und die eidesstattlichen Erklärungen.

§ 352 – In der Fassung vom 24.10.1985.

1. Das mündliche oder schriftliche Geständnis der Partei vor dem den Prozess beurteilenden Gericht oder vor dem beauftragten Richter stellt vollständigen Beweis zuungunsten der gestehenden Partei dar.
2. Das Gericht würdigt das außergerichtliche Geständnis frei.

§ 353 – In der Fassung vom 24.10.1985.

Die Beweiskraft des Geständnisses wird nicht davon beeinflusst, dass außer der für die gestehende [Partei] negativen Tatsache noch eine Tatsache beinhaltet, die für sie nützlich ist und die eine selbstständige Behauptung darstellt. Wenn die Tatsache, die für die gestehende [Partei] nützlich ist, nicht selbstständig ist, würdigt das Gericht das Geständnis frei.

§ 354 – In der Fassung vom 24.10.1985.

Wer ein Geständnis abgelegt hat, kann sein Geständnis nur widerrufen, wenn er beweist, dass es nicht der Wahrheit entspricht.

§ 366 – In der Fassung vom 24.10.1985.

Wenn der Augenschein nicht vorgenommen werden könnte, weil irgendeine Partei abwesend war oder verweigert hat, die sich in ihrem Besitz befindliche bewegliche

Sache beizubringen und vorzulegen oder den Besuch eines sich in ihrem Besitz befindlichen Grundstücks zu erlauben oder sich selbst untersuchen zu lassen, ist das Gericht, das den Augenschein beschlossen hat, frei zu entscheiden, ob der Beweisgegenstand, für den der Augenschein angeordnet wurde, als bewiesen zu erachten ist.

§ 420 – In der Fassung vom 24.10.1985.

Das Gericht ist frei, die eidliche oder uneidliche Aussage der Parteien, das ungerechtfertigte Nichterscheinen der Partei, die zur eidlichen oder uneidlichen Vernehmung vorgeladen wurde, ihre Verweigerung, auszusagen oder die ihr gestellten Fragen zu beantworten, sowie den Unterschied zwischen ihren eidlichen und uneidlichen vorherigen Aussagen, zu würdigen.

§ 452 Abs. 2 – In der Fassung vom 24.10.1985.

§ 366 ist auch hier anwendbar.

§ 459 Abs. 2 Satz 3 – In der Fassung vom 24.10.1985.

Das Gericht kann die Weigerung der Partei oder eines Dritten, zu schreiben, bzw. ihren Versuch, ihre Handschrift zu verändern, frei würdigen.

Convention for the Adaptation to Maritime War of the Principles of the Geneva Convention

(Die Artikel werden im Originaltext vorgelegt)

Article 1 – In der Fassung vom 06.07.1906.

Military hospital-ships, that is to say, ships constructed or fitted out by States specially and solely with a view to assisting the wounded, sick, and shipwrecked, the names of which shall have been communicated to the belligerent Powers at the commencement or during the course of hostilities, and in any case before they are employed, shall be respected, and cannot be captured while hostilities last. [...].

Article 4 – In der Fassung vom 06.07.1906.

[...] The Governments undertake not to use these ships for any military purpose. [...].

www.ingramcontent.com/pod-product-compliance
Ingram Content Group UK Ltd.
Pitfield, Milton Keynes, MK11 3LW, UK
UKHW021837290926
8980IPUK00004B/519

9 783631 874431